FUZHUANG CHANYE
FAZHAN QIANYAN

服装产业发展前沿

钟安华◎著

長江出版傳媒 湖北科学技术出版社

图书在版编目（CIP）数据

服装产业发展前沿 / 钟安华著 . —武汉 : 湖北科学技术出版社，2023. 11

ISBN 978-7-5706-2898-8

Ⅰ. ①服…　Ⅱ. ①钟…　Ⅲ. ①服装工业－产业发展－研究－中国　Ⅳ. ① F426. 86

中国国家版本馆 CIP 数据核字（2023）第 188410 号

责任编辑：曾紫风
责任校对：陈横宇　陈雨萌　　封面设计：喻　杨

出版发行：湖北科学技术出版社
地　　址：武汉市雄楚大街 268 号（湖北出版文化城 B 座 13—14 层）
电　　话：027-87679468　　邮　　编：430070

印　　刷：武汉中科兴业印务有限公司　　邮　　编：430071

787×1092　1/16　　20 印张　430 千字
2023 年 11 月第 1 版　　2023 年 11 月第 1 次印刷
定　　价：78.00 元

PREFACE
前　言

服装是一个国家的名片，从一个国家的国民着装可看出这个国家的经济发展水平。因此，各国在现代经济发展初期，都会努力发展服装产业。世界的服装产业发展也给各国经济发展带来了实在的红利。2011—2017 年，我国服装产业遇到了前所未有的挑战，如企业的产品供给与消费者需求发生了偏离、企业生产能力过剩、产品附加值低等现象困扰企业，企业的发展遇到了瓶颈。最近 10 年是现代服装产业发展和转型的好时期。我国的服装产业转型主要表现在生产设备的转型、管理体制的转型、中国制造向中国品牌的转型。由此，我国具备了服装产业可持续性发展的基础。

当前，多产业的融合对服装产业的发展变得越来越重要。服装产业不仅表现在服装行业内的企业整合，还更多地表现在与纺织行业的融合，与纤维化工行业的融合，与电子信息和计算机技术的融合，与种植业甚至农业的融合等。这种融合的态势彰显出服装专业人士应该了解服装产业发展的前沿知识与问题。全面了解服装产业发展的前沿知识，有助于全面了解服装产业的走势，判断未来企业发展方向，提前储备服装相关知识，了解现阶段服装产业可能会发生的重大变革等。

本书针对这些问题，站在服装产业发展前沿去思考，力图清理出可能影响服装产业发展的要素，包括服装产业链与产业集群的发展、服装创新设计与人才培养、服装品牌培育与市场运行、服装生产数字化的相关知识内容。

参与本书编写的还有尚培珏、何文章、邵晓煊、王婕、严艺佳。感谢胡玉琴、吴胡和、胡琳琳、陈晓婷、卞婧、卫晓玉、方佳文、刘少朴、李晶晶为本书拍摄照片并进行文字整理工作。感谢大家的辛苦劳动！

感谢武汉纺织大学研究生处的学科建设经费支持！

由于水平有限，书中不免会有疏漏之处，望大家批评和指正！

作者

2023 年 7 月

CONTENTS
目 录

第一章 服装产业链发展趋势

服装产业是现代经济发展的产物，是随着人们生活水平的提高和经济的快速发展而出现的现代名称。服装产业给各国带来了不可忽视的经济贡献值。最近几十年，我国服装产业得到了前所未有的发展，从“世界工厂”“中国制造”逐渐地向“中国设计”进行转变。我们经过了产品经营、品牌经营、资本经营和资源经营四个阶段之后，已经或正在实现由家庭作坊式经营向工厂式管理、由工厂式管理向集团化管理、由集团化管理向股份制管理的跨越，形成了一定规模的生产能力。在这巨大的生产能力后面，服装产业概况究竟如何？ 2012 年时，中国时尚网报道称：黄金十年，中国服装行业加快步入服装强国，我国的服装产业高速发展，成为世界上最大的服装生产国、出口国和消费国，在繁荣市场、扩大出口、吸纳就业、增加农民收入、促进城镇化发展等方面发挥着重要作用。中国产业信息网报道称：2012 年 1—4 月，我国纺织服装、服饰业销售产值达 4829.22 亿元，同比增长率为 14.86%，增速保持较快发展。

2020—2022 年，由于疫情和国际形势的影响，孟加拉国、印度尼西亚、柬埔寨、越南和缅甸等国在服装产业方面正发挥越来越大的作用。但中国的企业在疫情期间，根据国家扩大市场内循环的导向，更多地把精力投入国内市场的开拓和电商需求发展上。许多企业借助互联网数字化掌控市场动态，在逆境中扭转盈亏。不少中国服装制造厂或品牌目前都通过线上直播的形式实现产品销售的目的。根据中国产业研究院公布《2022—2027 年中国针织面料行业市场深度调研及投资策略预测报告》显示，我国针织行业发展的重要特征是出现集聚趋势，我国各地许多地区已经形成针织服装、面料、编织、袜子、手套等规模化、系列化发展的针织产业集群地区，成为中国，甚至世界著名的针织产品名城和基地。我国消费者目前对针织面料和家纺产品中所含有害物质的关注度几乎是全球平均水平的 2 倍，90% 的中国消费者都希望采购到生态环保纺织品。

当前，中国服装产业正迅速发展，同时也正面临着越来越高的挑战。世界各种新型服装贸易的保护与发达国家绿色标准门槛的提高，使得我国服装产业继续走粗放型老路的利润空间已经越来越小。同时，我国周边发展中国家的劳动力成本比我国更低，产品结构又与我国大体相同，它们目前有一些粗加工产品的竞争力已经超过了我国。因此，我国服装产业整合的力量对服装产业的发展变得越来越关键，其中我国服装业品牌价值的彰显首先表现在服装产业整合的态势上，包括制造企业整合和终端与中间渠道的整合等。了解服装产业链的内容，是实施产业链整合的第一步。

服装产业内容及产业链动态是服装专业人士，包括服装艺术设计、服装表演、服装设计与工程等专业技术人员或者学生应了解的一门重要的综合性服装知识，包括市场、生产、时尚等服装行业的信息动态、服装学科与专业、纺织面料等内容。该知识与信息内容可帮助企业工程师们了解服装时尚行业，认识服装产业；对于学生，可帮助他们增强学习的目的性和自觉性，提高他们的学习能力。它是体现服装大众化教育的学术性与职业性要求的重要学科。服装业是一个充满激情与活力，同时也是瞬息万变的行业。服装业的重要特征表现在产业链的衔接，从服装材料、服装生产、服装营销到时尚信息的传播，任何一个环节的成功都需要对整个产业的发展态势有所了解。图 1–1 展示服装产业链涉及的各项内容。

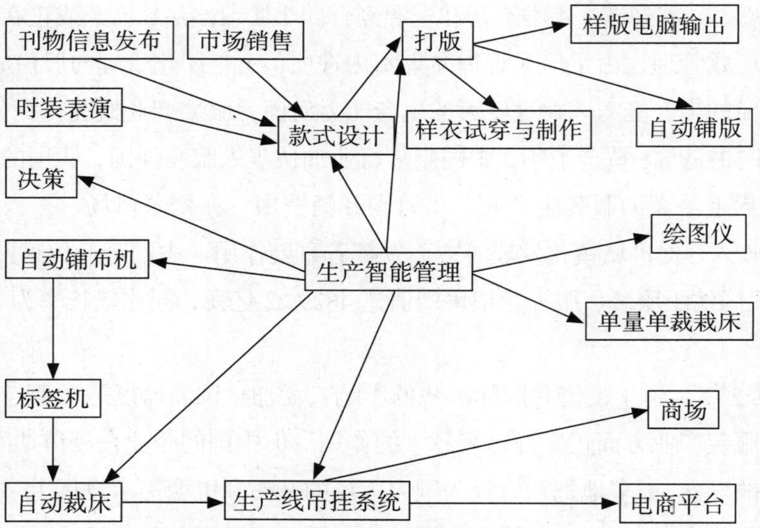

图 1–1　服装企业的网络图

在经历了 10 年高速发展后，我国服装行业步入了调整期，出口增速回落。但深圳服装企业积极抵御风险和冲击，转变发展思路，调整经营结构，扩大品牌内销，产业整体向企稳回升方向发展，产业结构调整稳步推进。深圳市服装行业协会会长沈永芳表示，通过多年不懈努力，深圳时尚产业在国内处于领先地位，并在国际舞台上产生了一定影响，已形成了良好的整体形象和明显的市场回报。在服装产业转型升级发展上，深圳没有简单地将其传统产业转走，而是以打造“时装”产业聚集区为基础，鼓励企业走时装设计、品牌输出之路，才取得这样好的成绩。

第一节　服装产业链的基本环节

振兴服装业必须构建当地的服装产业链。服装产业链到底包括哪些内容？过去人们将服装产业链定义得比较狭隘，认为是服装设计、服装技术、服装生产、服装市场的连续过程，其实服装行业是产业链条比较长的行业，如有好设计没有好料子、有好品牌没有好的配套产业，这些都将严重制约服装产业发展。因此，服装产业品牌战略的实施，要立足于整个产业链结构的系统改善。在这个产业链中必须有一张庞大的网络体系，包括零售网、销售网、特许经营加盟等。服装产业链的建立需要整个产业经营战略和导向的转变，具体经营业务的转变不但是整体的战略思路的问题，更是具体的经营业务的问题，因为就目前的产业状态，只能是逐渐朝着某个战略方向去优化，而不能动作太大。另外，服装产业链的建立还与地域和信息有相当大的关系。

完整的服装产业链实际上是一种网络形式，它有很大的产业链条长度和强度，链条上各个环节的迅速发展，为相关产业制造发展机会，这样才会增强服装企业在全国，甚至全世界上的影响，同时产业链条的增长也是确保该产业经济稳固增长的重要保证，它使得服装产业发展更加细分化和规范化。

一、定义

服装产业链是指与服装相关的所有行业的一大集群体，包括棉花产业、纺织印染、服装设备制造、服装加工、服装配饰与辅料的生产、服装商贸平台、服装研究和市场调研、大众媒体等。在这些链接中，还涉及许多新型产业，如计算机与网络产业、科技行业、人才教育培养产业、媒体传播产业等。服装产业链内涵十分丰富，这里将其表达为：服装产业链是从纤维材料、纺织与印染加工到服装市场调查、产品定位与研发、服装生产直至服装销售的一个整体功能网络结构模式，并且该链条对上游的供应者、中游的生产者、下游的消费者同等重要，他们按照一定方向有序地形成产业链方向（图 1–2）。

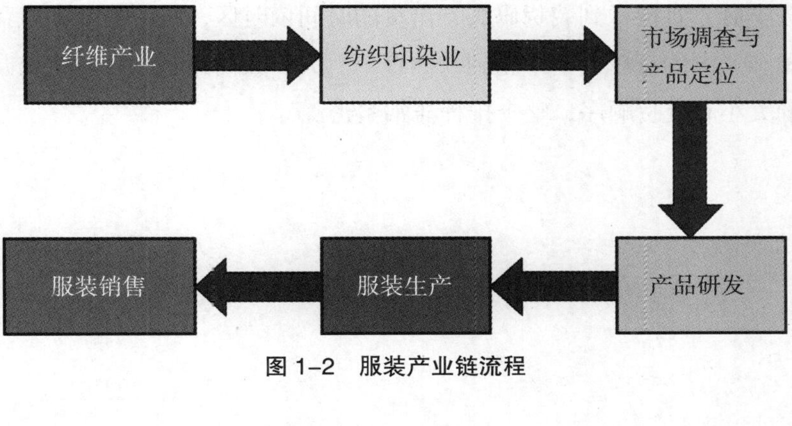

图 1–2　服装产业链流程

服装产业链的各产业环节之间的关系可以被简单归纳为：①纤维工业为纺织印染提供原材料；②纺织印染为服装企业提供面辅料；③服装企业为消费者提供服装消费品。

二、服装产业链建立的意义

服装产业链不是静止的，它随着技术进步和市场需求变化等而动态演进。在服装产业发展过程中，伴随分工会出现产业协作和产业融合，并带来产业纵向扩张和横向延伸，引起产业结构、空间布局、产业组织、增长方式等的变化。服装产业链延伸度越长和延展度越宽，产业关联就越密集，资源配置效率越高，市场空间就越宽泛，服装产业链上的企业扩张能力和竞争能力就越强。

服装产业链的实现，是把供应商、生产商、直营店、代理商、分销商等环节紧密联系起来，通过供应链中各环节的信息网络尽快地把真实、准确的需求量，以及不断变化的市场需求情况及时反馈到企业的中央管理系统，并通过信息的实时共享，组织快速供应，使物流以最快的速度，通过生产、分销环节变成增值的品牌产品，来满足消费者需求。

其实服装产业链的每个环节又包含许多内容，如纤维产业包括棉花种植、纤维合成与抽丝、纤维加工等，市场调查包含产品调查、企业动态、服装政策等；服装产品开发包括服装研究、服装设计；服装生产包含服装材料、服装技术、裁剪、缝纫、整烫、质量控制、服装设备、服装物流等，其中服装材料又包括面料、配料与辅料；服装营销包括服装商业、服装时尚媒体业、网络业等。国外的服装品牌对服装的产业链流程能控制得非常到位。如物流系统中的供应链管理系统由 3 个部分紧密相连：销售汇报 – 设计 – 织造配送。销售汇报要利用条形码与互联网做汇报，如门市部经理都有可上网的手持装置，直接联机到国外总公司的设计部门，每天汇报客户喜欢的、讨厌的、想要却找不到的款式，再回转到设计部门。设计部门根据门市回转的销售资料，几天内设计出新款式、修改，迎合大多数人的喜好，所涉及的所有设计师都用计算机设计款式，以互联网传送到工厂，几天后服装就可生产出来。织造配送与企业的大小有关，如 ZARA 的仓库是一座 4 层楼高、46.45 万平方米的建筑物（相当于 90 个足球场），天花板上是条条相连的通道，连接临近工厂。他们的产品在经过分类后，直接送到装货码头，出货的时间依时区，早上是欧洲点盘点，工作人员先处理美国和亚洲的订单，下午轮到欧洲订单。大多数商品只在仓库存放几个小时，并微调交货量的大小和交货顺序，整个排程非常紧密。

第二节　服装产业概况

一、国外服装产业概况

（一）世界整体服装产业概况

鉴于全球经济的不确定性，以及欧元区债务危机继续打击商业和消费者信心，2012—2013 年的世界纺织服装市场持续疲软。欧盟经济在 2010 年开始复苏，但欧洲纺织品制造商对这一市场展望的反馈显示，2011 年市场显著复苏，但在最后一个季度明显放缓，他们认为，欧洲经济动荡将继续对 2012 年剩余时间的纺织服装贸易产生不利影响，也许时间更长。事实上，2012 年的一季度，欧盟服装进口数量大幅减少了 12%。

在市场低迷的情况下，一些亚洲国家对欧洲和美国的出口受到影响。例如印度尼西亚，2011 年纺织品和服装出口金额增长 18.2%，但在 2012 年一季度，大幅减少 15.3%。2012 年一季度，菲律宾服装出口金额减少 1.1%，而 2011 年全年增长 11.4%。一些国家出口增长放缓。如印度服装出口金额在 2011—2012 年 3 月底下降 11.9%，而上年增长 4.7%。

2015 年后亚太地区纺织产业发展迅速，当年占全球纺织厂市值为 54.6%，2016 年占全球纺织厂市值的 59.6%，而欧美国家分别占市场的 19.1% 和 10.8%。亚太地区纺织产业从 2016—2021 年市场的年增长率为 5.1%。2020 年，欧盟的纺织服装进口同比增加 7%，部分国家进口增长约 3 倍，特别是口罩等。到了 2021 年，欧盟进口服装 797.5 亿美元，同比增长 10.3%，从中国进口的服装是 245.7 亿美元，同比增长 7.5%。2023 年后，各国启动市场的双向循环，纺织服装的国际贸易出口趋势逐渐抬头。

（二）美国的服装产业发展状况

服装是一个城市的“名牌”，代表一个国家的经济水平，发达的国家往往拥有发达的服装产业链。如欧洲、美国、日本等地区的服装产业链都体现出高科技含量的特征，技术的一致性很强，在服装产业链的每个环节，都体现出现代技术的应用，包括先进技术和工艺的广泛应用。如图 1–3 为美国 20 世纪 70 年代出现的自动开袋设备和工艺。

图 1–3　20 世纪 70 年代的美国自动开袋设备

美国服装产业比较集中，主要位于美国东南部。2009 年，美国的纺织服装产业的工人人数仍是其制造业中最多的，大约占工人劳动力总人数的 10%。美国纺织服装产业从 19 世纪中期开始发展，19 世纪末 20 世纪初美国发生了第二次工业革命——电气革命，对纺织服装的产业的发展产生了很大影响。1900 年美国棉花消费量和生丝消费量均超过英国，1913 年取代英国成为当时世界的纺织制造中心。

20 世纪 80 年代以来，美国纺织服装产业的产出和就业开始下降，纺织服装企业从北部和中部向南部和西部转移。一方面美国传统工业如纺织服装工业面临国际上新兴工业国家的激烈竞争，正呈衰落状态，如表 1–1；另一方面，以高技术工业为核心的新兴工业部门则呈现出蓬勃发展趋势，在一定程度上抵消了整个工业水平下降的趋势。

表 1–1　1950—2001 年的美国工业和纺织服装业的产值占全国 GDP 的比重（数据来源：美国经济分析局）

时期	工业	纺织服装业
20 世纪 50 年代	28.59%	2.80%
20 世纪 60 年代	27.03%	1.87%
20 世纪 70 年代	24.03%	1.69%
20 世纪 80 年代	21.01%	1.15%
20 世纪 90 年代	17.93%	0.82%
21 世纪初	15.47%	0.49%
2001 年	14.11%	0.45%

1. 美国的纺织服装产业政策调整

从总量上看，直到 20 世纪 90 年代，美国纺织服装产业总产出总体上是下降的，就业人数一直在下降，如表 1–2。1995 年 1 月 1 日，美国正式加入世界贸易组织（WTO），体现出较强的经营与管理能力：美国是世界上设置纺织品服装行业专业协会组织最多的国家。其专业协会涉及纺织服装行业的各个方面，这些协会在政府和企业之间提供沟通、统计、生产、贸易、技术和信息的咨询服务及指导。商务部是美国主要的综合经济部门之一，承担着接受美国纺织服装行业协会对于配额管理实施方案的申请。美国纺织品协议执行委员会（CITA）是执行美国商务部对纺织服装行业各种决议的操作机构。美国纺织品制造商协会（ATMI）是代表美国纺织品服装行业利益的部门，它经常代表企业向政府提出各种报告或申请。美国国际贸易委员会是一个独立的、非党派性质的、准司法联邦机构，它的职责是判定美国内行业是否因外国产品的倾销或补贴而受到损害；判定进口对美国内行业部门的影响；对某些不公平贸易采取措施，如对专利、商标或版权的侵权行为，采取应对措施等。同时，美国国际贸易委员会与商务部共同负责美对外反倾销和反补贴调查工作。1995—2002 年美元价值对美国主要的贸易伙伴如加拿大、中国、印度等国的强烈波动，使行业发展压力增大，刺激了美国纺织服装产业的一系列战略调整和产业重构。

表 1–2　美国纺织和服装产业的生产和就业状况

产出（1992 年为 100）			就业（千人）	
年份	纺织	服装	纺织	服装
1990	93.2	97.2	691	1036

续表

产出（1992 年为 100）			就业（千人）	
年份	纺织	服装	纺织	服装
1991	92.7	97.8	670	1006
1992	100	100	674	1007
1993	105.2	102.4	675	989
1994	110.6	106.5	676	974
1995	110.1	107	663	936
1996	108.6	108.5	626	868
1997	108.2	108.8	616	824
1998	106.2	105.5	598	766
1999	103.9	106.1	559	690
2000	98.9	101.9	530	634
2001	86.7	93.1	478	566

（1）调整战略。

第一，产业转移。20 世纪 60 年代，美国鼓励海外组装加工政策，美国企业把纺织服装等行业最终加工或组装环节向国外转移。有些纺织公司改产服装，使他们的产品获得更高的利润。

第二，兼收并购。1967 年美国的服装业仅 26 393 家，经过兼收并购淘汰了 10 000 多家中小企业，市场集中度提高，绩效良好的公司发展得越壮大，形成多样化的大纺织集团，如 Burlingtou industries、JP Stevens，和大型品牌服装企业，如 Nike、Levi Straus、Polo Ralph Lauren。

第三，专业化。美国纺织服装公司开始从传统的商场和大众化市场（如编织和针织品等基础纺织品）中退出，更集中于细分化市场，并加强高科技的纺织服装产品开发，升级技术、系统、人力资源。

第四，技术创新。在美国纺织服装产业中，创新提高了营运效率、完善计划和一体化，促使企业快速发展。

第五，大规模定制。对于生产和零售商来说，大规模定制降低了存货和配送费，许多的美国服装企业通过大规模的定制获得差异化产品，使 3D 扫描技术、设计公司订制计算机辅助生产系统获得快速运用。

第六，外包和合作供应链网络。美国将生产等加工转移到国外，将价值链高的活动定位于比较有优势的国家。随着美国和其他地区（中美洲、非洲、亚洲）签订贸易协定，它的制造工厂逐渐变成了地域性和全球性生产网络的一部分。

（2）调整绩效。

第一，服装企业。许多大型的服装企业已形成了大量的零售品种，继续通过目录和网络扩大直销市场，拥有一批世界品牌，有良好绩效的企业更大力进行国际外包。

第二，纺织企业。一些向垂直非一体化变化，也有一些发展到纤维生产，也有一些前向一体化到服装生产。这样，美国的零售商、纺织企业、服装企业则彼此看成是商业增长的障碍，而不是联盟。

第三，纺织服装跨国公司。美国建立纺织服装跨国公司后的收益是惊人的。2005 年美国有 12 家服装集团财富达到 481.41 亿美元，比上年增长 11.7%，超过了当年前 500 强营业收入的平均增长率 10.2%。最惊人的是利外施特劳斯公司，它在中国开了十几家工厂，利润猛增了 413%，为历史罕见。

（3）以科技和资本优势来体现服装产业竞争力。

发达国家基本不具备劳动力优势，服装的生产规模相比其他产业来说较弱，服装进口的比例较大，但他们在每个环节充分发挥其技术和资本的优势，使其产业链仍具有较大竞争力优势。如图 1–4，该产品以棉和涤纶的双重性能优势获得当时市场上消费者的青睐。

图 1–4　2010 年意大利米兰市场上推出的聚酯纤维和棉服装设计产品

美国纺织工业在世界创新技术和新型纤维领域居领先地位，其创新能力和成果远多于世界其他国家，如尼龙、涤纶、光导纤维等化学纤维产品，以及用于制造防弹服的凯芙拉纤维和宇航员穿着的特种纤维等产品，其质量、高科技含量及特种功能都位于世界前列。美国纺织服装行业已从密集型向高科技含量、自动化生产的方向发展。但是 2000 年以后，美国的纺织服装行业正在萎缩。特别是面料生产正在向其他国家和地区转移，在服装生产的大部分工序中，美国仅承担包装加工的最后环节。最近几年，尽管世界经济危机持续，但美国对纺织服装产业前景预测还算乐观。

2. 纺织生产及消费市场概况

美国是纺织品和服装消费大国。最近几年，美国人在纺织品和服装上的消费增长快于总体消费增长。1993—1997 年，美国人均纺织品的消费平均以 4.6% 的速度增长：人均服装消费实际增长率达 5.5%，而总体消费增长为 2.8%。人口老龄化使纺织品的消费趋于向系列化、功能化、环保化的方向发展；服装消费则趋向舒适型及实用型。近年来，美国消费者对家用纺织品的需求持续增长，家用纺织品的消费占美国家庭中纺织品服装总消费的 1/3 左右。此外，美国对无纺布的消费量是全世界最高的，约占全世界无纺布产品消费总量的 50%。

2020 年是世界处于疫情的第一年，美国的服装和服饰配件销售情况呈现较大的波动，如图 1–5，4 月是 2020 年销量最低的月份，比 2019 年同期下降 86.46%，随后销量增加，在 12 月仍然比同期下降 16.03%。2021 年 6 月，美国纺织品生产开始恢复，其产能基本达到疫情之前的 98.8%。据美国经济分局统计，美国纺织和服装行业是可达到近 700 亿美元的工业产值行业，可见其纺织原材料、纱线、面料、服装、家居用品和其他纺织成品的生产在全球销量很高。

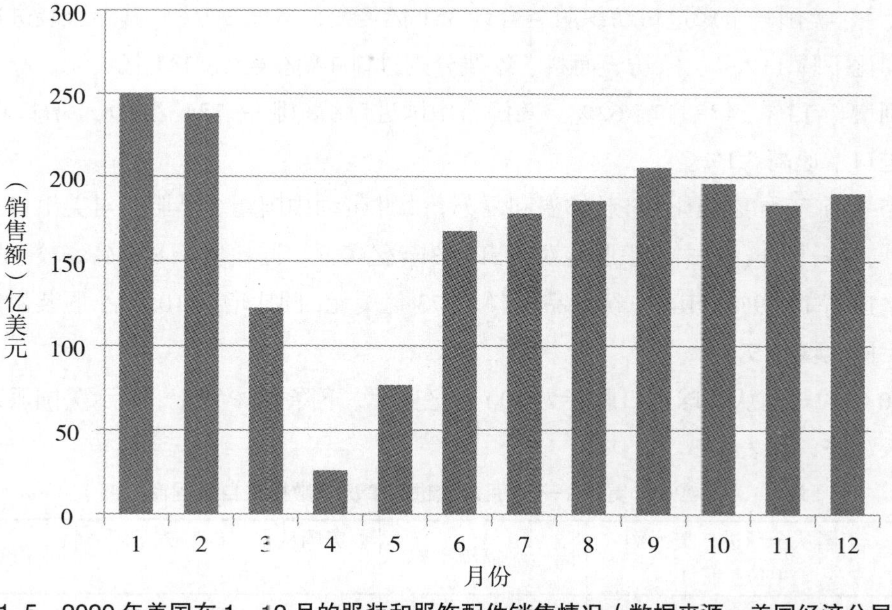

图 1–5　2020 年美国在 1—12 月的服装和服饰配件销售情况（数据来源：美国经济分局）

3. 纺织服装进出口贸易状况

美国是世界上进口纺织品和服装最多的国家。据中国海关统计，2002 年美国纺织品服装进口总额为 765 亿美元，同比增长 1.8%。按多边纤维协定（MFA）的类别统计，美国全年进口额为 722 亿美元，同比增长 2.8%。中国是美国纺织品服装的最大供应国，2002 年的进口额增幅为 124.51%。进入 2003 年，美国的纺织品服装进口又有所增长。据美国海关统计，2003 年 1—5 月，美国纺织品服装进口总额为 301.23 亿美元，与去年同比增长 14.84%。

近年来美国纺织品和服装的出口一直呈下降趋势。2001 年，由于美元持续保持强势，导致美国纺织品出口比 2000 年下降约 3%。2001 年美国纺织品和服装出口总额 175 亿美元，占当年全球纺织品服装出口总额的 5.1%，在全球纺织品服装出口大国中排名第五。2002 年，美国出口纺织品服装总额为 159.7 亿美元，同比下降 4.7%。

到 2009 年，美国是全球服装第二大进口国，据世界贸易组织统计数据，全年美国服装进口额为 720.6 亿美元，占全球服装贸易进口总额的 21.8%：2010 年美国从中国进口服装达 279.8 亿美元，占美国服装进口总额的 39.2%，美国也是中国服装第二大出口国，2010 年占中国服装出口总额的 19.5%。

据中国海关统计，2012 年 5 月，中国纺织服装对美出口 34 亿美元，同比增长 9.7%，其中纺织品出口 10.2 亿美元，同比增长 19%，服装出口 23.8 亿美元，同比增长 6.2%。2015 年 1—5 月，中国对美国出口纺织服装 136.3 亿美元，同比增长 8%。其中，对美出口服装 95.5 亿美元，同比增长 6.2%，出口纺织品 40.7 亿美元，同比增长 13.7%。2015 年 1—5 月，工业用纺织品对美出口增幅明显，累计出口 2.1 亿美元，同比增长 45%。化纤制针织服装出口量价齐升，出口 1.3 亿美元，同比增长 17.4%，单价增长 5.6%。相关数据显示，2015 年 1—4 月，美国自全球进口纺织服装合计 351 亿美元，增长 3.7%。其中服装进口 156 亿美元，同比下降 11.5%。家纺、面料、纱线分别进口 14 亿美元、141 亿美元、8.9 亿美元，同比分别增长 13%、13%和 1.62%。美国自中国进口纺织服装 124 亿美元，增长 6.8%，较美全球进口增速高 3.1%。

2015 年前三季度美国经济整体温和复苏，由此带动中国纺织品服装对美出口。据中国海关统计，1—9 月，我国纺织服装对美出口 364 亿美元，同比增长 8.34%，较全国纺织服装出口增速高 13.09%。其中，纺织品出口 91.73 亿美元，同比增长 10.4%；服装出口 272.27 亿美元，同比增长 7.67%。

2020 年的美国从全球进口服装为 600 多亿美元，下降 24% 以上，显示美国服装进口呈现负增长趋势，如表 1-3。

表 1-3 2020 年美国 1—10 月服装进口情况（数据来自美国商务部）

月份	美国从全球进口美元额（单位：亿）	同比涨幅额（%）	美国从中国进口美元额（单位：亿）	同比涨幅（%）
1	67.61	–10.4	16.2	–35.71
2	59.1	–10.89	10.8	–46.17
3	51.82	–14.5	5.72	–52.32
4	34.13	–44.48	6.21	–59.03
5	26.51	–60.14	7.24	–60.25
6	39.61	–42.83	11.55	–48.58
7	59.43	–32.61	15.77	–50.23

续表

月份	美国从全球进口美元额（单位：亿）	同比涨幅额（%）	美国从中国进口美元额（单位：亿）	同比涨幅（%）
8	65.66	–22.16	18.19	–41.17
9	66.44	–14.52	18.19	–28.88
10	69.23	–6.9	18.08	–11.21

4. 纺织服装业的发展政策

1980 年后美国开始从纺织品和服装的出口大国转为进口大国。美国曾出台了大力扶植纺织工业的政策，鼓励其产品出口。2001 年以来，美国政府采取了一系列措施解决纺织业面临的危机。这些措施包括：政府必须通过一项“一揽子”刺激经济的计划，其中包括向纺织企业提供更长的税收优惠期限；迫使其他国家向美国纺织产品开放市场而不是单方面要求美国降低关税；政府阐明加勒比海盆地贸易法案和其他一些贸易法案的意图，确保这些法案所涉及国家输入美国的服装产品的面料必须是在美国印染和整理的；政府允许棉纺厂按照国际市场棉花价格购买棉花；政府避免单方面的贸易让步，不应与其他国家签订可能损害美国纺织业者的贸易协定；政府加强纺织品服装边境监管，杜绝纺织品服装走私和其他海关方面的欺诈行为。美国纺织服装行业为增强竞争力及保持市场占有率，采取了很多措施来发展本国的纺织服装行业。其中比较重要的发展策略就是将纺织品和服装生产转移到墨西哥和加勒比海盆地等劳动力相对低廉的地区。此外，美国政府还拨出专款支持纺织品高科技的研发，不断推出高科技的新材料。

5. 纺织外贸政策及投资环境

美国在纺织品贸易中设有不平等贸易壁垒，内容主要有：①关税及关税管理。美国服装类产品的关税为 33.3%，某些羊毛纤维的关税为 31.5%。美国鞋类的关税总体偏高。如中国出口到美国的纺织面料鞋平均关税为 33%，最高的可达 48%。化纤、纯棉面料和 PVC 面料箱包的关税为 19%。②节日服饰限制。2002 年 2 月，美国将节日服饰归为服装类产品。随后，美国纺织品协议委员会决定对 2004 年 4 月 1 日以后出运的进口节日服饰实行配额许可证管理，将进口关税提高到 15%~ 20%，并使该类产品由非配额产品变为配额产品。③进口限制。美国对部分产品，主要是农产品和纺织品实施配额管理。对中国设置的配额种类最多，数量也最严。④特别限制措施。2003 年 5 月 21 日，美国纺织品协议执行委员会（CITA）公布了针对我国加入世界贸易组织工作报告书中关于纺织品进口特别限制措施（242 段）的实施程序，当日生效。根据该程序，美国国内符合条件的纺织品服装生产商或其代表可以申请对从中国进口的纺织品服装实施限制措施。

一些针对性的解决方法如“中国产品免税加工区”，是路易斯安那州政府和美国国际商会合作建立的，设在该州的圣马丁市，总共可容纳 100 多家中国企业在此办厂。州政府为企业提供了一系列的优惠政策，如为办厂企业提供优惠的银行贷款：以政府名义邀请担保企业家获得美国签证；成立专门机构帮助加工区企业推销产品；只收取极低的租金，在此加工区生产的产品可以冠以“美国制造”进行销售等。

二、中国服装产业现状

中国是全世界最大的服装生产国和消费国。我国的服装业在2000年后取得巨大的发展，且服装行业的生产、投资及行业的发展规模在发生着巨大的变化，但服装产业在我国的发展是极不平衡的：广东、江苏、浙江、福建、山东、上海等沿海发达地区所生产的产品占据了全国80%以上份额，而中部和西部地区的服装产业还处于发展阶段，大多数企业之间还限于价格和款式的竞争，绝大多数的服装产品销售还是以批发市场的大流通为主。我国服装行业目前还只有有限的几个中国驰名商标，缺乏真正意义上的国际服装品牌。2011年后，我国工信部和中国纺织工业联合会在极力推进服装品牌建设工作，我国许多大型服装企业已经意识到品牌建设的重要性，并积极开展各项品牌建设工作。

为了推进服装产业的升级换代，当前中国服装的总体情况可概况为“产业集群、产业转移、产业转型、品牌培育、电子商务、服装创意、原创技术、ERP信息技术”。如2013年，由中国纺织工业联合会、中国服装协会、意大利NEFERTITI集团、UTA时尚管理集团、UTA NEFERTIT优恩国际集团等7家联合主办的“2013中国”国际顶级品牌发展投资贸易洽谈会暨2013年CHIC展国际品牌合作洽谈会在北京举行，旨在协助优秀的国际品牌进入中国市场，同时大力推进有实力的国内代理商寻找国际价值品牌。其间有LV、GUCCI、FENDI、PRADA、FERRAGAMO等200多个世界著名品牌云集亮相，寻找与中国市场的合作契机。同时还有专业的国际品牌运作机构UTA NEFERTITI国际为洽谈会提供全方位指导与协助。由此，拉开了中国的服装企业进入更为激烈的竞争现实的序幕。

（一）服装产业状况

1. 近10多年来我国服装销售状况

我国服装产业不仅规模居世界第一，而且制造水平也跃居国际主流市场的首位，已成为世界最大的服装生产国、消费国和出口国。据国家相关部门统计数据显示：2007年我国规模以上服装企业累计完成服装产量201.59亿件，其中梭织服装94.56亿件，针织服装107.03亿件，与2006年同期相比分别提高了14.36%、13.13%和15.47%；2007年我国纺织品服装外贸出口总值达1711.7亿美元，出口增长幅度为18.88%；2008年1—5月，我国服装产量增幅较2007年同期回落近8%；规模以上企业个数比2007年同期增加了9.19%，而从业人数仅增加了1.92%，企业平均人数比2007年同期下降了6.66%；2009年我国服装出口维持在1000亿美元左右，降幅在15%左右。2012年通过全行业企业的努力创新，仍实现了外贸和内销两个市场的低速增长，2012年全国百家重点大型零售企业服装类商品零售额同比增长 12.3%，相比 2011 年全年低 8.1%。各类服装零售量同比增长 2.0%，较 2011 年同期放缓 2.9%，是近 10 年的最低增速。2012 年一季度，服装内销基本延续 2011 年四季度缓慢增长趋势，三、四季度内销增速逐步回升。2012 年服装类零售值达到 7021.48 亿元，同比增长 22.91%，显示行业市场容量巨大。整体产业情况是：产业集约化趋势加速，产业集中进一步提高，规模以上企业亏损减少，资源进一步向大型企业集中。2013 年一季度，国内服装销售受节日影响，上半年有较大起色，下半年随着经济回升和促进消费刺激政策逐步显现成效，对国内消费增长起到积极的促进作用，服装消费也呈现逐步增长趋势。

目前我国大陆已小有名气的服装品牌在 2000 家以上，但大大小小的生产厂家却达 10 万家以上。近年来，服装成为消费时尚使得内地大批以职业正装为加工对象的服装企业转型，如原来以西服为主打产品的温州服装业开始大批转型为服装的生产经营；属于内地一线品牌的杉杉、雅戈尔等企业的近年生产订单中，服装的比例达到了 30%，这些品牌在中低档市场的集聚造成了该市场较低的集中度和激烈的竞争。尽管我国暂时还较缺乏高端奢侈服装品牌，但在国内市场和国际市场的二、三线品牌已经开始展开全面竞争，许多我国品牌已经在国外设立专卖店，如 LILY、李宁等在欧美市场开店，波司登、雅戈尔等以多种方式进军国际市场。服装企业进行转型应对市场，服装行业的竞争进入全面的品牌竞争时代。

根据国家统计局数据，2020 年我国拥有 3.4 万户规模以上纺织企业，实现营业收入达到了 45 190.6 亿元，同比减少 8.8%，降幅较前三季度和 1—2 月分别收窄 3.3% 和 20.7%，实现利润总额 2064.7 亿元，同比减少 6.4%，降幅较前三季度和 1—2 月分别收窄 5.7% 和 46.9%，规模以上纺织企业营业收入利润率为 4.6%，较年初 2.2% 的水平大幅改善，并超过 2019 年 0.2%。

2. 我国已出现多个服装产业集群

目前，国内已形成的服装产业集群主要以长江三角洲、珠江三角洲、环渤海三大经济圈为辐射中心。广东、浙江、江苏、山东、福建五个服装主产区经过多年发展已形成众多以生产某类产品为主的区域产业集群。这些服装集聚地产业链完善，已成为拉动当地经济发展的主要动力。

3. 我国服装产业开始由沿海向内地转移

20 世纪 80 年代初起，广东、福建、浙江、江苏等东南沿海地区积极承接来自海外产业转移，获得了产业起步阶段的原始积累，促进了中国服装产业的快速发展。近年来，东部沿海服装产业受到土地成本、能源成本、劳动力成本快速上升和生态环境约束，再加上产业结构优化升级压力增大，加快了向中西部梯度转移的步伐。

4. 我国的服装品牌影响力小

我国作为世界第一大服装出口国，在出口额中 50% 以上为来料加工，30% 由进口国提供商标、款式和纸样进行复样加工，自有品牌服装仅占 10% 左右。全国的服装企业上 10 万家，但主要都是中小企业，品牌建设滞后，缺乏知名品牌。服装的品牌战略首先要解决盈利以保障持续投入的问题，因此，我国服装企业在低成本与品牌战略之间产生了既矛盾又统一的两面；品牌道路是对低成本道路的颠覆，但对于多数企业来说，低成本却又是品牌战略的血液来源。因此，怎么处理两方面发展思路的问题，既关乎现实生存，又关系长远未来。另外，对于中国的服装品牌，还有一个影响要素，就是中国整个纺织服装行业在国际上的整体形象地位的改变，如果中国的服装产业在国际市场上还以低成本为主形象的话，那么，中国服装的品牌梦想就任重道远。

（二）服装产业特征

中国是现在世界上最大的服装消费国，同时也是世界上最大的服装生产国。面对激烈的竞争现实，我们必须透彻分析我们自己品牌的优劣势，做到知己知彼，寻找前进的航标。我国的服装企业从 20 世纪 90 年代一直发展到现在，形成了加工规模大、设备较先进的综合型服装加工工业基地。但目前中国服装行业驰名中国商标数量不多，虽有杉杉、波司登、红豆、罗蒙、报喜鸟、雅戈尔、鄂尔多斯、庄吉、阳光、柒牌等中国著名服装品牌出现，但还缺乏真正意义上的国际服装品牌，主要还是通过低成本优势在与国际品牌进行竞争。整体上我国服装产业仍需持续不断地改变着不平衡、规模大、产量大、水平低、结构差的行业现状。

1. 服装产业整体上发展不平衡

从地域来说，上海、浙江、江苏、广东、山东、福建等沿海地区所生产的产品几乎占据了全国 80%以上的市场份额。而中西部地区的服装产业则还在发展中，许多企业还刚刚摆脱作坊式加工，各服装企业之间的竞争主要还停留在低层面上如价格、款式等方面的竞争，企业的产品销售还是以批发市场的大流通为主。虽近年来服装企业的品牌意识在不断加强，一些大的服装加工企业也开始重视服装品牌的创建，但在不成熟的情况下，花费了大量的人力、物力和财力，有的企业把自己设计师设计的产品不惜代价推向法国，有的服装企业将自己设计的产品推向北京时装周，但是没有获得好的效果。这不得不让我们思考另外一个问题：怎么建品牌？什么时候才能创品牌？一个品牌的创建是需要文化和精神积淀的，它不是一朝一夕的功夫就能成功。品牌创建也应该是多种形式的，不仅设计可以成为品牌，代加工也可以成为品牌。通过比较国内外实际情况，当前我国服装企业的生产能力是比较好的，因此，我们也可以思考创建加工型企业品牌。

2. 服装产业规模很大

在我国能查到名字的服装品牌大概有 3 万多，此外以加工批发为主的中小型企业则更多，体现了我国庞大的服装产业规模。大的服装产业规模对中国的经济有一定贡献度。

3. 服装产量很多

1995 年时，我国就已经成为世界服装出口最大的国家。2003 年我国服装出口约占世界总量的1/4。中国时尚品牌网2012年曾做了"'黄金十年'：中国服装行业加速步入'服装强国'"的报道，称近年来，我国服装行业虽然受到后危机时代全球经济恢复速度放缓、需求疲乏的影响，生产速度呈现逐渐放慢回落的势头，但规模以上服装企业的生产增长能力仍然较强。根据国家统计局数据资料显示，2012年全年服装产量达到274亿件，而2003年，我国服装行业规模以上企业全年完成服装产量98.43亿件，其中，梭织服装产量49.39亿件，针织服装产量47.81亿件，证明2012年的服装加工量是2003年的2.8倍。可见中国是世界服装生产大国。

中国的服装产业可谓是最为浩瀚、最为复杂的一个行业，中国十几亿人口的巨大市场，不同消费层次的人群给不同档次的服装都提供了发展空间。中国服装企业种类繁多，包括针织服装、梭织服装、轧染、印花各类服装企业。中国是世界上最大的服装消费国，同时也是世界上最大的服装生产国。东华大学顾庆良教授在为《中国纺织》杂志写的文章"服装业：当下面临的机遇与挑战"中，以20多年的研究得出一些结论：第一，世界GDP和世界纺织服装贸易的关系是"世界经济增长和世界纺织服装贸易增长之比约为1∶2"；第二，外部世界经济增长1%，中国的纺织服装出口增加将近4.86%；第三，中国纺织出口和世界纺织贸易的关系比约2∶1，即世界纺织贸易服装增加1%，中国纺织出口增加2%。由此可见我国服装产业在世界经济和中国经济中所起的作用。

4. 服装设计水平不高

服装设计水平不高指的就是我们的服装设计水平急待提高，尤其在服装中体现文化的内容偏少，很多设计师还在模仿欧洲、日本、美国的风格，没有针对我国自己的消费者进行需求研究，造成产品生命力不强。另外，中国服装企业的结构链主要停留在传统设计管理的模式上，由于设计手段多停留在纸面放样的落后阶段，设计周期长，试制成本高，造成新产品创新能力弱，新品开发周期长，就不容易发掘适销对路的产品，进而造成库存积压，影响资金周转。服装的新产品周期（设计、成衣到销售）在工业发达国家平均为2周，在美国最快4天，而在我国平均是10周，差距非常明显。这些原因致使我国服装业只能替别人加工高档名牌服装，自己的产品知名度不大。

5. 中国服装产品结构不平衡

从过去的服装市场来看，我国服装主要包括4种产品类型：①低档集贸市场产品，环境比较一般，产品价格比较低，主要面向的是农村低端市场；②超市产品、低档产品，交易环境、交易条件有大幅度改革，价位约比集贸市场的高几十元；③商铺的中档产品，比较适合中产阶层的消费心理，主要依赖款式设计打开销路，但品种雷同的较多，为我国当前的许多服装企业加工的产品；④高档产品，在我国市场上以国外品牌居多，我们自己的品牌非常少，急需加大该类服装品牌研究。整体上，我国当前服装产品结构存在偏差，产业结构有待调整到位与升级改造。

（三）中美双边贸易及投资状况

中美两国在资源结构、产业结构和消费层次等方面的差异性决定了两国经济具有很强的互利互补性。在配额体制的框架之下，中国纺织服装业一直面临着美国范围最广、最为严格的配额限制，承受着比其他供应国家和地区更为严峻的竞争压力。2001 年底中国加入世界贸易组织后，中美两国在纺织品领域的合作不断加强。据中国海关统计，2002 年中美双边纺织品服装贸易总额 72.83 亿美元，其中中国出口美国纺织品服装共 70.71 亿美元，占美国当年纺织品服装进口总额 765 亿美元的 10%左右，占我国纺织品服装出口总额 618 亿美元的 11%左右。中国从美国进口纺织品服装 4.5 亿美元，同比增长 23%，占我国纺织品服装进口总额 143.6 亿美元的 3.1%。据美国海关统计，2003 年 1—5 月，中国出口美国的纺织品服装为 42.55 亿美元，同比增长 54.65%，占全美纺织服装进口总额的 14.13%。这种情况说明，美国对中国的纺织服装产品有相当大的需求。但是，我们应该清醒地认识到，美国随时会动用“特别产品保护贸易条款”“反倾销”等措施对我国纺织品服装产品进行限制。2020 年我国纺织品服装出口总额为 2912.2 亿美元，同比增长 9.6%，增速较 2019 年回升 11.5%，达到 2015 年以来的历史新高，而服装出口额占比却下调至 47.2%。

（四）服装产业面临的困境

中国服装产业正面临越来越大的挑战，各种新型的贸易保护和发达国家绿色标准门槛的提高，加之我国的劳动力成本上升，使得我国服装产业面临技术、人才、企业竞争力、行业综合竞争力的各种挑战。数据显示，目前我国服装产业用工成本面料成本都较东南亚国家更高，国际纺织服装产业已开始向更具成本优势的发展中国家转移布局，而我国许多企业还在小盈利甚至盈亏平衡点上，意味着产业转型升级刻不容缓。

1. 各项成本迅速增高

从服装企业的信息中可以感知，成本竞争导向的企业经营思路直接制约了产业链的健康发展，最近几年局面虽有所改善，但产业链依然没有真正获得健康发展的机会。我国服装业加入世界贸易组织以后，当时主要是依赖于较低的劳动力成本的价格优势，使我国沿海和经济发达地区的服装业发展迅速，诞生了我国现在较为成熟和稍微具备国际竞争力的男装和羽绒服，如杉杉、雅戈尔、波司登、雪中飞等众多的知名品牌，而且集中产生了好几家上市公司，发展了它们的品牌实力，但高的服装成本会给整个公司带来疲软状况。高成本包括原材料上涨，劳动力成本升高，银行贷款利息等。2012 年国内外市场需求疲软，国内原材料和劳动力成本的上升，及财务成本的上涨等系列因素，造成许多公司亏损。资料显示，2010 年，中国服装的进出口贸易毛利率为 5.04%，2011 年该项毛利率降至 4.81%，到 2012 年上半年，进出口贸易的毛利率落为 3.49%。纺织印染的毛利率一直徘徊在 7%~ 8%。而服装加工业务是很难获得利润的。2010 年，中国服装的加工毛利率为 –62.12%，2011 年之后，毛利率为负数的服装加工业务不断缩减，被归入进出口贸易板块。劳动力短缺，直接导致用工成本不断上涨。服装行业工人人均工资上涨，大大增加了企业的经营成本。与此同时，在环保、社会责任等方面，企业所需要承担的责任也日益增加。成本上升、利润空间减少给企业效益持续提高带来一定的压力。一些小企业难以消化快速上涨的成本，生产困难，经营艰辛。此外，大部分产业集群内的服装产品，中低端产品比重较高，成本的上升给服装、纺织的产业集群发展也带来较大影响。

面对严重的高成本问题，中国服装一直在积极寻找新的业务机会。服装在进出口贸易中所占比重不断下降，贸易范围逐渐向农产品进口等新领域延伸。同时，中国服装也在培育高端男装品牌，以此寻找新的利润点。

2. 各地服装产业链不完整

纺织业是服装企业赖以生存的基础，但是各地的纺织企业与当地的服装发展速度不同步，有的明显滞后于当地的服装业的发展，以至于不能及时地适应服装生产商的货物供应要求，许多地方的纺织企业包括不少老牌的国有企业，其加工生产能力还停留在几年前的状态。纺织业发展的水平不高，使得服装企业在采购面料的时候大多把目光集中在外地甚至是国外，使得原料输送距离增长，增加了成本，同时也丧失了当地纺织业的生产优势。因此，在未来相当长的时间里提高纺织品的技术含量、降低成本、以质取胜才是当地纺织业改革的重点。根据国家纺织科技协会的统计分析信息，相当多采购新技术和新材料的企业并非是为了投入生产，而是为了技术压制，致使相当多（96%以上）的研究成果甚至无法成功实现市场转化，造成我国服装质量一直受到限制，严重影响产品质量的提高。

3. 自主设计的品牌数量很少

当前中国企业认为竞争的主导力量是成本而不是设计和新技术、品牌导向和成本导向，一个决定企业的未来，一个决定企业的生存，许多企业还走在生存的道路上。在过去的10多年里，中国市场上已经聚集了一支数量十分可观的品牌大军，如恒源祥、红豆、李宁、雅戈尔、杉杉、波司登、七匹狼等，但我国的服装品牌道路仍任重道远。服装品牌需要一定的沉淀，由于我国服装品牌发展的时间较短，时尚产品竞争的品牌价值还没有体现出来，所以我们的企业仍然沉浸在成本竞争中，这样就要注意防止痛失战略转型的宝贵机会。未来中国服装行业的道路只能有两条：低成本的“巨无霸”与高附加值的品牌设计道路。我国的服装企业基本处于中间空间，所以现在还走得非常艰难。

我国现在还没有自主设计占优势的服装品牌，其根本原因是中国服装设计水准还亟待提高，中国急需培养具有世界影响力的服装设计师，提高我国服装企业的服装设计能力。我国许多企业还在以模仿为主，产品设计风格还没有成形。因此国内的服装企业需要建立完善的设计师培养机制，使有才华的设计师能脱颖而出。现在由于许多人更习惯于自己创立品牌或自己开展设计工作室创业，不愿意在企业发挥才华，使得中国的服装设计水准很难跨越式提升。另外，要想在今后获得更大的发展，还必须加快技术进步（但不一定是最先进的技术，也可以是微创技术），用信息技术武装自己（关键是快和灵活的反应与应用），实现产业升级（主要是从纯制造型企业往市场导向型企业发展）。重视流行信息的作用已经成为推动服装产业时尚化的重要措施，在时尚品牌上升初期，都是从外观设计等次要的、外在的、非技术核心的部分开始的。利用国际主流时装周打造中国自己的设计师很有必要。

4. 行业专业人才数量偏少

对于绝大多数企业来说，人才将是今后一段时间内影响企业发展的关键因素。整体上我国服装行业的人才是非常缺乏的，包括服装设计、生产管理、经营、广告、物流等。因为服装行业多属于民营企业，很多是从“夫妻店”起步的，家族企业色彩仍然比较浓厚，很多企业的战略现状不能给人才提供宽阔的发展舞台，因而吸引不了人才加盟，即使加盟了企业也留不住人才。在一个以人为本的知识经济年代，缺乏专才，对服装行业的发展影响绝对是巨大的。

服装企业分两类，对人才的需求是不同的。纵观过去世界知名服饰公司，其设计与生产总是处于地理上的分离状态，两者之间存在矛盾，不可一视同仁：一类是以生产为主，生产走的是人力成本集约型路线，一般不需要考虑原创，主要是跟随与模仿者，走的是快批模式道路。这样的生产企业不需要原始创作的人力资源，对设计人才也可不做要求，主要是考虑生产技术人才、物流人才、信息人才等，并且需要整合物流渠道，把类似沃尔玛的大卖场经营理念移植到传统的渠道经营过程中，以满足中国中产及以下阶层的时尚生活为主。这样也是在人力战略上与企业的经营战略相适应，是品牌分流的一种方式，因为中国的中产以下的阶层消费升级力量是很强大的。当前我国以生产为主的企业里，除了有服装打版人才外，其他人才在企业里是很罕见的，急需加速培养服装企业所需的生产管理人才、物流人才、网络人才等。另一类是以创意为主，创意设计走的是智慧经营的路线，时尚性质决定这类服装企业的人才使用机制是高度流动性的。已经或打算走原创道路上的服装企业，一定要思考这样的问题：自己到底有没有能力去满足中国快速成长起来的中产阶级的服饰消费能力？现在我国在全球化状态下生长起来的中产阶级有自己的品牌消费理念，因此，不但需要纯粹的设计人才，还需要相应的市场与消费趋势研究人才、市场营运人才。时尚是成本很高的经营战略，要创造条件去满足时尚人士所需要的工作、生活、交际等生活水平的提高。

5. 供需仍然不平衡

国家统计局数据显示，中国服装行业规模以上企业 2012 年的前三季度产成品存货 2569.66 亿元。而根据中国服装协会计算，2011 年，中国服装内销额达 1.4 万亿元，2012 年预计将达 1.7 万亿元。中国服装协会通过对 33 家上市公司三季报进行分析，发现其存货总量为 494.73 亿元，增速基本与销售收入增速保持同步，且为 2008 年以来最低水平，这一现象体现我国纺织服装的产能严重过剩。有些老板说，自己辛苦一年赚来的，都跑仓库里去了。可见中国服装企业的做大，往往伴随着仓库急剧增大的代价。企业的销售翻了好几倍，账上的现金却没见增长多少。由于服装季节性明显，且服装产品更新的速度越来越快，库存问题是当前最令服装企业头痛的问题之一。

2012—2016年，通过“一带一路”的贸易策略实施纺织服装的双循环，到了2017年大大减轻了产品库存问题。同时，2017年后我国纺织服装产业基本完成了一定程度的产业转型，许多企业完成了智能化生产设备的升级改造，但这也意味着企业的生产能力增强，年产能力提高，如果销售不能跟上，企业的生产能力仍然会过剩。

2023年的状况仍然是，一方面企业的订单不足，另一方面却是消费者找不到自己的需求产品。从市场需求角度来看，中国幅员辽阔，经济发展极不均衡，需求多样化，但服装企业对消费者尤其是对不同等级市场产品需求特点的研究不精细，这样就造成企业无法将自己的产品精确或者有针对性地投放到消费者的市场上去。在中国，即使在一个城市中的市区和郊县的消费者满足程度都不同，如大城市消费疲劳，而三类以下的城市却相对处于消费热点有些偏离的状态。服装企业对广告、传播、裁剪款式、生产管理比较在行，但是不去研究市场，抓住市场热点的能力不强，对市场上的销售环节显得力不从心，没有找到一条适合中国国情的业务发展道路，对年生产量的估计是盲目的，不具有做到快速建立品牌规模的能力。市场经验的局限和研究的亏欠导致相当多的企业生产出来的产品满足不了市场需求。中国服装企业的供应侧与消费者的需求侧之间仍然不平衡，体现在企业等订单，消费者却买不到称心如意的服装现象。

6. 公司组织与经营相对滞后

我国当前的企业不建立与自身的具体经营业务等相适应的公司制度，企业将会面临越来越大的生存和发展压力，来自设计、制造、销售、品牌、终端的全面压力才刚刚到来。

一个公司好比一个组织，其中的方方面面必须建立得十分全面，这样才可能健康长久地发展。但是我国企业大多是从低成本价格竞争走过来的企业，在过去根本没有也不需要很完善和科学的经营组织。随着企业的资本快速繁殖与扩张，会很快发现效益难以提升，“口头管理”已经应付不了企业的规模发展，计划、物控、生产与迅速扩大的生产能力严重不适应，大量尖锐矛盾暴露，必须建立全面的服装企业组织机构。组织是人才与经营模式的结合，组织质量高低直接决定企业的制度和销售绩效。组织问题不是单一问题，需要相当的建设时间。相当多的服装企业，部门设立存在不科学或者不健全的情况，如国内的服装企业缺乏完善的设计师培养机制等，这直接导致了人才的外流，缺少高水平的服装设计人才和管理人才制约了服装行业的发展。公司普遍缺乏先进成型的信息研究与市场推广机构，企业产品与设计的落后与信息尤其是时尚信息滞后有相当大的关系，成长型的公司，原创能力不需要太高，可以慢慢养成，但作为跟随策略的一个关键环节，对市场信息尤其是对流行时尚信息要有足够的把握能力。现在温州、深圳等地的服装企业开始每年派人在巴黎、伦敦、意大利、纽约、东京、西班牙和我国香港等时尚之地穿梭，广泛地收罗时尚信息。有时也许一个信息就可以使一座工厂的设计水平提升数倍，这就是信息的力量。

就目前来看，部门的健全无疑增加了企业的运行成本，但从公司的利益出发，站在长远的立场上来看，健全公司部门和其职责势必会增强企业未来在市场上的竞争力，也更能留住人才。这之间的成本与收益平衡过程需要与具体的业务规划相结合。中国服装企业面临的压力主要来自从纯制造型企业向市场型企业的经营导向的转变。信息和销售是未来的竞争核心，也是品牌实力的主要表现内容。

（五）服装产业面临的机遇

尽管现在的中国服装产业遇到一些困境，但发展机遇还是明显的。

1. 服装产业集群效益已开始显现

为了推进地域经济发展，各地政府积极打造产业集群地建设。据资料显示：参与中国纺织工业协会统计的产业集群有 142 个，主要集中在东部沿海经济发达地区，以长三角、珠三角、海西地区和环渤海地区为主，特别是江苏、浙江、福建、山东和广东五省。近年来随着中西部经济的发展，纺织服装产业开始有计划地逐渐向中西部地区梯度转移，并开始在中西部形成一些产业相对聚集的地区。随着产业集群的规模壮大，各地服装产业集群效益已开始显现：各产业集群地的政府积极推进公共服务平台建设；产业集群的基础与配套设施日益完善；涌现出一批优秀的服装品牌企业，起着示范和带头作用，推动产业集群的优化升级，促进产业集群其他企业也健康发展。

2. 人均收入增长是服装消费的动力

居民收入的提高刺激了对服装的购买能力。中国是服装消费大国，中国持续增长的居民人均收入，是支撑服装市场庞大需求的最大动力。中国居民服装消费需求的增长速度，甚至还要快于人均收入以及 GDP 增长。据国家统计局数据，2003—2009 年，中国城市家庭用于服装方面的人均消费已由 593.99 元增长至 1224.08 元，年复合增长率达 12.8%。随着中国老百姓收入的增加，服装消费总量随之增加，同时生活水平的提高必将带动消费结构的升级，消费结构升级又直接导致销售模式的变化。所以，面对消费总量攀升的趋势，诸多企业将面临销售模式创新的考验。服装消费总量的扩张与服装消费结构的升级将使企业有更多模式选择，有基础和有条件的服装企业一定要提前制定和实施产品升级的战略性规划，本土奢侈服装品牌诞生的条件已经基本具备。中国时尚市场的不平衡特征，决定了中国顶级服装品牌一定是具区域性特征的、体现中国特色的。

3. 充足的人力资源是企业发展的优势

服装业是典型的劳动密集型产业，所以充分利用好人力资源是支撑服装产业的关键。从劳动和社会保障局发布的 2005 年十大行业人工成本信息来看，服装纺织业的成本是最低的。过去我们利用廉价的劳动力资源促进了服装产业的迅速发展。但2007年世界经济危机后，我国劳动力成本明显上升，这种低成本竞争的服装业逐步失去竞争优势。企业的发展首先要依赖高素质人才，人才的需求首先要与企业的发展战略相关。当前企业急需产品研发、品牌战略与营运、生产管理、销售、物流等专业技术人才。而在我国高校中，服装专业人才的数量达100万以上，仅现在服装专业的在校学生就达10万以上，可见服装人才数量很大，无疑为发展服装行业提供了丰富的人才库。据调查，全国还设有服装科研机构百余家，这些都是未来支撑中国服装企业品牌战略的根基。

4. 中国的棉花与化纤价格逐步在影响服装的外销

中国的服装乃至整个纺织行业的国际地位的崛起，首先取决于我们自身产业的程度。我们以前的大而全、小而全的纺织服装产业对国际行业产生的影响力有限，无法实现国际品牌梦想。

产业地位如何提高，我们的棉纤维价格起着重要作用。我国是棉花和化纤的生产大国，同时也是消费大国，我们的棉花和化纤价格现已影响国际价格走势，这对于我国服装外销成本和价格有着重要的意义。因此，中国的服装产业必须与原材料产业进行联合或者整合，形成合力，从而产生更大的影响力。其中行业协会与产业资本杠杆的作用将是影响这种整合的关键力量。

5. 协会的联合力量已显现其价值

中国的服装产业从整体来说，已经排在世界前面，但是从整体竞争能力上来看与国际先进水平还相差很远，尤其是盈利能力较差，要改变这种行业现状，行业协会等联合方式是必然选择，而且这种作用已显示出明显价值。如浙江企业尤其是温州服装企业协会在联合信息获取与提供、联合设置设计机构、联合采购、联合销售促进、联合造势等方面走在全国的前列；义乌的服装企业协会在产业集中、信息与网络共享、销售联盟、科技合作等方面引导着义乌服装业蓬勃发展；广东的家居服装做得风生水起，在国内已产生较大影响，这是中国纺织工业联合会、广东服装协会及各地区服装协会共同努力的结果。中国的服装产品尽管在品牌的道路上还有很长的一段距离要走，但是，企业的经营理念却已经激发了这种产业群的战略价值。事实上，在江苏、浙江、广东等地的行业协会正在将资源源源不断地输送到各地区，增强各地区、各企业的市场竞争能力。

6. 纺织服装行业对外投资出现新变化

商务部快报统计数据显示，2020年我国纺织服装行业对越南、柬埔寨、缅甸、老挝与泰国的投资额为2.72亿美元，占全年纺织服装行业对外投资总额的37%。以前纺织服装企业较少投资的泰国，一跃成为纺织服装行业对外投资目的地的第七位。而我国纺织服装行业在2013—2019年的7年间对泰国的总投资额只有1135万美元，在2020年，1年中我国纺织服装行业对泰投资额为1411万美元，超过了前面7年的总投资量，体现出泰国成为我国纺织服装行业呈正增长的投资目的地之一。其他一些地区如英属地的维尔京群岛和新加坡的市场作用在逐渐减弱。

第三节 中国服装产业发展趋势

当前是我国服装产业面临转型升级的关键时期，企业升级主要体现以下几点（图 1–6）。

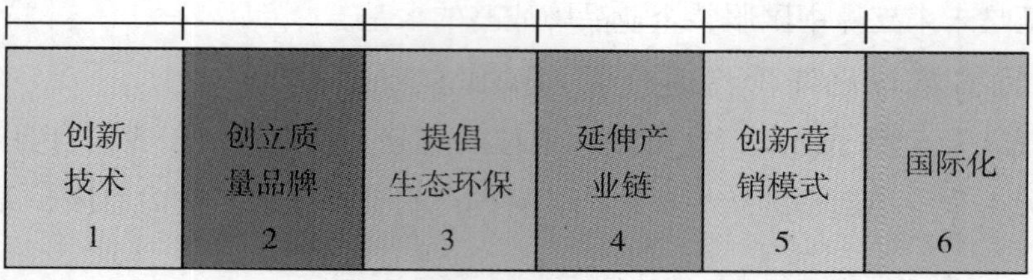

图 1–6 服装产业转型升级的方向

一、我国服装工艺未来的发展走势

我国以前是典型的以服装加工为主的国家，现逐步在实现企业的品牌化。在这个过程中，服装加工业仍在我国服装产业中占据重要地位。追求先进的服装加工业发展是我们的主要目的。未来的服装工业发展体现如下趋势。

1. 逐步实现企业生产系统的自动化与一体化

企业已有了许多部件生产的自动化设备，如自动开袋、自动上袖、自动裁剪机、自动熨烫机、自动折叠机等，当前从服装产品的整个流程分析，企业有逐步实现多个生产环节自动化的趋势，如有企业开发的衬衣从裁片进入设备后就直接成衣出机的衬衣自动成型的一体化成衣设备。

2. 逐步实施快速反应生产系统

许多企业已实施机动的工艺流水线，可灵活地拿衣片缝制而不干扰生产的有序性。对于企业的定制业务，企业已可设计模块化的短流程生产线，保证少批量多品种的产品生产，有助于企业的业务全面发展。

3. 逐步实现由成衣流水向单件流水转发

单件流水可随时启动生产，减少工序加工中出现的停顿时间，实现生产的连续性，减少加工时间的浪费，提高生产效益和降低生产成本。

4. 向精细化功能化加工工艺转型

随着人们生活水平的提高，人们对服装的品质要求越来越高，如线迹、密度更加精细，服装结构更体现舒适性和功能性设计，缝制要求越来越科学等。

5. 更加利用数字化来进行服装生产加工

许多企业已开始应用 CAD 技术，加速服装款式设计和版型设计的速度，减少铺板、划粉等裁剪的流程和工序，降低误差，大大提高效率。

6. 向无缝缝纫方向发展

立体缝制成型是科技发展的必然趋势。由现在少量三维缝制，如袜子、手套等缝制逐步发展多种服装的三维成型工艺和技术，实现更符合人体的无缝缝纫的目的。

二、我国面料发展趋势

人民生活水平的不断提高促使人们对服装的需求发生重大变化，从一般的生活着装逐步追求舒适性、功能性的着装，对面料的要求相应发生变化，现在更多地追求面料的柔软手感、良好悬垂性和适体性。如内衣，人们在追求舒适的同时要求其能最大限度地展现人体的曲线美，有人开始把内衣外穿，跨出了针织服装外衣化的第一步。外衣面料追求越来越细的纱线，甚至是纤维成布的精细味道和洗可穿、挺括大气的高档品质，从面料上就体现出服装的时装化、民族化、个性化、休闲化、功能性、舒适性等特性，促使面料趋向更加超细化和弹性化方向发展。

1. 多种纤维混合

原料的组合方式多样化，既有传统的棉、羊绒、羊毛、蚕丝、绢丝、麻等纯天然纤维，又有绢丝、蚕丝、羊绒、毛、棉、麻等天然短纤维的混纺针织面料，亦有天然纤维与新型的纤维素纤维、涤纶差别化纤维、氨纶弹性纤维的混纺。混纺形式体现天然纤维与合成纤维的微观混纺，纤维混纺、纱线的交织等。

2. 新型纤维

比如莫代尔纤维、天丝、竹纤维、牛奶纤维、大豆纤维、天然彩色棉麻类纤维、甲壳类纤维等各种利用天然资源开发的绿色纤维以及科技含量较高的差别化纤维、功能性纤维、弹性纤维等。

3. 多层组织结构

电脑提花、珠地纹组织、菠萝纹组织、透孔网眼组织、蜂巢组织、圈绒组织、罗纹组织、双面凸纹组织、双层填芯、百叶叠加组织、立体织造的多层组织等。

三、三次生产力工业革命给服装产业发展的思考

第一次生产力工业革命是由泰勒的“科学管理”带来大幅提升体力劳动者的生产率而掀起的，使社会物质财富迅速集聚的同时，社会的阶级结构也由充满斗争与仇视的“哑铃型社会”转型成为相对稳定与和谐的“橄榄型社会”。

第二次生产力革命是由知识社会的来临、知识工作者的群体迅速壮大而掀起的。美国1959 年靠知识而非体力谋生的人超过体力劳动者。德鲁克预计，这个社会转型要到 2030 年才能彻底完成。德鲁克认为，通过学习提升组织的生产力，不但“消耗”大量的知识群体，且创造出大量的新增知识工作的需求，整个社会开始转型为“后资本主义社会”，社会不再

由政府或国家的单一组织管理或统治，而是由知识组织实现自制的多元化，多权力中心化，政府中越来越多的社会功能不断分包给各个独立自治的社会组织，而众多的社会组织，几乎为每个人打开了“从底层向上层”的通道，这就意味着每个人都可以通过获得知识而走向成功，每个企业都可以通过获得知识而走向辉煌，这就催化了一个竞争空前激烈的社会。

第三次生产力工业革命是由信息的爆炸，使得本来极其有限的顾客心智更加拥挤形成“选择的暴力”而掀起的。政府、经济学家、企业为刺激消费，扩大市场，生产出众多的产品让消费者眼花缭乱和无所适从。特劳特认为，消费者选择太多与心智有限，给组织社会带来空前的紧张与危机，因为组织有限的目的，不在于组织本身，而在于组织以外的社会成果。因组织的成果未被纳入顾客的选择而变得没有意义甚至消失。换句话说，在顾客的心智中，针对竞争对手确定最具优势的位置，从而对品牌胜出竞争赢得优先选择，这就是组织需全力以赴抵达的成果，也是组织赖以生存的唯一理由。

从产业的战略的角度看，美国社会主流经营哲学“A（America）”的聚焦“由狭窄而深入”模式远比日本企业主流经营哲学“J（Japan）”提出的“由宽远而浅显”的模式要强得多。我们的服装产业发展也应有所参考。

四、互联网思维，重塑传统企业“价值链”

著名管理学家迈克尔·波特在企业经营管理方面提出了“价值链”理论，如图 1–7。这种价值链对以工业为重点的产业价值进行了全面概括。

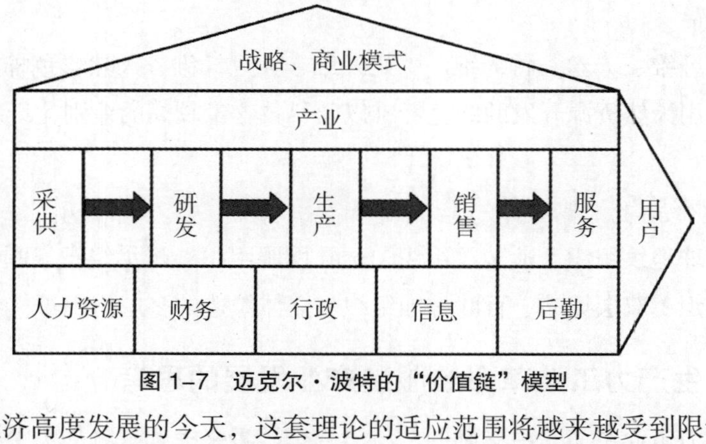

图 1–7 迈克尔·波特的“价值链”模型

在互联网经济高度发展的今天，这套理论的适应范围将越来越受到限制。互联网的发展，使得大数据、云计算、社会化网络等技术成为基础设施，用户和品牌厂商之间得以更加便捷地连接和互动，不再只是销售和服务人员去面对临时终端用户，用户越来越多地参与到厂商价值链条的各个环节。那么，在互联网时代，为了更好、更快地满足用户需求，传统的“价值链”模型就会被互联网技术和思维重构，经过互联网化改造的“价值链”如图 1–8。最终变成互联网化的“价值环”，如图 1–9。

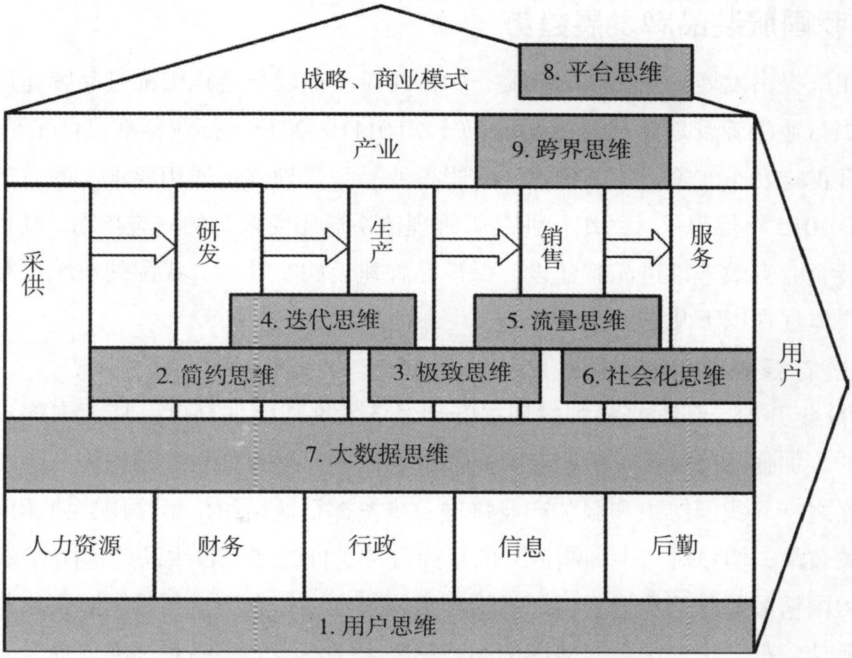

图 1-8　互联网思维的企业新“价值链”模型

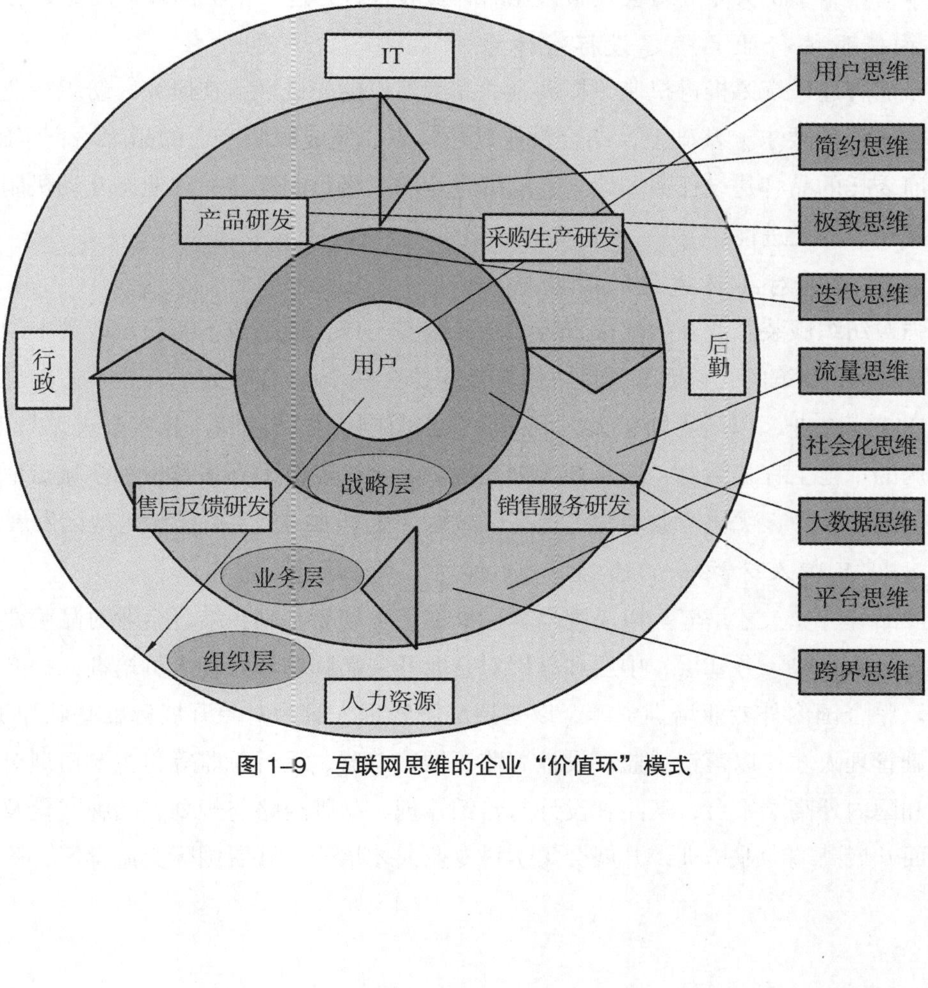

图 1-9　互联网思维的企业“价值环”模式

五、我国服装品牌发展趋势

随着我国提出发展自主品牌的战略，中国纺织工业联合会积极推进品牌建设，组织制订的《纺织行业品牌管理体系通用要求》（FZ/T01119–2013）行业标准已由工信部于2014年3月1日正式发布实施，为了推进《纺织行业品牌管理体系通用要求》的有效运行和正确实施，于2015年推出了《纺织行业品牌管理体系通用要求》的实施指南，其目的是促进纺织、服装企业有效地推进品牌建设，保证品牌建设的实效性。我国的纺织、服装品牌发展趋势主要体现在以下几点。

1. 打造百强服装品牌企业

从2009年开始，我国将品牌发展提升到经济发展战略的高度，从而来逐步实现品牌强国的目的。加强品牌宣传，巩固和提高品牌意识，发展百强企业是国家“十二五”规划的重点战略之一。我国纺织和服装产业将进一步发挥行业组织桥梁作用，协调国家各部门颁发的有关政策，加强对“中国制造”的正面宣传，推进多家自主品牌抱团开拓国际市场；支持大型中国精品品牌逐步进入国际高端零售网络渠道；邀请重要的国际买家与媒体参与国际交流活动，提高中国国际时装周的国际影响力；逐步完善品牌标准，提升品牌企业的核心竞争力，组织扩大专业协会发布行业品牌发展报告，进一步巩固和提高品牌意识。

2. 构建服装行业品牌建设标准体系

健全品牌建设统筹推进机制，提高企业品牌建设的先进性。在研究《纺织行业品牌培育管理体系通用要求》基础上，结合行业领域特点，完成服装产业的品牌培育实施指南，完成政府委托的品牌建设任务，建立与品牌企业的联络员制度和品牌业态互动机制，提高企业品牌建设的先进性。

3. 提高政策对品牌建设的时效性

加强对纺织服装企业开展政策宣传和辅导服务工作，使企业不断获得政策上的资金支持，提高企业对政策的受益面和程度。我国纺织协会在2014年确定的首批重点辅导跟踪企业覆盖111家企业，以后不断扩大区域品牌试点范围，总结经验，扎实推进，与工信部、质检总局的示范工程相结合，逐步扩大创建区域品牌试点范围到多省份和多城市地区，不断将打造地方名片、优化产业结构、提高区域综合竞争力的重要举措纳入地区发展规划。

4. 拓宽品牌人才培养的途径

开展品牌专业人才培养。以品牌培育标准宣传贯彻为基础，结合企业对品牌建设的需求和国际品牌趋势，分基层、中层和高层对企业开展品牌培育管理人员培训，提升品牌培育能力。整合国内外专业培训资源，以基层品牌管理人员为对象开展标准基础知识培训，培养基础管理人才；以营销总监、设计总监、推广总监、运行总监等为主要培训对象，依托高校和国内外高端平台，从品牌设计与营销管理、品牌战略与规划、品牌文化及宣传推广等方面开展高端专业培训，开展交叉学科专业人才培养，开展国际交流学习，培养国际型高级品牌管理人才。

5. 大力推进品牌培育管理体系构建和品牌文化建设

提升品牌创建能力，推进品牌国际化。加强品牌建设的数字化、信息化建设，抓好虚拟（线上）和现实（线下）两个平台的技术与管理。引导不同类别的服装企业在不同阶段开展品牌创建、运营和维护提高活动，跟踪培育的品牌企业个性化需求，开展品牌合作，营造有利于自主品牌发展的商业环境，挖掘企业的文化资源，丰富企业品牌文化内涵，推进品牌国际化。

六、我国服装产品对美国的贸易及投资趋势

美国的服装市场巨大，我们要努力去挖掘美国的大宗品种市场潜力，要认真研究和分析竞争对手的优势和动向。美国的消费者非常注重生产服装产品的国家有没有违背劳动法、环境保护法。所以，中国的企业应注重自己的工作操作环境，进一步提高美国购买商与消费者对中国服装产品的信任度。美国政府通过的对华纺织品贸易保障措施的实施程序，无疑会影响我国低价格服装产品。因此，中国的服装企业只有实施服装品牌战略，提高产品附加值，如培育一批自己的优秀服装设计师来研究和设计服装，或者与国际服装设计大师结成联盟，逐步拓展美国市场。中国的企业向美国出口时，应该注意美国市场对服装进口主要品种的变化和需求信息，以便及时调整服装品种和产品价格。资料显示我国以前在美国消费量最大的是棉质针织衬衫、棉质裤子、化纤质针织衬衫和化纤质裤子等。在这些品种中，墨西哥的产品占据了20%以上的进口份额，其他国家和地区只是在个别品种上占有优势。中国在359类（其他棉质服装）的进口市场上分别占有较大的份额。所有配额取消后，中国应该在各种品种上采取不同的销售策略，密切关注美国经常变化的政策，提高预警能力。中国的纺织服装企业在美国投资要特别注意的地方有：要研究和了解美国政府和地方的法律，学会用法律保护自己的合法权益；密切注意美国的有关纺织品服装的相关政府组织的法律权限。企业通过规模化收购进军美国市场是最好的途径。中国的纺织服装企业要想在美国立足，必须要“变成”美国土生土长的纺织、服装企业，要及时地加入美国纺织服装行业的相应专业协会和协会组织的各种交易会、技术交流会等活动，聘请当地有经验的人做地区销售经理，积极进入美国的批发圈，通过物流渠道拓展美国市场。

七、中国针织服装产业发展趋势

我国针织服装产业从2000年开始改写了以前的连续9年的行业效益下滑趋势，再到2008年间的针织行业全面复苏，生产、销售、利润一直保持着同步增长。数据显示，“十五”期间，针织行业年增长率达到22%，居纺织行业之首；针织服装的出口总额占服装出口总额的50%；针织工业总产值已超过纺织工业总产值的10%，针织工业成为“十五”期间纺

织行业中发展最快的产业。同时，在针织产品出口方面，针织行业以量为主的出口模式也在悄然变化。从海关统计数字可以看出，2006年我国针织服装出口已经出现新变化，针织服装及附件累计出口创汇达到449.01亿美元，同比增长了45.44%；针织服装累计出口数量达到181.51亿件，同比增长了24.85%。更令人关注的是，针织服装出口的金额增长幅度已经高于数量增幅20.59%，出口平均单价达到2.18美元，比上年的1.82美元提高了19.8%。新型化纤原料的不断问世和对现有纤维的改性处理，针织设备的电脑控制和计算机辅助花型设计，以及针织物后整理加工技术的提高，都促进了针织产品开发性能的提高。

（一）增加面料的环保性

目前，针织面料对环保的要求越来越严格。在各种绿色壁垒的冲击之下，研究新型环保针织面料不仅是时代的要求，更是企业生存发展的要求。市场上一些新型环保型纤维已经出现，如：采用欧洲的榉木，先将其制成木浆，再将其加工成的莫代尔（Modal）纤维，做成服装后对人体无害，并能够自然分解，对环境也无害。它集棉的舒适性、粘胶的悬垂性、涤纶的强度、真丝的手感于一体，经过多次洗涤以后，能保持柔软和光亮的色泽。针织工艺将纤维与针织本身柔软蓬松、高弹舒适等特点相结合，使二者的优越性能相得益彰。在针织圆纬机（大圆机）上，采用莫代尔和氨纶裸丝交织的单、双面针织面料，柔软滑爽、富有弹性、悬垂飘逸、光泽艳丽、吸湿透气，并具有丝绸般的手感，用该种面料设计的时尚服饰，能最大限度地体现人体曲线，雕塑出女性胴体的性感和魅力，是前卫时尚族青睐的高品位针织服装。此外也非常流行天丝与氨纶裸丝交织的针织平针组织（汗布）、罗纹、双罗纹（棉毛）及其变化组织的面料，质地柔软、布面平整光滑、弹性好，产品风格飘逸，具有丝绸的外观，悬垂性、透气性和水洗稳定性良好，都是设计流行性紧身时装、休闲装、运动装的理想高档面料。

（二）增加面料的功能性

回望中国针织内衣市场的发展历程，无论是文胸的曼妮芬、爱慕，还是常规内衣的三枪、宜而爽、华金，抑或保暖内衣的俞兆林、顶呱呱、南极人、北极绒、猫人、暖倍儿、朵彩等，这些企业的快速崛起，取决于这些企业对市场和消费者需求的及时把握，从常规内衣逐步向美体内衣、保暖内衣、家居服、健康内衣等产品转变。近年来在针织内衣市场上演的“生死时速战”，已经让一大批中小企业在喧嚣中被挤出市场，来自浙江、山东、广东等众多产业集群中的企业命运，都表明内衣行业的暴利时代宣告结束，企业依靠市场机会和资源获胜的概率已经越来越小，依靠技术创新和品牌创新获胜的时代已经来临。据了解，像吸湿吸汗、除臭、保暖、透气和快干等功能的针织面料与常规针织面料相比，附加值至少提升50%以上，有的甚至达到100%，这就在考验着针织企业的科技创新能力。针织面料，常规的产品卖到几十元每千克，而新型的面料可以卖几十元每米，而且还供不应求。

（三）完善加工基地的产业链

中国针织名城浙江义乌，拥有八大类的针织品生产和加工能力，其中袜企 1500 余家，内衣企业 350 家，拉链企业 230 余家，花边企业 10 余家，织带企业 400 余家，生产规模居全国第一，其中袜业和拉链已分别成为义乌针织产业的优势。由于企业发展太快，而相应规模的针织行业原材料市场却没能与之配套，制约了义乌的进一步发展。可见，完善针织服装的产业链，打通针织产业顺利发展的通道，是促进我国针织服装产业迅速发展的措施之一。

（四）推广企业的品牌建设

我国针织服装市场的激烈促销战与价格战，造成了利润空间严重缩水的弊病，也并没有在消费者心中产生强势品牌效应，反而使产品的生命周期严重缩短，市场被严重透支。现在更多的针织企业在市场运营中已经清晰意识到品牌推广的重要性，已开始针对不同品牌确定企业的定位和核心价值，使得产品的创新不仅体现在面料、款式、颜色、产品的层次化结构上，而且体现在产品的包装、终端形象上，最终使品牌成为企业的终极竞争力之一。

（五）增加设计内涵

随着科学与信息技术的飞速发展，人与人之间的交流日益密切，服装的“全球化”和“民族化”趋势日渐突出，例如法国时装、意大利时装等都还具备一定的知名度和影响力。中国的传统服饰文化历史悠久，花鸟印花、图腾刺绣、盘扣绲边等，都是针织服装设计可以借鉴的元素，而针织服装的民族化更是体现在款式民族化、色彩民族化以及图案民族化等各方面。

（六）加剧针织服装的外衣化

针织服装外衣化愈演愈烈。首先，针织服装质地柔软、吸湿透气性能好，具有优良的弹性与延伸性，能满足人体各部位的弯曲、伸展需求，穿着舒适、贴身合体、无束缚感，并能充分体现人体曲线。同时，针织面料具有各种各样不同的组织和花纹，完全能够满足外衣化生产的需求。不同的针织外衣可以采用不同的组织、不同的纱线来生产，以达到满意的设计效果和服用条件。而且，随着国际服装潮流如“韩流”的入侵，韩式针织衫成为年轻女性的首选，使针织服装外衣化程度加剧。

综上所述，针织服装将继续朝着时尚、舒适、功能、环保的方向发展。

八、“十四五”时期我国纺织服装行业的发展重点

“十四五”时期，我国经济发展的主要目标是为全面建设社会主义现代化强国开好步，

布好局。纺织服装行业将立足我国现代化建设的发展新目标，在基于国内大循环格局下，逐步推进国内国外“双循环”的经济发展格局。纺织服装行业在“十四五”时期将推动高质量发展战略，重点体现：①坚持自主自强的科技创新发展战略，推动产业基础高级化。加快纤维原材料的自主创新及配套装备革新,补齐纺织服装产业的短板。坚持提升绿色制造能力，打通可持续发展的路径。发展高端纺织产品，提升产业链、价值链分工地位。发展功能性、生物可降解化学纤维新材料，提升产品的性能与品质，强化基础纤维材料的优势，更好满足全面小康社会的消费者需求，打造多领域、多元化、多层级的消费者应用需求体系。大力发展纺织智能制造，持续优化生产效率与生产模式，保障产业稳定、安全发展。②坚持深化供给侧结构调整与改革，强化对需求侧的引导作用，推进纺织服装产业体系的现代化。大力优化纺织服装产业链结构，提升纺织服装产业体系的价值创造能力。以国内大循环格局为核心立足点，推动产业区域结构优化调整，努力促进纺织全产业链的产品品牌化发展，以卓越的产品研发、创新设计、生产智能化制造和配套服务为基础，主动提升对消费市场的引领作用和掌控能力，助推自主品牌不断发展壮大。

第二章

服装创新设计

科技创新是提高社会生产力和综合国力的战略支撑，必须摆在国家发展全局的核心位置。

我国一直强调实施创新驱动发展战略，这是我们党和国家放眼世界、立足全局、面向未来做出的重大决策。

服装创意和创新是服装产业发展的原动力，也是服装产业可持续性发展的基础。创意，即创作的意图，是指创作所要达到的目的。创新就是利用已经存在的自然资源，或者社会要素去创造出新的矛盾共同体的人类行为，是对旧有的一切进行的替代或者覆盖。服装创新设计可通过服饰文化、工艺、面料进行创新，也可实施服装的功能创新设计等。

第一节　服饰文化的服装创新设计

一、中国的服饰文化

中国具有悠久的传统服饰文化，周王朝时期，社会以服饰文化为代表的文明发展已到了一个新的高度，它为我国被誉为“衣冠王国”“礼仪之邦”奠定了良好基础，对后世产生了深远的影响。《易经·系辞》记载：“黄帝、尧舜垂衣裳而天下治，盖取诸乾坤。”周朝确立了上衣下裳的基本款式。商周时代主要是上身穿衣、下身穿裳，且上衣衣领开向右边，腰上束缚着一条宽边的腰带，肚前有一条用来遮盖膝盖的蔽膝。秦始皇统一六国后，建立了各种政策制度，接着又确立了其他各种制度，其中包括衣冠制度，推动了服装装饰的变化。秦始皇废弃了周代实行的六冕之冠，用高山冠、法冠与武冠来显示不同身份，且使用不同的袍服与绶带。到了汉朝，确立了中国完整的服装服饰制度，染织工艺、刺绣工艺和金属工艺发展较快。汉代服装的外衣领大而弯曲，袖宽一尺二寸，里料为白色面料，腰带考究，带钩常为金制兽形，如螳螂形或琵琶形。唐朝的服饰发展到了一个新的高度，女可着男装，开放时尚，女性尊尚红色，图案回归自然。宋朝服饰大体沿袭唐朝服饰，简洁质朴，其特点是修身适体。宋时不论是皇亲国戚等权贵，还是普通的老百姓，都流行着直领和对襟。元代的服装充分融合民族元素，其贵族女子袍式宽大，袖身肥大，袖口收窄，衣长拖地，走路需要提拉。明代的服饰是头戴乌纱帽，着盘领袍，背有补子装饰，旁有插摆。清代夏天朝服是披领及袖俱，两肩前后正龙各一，腰帷行龙四，披领行龙二，袖端正龙各一，头戴翎冠，内着蟒袍，外加衫服，开衩内露的是衬衫。

改革开放至今，中国传统服饰被中国设计师不断传承创新，作为服装专业人士，更应该将中国的服饰元素继续传承并在现代服装设计中进行创新应用（图 2–1）。

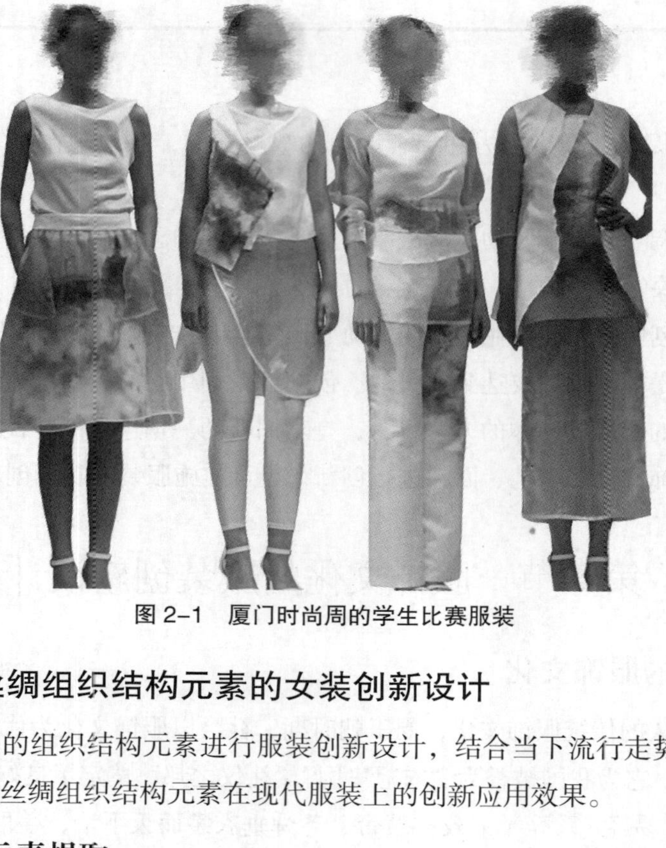

图 2–1 厦门时尚周的学生比赛服装

二、楚国丝绸组织结构元素的女装创新设计

运用楚国丝绸的组织结构元素进行服装创新设计，结合当下流行走势，创新设计出 4 套服装，展示楚国丝绸组织结构元素在现代服装上的创新应用效果。

（一）设计元素提取

楚国丝绸服饰中的提花织物织线繁复，色彩多样，尤其以楚锦与楚绦显示的花纹更为凸显。江陵马山一号楚墓中出土的大量织物工艺精湛，保存良好，其中的组织结构纹样与既有资料吻合，翔实可查。根据出土文物的完整图案进行创新设计，将江陵马山一号楚墓中的考古资料图案即 D 型大菱形纹锦、六边形纹绦、小菱形纹锦、凤鸟凫几何纹锦进行元素提取，并对 4 种组织结构的相关纹样与描述文字进行创新设计。

（二）设计元素应用

将组织结构中的 D 型大菱形纹锦、六边形纹绦、小菱形纹锦、凤鸟凫几何纹锦纹样进行二次设计创新，旨在保证原有纹样文化内涵的同时，通过对纹样的重组、简化、切割与排列，并结合色彩设计、版型设计、面料设计，最终达到多组复合式效果的服装创新设计。主要将楚国丝绸服饰的组织结构元素应用在成熟女性的时装设计中，成衣适合 36～50 岁的成熟女性穿着，体现她们的稳重大方，舒适得体，且具时尚效果。

1. 组织结构纹样创新设计

对 4 种组织结构纹样进行创新设计，选取考古文物资料图、复原图与考古文献中对“挂经”的文字描述段落，将其作为设计来源，结合设计理念开展创新设计，画出初期设计效果图，整理出原图、设计方法、理念与设计图的对比效果图，如表 2–1。

表 2–1 组织结构元素对比设计效果

名称	原图	设计方法	设计理念	创新设计效果图
D 型大菱形纹锦	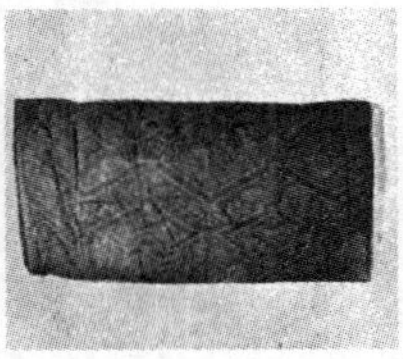	几何重组法	在保持大菱形图案内容外形基本不变的基础上，提取小菱形图案分别重组进空白菱形狭框内，并最终进行几何化处理	
六边形纹绦		切割分散法	将小六边形轮廓切割进行分离，从而进行重新排列，并对其外侧菱形架构重新打散组合成新型大四边形	
小菱形纹锦		文字提取法	对描述小菱形纹锦的经纬线排列方式的“挂经”一词的文字解释进行提取	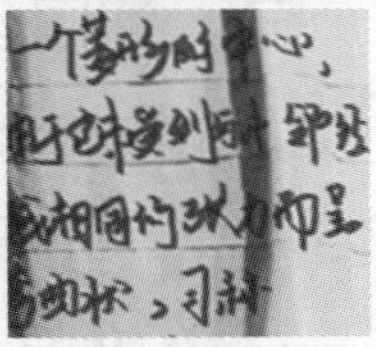
凤鸟凫几何纹锦	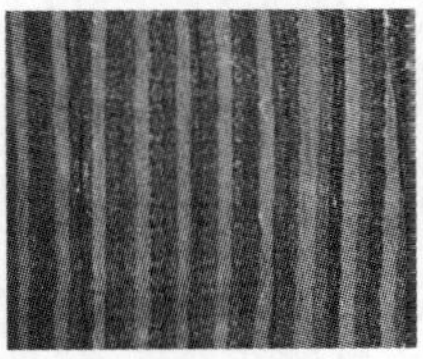	直角排列法	将凤鸟凫几何纹锦中不同色块分别截取，通过各自呈 90° 的排列方式进行创新设计处理	

2. 组织结构元素的女装创新设计

组织结构元素经过面料纹样设计后，继续将其与现代服装潮流与取向进行结合。完成现代服装的款式选择、面料选择、色彩选择及组织元素的纹样设计。

考虑到楚国丝绸服饰原有的大气庄重之感，与之一脉相承，设计时也应考虑现代女装设计中较稳重的造型，选取 H 型廓形，并增添下摆的不对称剪裁、叠加处理与多款式袖部造型。因组织结构设计纹样本身自带楚国传统的红棕色、黄棕色等暗色调色彩，需搭配优雅高级的本白色面料，与红色产生色感对比，并利用精湛的结构、手绘等技艺，形成中年都市女性时装形象的反差力学与美学；最后根据设计进程进行设计图案的装饰分布，完成应用组织结构元素的春夏女装创新应用设计的服装效果图，如图 2–2。

图 2–2　运用组织结构元素的春夏女装创新应用设计效果图

三、楚国丝绸色彩元素的女装创新设计

运用楚国丝绸的色彩元素进行服装创新设计，结合流行趋势，创新设计出 4 套服装，展示楚国丝绸色彩元素在现代服装上的创新应用效果。

（一）设计元素提取

楚国丝绸服饰研究认为，其色彩元素来源于三方面，即五色体系、先祖情怀与楚巫文化。其中的先祖情怀与楚巫文化直接影响了楚人偏好红色，而五色观则将阶级统治的政治分化内涵注入了色彩偏好体系中。楚国色彩不仅有绿、红、碧、紫、骝黄这五方色，更有几十种间色。创新设计时着重提取深赭、靛蓝、淡黄、茄紫、红棕等色，搭配能反衬彩色的黑白两色进行色彩搭配设计。

（二）设计元素应用

要将间色更好地应用在现代服装设计中，势必要把大面积的底色与小范围的色块进行或明或暗、或浅或深的对撞冲击，以打造出视觉冲击度，让传统楚国色彩融入现代色彩流行趋势中。近几年，“国潮”文化大行其道，要做到与时俱进，就要结合创新的图案设计、时兴的款式设计、轻便的面料设计等多种现代成衣制作手法，将时尚与实穿度进行巧妙兼顾，既表达出中国底蕴，又传播出现代生活理念，使最终的效果符合目标受众对“国潮”的期望。

1. 色彩纹样创新设计

将多种楚国间色色彩整合成4套成衣，需将色彩的对比大致归纳为黄黑对比、白蓝对比、黄白对比、黑蓝对比，在这个大框架下再进行小范围的色块填入。在不同色块中，对江陵马山一号楚墓出土实物的资料图案进行改造嵌入，对原有图形进行截取、排列、分布，使其在底色上形成鲜明对比。画出初期设计效果图，整理出原图色、对比色、理念与设计图的对比效果如表2–2。

表2–2　色彩元素对比设计效果表

名称	原图色	对比色	设计理念	创性设计效果图
龙凤虎纹			将深棕色龙凤虎纹路处理成椭圆形、圆形、半圆形等，并去掉原本底色纹路换成淡黄色进行色彩搭配	
一凤二龙相蟠复原纹			一凤二龙相蟠纹路自带黄棕、红棕等色，色彩古朴自然，搭配靛蓝色，形成反差的活泼青春之感；并将圆环状装饰纹单独裁剪嵌入赭色底色中	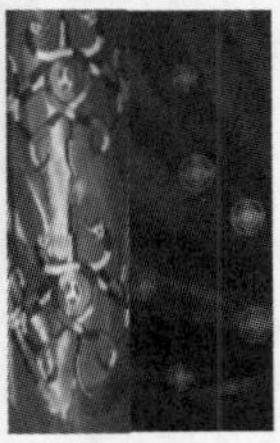
一凤一龙相蟠纹	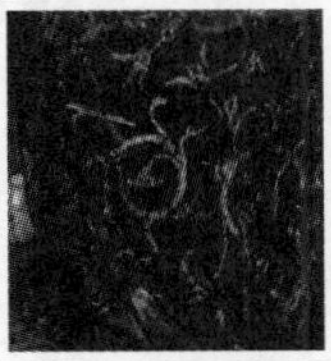		将红棕色一凤一龙相蟠纹与黄棕色进行底色对比，并用龙凤纹样的朱红色进行颜色跳脱处理	
龙凤虎纹			单独选取深棕色龙凤虎纹，去掉原本底色纹路换成银灰色进行色彩搭配	

2. 色彩元素的女装创新设计

色彩元素经过初期设计之后，要满足消费者对国潮时尚的标准，还需要设计出符合年龄层审美的廓形与剪裁，将不同的设计语言融进古朴庄重的楚国丝绸服饰色彩当中，破除时尚界可能存在的潜在隔阂与歧视链条，让传统文化与流行文化结合，使其发展走向新的高度。

色彩的色调设计以黑白为主调色，将鬼魅绮丽的龙、凤、虎纹搭配高明度的大面积色块，将其应用在上衣、下裙、袜靴等部位处。采用这种独具文化基调的视觉处理方法，使之高度区别于现在已经趋于同质化的国潮市场。在肩部版型设计上，既有传统的交领右衽，也有现代斜肩与帽衫圆领的处理方式；在大轮廓款式设计中，则风格多样，有腰部高开衩的上衣，也有通过抽绳改变褶皱形态而进行造型的吊带与帽衫，也有多片式下裙和异性材质的拼接等。

根据色彩元素分析及图案的装饰分布调整，设计完成了春夏服装如图 2-3。

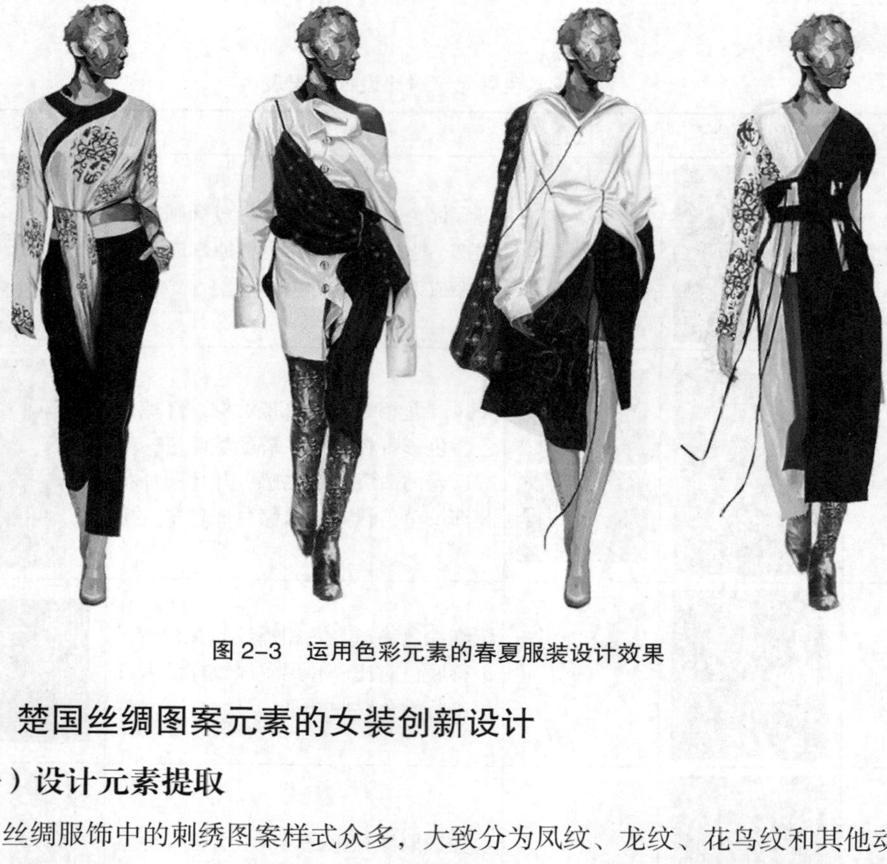

图 2-3　运用色彩元素的春夏服装设计效果

四、楚国丝绸图案元素的女装创新设计

（一）设计元素提取

楚国丝绸服饰中的刺绣图案样式众多，大致分为凤纹、龙纹、花鸟纹和其他动物纹四类。其中凤鸟图腾被楚人推崇备至，倾注了楚人想摆脱死板僵硬的王权，希望在超现实的神鬼世界里摆脱纷争，享永世太平的向往与精神寄托。其中也看出凤鸟图案多与龙、蛇、虎、花草进行搭配展示，但以凤鸟作为主体部分，占据了图案中央。这里以凤鸟图案作为主要设计元素进行提取与研究，从旁搭配其他动物纹样，且与楚国花草纹中常用的梅花纹路等共同完成设计构图。

（二）设计元素应用

楚国丝绸服饰中的刺绣图案构图紧凑，排列得当，形成的视觉氛围恣意飞扬，瑰丽壮阔。现代的创意图案设计就是通过灵活的解构思维，把传统的刺绣图案分化再重组，把原有的少许陈旧感、落伍感给破除掉，为常用的龙凤花鸟图案注入新的养分。研究从图案延伸设计出的成衣套装，产品受众定位 26～35 周岁的轻熟女年龄层，使自然与都市、传统与革新、技艺与时尚三者良好互动，着重于面料款式与新潮流行的结合，既要理性简洁，又要感性有趣。

1. 图案纹样创新设计

选取江陵马山一号楚墓中出土实物的资料图，从中摘取可以进行二次设计的凤纹、龙纹与花鸟纹，选择其意象后重新勾画，既要主题鲜明地表达出自然和谐、宁静致远的意境，又要体现新时代女性的独立勇敢，表达个性的内核设计立意。根据设计初衷画出初期设计效果图，最后整理出原图、设计理念与设计图的对比效果如表 2–3。

表 2–3　图案元素对比设计效果

名称	原图	设计理念	创新设计效果图
龙凤相搏复原纹	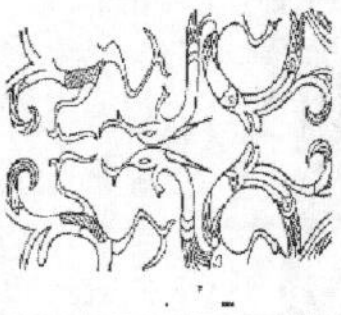	提取龙凤造型，取其相互对立相搏概念，将两者分别构图于画面左右两侧，再于外侧绘云纹构成圆形轮廓，凤鸟形象昂首展翅，气势惊人	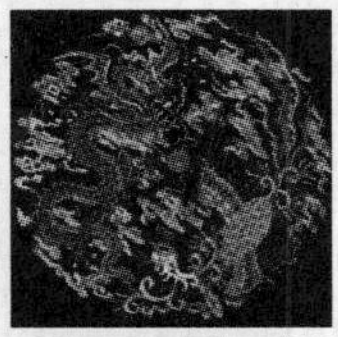
凤鸟花卉局部复原纹	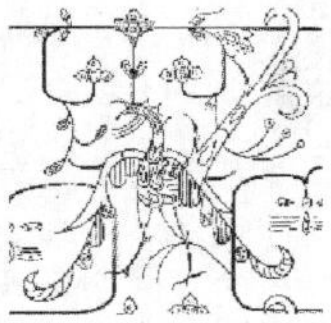	选择凤鸟与梅花构意，将两者置于画面斜对角线处，利用梅树枝丫的延伸与凤翼的舒展，将原本的四方边角线打破，使得图案趣意生机，灵动非凡	
凤鸟花卉局部复原纹		此类凤鸟花卉纹较上类要更加肆意舒卷，凤翼向外高展，凤尾线条流动；居于后方的花卉网络紧紧卷裹住凤鸟，在其四周相伴生长	
舞凤局部复原纹		多只飞舞的凤鸟跃然于梅花枝头，凤鸟相伴，情意绵长；枝繁朵茂，万事兴旺	

2. 图案元素的女装创新设计

楚国丝绸服饰刺绣元素在秋冬服装设计中的应用，主要是考虑到轻熟女性想要突破年龄限制，展现自我的服装意向，更好地在沉闷萧索的秋冬服装款式中进行异色表达。简约、流畅的服装线条，保暖实穿的服装功能是服装设计的基础理念，研究通过突出表达自我个性的图案设计，以此来满足轻奢风格和实用主义的现代需求。

金色与黄棕色织线可织造出凤鸟色彩和轮廓，实现相映生辉的连锁氛围，而用作点缀的精细梅花图案，无形中又平添了典雅质感。除此之外，龙凤合体的圆形造型搭配，上下平移开的红灰半圆线条，采用了既平衡又失衡的图案构架处理，让整个服装盎然生动起来。

服装廓形以 H 型为主，重点版型设计在领部与袖部。领部设计有高领、交领与翻折领；袖部设计有精心打造的红、白双色梦幻褶边，表达了独当一面的都市职业女性风范，同时会在内心深处搭建属于自己的温柔浪漫国度。整套设计有着软硬兼备的雕塑感细节，也有附着于身体现出细腻轻奢的刺绣艺术。运用图案元素综合设计的秋冬女装设计效果如图 2–4。

图 2–4 运用图案元素的秋冬女装设计效果图

五、楚国服装版型元素的女装创新设计

（一）设计元素提取

上下连结结构的绵袍版型大致能分为 3 类：正身斜裁下裳正裁窄袖形制、正身下裳正裁宽袖形制、正身下裳正裁长袖形制。裁剪方式有正裁与斜裁，袖型有窄袖、宽袖与长袖之分，突出的形制特色有腋下的袖裆插片，以及能适应身体维度进行弯曲的袍摆。以上造型由贾玺增、李当岐等相关学者进行了服装版型的复原。但是将版型元素更好地融入现代服装创新设计中的研究仍然没有大规模开展。基于已研究的 3 类形制图，继续绘制出不同款式的形制图案，将其运用于服装造型设计。

（二）设计元素应用

如何利用楚国丝绸服饰的袍服版型进行服装创新设计是专业人士试图攻破的难题，因为楚国服饰版型已形成固定模式，直接应用在服装成衣设计上，一是显得设计理念太浅显，二是限制了创意思维的展开。因此将楚国丝绸服装版型图案与新式服装轮廓与造型结合，设计具有创意性强的秋冬套装系列。

1. 版型结构创新设计

参考考古文献中关于楚国丝绸服饰版型的资料图，及贾玺增、李当岐编写的《江陵马山一号楚墓出土上下连属式袍服研究》中关于袍服尺寸的资料，绘制 1∶1 等比例的白卡纸、牛皮纸款式图。按照现代创新设计的解构手法进行合理裁剪，绘制设计效果图，并整理原图、设计理念与设计图的对比效果，如表 2–4。

表 2–4　版型元素对比设计效果表

名称	原图	设计理念	创新设计效果图
正身斜裁下裳正裁窄袖形制	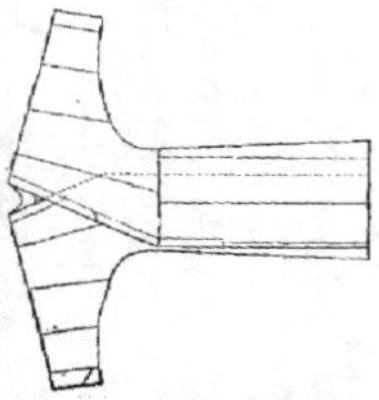	将局部素色绵袍的上身腰线结构图绘制于白色卡纸上，并跟随袖部造型的位置进行不规则剪裁与摆放	
正身下裳正裁宽袖形制	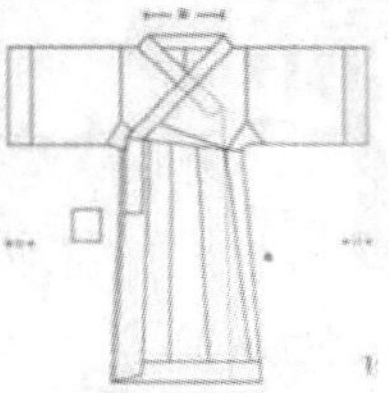	将凤鸟花卉纹绣浅黄绵袍的结构图按照上下方位持续增大的比例结构绘制于白色卡纸上，把袖部单独绘制并裁剪出形状	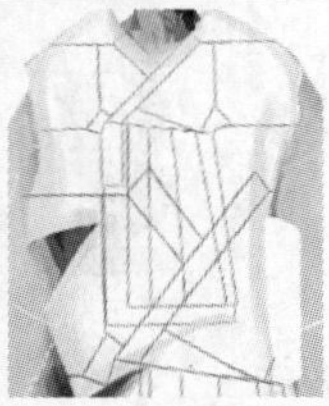
正身下裳正裁长袖形制（正面）	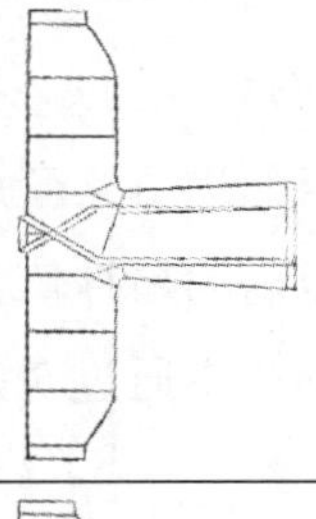	将小菱形纹锦绵袍的模拟剪裁排料图进行解构处理，将袖部与正身的排料分别绘制于牛皮纸与白色卡纸上	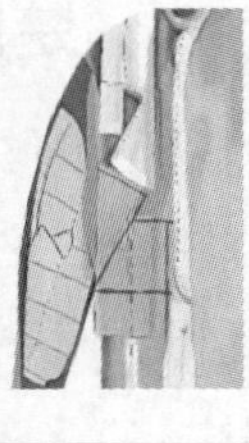
正身下裳正裁长袖形制（背面）	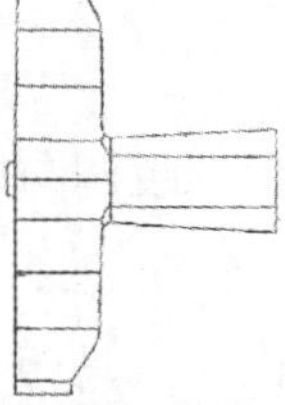	裁剪出小菱形纹锦绵袍的背面袖部形制，与正身交领、袖裆插片部位合拼	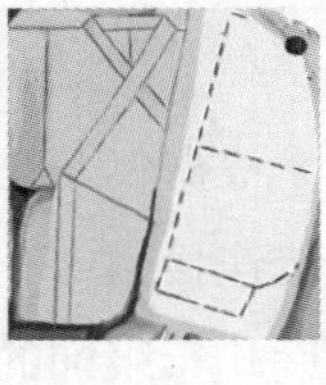

2. 版型元素的女装创新设计

定位秋冬服装设计，偏重于服装版型改造的创新思维，设计出系列套装，体现服饰的较强创意性。

将裁剪样式的牛皮纸与白卡纸分别放置于前衣身、袖身与下裙等处，使其发挥装饰作用。服装选择接近牛皮纸色的卡其色，保证在统一色彩框架下与白色对比，形成视觉冲击又不显得突兀。廓形上选择浮夸框架大廓形，呈现出模块化的服装结构。烦琐有序的装饰艺术，使得服装整体效果游离于商业与艺术的平衡边缘。运用版型元素综合设计的秋冬女装效果如图 2–5。

图 2–5　运用版型元素的秋冬女装设计效果图

六、楚国丝绸文化的成衣创新设计

以楚国丝绸服饰中的刺绣图案元素作为设计的出发点，进行 4 套成衣设计并制作。选择舞凤、飞龙、寒梅等刺绣图案与楚人喜巫好神、绯丽诡谲的精神依托，将系列成衣取名“凤引九雏”，象征五谷丰登、繁荣和谐，也表达出设计创意想通过对楚国丝绸服饰元素的应用。

（一）色彩搭配

根据 WGSN 的 2020 年全球色彩流行趋势预测报告显示，暖调与中性天然色是新时代服装连接数字化网络经济的“解药”。代表典雅与中性简约的白、黑双色经典，一直引领着近几年服饰的色彩潮流，而代表热情、活泼的红色暖调也一直是四季的关键色彩。其中 WGSN 指出，在红色中融入棕色，会使服装效果显得华丽与独特，也是中性色里代表潮流与华丽的突出色彩。

2018—2019 年各大秀场上的全白、全黑造型，无论是单品还是搭配上呈现的视觉效果，都兼具时髦与实穿的多重特点，如 2019 纯白系列设计的有春夏时装秀 Jil Sander 系列，秋冬时装秀 Aganovich 系列；纯黑系列设计有夏季时装秀 DKNY 系列，秋冬时装秀 Maison

Margiela 系列；2019 黑白搭配系列有川久保玲的春夏时装秀，秋冬时装 The Row 与 AWAKE 秀。说明黑白双色在现代服饰设计中有一定影响力，且红、白与黑三色的搭配系列也具特色，如 2019 的春夏时装 Aganovich 秀、2019 的秋冬时装 Alexander McQueen 秀。在配饰用色中，有美国珠宝品牌 BaubleBar X Olivia Palermo 的白色珍珠耳坠设计，有西班牙珠宝品牌的 ARTĒ 黑色枝蔓吊坠设计，以及瑞士萧邦红白黑套色设计的 Happy Hearts，如图 2–6。

图 2–6　2018—2019 年时装周的红白黑三色服装秀

在楚国丝绸服饰用色中，红色是极为重要的色彩。根据夏晓伟对江陵马山一号楚墓、包山二号楚墓等多个楚墓出土的服饰色彩研究，与在荆州博物馆对袍服的实地考察发现，红色是楚人用来维护与巩固其特权阶级，区分贵族与平民的特殊色彩。

本系列服装选用红色作为服装的点睛色彩，主题为“凤引九雏”，借色彩与凤鸟相匹配的红色表达中国女子热情大方的性格。在服饰上的红色梅花、凤鸟图案则表达了女子对生活积极向上，坚韧奋勇的心态与品质。

（二）廓形分析

根据碟讯网对 2019 年春夏系列中 168 个品牌体现出的廓形特点概述，总结主要廓形有 X 型（41 个品牌）、A 型（54 个品牌）、T 型（35 个品牌）、H 型（38 个品牌）。从图 2–7 可看出，A 型、X 型、H 型在廓形的流行趋势中占据主要位置。各大品牌与设计师青睐该轮廓特征，是因为它不仅具有单独廓形造型，也具有复合廓形搭配。并且在 2020 年流行趋势中，廓形的多元整合仍有着巨大的运用空间。

图 2–7　2019 年各大品牌廓形

在“凤引九雏”系列女装中，有第一件与第四件的两套长 H 型服装，廓形无腰身，以腰为中心轴的上衣，其下摆两端宽度相近，力图打造宽松洒脱、体积感强的精英干练形象；第二件服装采用 A 型设计，上衣整体视觉效果从肩部到服装下摆呈现流畅伞形，搭配宽松直筒的下裤，使得整体造型夸张大胆，符合现代女性着装要求；第三件服装整体廓形采用细腰修身的 X 型，腰部细收，下摆扩大，搭配红色肩部丝绸装饰，使得整体服装充满浪漫与唯美气质，力图表现出现代女性深藏于心中的娇柔与害羞的一面，如图 2–8。

图 2–8　“凤引九雏”系列女装廓形

（三）面料选择

对面料市场考察，发现“凤引九雏”的系列服装，可选择多种面料，面料的多样性为传统凤鸟花卉造型在服装上呈现更好的效果提供了很多的设计空间，如表 2–5。

表 2–5　面料选择

面料名称	选择原因	实物图
毛呢	面料顺滑挺括，有手感。适合做加厚外套，如秋冬大衣与长裤等。符合“凤引九雏”系列女装的服装款式设计要求。	
麋皮绒	面料立体、独特。可做鞋面、皮包配饰等。开始预备做成服饰配件，后不符合整体效果，修改未用。	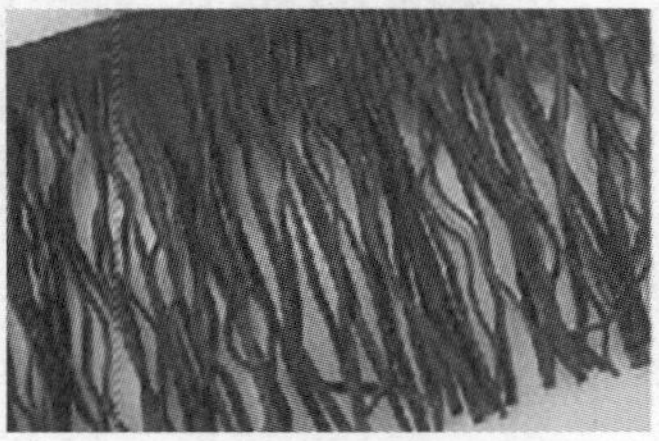
桑蚕丝	面料吸汗排湿、柔软顺滑，有光泽感。多做夏季服装与配饰。塑型感强，用作服装装饰。	
棉麻	面料细腻亲肤、清凉透气。多用做夏季日常服，但面料易皱，不适合此系列，故修改未用。	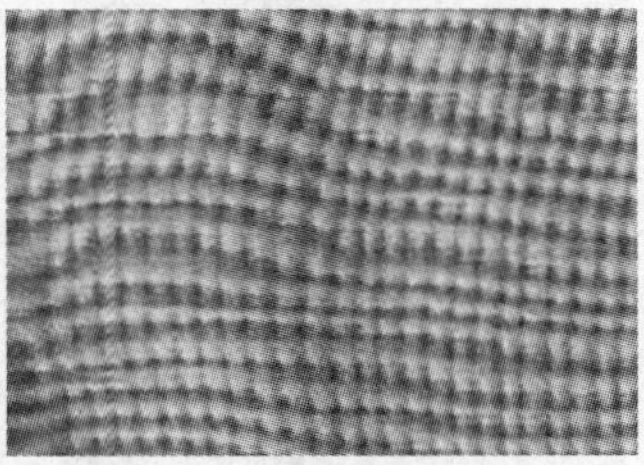

（四）工艺手法

设计从最初考虑的数码印花、丙烯颜料涂绘与刺绣等方式中，选择确定了刺绣工艺作为主要工艺手法。手工刺绣色彩亮丽，质感饱满，给人以活灵活现、丰满层次的视觉体验，能较好地展现出楚国丝绸服饰中图案元素的细致与精巧。将具体尺寸与详细 PSD 格式的效果图结合，根据实物敲定细节，确定龙凤圆形绣片尺寸为长宽均为 22 cm，双梅花绣片长 42 cm、宽 18 cm，小左右双凤长 25 cm、宽 22 cm；大左凤图长 57 cm、宽 35 cm。根据尺寸进行刺绣图案打样制作，如图 2–9。

图 2–9　刺绣图案尺寸

在绣片制作过程中，除了圆形龙凤绣片比较容易缝制以外，其余绣片因繁复的凤翼与凤尾细节、盘绕纷杂的梅花造型，其缝制过程极为烦琐与费时（图 2–10）。

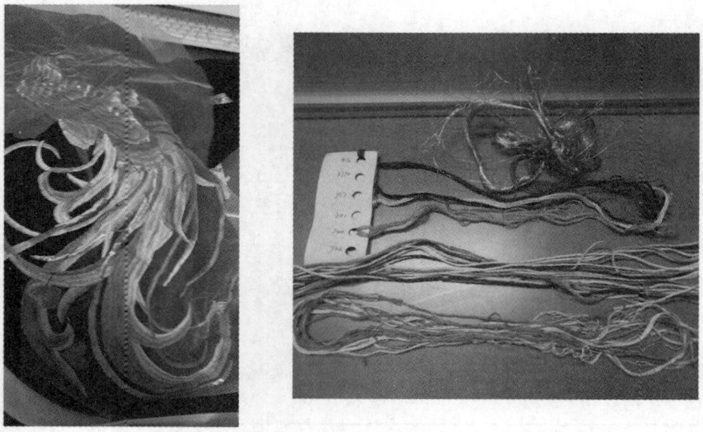

图 2–10　大型左凤绣片制作过程

当绣片制作完成后，便用纯手工平缝手法缝制在服装衣身上。在整体设计实践过程中，要仔细考虑服饰构成与图案的呼应关系，注意细节制作。如在圆形龙凤刺绣成衣中，单独提取图案中红色，利用丝质面料在右肩至袖口处进行装饰设计。不同的缝制手法，其服饰效果截然不同，如采用面料中缝进行缝制，再抽线形成褶皱，褶皱间距不等，表现的时尚感较差；采用风琴褶处理，得到褶皱间距相等，立体造型突出，服饰造型与色彩构成形式能较好地整合形成服饰效果；在梅花与小右凤结合的实践设计中，采用金棕色梅花图案，缝制后无法突显整合性；在进行创意造型中，在服装左前片处设计了一个以衣领翻折线为缝合线的白色丝绸褶皱装饰造型，但成衣效果显得太过烦琐，无法突出楚凤图案的设计主题等。

经历了服装创意设计与制作的双重实践后，服装上的栩栩如生凤鸟，傲然挺立的梅花，活泼灵动的合体龙凤，以及饱满俏丽的双层褶边等通过精雕细作被完美地打造出来（图2-11）。

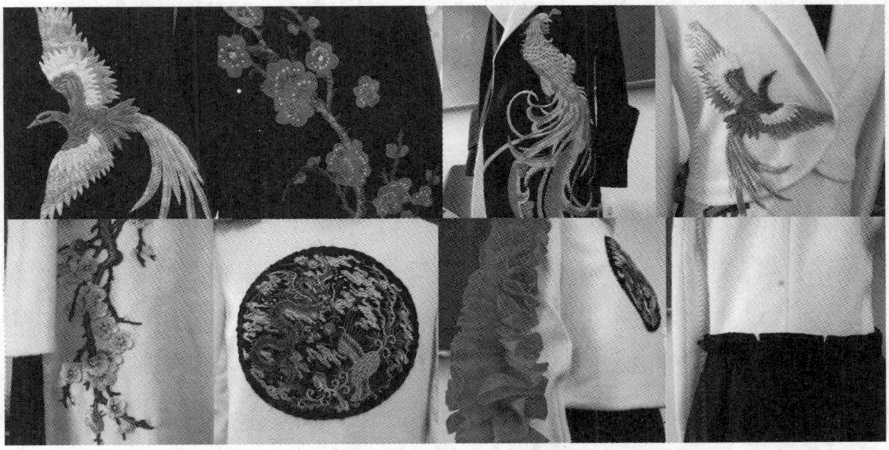

图 2-11　成衣实物细节展示

（五）成衣展示

将工艺与审美趣味整合，结合实际成衣效果，适当调整刺绣图案的分布与关系，并加入褶皱、解构等现代流行元素，最终完成楚国丝绸服饰元素应用的服装创新系列套装“凤引九雏”，如图 2-12。

图 2-12　成衣展示

在整个成衣创新设计制作中，发现了楚国丝绸文化在现代服装创新的应用中，具有再造的空间与前景。楚国丝绸文化在现代服装设计中的应用，也是服装创新设计的一个很好立意。

七、汉剧服元素的成衣创新设计

中国传统服装宽大平直，忽略人的形体特征，突出其精神气质，具有飘逸、动态之美，主要以式样、色彩和装饰来展现服装效果。这里以汉剧服元素中的款式借鉴为主，设计开发一系列秋冬女装成衣。

（一）款式元素提取

汉剧服款式中的大衣箱中，其戏衣大多属于长袍阔袖带有水袖，呈现为宽大平直的H型，领型为圆领的交领右衽或者对襟直领，领口系带，衣服左右两边习惯性开衩，服装造型宽松、采用直线式裁剪以及平面化的结构处理。汉剧服的二衣箱中，其箭衣和靠都为窄袖，考虑到成衣穿着的方便和舒适度，提取了汉剧服中开衩、宽袍、马蹄袖、大襟斜领、开襟长领等款式特征，即具有经典优美的长袍衫，下摆飘逸的开衩设计，版型宽松，包容性强，独具特色的中式马蹄袖，经典大气的斜襟等，表现出汉剧服的传统美，如图 2–13。

图 2–13　汉剧服部分细节

（二）整体风格定位

在现代服装款式设计中，传统中国风服装主要表现为服装裁剪具有宽大平直的造型，有型又不显得束缚，呈现出含蓄之美。追求极简主义思维的现代设计，将中式气韵以更简洁、舒适、时尚的设计呈现，如图 2–14 所示，在 2017 年的秋冬巴黎时装周上，华伦天奴的高定成衣系列设计为宽松长袍、中式马蹄袖，用编织流苏点缀，整体款式简约、时尚，展现出女性身材的优雅美感。

图 2-14　2017 年秋冬巴黎时装周的华伦天奴服装秀

（三）整体色彩搭配

秋冬系列女装的整体色彩以咖啡色与河畔蓝为主，如图 2-15。咖啡色是深秋色调的主角，它作为色彩里最复合的一种颜色，是色彩里最接近黑色的颜色。咖啡色属于中性暖色色调，是一种比较含蓄的颜色，给人优雅、朴素、庄重又不失雅致的印象。从感官上分析，咖啡色给人安全、温暖以及低调与沉稳的感觉；从季节分析，咖啡色可以与多种颜色搭配，并起到调节的作用，比如与浅色搭配可以让浅色更有内涵，与冷色搭配可以增加温暖的感觉，与暖色的搭配可以降低燥热的气氛等。河畔蓝是一种新蓝色，看起来有点像牛仔的颜色，带有一种稳重、平静的基调；传达一种微妙的活力和高雅。

图 2-15　色彩灵感来源板

（四）服装面料选择

整个系列选择优质天丝棉面料，天丝棉是一种新型人造纤维素纤维天丝与棉交织或混纺的安全环保面料。天丝棉面料作为天丝类面料的一种，提升了天丝面料的部分性能，融合了天丝和棉的两种纤维基本特性，弥补了天丝面料和全棉面料的缺陷。天丝棉具有触感独特、柔软悬垂、透气透湿、飘逸动感、素雅光泽等特点，属于优秀的中高档时装面料。（图 2–16）

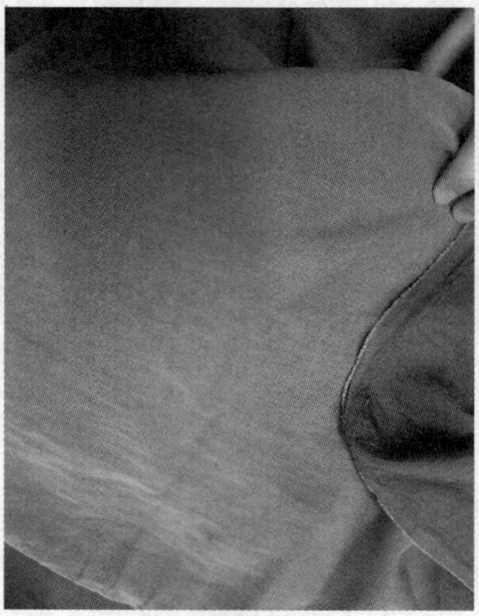

图 2–16　天丝棉布

另外，在设计中加入编织棉绳，如图 2–17，以流苏装饰在服装上作为点缀。伴随着时代的号角，人们快节奏的生活，匠人手工和富有温度的触感受到越来越多人的喜爱。手工编织工艺不像机器生产出来的针织制品那样规则，其不均匀的构造和不规则感增添了一种独特的风韵。尝试制作的编织面料小样，采用纯手工编织镂空和打结的手法，运用线面关系达到立体化效果，如图 2–18。

图 2–17　棉绳

图 2–18　编织小样

（五）服装效果图设计

秋冬系列女装主题为“释然”，表达对力量、宁静和乐观主义的渴望。现代人的生活压力越来越大，生活离不开智能手机，经济不稳定性和生活中的安全感缺失，伴随着焦虑，人们更需要舒缓与平静的颜色，与宽松自在的服装款式。

通过款式提取，设计主题风格、色彩与面料的分析，确定了系列服装效果图如图 2–19，该系列共 4 套女装，以宽松的款式为主，细节上借鉴了汉剧服的领口和袖子设计，在衣服上加以流苏装饰，用棉绳编织起来，做出二方连续和四方连续的结构。结合最新的流行元素与传统的东方美学，增添了该系列成衣的活力与动感。编绳打结的传统工艺，精致的细节刻画出浪漫优雅的女性气质。

图 2–19 “释然”系列服装效果图

（六）结构工艺分析

1. 款式一分析

服装结构设计：借鉴了汉剧服褶子的款式，如图 2–20，其衣领设计为交领右衽，将系带部分夸大，形成大蝴蝶结装饰放在衣襟交叉处。将汉剧服带有水袖的宽大袖子改为普通落肩袖。为了使款式色彩不过于沉闷，在腰部增加可拆卸的手工编织流苏，长度到衣服的下摆处，与天丝棉面料搭配使用，增加灵动和飘逸的感觉。

服装色彩设计：成衣整体色彩以棕色为主，领子和系带部分拼接蓝色，流苏使用本色棉绳。

工艺设计：首先确定服装的整体尺寸，对服装进行打版，用面料按照打版图 1 : 1 制作出来，然后确定好棉绳的长短和数量，进行图案的编织。

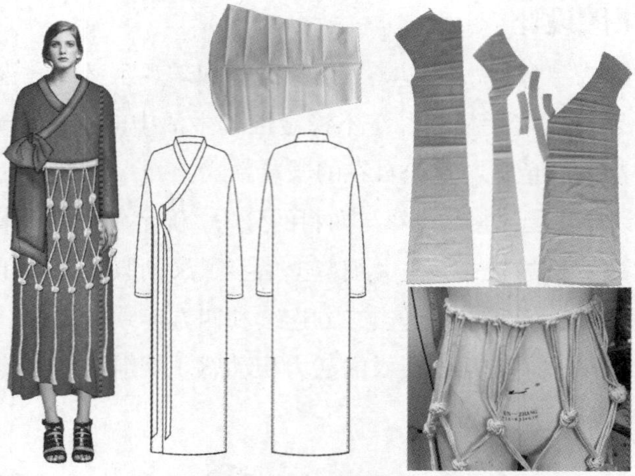

图 2-20　款式一效果图和工艺制作

2. 款式二分析

服装结构设计：成衣借鉴了汉剧服箭衣的款式，如图 2-21，袖子采用马蹄袖，整体款式平直宽松，下摆开衩，前片缝制大面积编织图案，并将剩余的棉绳自然垂坠于胸前，覆盖着整个前片的流苏展现出强烈的视觉效果。后片为不规则双层裙摆，宽身的多层设计会显得材质有分量感，衣身没有被压迫感，因为材质的细滑软糯反而感到舒适自在。

服装色彩设计：仍采用色彩拼接，整个色彩以棕色为主，后片双层设计的衣片及袖口拼接蓝色。

工艺设计：首先确定好服装的整体尺寸，对服装进行打版，用面料按照打版图 1∶1 制作出来，然后，确定好棉绳的长短和数量，将棉绳缝制于衣服前面的领口处，再进行图案的编织。

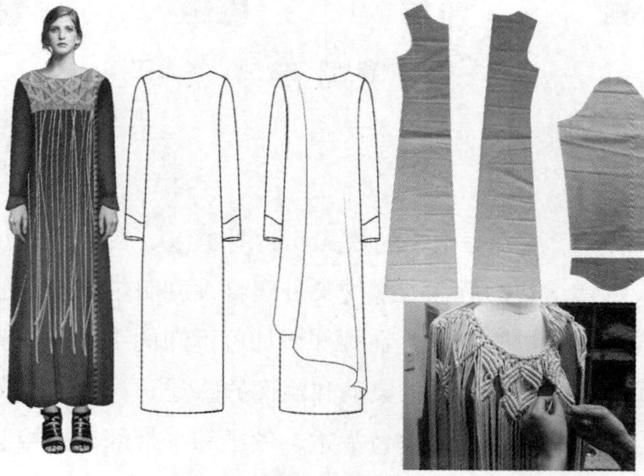

图 2-21　款式二效果图和工艺制作

3. 款式三分析

服装结构设计：成衣借鉴了箭衣的领形，如图 2-22，在领口处缝制异色中式盘扣，款式宽松平直，袖子为落肩袖，衣服两侧开衩，两袖装饰编织流苏面料。

服装设计色彩：整体色彩以蓝色为主，领子及袖口处拼接棕色。

工艺设计：确定好服装的整体尺寸，对服装进行打版，用面料按照打版图 1∶1 制作出来，然后，确定好棉绳的长短和数量，将棉绳缝制在袖子与衣片的缝合处，再进行图案的编织。

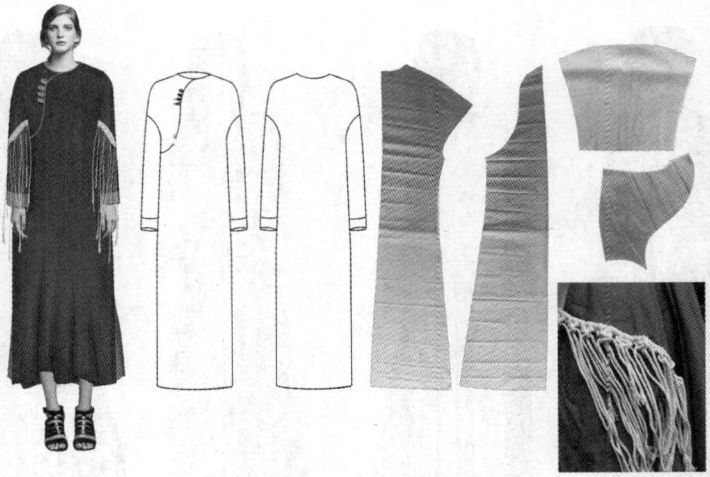

图 2–22　款式三效果图和工艺制作

4. 款式四分析

服装设计结构：领形借鉴了汉剧服老旦坎肩，为 V 领设计，不同之处在于，删除了开襟的结构，整个衣身为两片式结构，由前片、后片和两个袖片构成，这种简约的“T”形结构正是对汉剧服款式的借鉴和创新，将衣服的下摆由直线改为曲线，高开衩至膝盖处，如图 2–23。

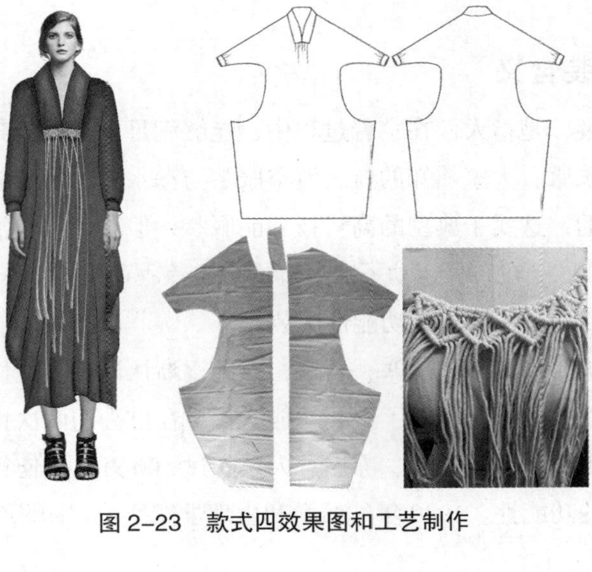

图 2–23　款式四效果图和工艺制作

服装色彩设计：整体色彩以蓝色为主，领口拼接棕色面料。

工艺设计：确定好服装的整体尺寸，对服装进行打版，用面料按照打版图 1∶1 制作出来，然后，确定好棉绳的长短和数量，将棉绳缝制领口下方，再进行图案的编织。

（七）成衣展示

经过细致的工艺制作后，4 套服装整体效果展示如图 2–24。

图 2–24 成衣展示

第二节 功能服装创新设计

一、功能服装含义

所谓的功能服装，是指人们在穿着过程中，能够满足所需要的某项功能或者多项功能要求而设计制作的衣服。大家熟知的航天航空服装与深水潜水服装等，是通过一定深度的核心技术开发出来的，这属于典型的高科技功能服装，但对于普通消费者所需的着装功能性需求，如穿脱方便、能在某种运动下穿着舒适，或者适宜某种特殊体型要求的人群穿着，同样属于具有服装专业技术要求的功能性服装。

服装最初只是被用于遮羞和防寒，后来，人们逐渐认识到功能性服装的作用，并体会到服装的隔热防寒功效，由此建立了服装功能学科。在过去的两次世界大战中，参战各国都受到严寒气候的威胁，总体冻伤、冻僵总人数超过 100 万。这使得当时的气候学与生理学专家注意到服装的功能性。1940 年气候学和生理学家塞泊尔团队到寒区进行了考察，发表了“选择寒冷气候服装的原则”。1941年生理学家和工程师共同提出了服装热阻，即隔热值的定量单位为克罗（clo）。1949年英国出版了第一本服装生理学著作《热调节生理学与服装科学》，1955年伦敦又出版了一本以服装生理学为主要内容的专著《人在寒冷环境中》，1957年苏联将该书译成俄文。20世纪60年代的化学纤维发展速度很快，特别是合成纤维面料的快速诞生与发展给人们带来了福音。总体服装应具备的基本功能是美化外表、防寒保暖、隔热防暑、调节湿度、调节空气、适应环境等。功能服装设计的研究重点是服装，而服装的基础是面料、款式与色彩三要素，因此，一件真正具有科学、实用和美观的功能服装，主要是基于对服装三要素的研究。功能服装具有的生理卫生学性能及其特有功能，如透湿、透气、防水、阻燃、变色、防紫外线辐射、防病毒等，主要把握的研究对象是服装材料的卫生学性能与功能。研究功能服装，应结合人体生理学和服装人体工学开展服装。服装的色彩设计研究包括不同环境中的服装色彩变化研究，主要是从材料因物理与化学变性而产生的色彩变化进行研究。

随着科技进步，可穿戴的智能服装开始出现，但主要还是功能性饰品比较多。其中柔性传感器是智能穿戴服装中主要应用的高科技材料。智能服装与功能性服装产品相比，成本价格较高，且柔性传感器需在紧身穿着服装或者饰品时，才能保证其人体数据采集的准确性。因此可穿戴的智能服装采用的服装面料，一般要求硬挺，或者具有特殊造型，与传统服用面料相比不舒适，如以铜为纤维材料的面料，其传感功能较好，但作为服装面料，其柔软度还是不够。另外柔性传感器的薄膜性材料与真正柔软的服装面料也存在一定差异。当前，可穿戴的智能服装研究，关键还要简化织入法的生产工艺，对导电纤维进行改性处理，或者对织物进行后整理等，以提高生物信息传递的精确度和准确性。

二、功能母子装创新设计

功能母子装创新设计，主要是考虑服装的环境着装状态及其穿戴功能，如服装合体性、美观性及穿戴的功能性研究等，主要把握的研究对象是服装结构的合体设置与松量的合适度、穿戴的功能需求等；从着装角度出发结合人体生理，进一步开发母子装在穿着时的功能需求等。

为了更好地进行多功能母子装系列款式设计，参考近几年的服装廓形、色彩与面料流行趋势，并结合调查结果进行了典雅系列与俏皮系列的服装效果设计。典雅系列适合婴幼童较大的母子装设计，俏皮系列适合婴幼童较小的母子装设计。

（一）服装设计灵感

设计灵感一，最初来源于“微笑”的江豚，江豚母性极强，经常驮带幼仔。然而由于海洋污染、生活环境被破坏等原因，现在江豚的数量很少，它是典雅系列款式设计的灵感来源。

设计灵感二，最初来源于动画《星际宝贝》中的角色史迪奇，作为基因改造品，史迪奇具有巨大的力量，但是没有归属感，不懂得家庭亲人间的交流与牵绊，在莉娜的帮助下，它懂得了家庭亲情的意义，并帮助更多实验品找到牵绊。它是俏皮系列款式设计的灵感来源。如图 2–25。

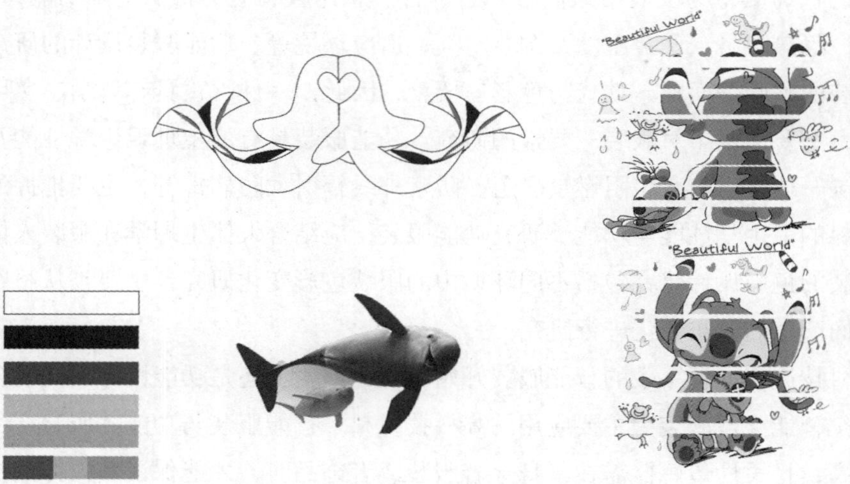

图 2–25　服装设计灵感

（二）服装设计效果图

典雅款式设计：为了呼吁人们关注环境、关爱海洋生物、关怀母亲，为母子装加入了可持续的理念，进行多功能设计，系列设计如图 2–26。

图 2–26　典雅系列设计服装效果图

俏皮款式设计：史迪奇不但具有家庭意义色彩，而且造型可爱，既像树袋鼠，又像小狗，具有趣味性，系列设计如图 2-27。

图 2-27　俏皮系列设计服装效果图

（三）服装色彩分析

两系列的母子装款式设计，都进行了情感功能设计，采用慢速设计法，选用经典的海洋蓝为主色调。蓝色是海洋的颜色，蓝色代表博大胸怀，永不言弃的精神，和谐的世界，而且蓝色可以表现出女性沉稳的气质。

通过观察市场发现，蓝色以独特的魅力在时尚服装潮流中站立不倒。许多成年女性都偏好蓝色调。喜欢蓝色的人，其性格沉着稳重、诚实关爱，很重视人与人之间的信赖关系，能够关照周围的人，与人交往彬彬有礼。服装设计选择蓝色为主调色，采用不同纯度的蓝色进行拼接，再以黄色点缀。

儿童在婴幼儿时期，大脑发育的速度很快，2 岁左右的孩子，其视觉神经已可以分辨颜色，孩子能捕捉色彩。这时的婴幼儿服装可以加上亮色来点缀，能有效地刺激婴幼儿的感官，但要注意避免大面积的刺激性色彩组合。3 岁左右的婴幼儿能够正确分辨基本颜色，但对颜色色度区分能力很弱，比如他们很难区分粉色和浅粉色、蓝色和浅蓝色。这个时期，在基本颜色上加入一些混合色或是中间色，可以更好地促进婴幼儿对颜色的认识和大脑的发育。因此，服装设计采用深蓝色与天蓝色进行拼接，并加以黄色为辅进行点缀设计。

（四）服装面料选择

丹宁面料是十分经典的面料，选择丹宁布与纯棉布为服装设计的主要面料，如图 2-28。

一是考虑丹宁布有持久魅力，能应对时尚潮流的冲击，从面料上延长服装穿着的周期；二是丹宁布韧性好，有较好的承重力。而与婴幼儿直接接触的面料选用的纯棉柔软面料。

图 2-28　功能母子装选择的主要面料

（五）样版设计

如图 2-29 为功能母子装连体裙样版和裁片。裙前片与后片的腰围与侧缝缝份为 1 cm，裙下摆缝份为 4 cm；衣身前片的衣身上边、侧边与底边缝份为 1 cm；衣身部件、背带的缝份为 1 cm。

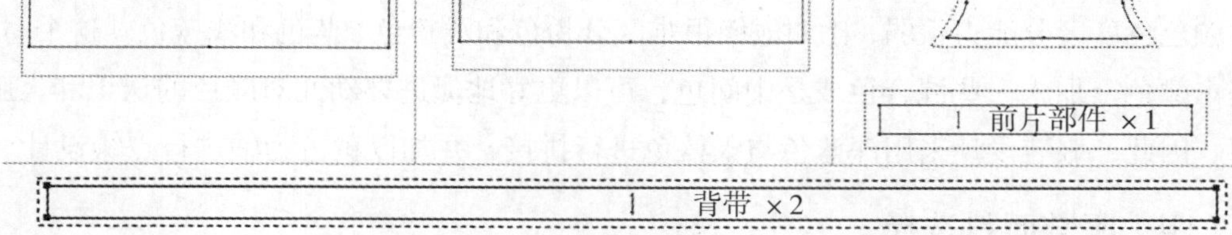

图 2-29　功能母子装连体裙部分样版

裙带、裙片侧缝与裙下摆缝份为 1 cm，如图 2-30 为功能母子装连体裙部分裁片。

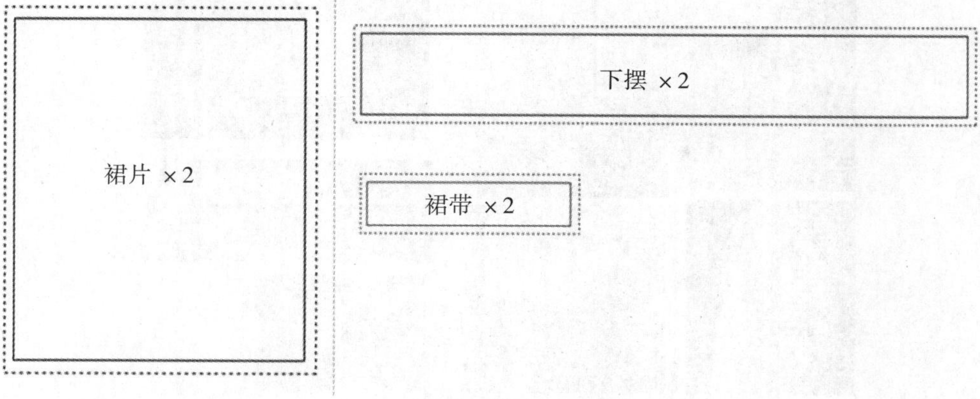

图 2-30　功能母子装连体裙部分裁片

（六）样衣制作

1. 典雅款式样衣制作

典雅款式是多功能的短款外套，有婴幼儿背带的变式功能，在基础结构的设计上进行样版设计，并进行工艺制作。为了保证服装成衣效果，制作时需注意细节：在前片领围粘无纺衬，前后片下摆处粘无纺衬，拉链底部固片缝份处粘牵条，后片袖笼缝份粘牵条，后立领、挂面粘全衬，扩容下摆里层粘全衬。做前身时分 3 步。第一步，缝下摆：将缝份扣烫，沿折边线车缝 0.2 cm 固定。第二步，缝前领围：将领围线锁边后扣烫，沿折边线车缝 0.5 cm 固定。第三步，订调节松紧带固定扣。服装制作的具体细节如图 2-31。

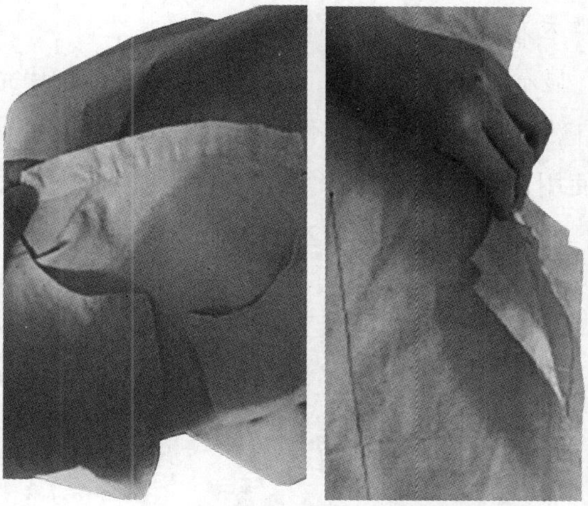

图 2-31　典雅款式样衣制作细节

2. 俏皮款式样衣制作

俏皮款式是可拆重组的多功能外套，有背带，可收纳拆分独立使用。制作细节如图 2-32。

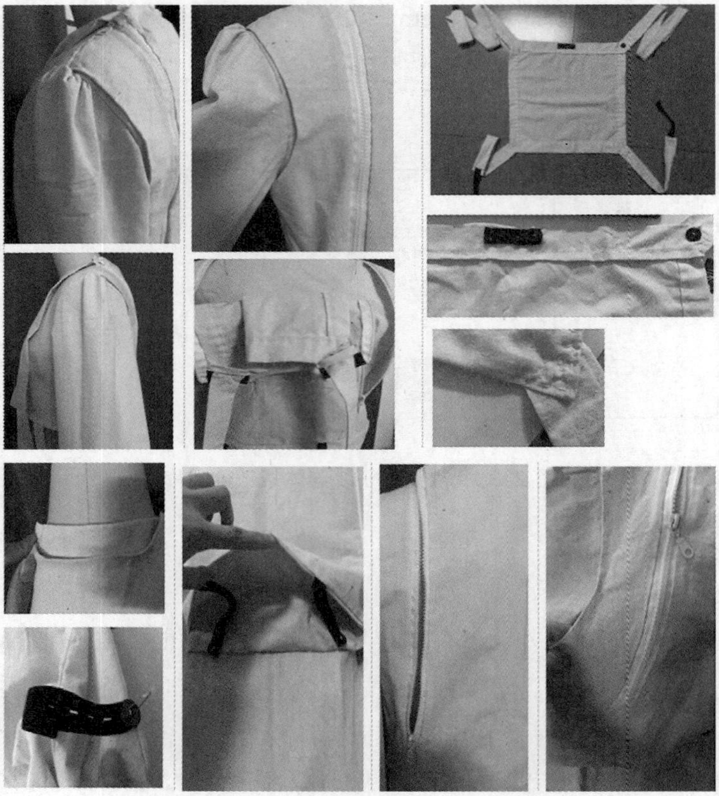

图 2-32　俏皮款式样衣制作细节

（七）样衣效果检验

1. 典雅款式上衣样衣检验

将成品穿在人台上，显示服装前身自然，左右对称；后身衣片完整，有轮廓；侧身袖子连接衣身圆顺，下垂自然，整体着装效果不错。

服装前片绑带功能使用正常，服装后片复领围顺平，两后片缝合顺直，袖窿处圆顺，袖山抽褶量合理美观，下摆收放效果好（图 2-33）。

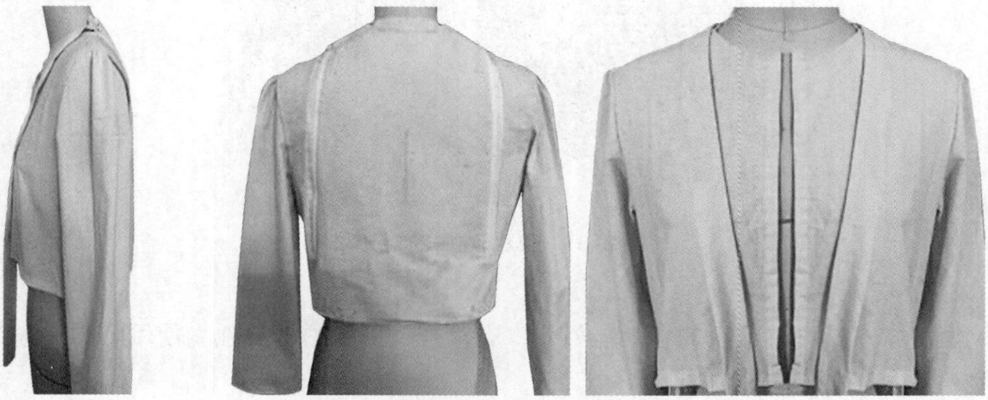

图 2-33　典雅款式白胚样衣效果展示

2. 典雅款式裙子样衣检验

在人台上进行样衣试穿，尺寸合适，穿着贴合，整体效果不错（图 2–34）。

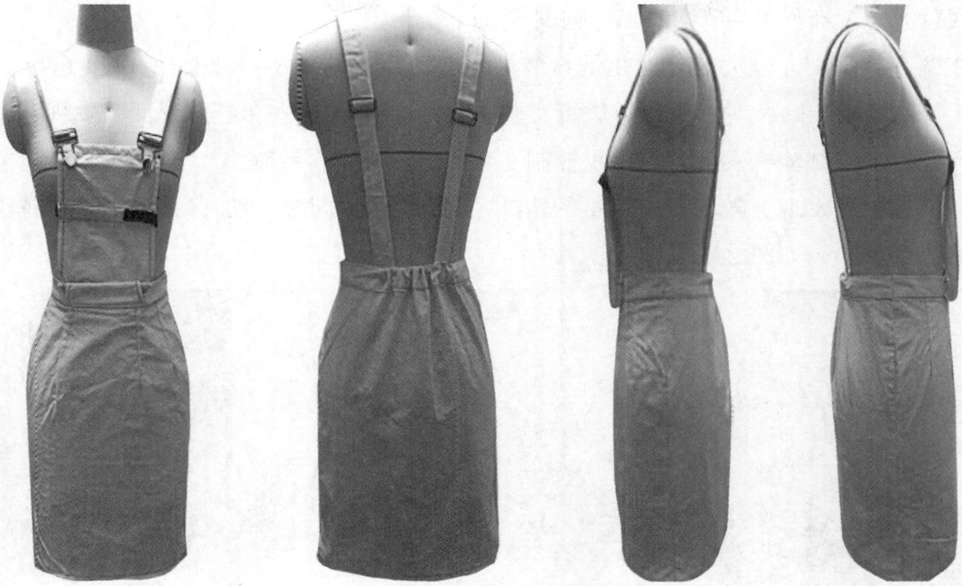

图 2–34　裙子白胚样衣效果展示

3. 俏皮套装样衣检验

将样衣穿在人台上，显示服装线条轮廓清晰，服装贴体，袖窿圆顺（图 2–35）。

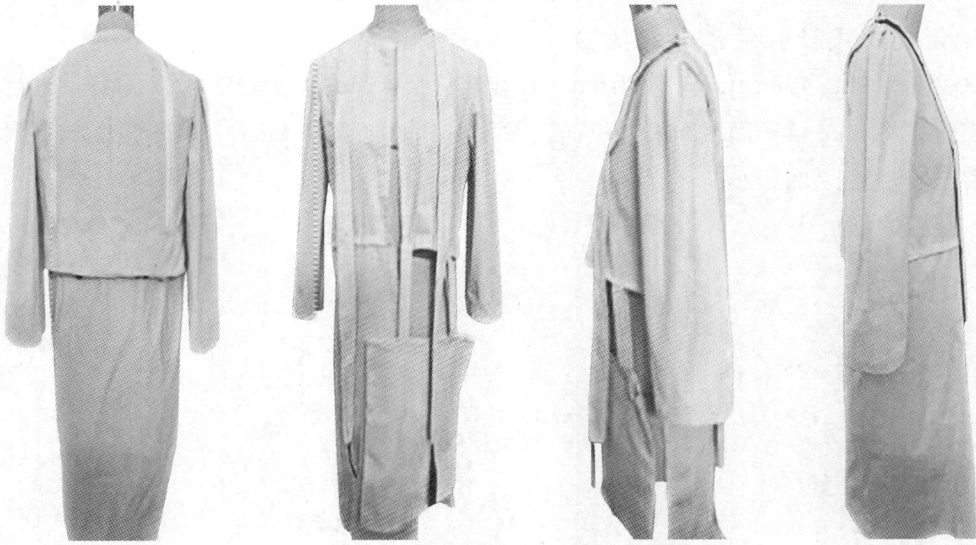

图 2–35　俏皮套装白胚样衣效果展示

（八）服装功能检验调整

为了更好地检查服装结构的合理性和设计的整体美观度，服装白胚样衣制作完成后继续进行服装的功能试穿和实验。

1. 典雅款式上衣背带功能检验

试验女性身高 158 cm，胸围 80 cm。为更好保证婴幼童的人身安全，实验中采用的布娃娃代替儿童。布娃娃身长 45 cm，胸围 33 cm。

在调查数据中，较大的婴幼儿是 6 个月大小，其重量在 6 ~ 8 kg，所以以 6 kg 为基础重量，每次增加 1 kg，对背带负重进行实验。将 6 kg 沙子灌入布娃娃里面，发现背带负重没有问题。经过试验，发现背带负重控制在 15 kg 以内，效果最佳。

在试验中还发现，随着背负重量的增加，背带的受力也在增加；背带的带宽越小，肩膀的舒适度越小，如图 2-36。

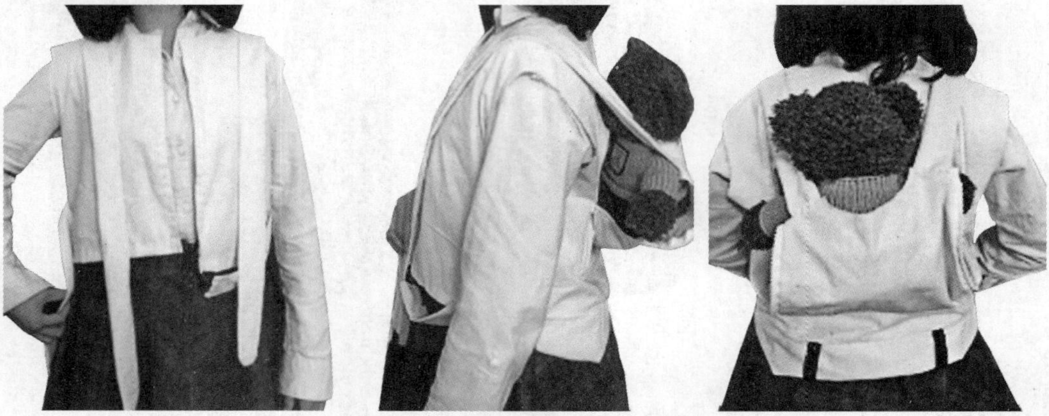

图 2-36　典雅款式上衣背带背负重量展示

2. 俏皮款式服装背带功能实验

试验女性身高 158 cm，胸围 80 cm。布娃娃身长 45 cm，胸围 33 cm。对背带进行使用负重实验，将 6 kg 沙子灌入布娃娃里面，发现重量增加至 15 kg 时，其重量影响了服装整体穿着与美观感，如图 2-37。

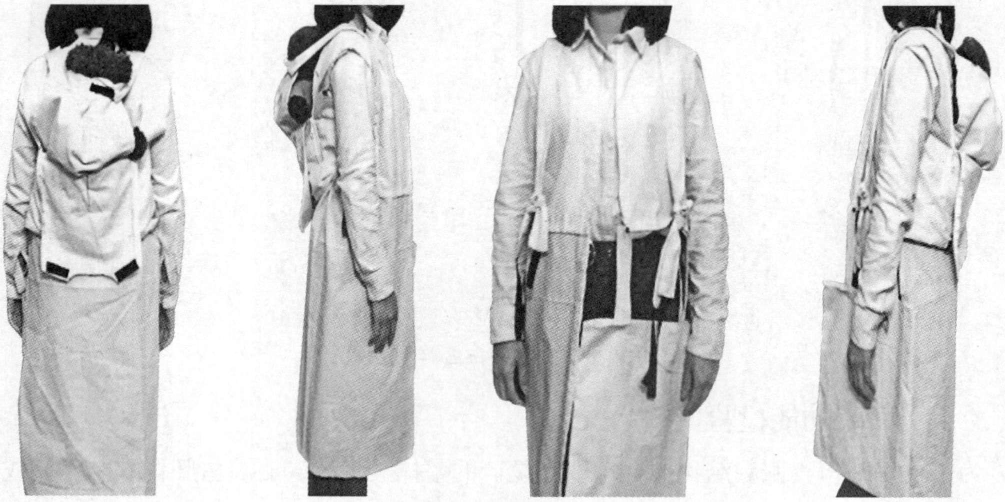

图 2-37　俏皮款式服装背带功能展示

3. 收纳包功能检验

背带男性试验者，身高 168 cm，胸围 90 cm。布娃娃身长 45 cm，胸围 33 cm。

对背带与收纳包单独使用进行试验，发现背带的受重在 18 kg 内，背带的舒适度较好。收纳包单独使用时具备平常所用的包包具有的一切功能，使用便捷，如图 2–38。

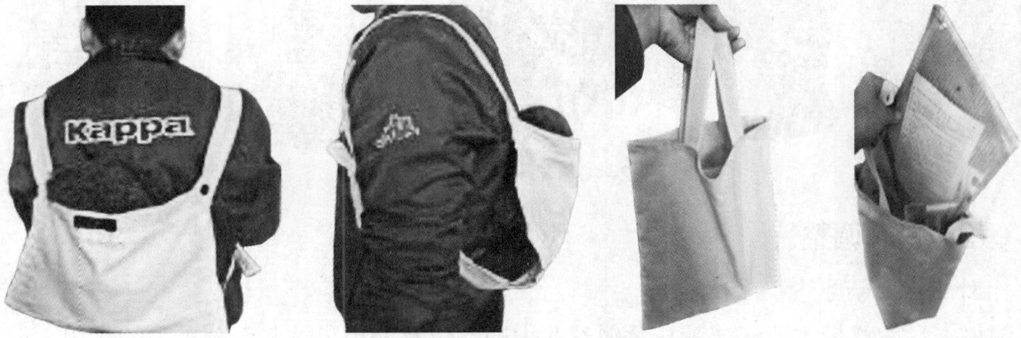

图 2–38　收纳包功能展示

4. 裙子样衣的功能检验

（1）裙子—背带功能检验。

试验者臀围 92 cm，腰围 68 cm，布娃娃身长 46 cm，胸围 39 cm。

对背带功能进行试验，将 6 kg 沙子灌入布娃娃里面，背带不影响穿着，重量增加至 14 kg 时，发现布娃娃往下沉，将前腰头往下拉，同时将后腰头往上吊，此时布娃娃重量对穿着美观产生一定的影响。即背带负重控制在 12 kg 以内时，背带效果更佳，如图 2–39。

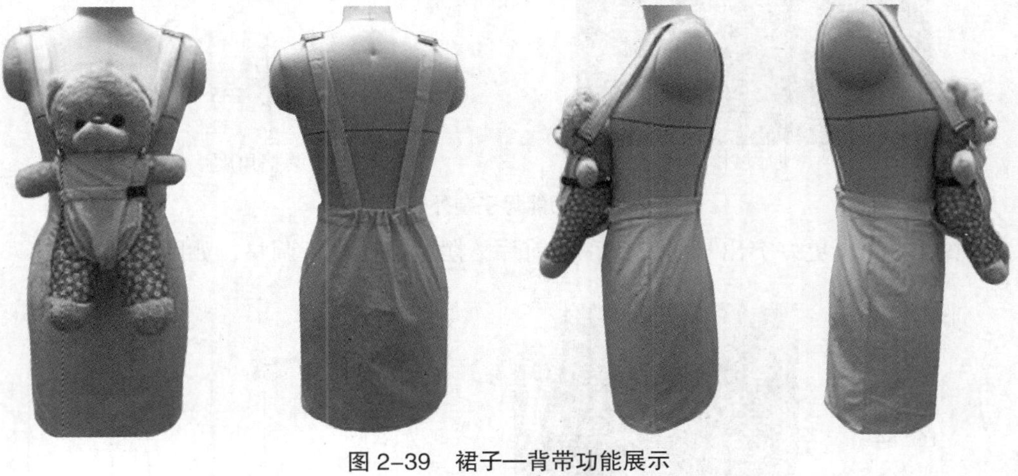

图 2–39　裙子—背带功能展示

（2）裙子收纳功能检验。

试验布娃娃身长 46 cm，胸围 39 cm。

对袋裙进行收纳试验时，将重量为 1 kg 的书放入袋裙中，收纳效果不错。将裙子穿在布娃娃身上，效果较好，如图 2–40。

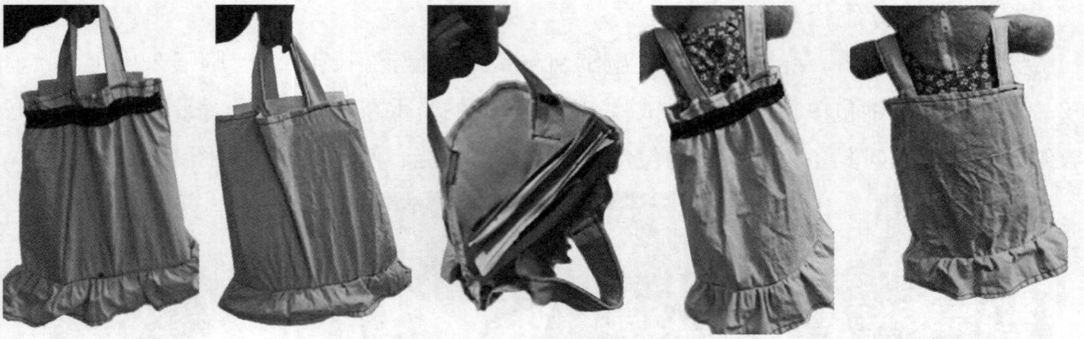

图 2-40　部分实验展示图

（九）样衣调整

1. 外套款式调整

调整一：后背带主要起连带托承婴幼儿大腿部位及分担婴幼儿部分重力的作用。设计后背带有两种托承方式：交错式和一般式。通过试验发现，一般式后背带的连接角度会影响托承的效果与婴幼儿的舒适度。一般的设计连接角为 90°，试验时发现效果不太好，调整背带与婴幼儿大腿之间成 135° 更贴合人体，如图 2-41 所示。

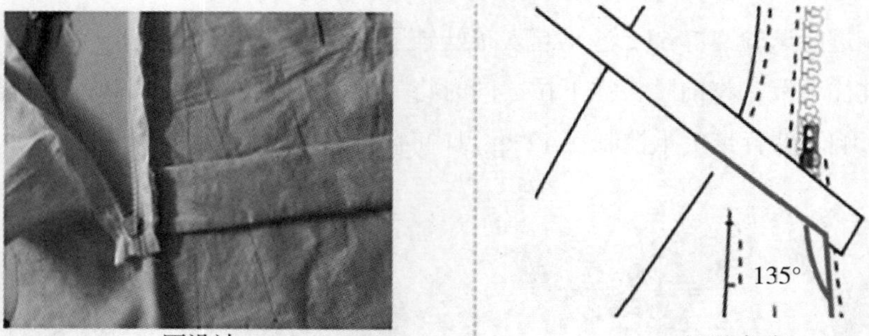

原设计　　调整角度

图 2-41　功能母子装外套调整一

调整二：为了更好突出身材比例，将前片下摆与挂面进行调整，如图 2-42。

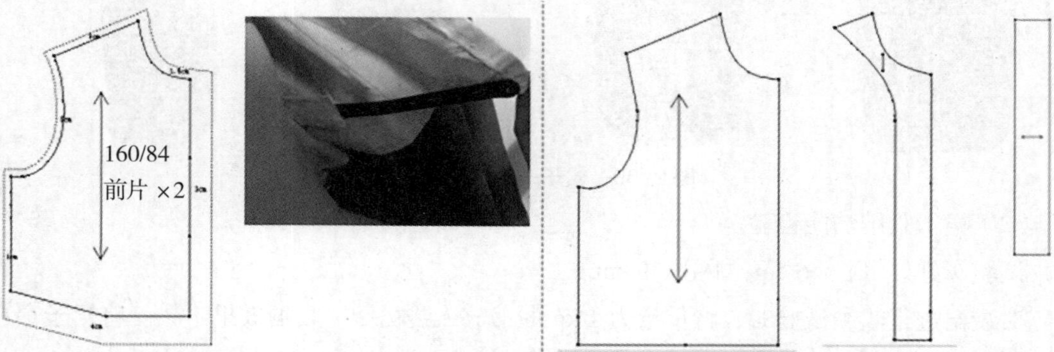

a. 原设计　　b. 调整结构设计

图 2-42　功能母子装外套调整二

调整三：通过试验发现设计中，后片的拉链虽然可以调整婴幼儿的背着状态，但忽略了侧边防滑细节，应继续调整，如图 2–43。

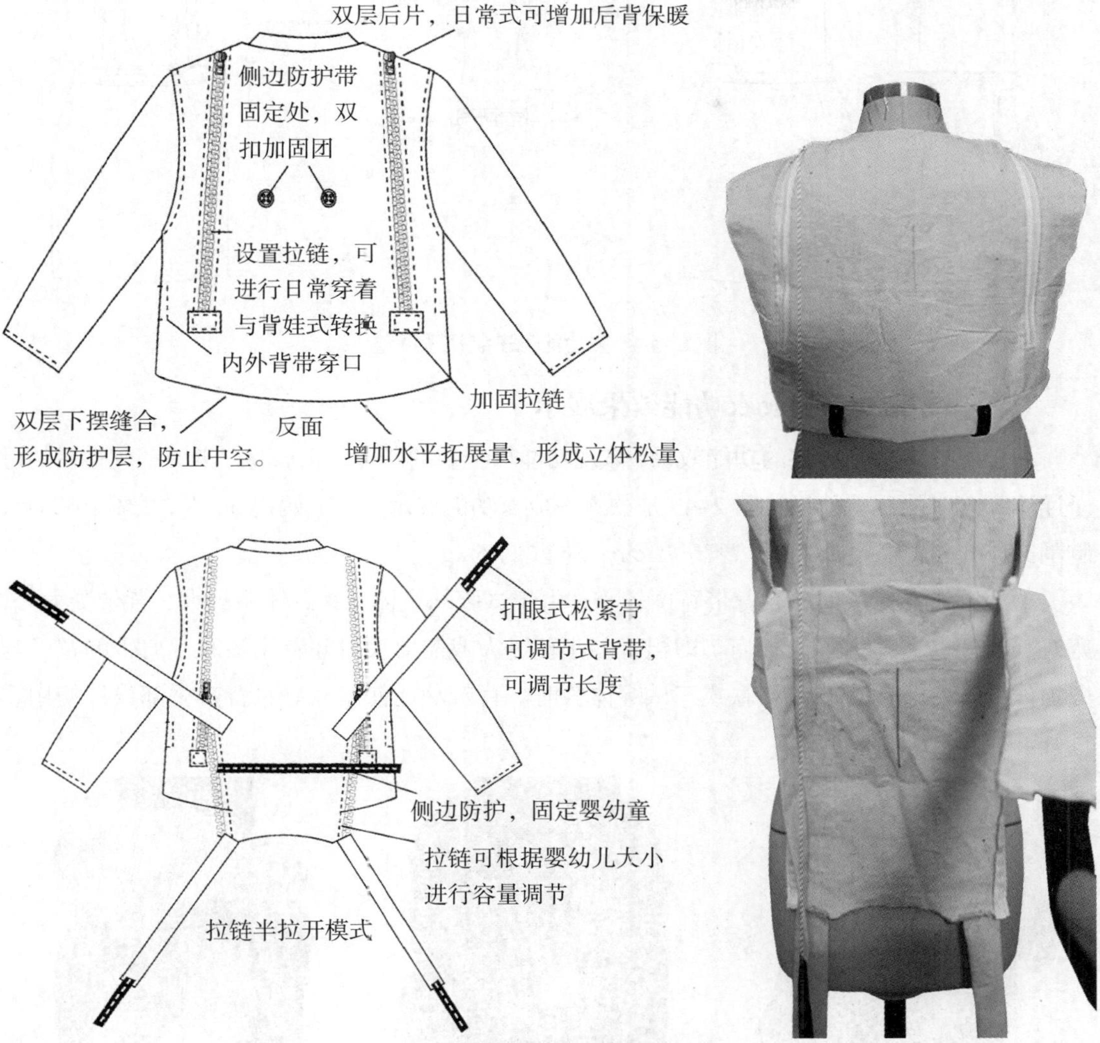

图 2–43　功能母子装外套调整三

2. 裙子款式调整

调整一：将衣身前片设计为可拆分的独立衣片，使其可独立作为背带。

穿着方式一：将衣身前片拆开分成背带与直身裙，背带可单独使用；该穿着方式适合较大年龄段的婴幼童使用。

穿着方式二：可以连着裙子作为背带裙使用，同时也可以背婴幼儿。

调整二：衣身前片设计防护片和固定带。

具体调整设计如图 2–44。

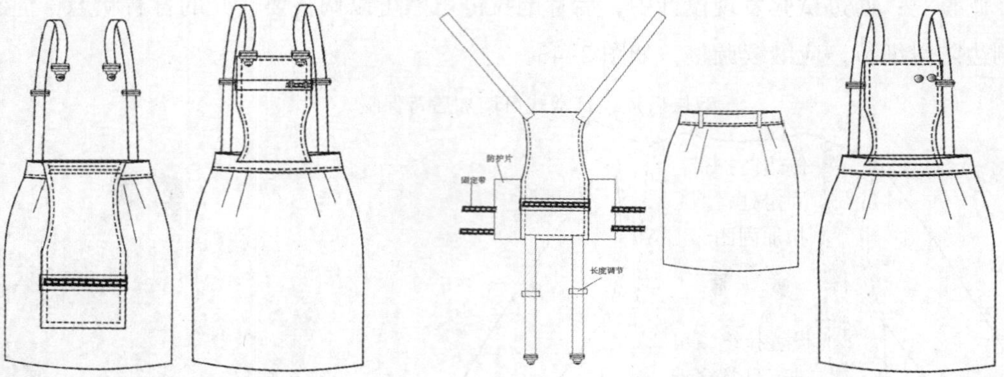

a. 原设计　　　　　　　　　　　　b. 调整设计

图 2-44　多功能母子装裙子调整

（十）功能母子装成衣功能效果展示

为了更好地达到服装的功能效果，体现功能母子装的研究价值，进一步展示调整后的母子连体穿着时的试验效果。图 2-45 是款式一成衣功能展示，试穿妈妈 30 岁，身高 162 cm，胸围 70 cm。试穿男童 4 岁，身高 75 cm，体重 17.5 kg。

款式一试穿体验时，其背带宽度较小，由于试验幼童体重大，体型较大，背带受力大，妈妈长时间背着，肩膀会酸痛。即当背的小孩过大或需要长时间背小孩时，肩带的宽度与分力设计需要进一步改善。款式三试穿体验时，背带功能使用较好，背带臀部设计使用感良好。

图 2-45　款式一成衣功能效果展示

图 2-46 是款式二的成衣背带功能试穿效果展示，试穿对象同款式一的试穿对象。款式二的双层后片与下摆扩容量较小，隐藏式背带使用显得勉强。款式四的后背带与吊带为一体式，由于试验幼童体重大，背带受力大，款式设计的隐藏式背带方式使用较为勉强。单独使用背带更便捷。

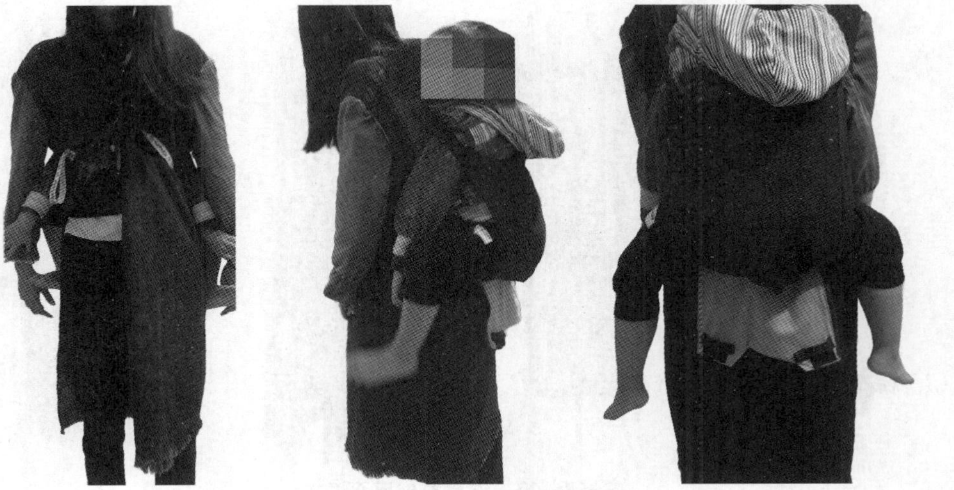

图 2–46　款式二成衣功能效果展示

（十一）成衣系列展示

1. 典雅系列成衣展示

根据系列效果图进行服装成衣制作。以江豚为图案元素，对江豚外形进行抽象与意义设计。在款式上，外套款在原设计基础上稍微进行了些变化，增加了纽扣拼色元素，裙子款延伸设计了一个长款的具备背带与收纳功能的裙子。为了体现服装系列感，将所有上衣、裙子款式统一展示。如图 2–47 所示。

图 2–47　典雅系列成衣展示

2. 俏皮系列成衣展示

（1）服装正面效果展示。

该系列以史迪奇为图案元素，通过分割手法、错位法进行图案设计。该系列具备母子连体着装、变式着装、背带变式使用、收纳包变式使用等功能，如图 2–48。

图 2-48 俏皮系列成衣展示

俏皮系列成衣一：外套前背带设计中加入了黄色缎带，增加服装的时尚活泼感；衣身设计多色纽扣，增加服装设计感，后背带可以后绑于身后，营造腰身“S”形曲线感。

俏皮系列成衣二：外套前身不对称设计，在视觉上形成错落美感，在不对称的短边设计变式的收纳包，可拆卸单独使用，也可变式为幼童上衣。后背带设计黄色缎带与蓝色对比拼接，形成亮点。

俏皮系列成衣三：上衣设计双层袖，内层设计透明的薄纱，外层设计开边袖，走动时双袖将形成若隐若现的逸动感。裙子前身连身为连体裙，有装饰与背带功能；拆掉前身为直身裙，前身可变式为独立背带与婴幼童的上衣。在前身中设计黄色缎带使得服装增加动感，也可吸引婴幼童的兴趣。婴幼童的成衣穿着效果如图 2-49，童装穿着合体舒服。

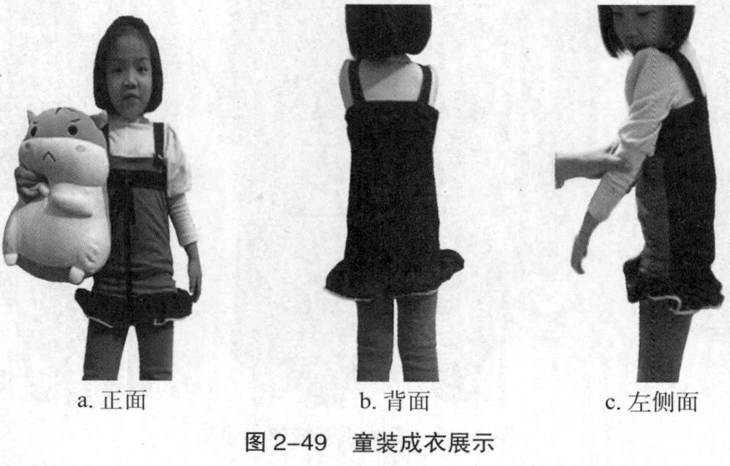

a. 正面　　b. 背面　　c. 左侧面

图 2-49 童装成衣展示

（2）服装侧面效果展示。

该成衣由上衣与裙子组成，裙子有 4 种穿着模式：母子连体穿着模式、母亲背带裙单穿模式、背带婴幼童穿用模式、母亲直身裙穿用模式。上衣有 2 种穿用模式：日常穿着模式和哺乳模式。在胸围处设计隐藏式哺乳开口，方便母亲对较小年龄的婴幼儿进行哺乳，如图 2-50。

图 2-50　可进行婴幼儿哺乳服装

该成衣由外套上衣与裙子组成，外套有 5 种穿着模式：母子连体穿模式、背带拆分使用模式、收纳包拆分使用模式、婴幼童裙子穿用模式、外套单独穿用模式。

母亲背带裙单穿模式的两种穿法，如图 2-51。

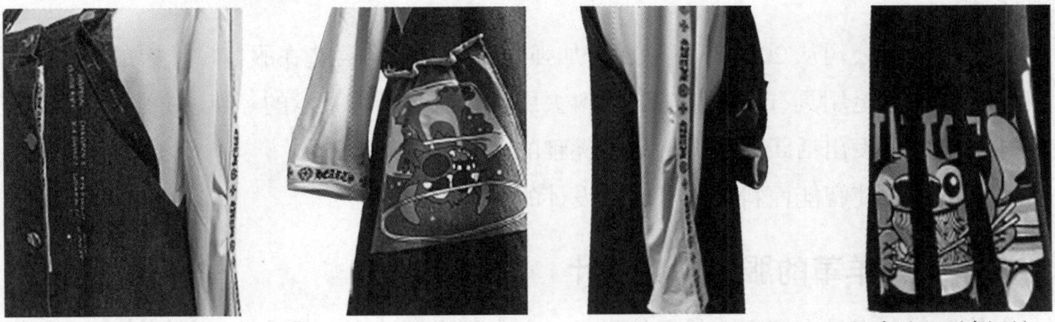

a. 穿法一（正面）　b. 穿法一（侧面）　c. 穿法二（正面）　d. 穿法二（侧面）

图 2-51　母亲背带裙单穿模式的两种穿法

第三节　新材料的服装创新设计

服装设计要体现时尚潮流和设计师的创意，最基本的操作是充分利用服装材料去实施，包括利用新纤维材料、新纱线及新面料去进行服装创新设计。如果服装材料选择得好，那服装的造型设计效果就非常好，人们穿着这类服装，其着装效果就很容易出彩。因此，基于新材料去进行服装创新与加工对服装设计很重要。

一、新材料的运用设计

一种新的服装材料研制成功，必将会带动一种新的服装流行趋势，丰富的面料种类是服装品牌发展的基础，许多大牌服装都会充分利用服装新材料来进行创新服装设计。许多服装设计师钟情于服装面料的创新运用，如三宅一生直接强调面料设计的创意，利用面料的立体效果设计出独特的服装效果，他的高级成衣最有代表性的就是皱褶设计，如图 2–52。高田贤三则是利用面料设计来实现服装创意的高手，将“自然流畅、活动自如”法则运用得恰到好处，如图 2–53。

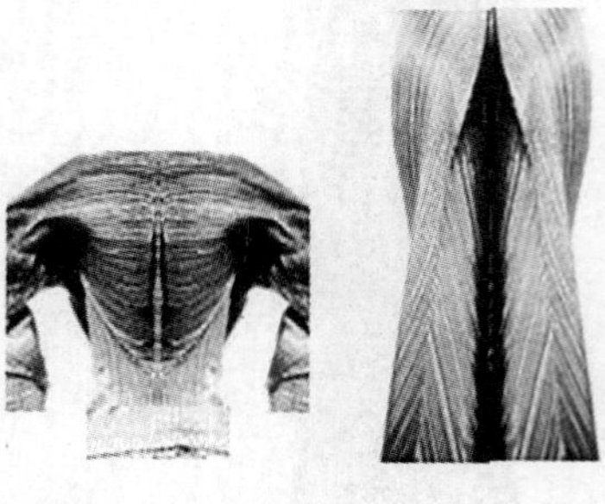

图 2–52　三宅一生设计的立体服装

图 2–53　男装西藏风格图案面料

设计师们充分发挥面料的创新和再造能力，证明了设计师们在设计服装时强调面料的设计对服装创新的作用。企业还经常通过推出各种新的面料来达到广告的效果，如武汉每年 5 月或者 11 月都要举办一场服装设计的作品秀，即“武汉时尚周”的大学生与企业的服装成衣秀。

中国的女装公司从 2000 年开始逐步加强面料的创新与再造在服装设计中的作用，如玛斯菲尔通过巧妙运用具有锡纸感觉的面料去展现该服装品牌秉承的经典、优雅的服饰理念，使穿着者身上散发出活跃的青春魅力和优雅的时尚气息。

现在的科技使智能面料也成了服装设计的宠儿。

二、改性羊革的服装创新设计

天然皮革一直是人们喜欢的天然材料，具有不需要洗涤、保暖性好、挡风、不容易皱褶等优点，且具有可持续性发展的特点，从古至今一直是优良的服装面料。但随着人们生活质量的提高，人们在喜欢皮革优点的同时，也希望皮革超薄化、更柔软，可以让皮革的穿着时限突破冬天，走向春秋季甚至夏季，扩大皮料服装的使用范围。下面是使用皮革研究成果进行的皮革羽绒服创新设计，达到了意想不到的服饰效果。

（一）改性羊革制备

准备 WPU 乳液和直径 20 nm 的纳米 SiO_2 粉末。纳米 SiO_2 改性 WPU 的方法多样，其中对溶胶 – 凝胶法、物理共混法和原位聚合法三种改性方法研究较多，工艺也较成熟，实验采取物理共混法进行改性实验。根据实验设置的纳米 SiO_2 浓度为 0、2%、5%、10%，称量不同质量的纳米 SiO_2 粉体与 WPU 乳液，放到烧杯中进行共混，在磁力搅拌器 2600 r/min 的转速下，搅拌 3 小时，其间观察混合乳液的状态，应搅拌至没有明显粉体颗粒，且乳液呈顺滑状态。继续将 4 种改性乳液均匀涂抹到不同厚度的牛羊革表面，用涂布棒涂抹均匀，涂层厚度为 0.1 mm，将改性涂层试样革放入电热鼓风干燥箱（XMTD–8222 型）中，调节烘干温度为 40℃，烘干时间为 12 小时。

（二）红外光谱分析

红外光谱法实质是一种根据分子内部原子间的相对振动和分子转动等信息来确定物质分子结构和鉴别化合物的分析方法。本质是利用物质对不同波长红外光的吸收特性，进行分子结构和化学组成分析。其测试原理为：在有机物分子中，组成化学键或官能团的原子处于不断振动的状态，其振动频率与红外光的振动频率相当。当用红外光照射有机物分子时，分子中的化学键或官能团可发生振动吸收。不同的化学键或官能团吸收频率不同，在红外光谱上将处于不同位置，从而可获得分子中含有哪种化学键或官能团的信息。将分子吸收红外光的情况用仪器记录下来，可得到红外光谱图。红外光谱图通常用波长或波数作为横坐标，表示吸收峰的位置，用透光率或者吸光度为纵坐标，表示吸收强度。根据最终所得到的红外光谱图，及图中各个特征峰所对应的数值，依据红外各基团特征峰对照表及化学式推理，最终能够分析出各峰位对应的某个化学键的伸缩振动、弯曲振动等。

图 2-54 显示出纳米 SiO_2 和 4 种不同质量分数纳米 SiO_2 改性 WPU 的 FTIR 光谱图。该图最下方曲线为纳米 SiO_2 的光谱，其在 468 处吸收归属于 SiO_2 分子中 Si—O 键对称伸缩振动，1101 处强吸收带为 Si—O—Si 键反对称伸缩振动。1631 处弱峰来自水分子的弯曲振动，而 3450 处漫峰则来自 SiO_2 吸附水造成的 O—H 伸缩振动。其余曲线分别为掺杂 0、2%、5% 和 10% 纳米 SiO_2 的 WPU 红外光谱。由此可看出，随着 SiO_2 掺杂量的增加，SiO_2 的特征信号 468、1101 强度逐渐增强。掺杂后的 WPU 光谱在 3450 处并未出现归属于羟基的新峰，证实纳米 SiO_2 的羟基在 PU 形成过程中已经与 WPU 反应，致使羟基被消耗。此外，1101 处峰随着纳米 SiO_2 掺杂量的增加发生转移，表明支持 Si—O—C 结构的生成，即纳米 SiO_2 与 WPU 反应生成了醚键。以上分析证实纳米 SiO_2 和 WPU 之间发生了化学反应，两者存在强烈的相互作用。

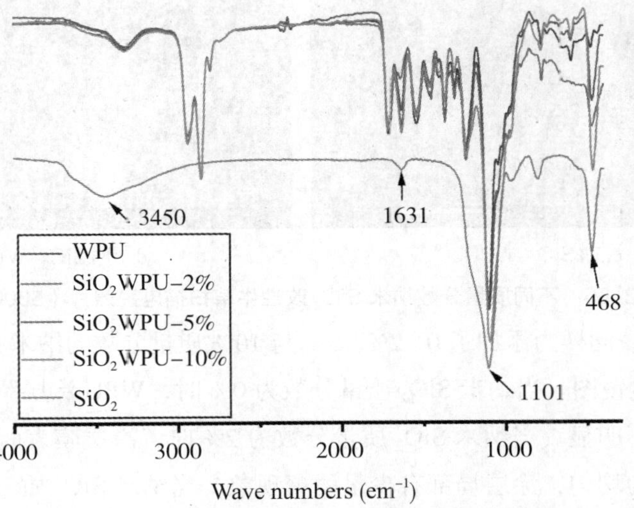

图 2-54　4 种质量分数纳米 SiO_2 改性 WPU 光谱图

（三）微观表征形貌

图 2–55 所示为添加了 0、2%、5% 与 10% 质量分数的纳米 SiO_2 改性 WPU 乳液涂层的牛革扫描电镜图。当未添加纳米 SiO_2，即其质量分数为 0% 时，WPU 涂层膜的表面较为光滑，仍能显现出部分牛革胶原纤维束。当纳米 SiO_2 质量分数为 2% 时，涂层膜表面光滑，纳米粒子分散较为均匀,涂层局部出现少量团聚现象。当纳米 SiO_2 质量分数增加至 5% 时，涂层表面较为粗糙，纳米粒子团聚现象较明显；当纳米 SiO_2 质量分数增加至 10% 时，涂层表面粗糙，且粒子团聚明显。可能是由于纳米 SiO_2 粉体的比表面积大，粒子表面张力强，且随着纳米 SiO_2 的质量分数增加，粒子之间互相吸附的作用力增强，造成了明显的团聚现象。同时，由于纳米 SiO_2 的质量分数增加，导致加入的 WPU 质量减少，混合乳液涂层成膜更加困难，使得纳米 SiO_2 质量分数增高时，涂层容易断裂，使涂层面不连续，且容易产生粒子团聚和孔洞现象。

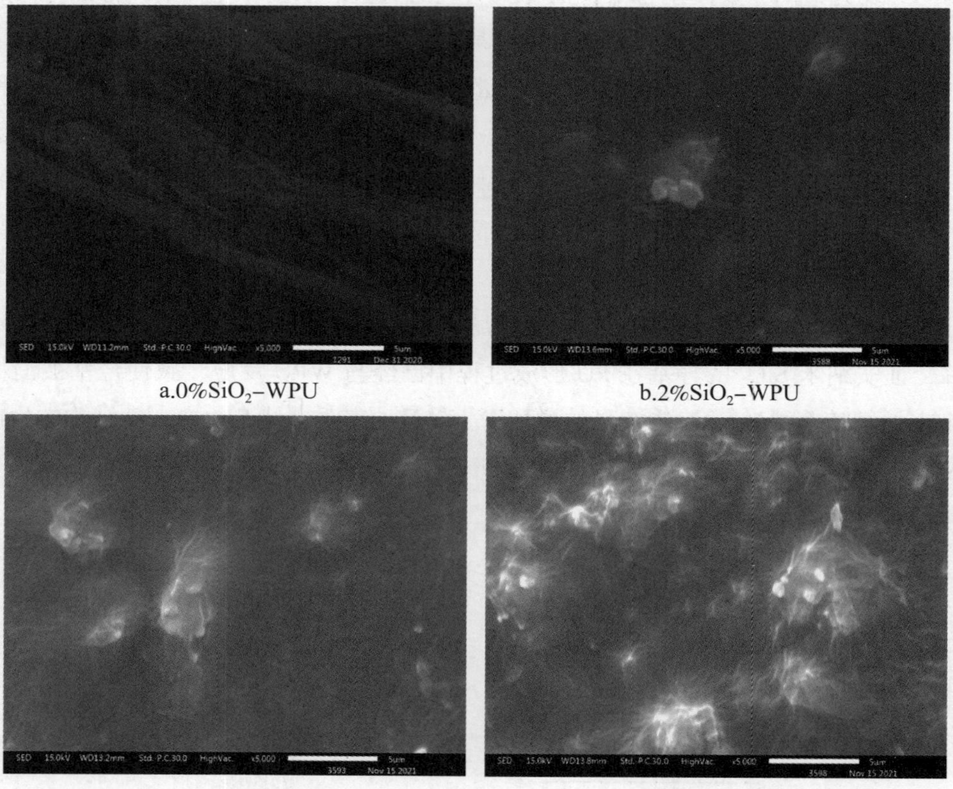

a.0%SiO_2–WPU　b.2%SiO_2–WPU　c.5%SiO_2–WPU　d.10%SiO_2–WPU

图 2–55　不同质量分数纳米 SiO_2 改性牛革扫描电镜照片（5000 倍）

图 2–56 所示，同样为添加了 0、2%、5% 与 10% 质量分数的纳米 SiO_2 改性 WPU 乳液涂层的羊革扫描电镜图。当纳米 SiO_2 质量分数为 0% 时，WPU 涂层革的表面无团聚现象，羊革胶原纤维束不明显。当纳米 SiO_2 质量分数为 2% 时，涂层膜表面光滑，与牛革一致，纳米粒子分散较为均匀，涂层局部有少量团聚现象。当纳米 SiO_2 质量分数增加至 5% 时，

涂层表面相对粗糙，纳米粒子团聚现象较明显，团聚程度轻于牛革；当纳米 SiO_2 质量分数增加至 10% 时，涂层表面显得粗糙，且粒子出现小范围的团聚现象，粒子团聚体积小于牛革表层。

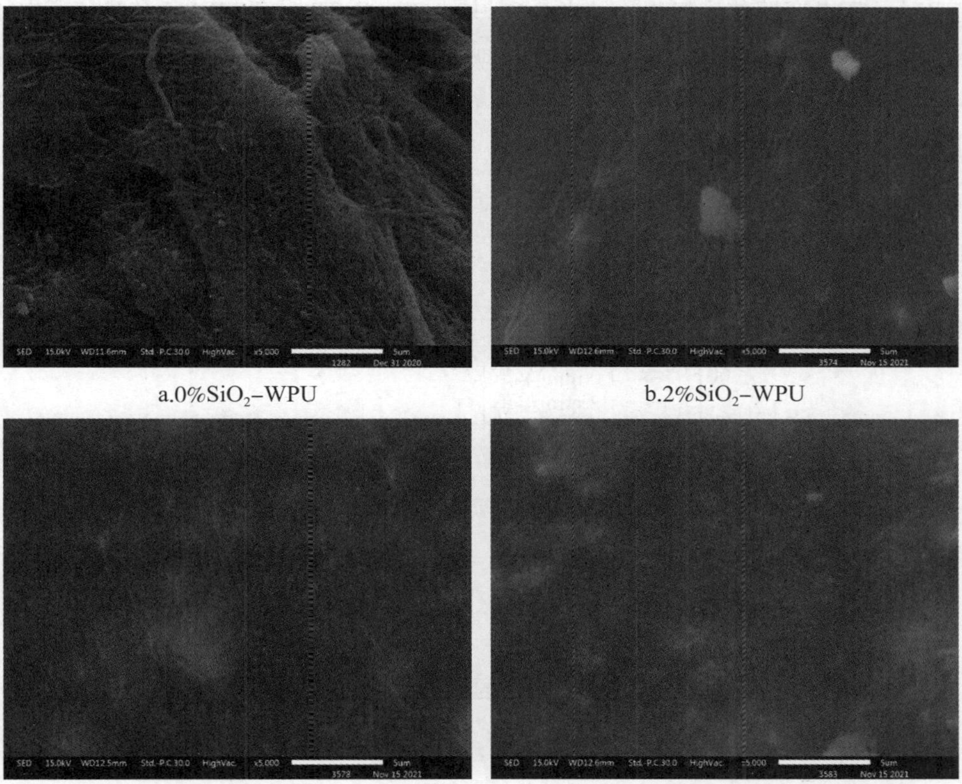

a.0%SiO_2–WPU　b.2%SiO_2–WPU

c.5%SiO_2–WPU　d.10%SiO_2–WPU

图 2–56　不同质量分数纳米 SiO_2 改性羊革扫描电镜（5000 倍）

（四）改性羊革透湿量变化

1. 透湿量与纳米 SiO_2 质量分数关系

图 2–57 所示为在标准大气压，环境温度 40℃，湿度 64%，固定透湿时间 6 小时条件下，改性涂层羊革透湿量与纳米 SiO_2 质量分数关系。与改性牛革的变化趋势类似的是，在 SiO_2 质量分数为 0%（纯 WPU）和 2% 时，变化趋势较为平缓，随着纳米 SiO_2 质量分数的增加，改性涂层羊革的透湿量呈现上升趋势，同样地，在质量分数达到 5% 后，透湿量呈现激增的变化。以 40℃时 1.0 mm 羊革为例，当在 SiO_2 质量分数为 0% 和 2% 时，其透湿量值从 3.5（$kg/m^2 \cdot 24h$）上升至 3.7（$kg/m^2 \cdot 24h$）；当 SiO_2 质量分数为 10% 时，透湿量数值急剧增加到 10（$kg/m^2 \cdot 24h$）。这是由于随着纳米 SiO_2 量的增加，纳米 SiO_2 改性 PU 膜的单位面积内所得的纳米孔隙数量增加。从物理角度分析，实验选取的纳米 SiO_2 平均粒径在 20 nm，而一般 WPU 的平均粒径大约在 100 nm，具有链状空间结构。WPU 经纳米 SiO_2 改

性后，球状的纳米 SiO_2 均匀分散在 PU 的网链状结构中并起到一定的支撑作用，同时还能够为改性膜提供纳米通道，使得直径通常在 0.4 nm 的水蒸气能够通过，而大直径的水滴不能通过。从化学角度分析，纳米 SiO_2 的尺寸比较均衡，平均粒径 20 nm，由于粒径小但是比表面积大，因此吸附能力极强。纳米 SiO_2 中的 Si—O 键能够和 WPU 及水分子中的亲水基团结合形成氢键，从而增强改性涂层的“吸附－扩散－解吸附”过程，使得改性 PU 膜透湿性能随着纳米 SiO_2 质量分数的增加而提升。过量的纳米 SiO_2 团聚后，会影响到改性膜的致密性，改性膜表面会出现大直径的微孔，使得改性羊革的透湿量急剧增加，即出现图 2–58 中所呈现的，在不同温度条件下，各个厚度的改性涂层羊革的透湿量均随着 SiO_2 质量分数的增加而增强。

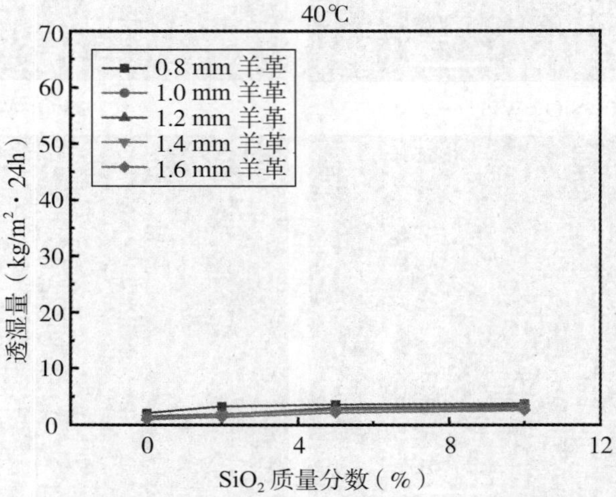

图 2–57 40℃时改性羊革透湿量与 SiO_2 质量分数关系

2. 透湿量与厚度关系

图 2–58 所示为不同质量分数纳米 SiO_2 改性羊革透湿量与厚度关系图。在标准大气压，环境湿度 64%，透湿时间 6 小时实验条件下，改性羊革透湿量大小与厚度成反比。在不同温度条件下，透湿量大小均为 1.6 mm ＜ 1.4 mm ＜ 1.2 mm ＜ 1.0 mm ＜ 0.8 mm，仅存在个别不符合趋势的误差点。改性羊革透湿量随着厚度递减的原因，也与天然羊革的原因相同。改性羊革的涂层膜具有 0.1 mm 的厚度，随着改性羊革厚度的增加，涂层革内部叠加的纤维束更多，水分子需要穿过更长的通道，还需穿透表面涂层膜中的纳米通道。在固定的透湿时间 6 小时条件下，水分子穿过时需要经过的通道越长，透湿量越小。但在同一温度条件下，不同质量分数改性羊革的透湿量也存在差异，纳米 SiO_2 的质量分数越大，透湿量越大，其中 10% 质量分数的改性羊革透湿量最大。因为纳米 SiO_2 的质量分数越大，则在涂层膜表层能产生微孔，直接影响到改性膜的致密性，从而使得在同一温度条件下，不同质量分数的改性羊革的透湿量之间也存在明显的差异。

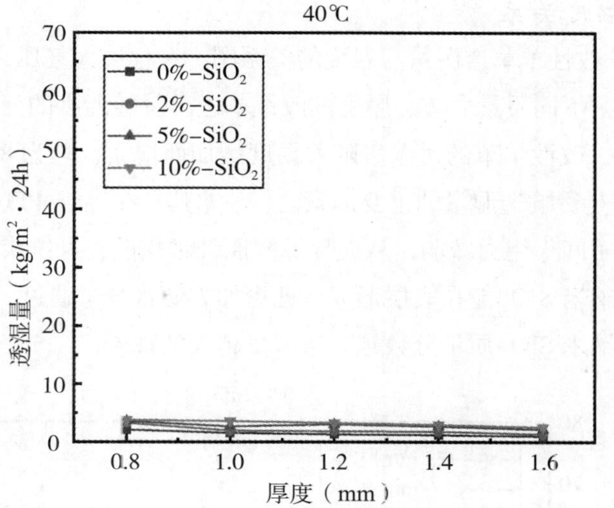

图 2–58 40℃时改性羊革透湿量与厚度关系

3. 透湿量与时间关系

改性羊革在 5 种不同温度条件下透湿量随时间的变化曲线如图 2–59。在标准大气压、环境湿度 64% 的条件下，将厚度均为 1.0 mm 的牛革表层涂上 4 种不同质量分数的改性涂层后，放置在 40℃、50℃、60℃、70℃、80℃的不同温度环境下 10 小时，并每隔一小时记录数据。改性羊革的透湿量 – 时间变化趋势与改性牛革、天然牛革及天然羊革的变化一致，即在不同的温度条件下，不同浓度的改性羊革透湿量同样是先减小后增大，最后趋于平衡值，4 种改性羊革的透湿量在 6 小时后稳定在一个恒定值。同样在吸湿初期，改性羊革存在一个时长大约为 1.5 小时的自吸湿过程。而在固定温度和厚度条件时，改性膜的纳米 SiO_2 含量越大，改性革的透湿量也越大，10% 浓度改性羊革的透湿量显著大于 0%、2% 与 5%。

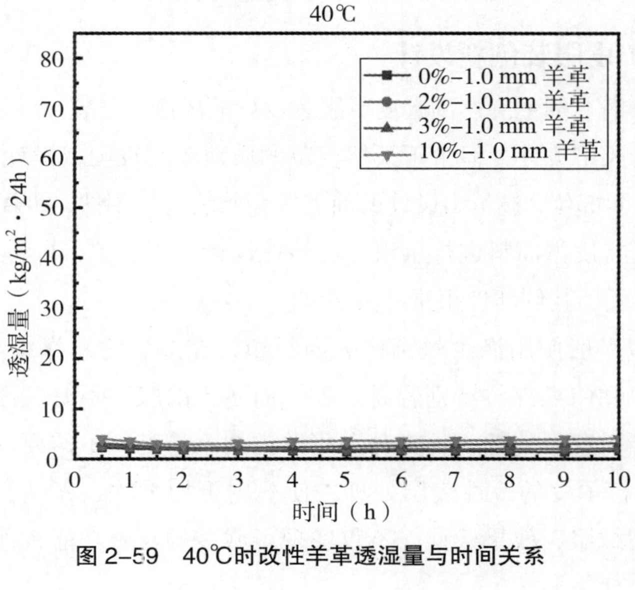

图 2–59 40℃时改性羊革透湿量与时间关系

4. 透湿量与温度关系

图 2–60 示出了改性羊革透湿量与温度的关系图。在标准大气压，环境湿度 64%、透湿时间 6 小时条件下，不同质量分数、厚度的改性革透湿量随温度的变化曲线。改性膜质量分数和厚度固定时，改性羊革的透湿量随着温度增加而增大，均为 80℃＞70℃＞60℃＞50℃＞40℃。温度是影响透湿量的重要因素之一，尤其是在大于 40℃的高温条件时，皮革内部的化学键和分子间作用力减弱，从而导致胶原纤维松散，纤维束之间的间隙增大，而涂层革表现所含的纳米 SiO_2 能在表层形成微孔更加方便水分子通过，因此也就造成了温度越高透湿量越大、纳米 SiO_2 质量分数越大透湿量越大的现象。

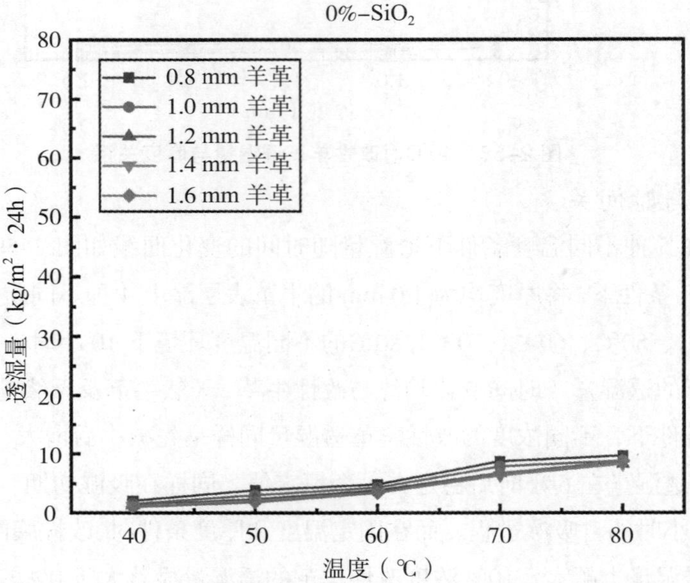

图 2–60　改性羊革透湿量与温度关系

（五）改性羊皮服装创新设计

2018 年的巴黎时装周上突然刮起皮革服装设计的风潮，服装设计师根据实际皮革和现有皮料对服装进行风格设计，但由于天然皮革的质地较厚较硬，设计师只能将皮革分割，并应用在服装的不同部位，显示出设计的前卫性和服装的休闲性，如著名设计师三宅一生、麦克奎恩加利亚诺将皮革面料进行重组，巧妙地设计在服装上，取得了令人满意的效果。但应用在整件服装上，其创新性很难有突破。

冬天的羽绒服一般使用涤纶丝绸作为面料布，在穿着时，涤纶丝绸容易沾染灰尘、油污，尤其是袖口和门襟部位特别容易赃物，而冬天的服装不好洗涤，或者洗涤后不容易晒干，因此，针对这个问题，可充分利用羊皮的不易脏、不需要洗涤特性，将羊皮切薄到 3 mm，再进行羊皮的改性表层处理，使羊皮更加柔软，光亮，染色性能好，用这样的羊皮设计成羽绒服，效果极佳，不仅实现了服装的穿着功能，而且服装不需要常洗涤，达到了服装的免洗涤功能。如图 2-61 为设计的皮革羽绒服。

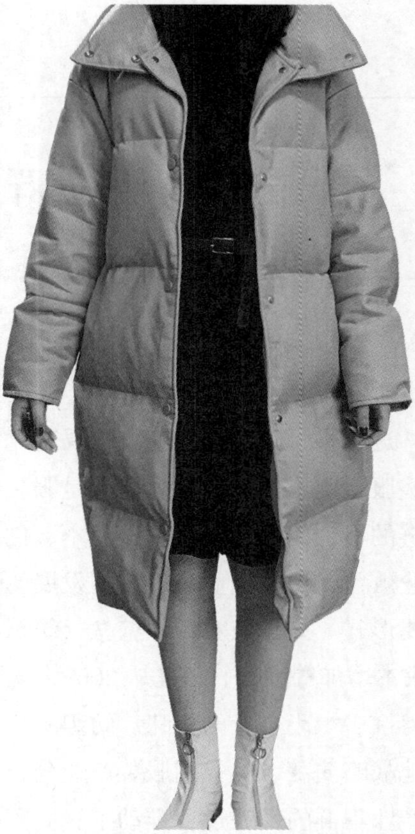

图 2-61　皮革面料的羽绒服设计

第三章 服装产业集群

中国在加入世界贸易组织后的服装产业发展过程中，主要经历了由家庭作坊式向现代加工型企业飞速发展的过程。近年来，随着世界经济格局变化，我国中小型服装企业独立生存越来越困难，如何为这些服装走出一条发展道路，是服装人应该思考的问题。服装产业在发展过程中，实施产业链的整合无疑是降低企业成本、创新产品技术、开拓国内外市场、不断扩大规模、提高企业效益、保证企业可持续型发展的强有力的战略，也是发展区域经济、促进产业转型的重要形式。为了应对各项壁垒，纺织企业“单兵作战”难以解决市场原材料价格上涨、人工成本增加等冲突，于是从 2002 年开始，产业集群以一种独有的姿态出现在产业当中，并获得许多中小企业的青睐。纺织服装制造业的竞争已从单纯的企业战略逐步向全方位的集聚地战略演变，在我国服装产业分布上表现出来的突出特点就是形成了产业集群现象。这个产业集群的发展过程推动了我们国内一大片的服装产业基地建设。产业集群在我国服装产业发展中具有重要作用，体现出重要的地域经济现象。根据中国服装协会的 2008 年调查，全国有 39 个较典型的服装产业集聚地，主要分布在经济发达地区，如珠江三角洲、长江三角洲、环渤海地区和东南沿海地区等。在随后的全国经济共同发展中，全国上下游形成了近 190 个纺织服装产业集群，但较为知名的 7 个产业集群分别是在福建省石狮市、广东省东莞市与虎门镇、浙江省海宁经编产业园区等。经初步推算，我国服装产业的服装生产能力主要集中在服装产业集群内，而发达地域的服装产业集聚地的生产发展速度明显高于其他地区。从 2010 年开始，我国服装产业集群发展进入新阶段，集群内企业数量与质量同步上升。根据我们的各地服装产业集群统计的数据显示，服装产业集群的产业经济总量在当地工业经济总量中所占的比重，最小占 20%，高的多达到 80%。与 2005 年相比，大部分集群规模以上的服装企业数量已经翻倍，服装产量和出口也同比增长。根据 2013 年 3 月的中国产业研究报告网资讯报道，全国纺织服装产业集群整体上主要集中在东部沿海经济发达地区，以长三角、珠三角、海西地区和环渤海地区为主，特别是江苏、浙江、福建、山东和广东五省。但近年来随着中西部经济的发展，纺织服装产业已开始有计划、有步骤地向中西部地区梯度转移，开始在中西部形成一些产业相对聚集的地方。目前我国服装生产越来越向产业集群集中，各产业集群的服装总产量已占到全国服装生产总量的70%以上。

从产业集群的区域分布看，纺织服装产业集群主要分布在我国东部、南部沿海地区以及新疆等原材料生产区。整体上纺织服装产业集群第一梯队是广东、江苏、浙江，山东与江西等省，其产业集群特色体现：广东主要集结了一批服装贸易企业，江苏、山东、江西主要集中了一批纺织服装和成衣制造企业。纺织服装产业集群的第二梯队是湖北、河北、陕西省及新疆，湖北、河北与陕西三省仍是以服装加工和零售批发为主，新疆主要是棉花等原材料供应。

截至2022年，全国已有216个地区与中国纺织工业联合会签署了纺织服装产业集群试点区域。2018年底，全国纺织服装企业已有19.43万户加入产业集群的试点地区里，其工业总产值达3.63万亿元，其中规模以上企业生产值为2.58万亿元，利润达2195.02亿元。2018年的集群内规模以上企业户数约占全国纺织行业规模以上企业户数的41%，福建晋江与长乐、江苏江阴、浙江桐乡、山东滨州等7个产业集群地区企业年主营收入超过千亿，为我国集群经济迈向高质量发展阶段起到了关键性的指导和引领作用。

我国的服装产业集群地在增加企业数量的同时，也提升了服装产业发展的水平。集群内很多企业从产品经营开始向品牌经营进行转变。随着企业的联合、整合与重组的进行，规模以上的服装企业逐步增多，并开始转变经济增长方式，着力进行企业转型升级，实现从OEM加工向自主设计、自创品牌的转变。

产业集群对国家经济和地域经济发生着巨大作用，那么产业集群是怎样出现的呢？产业集群（Industrial Cluster）一词是美国经济学家迈克尔·波特于1990年在他的著作《国家竞争优势》一书中首先提出来的。波特通过对10个工业化国家的考察，发现区域的竞争力对企业的竞争力有着很大的影响，产业集群是工业化过程中的普遍现象，在所有发达的经济体中，都可以明显看到各种各样的产业集群。在我国经济发展过程中，服装产业现正在加速产业集群的发展趋势，打造优势服装产业集群体，努力优化服装产业集群发展的“软环境”，为广大中小型服装企业提供产品研发、现代物流、电子商务、数字信息化、质量检测、技术培训等服务，提升中小型服装企业的技术开发和企业管理水平，使平台真正成为服装企业间整合、共享、服务、创新的实践基地。

第一节 概 述

一、服装产业集群

（一）基本概念

1. 产业集群

现代组织理论认为，产业集群是创新因素的集群和竞争能力的放大。哈佛商学院教授、世界“竞争战略之父”迈克尔·波特教授认为，产业在地理上的集聚，能够对产业的竞争优势产生广泛而积极的影响。从世界市场的竞争来看，那些具有国际竞争力的企业往往是群居在一起而不是分散的。所以，产业集群的基本定义是指在某一特定领域（常常是以一个主导产业为主）中，大量产业内联系密切的企业以及相关支撑机构在空间上的集聚，并以此形成强劲、具持续竞争力优势的一种现象。因此，产业集群发展状况已经成为考察一个国家、一个城市和一个地区的重要经济指标。

2. 服装产业集群

服装产业集群的意思是指在某一区域中，从面料到成品一体化的服装产业链，即从纤维到纺纱，从纱线到制成布料，再通过设计由布料做成服装，由包装和营销等一体化的产品集聚。服装产业集群是指集中于一定区域内的服装产业中，众多具有分工合作关系的不同规模等级的服装及其相关企业、与其发展有关的各种机构、组织等行为主体，通过纵横交错的网络关系紧密联系在一起的空间积聚体，代表着介于服装市场和等级制之间的一种新的空间经济组织形式。服装产业集群包括服装销售渠道、面辅料等辅助产品制造商，缝纫设备等专业化基础设施供应商，政府和其他提供专业化培训、信息、研究开发、标准化制定等的组织与机构，以及各级服装协会、商会和其他相关的民间团体等。

目前中国的杭派和闽粤派纺织服装集群特点不同，杭派以江苏和浙江为代表，江苏主要以原料到半成品居多，而浙江除了原料以外一直延伸到整个服装成品种类。闽派是以福建为龙头，以运动服饰和鞋为代表；粤派基本上以服装加工为主。有的纺织服装产业集群，如杭州产业集群已形成了极具代表的从原料到成品的一站式服装形态，其在中国和世界的影响很大，许多人只要一听说杭州的“四季青”就知道是批发服装；一说到湖南的株洲，就知道那里有相当规模的服装批发产品群，这就是集群的一种影响力。服装产业集群已超越了一般服装产业的范围，形成了特定地理范围内的多个服装相关产业的相互融合、众多类型服装及相关机构相互联结的共生体，构成了一定区域内独具特色的竞争优势。

服装产业集群从不同的角度审视，体现出一种不同的经济发展现象。

从服装产业机构和服装产品结构的角度看，服装产业集群实际上是服装产品的加工深度和服装产业链的延伸长度的一种推进，从某种意义上讲，服装产业集群也是服装产业结构的调整和优化升级的一种现象。

从服装产业组织的角度看，服装产业集群实际上是在一定区域内一些服装企业或大服装公司、大服装企业集团的纵向一体化发展的一种趋势。

3. 概念比较

（1）产业链与产业集群。

产业链是指某种产品从原料、加工、生产到销售等各个环节的关联，属于传统的一个概念。1958 年赫希曼在《经济发展战略》中，从产业的前向联系和后向联系的角度论述了产业链的概念。尽管随着时代变化，从不同的研究角度来对产业的联系进行阐述，表面关于产业链的说法发生了一些变化，但其内容的实质还是没有变化的，只不过与产业集群相比，产业链也强调产业之间的联系，但产业链主要侧重于产业间联系，对于产业以外的机构如商会、协会、中介机构等关注较少，此外，产业链没有空间集聚的概念。产业集群的概念则要比产业链的概念丰富得多，它既包括产业间的联系，还包括产业及其他相关机构间的联系，而且还强调空间的集聚。

（2）产业集聚与产业集群。

产业集聚是经济地理学的研究重点。在一个世纪以前韦伯在《工业区位论》中开始使用聚集的概念，指的主要是产业的空间集聚，他体现的是产业在空间上的集中分布现象。学者利用产业集聚主要是用于研究产业的空间分布形态，特别是注重产业从分散到集中的空间转变过程。某一共同空间发展的产业集聚，它们可以共享基础设施，带来客观的规模经济效益。产业集聚与产业集群既有关系又有区别。产业空间的集聚可以形成产业集群，但是并不是所有的产业集聚都可以形成产业集群。虽然有的产业集聚在一起，但是相互之间并没有联系，则不能形成产业集群。因此，产业集聚只是产业集群形成的一个必要条件，而非全部条件。

（3）产业集中与产业集群。

产业集中是产业组织研究的一个重点，是指某一产业内规模最大的几个企业在整个产业内的份额。产业集中可以通过绝对集中指标和相对集中指标来体现：绝对集中指标通常用位于某一产业内规模最大的几个企业的某项指标（如市场占有率等）在整个行业中所占的比重来反映，从中可以看出规模最大的几个企业对整个行业的垄断程度：相对集中指标主要以洛伦兹曲线（Lorenz Curve）以及以洛伦茨曲线为基础的基尼系数（Gini Coeficient）来衡量，反映整个产业内所有企业的集中程度。洛伦兹曲线也称为“劳伦兹曲线”，是统计学家洛伦兹（Max Otto Lorenz）为了研究国民收入在国民之间的分配问题，在 1907 年（另说 1905 年）提出了著名的洛伦兹曲线，即指在一个总体（如国家、地区）内，以“最贫穷的人口计算起一直到最富有人口”的人口百分比对应各个人口百分比的收入百分比的点组成的曲线。20 世纪初意大利经济学家基尼根据洛伦兹曲线所定义的判断收入分配公平程度的指标，即基尼系数，其比例数值在 0 和 1 之间，是国际上用来综合考察居民内部收入分配差异状况的一个重要分析指标。2012 年 12 月初，西南财经大学中国家庭金融调查在京发布的报告显示，2010 年中国家庭的基尼系数为 0.61，大大高于 0.44 的全球平均水平。

一般来说，产业集中主要反映产业内企业垄断程度的高低，而与产业的空间分布没有直接关系，同时也没有对产业内企业间联系进行特别关注。因此，产业集中与产业集群的概念相差比较远，两者没有直接联系。

（4）工业园区与产业集群。

中国的工业园区建设是与经济技术开发区建设密切相关的。1984 年中央开始在沿海地区设立经济技术开发区，当时国家对开发区的基本要求是“三为主、一致力”，即以工业为主、以出口为主、以利用外资为主，致力于高新技术产业发展。随着不同类型不同级别的开发区在全国展开，各种类型的工业园区也相继进行建设。工业园区建设的初衷是以利用外资为主，因此，园区内的工业主要以区外企业为主。因此，工业园区是典型的外力驱动型经济增长方式。正因为如此，使得很多工业园区在发展的过程中，没有很好地考虑自己的区域背景，致使园区的产业定位与周边地区相脱节，缺少与当地企业的联系，不能实现园区与所在区域产业的联动发展。与工业园区不同，产业集群强调产业之间的紧密联系，是依靠内力发展起来的。也有工业园区内的企业之间的联系非常密切，进而形成了产业集群。因此，工业园区为产业集群形成提供了空间，但能否形成产业集聚则要看企业之间的联系状况。

（二）服装产业集群发展的关键要素

考察中小型服装企业的集群发展，基本上是从自发开始，依靠当地一批精英企业带动，逐渐形成了一种以服装企业为核心的产业雏形，接着政府部门再给予适当的扶持，不断培育和发展该产业雏形继续成为当地具有规模的中小型企业集群。如武汉汉正街的作坊式企业，当他们发展到一定规模后就由政府统一规划用地集中在汉川形成“汉川汉正服装工业园”，实际上就是典型的中小型服装企业集群地。然后企业集群再通过竞争来促进集群产业的效率和创新，从而推动市场的不断拓展，繁荣区域和地方经济。所以，发展产业集群是在促进服装产业链的有效整合过程中，确立服装产业链环节中的某个主导企业，通过调整和优化相关企业的关系，并使其协同行动，从而提高整个服装产业链的运作效能，最终提升企业竞争优势的过程。概括地说，发展服装产业集群的首要因素是应具备两个重要因素，一是具有在产业中领先的主导企业，二是要具有相对完整的服装产业链。这两者相辅相成，缺一不可。假若缺少产业领先的主导企业，则会群龙无首；假若缺少完整的服装产业链，则服装市场的风险因素较高。因此，这两个条件成为服装产业集群发展规划的关键要素。

（三）服装产业集群的优势

服装产业集群是指在一定地区内或地区间而形成的服装产业链。从服装产业发展空间看，服装产业集群实际上就是服装产业成群、围成一圈集聚发展，它有利于降低企业的生产成本与交换成本，提高区域产业规模经济效益，提升服装产业和服装企业的市场竞争力。从服装产业组织的角度分析，企业通过纵向一体化，可达到3个目的：一是可以增强服装及相关企业的生产和销售稳定性，在服装生产成本、原辅材料供应、服装产品销售渠道和价格等方面形成一定的竞争优势，提高服装企业透过壁垒的能力；二是可以用费用较低的企业内交易替代费用较高的市场交易，达到降低交易成本的目的；三是可以提高服装及相关企业对市场信息的灵敏度，使服装及相关企业进入高新技术产业和高利润产业的行列等。服装产业集群具有以下七大优势。

1. 形成了完整的产业链优势

在服装产业内部的企业之间，具有某个或某几个显著的产业特征作为联接，产业内部企业之间实行专业分工。最常见的是以“服装供应商－客户”为主的联结模式，如绍兴纺织业的化纤、织造、印染、服装一条龙的产品关联，围绕该产业链还出现了纺机、染料助剂、纺织技术服务等辅助性行业。这些内在紧密联系并频繁互动的行业及其所属企业就构成了一个庞大的纺织产业集群。再如韩国首尔东大门地区形成了一个产业链完整的服装产业集群中心，这里不仅是旅游观光景点，更是韩国人乃至很多周边国家旅游者和生意人心目中的“购物天堂”。因此看出，产业集群内部可围绕产业链出现了一些服务性机构和行业组织等。

2. 形成了低成本优势

通过集群成员之间供需关系的连结，实现采购本地化，形成整个集群的成本优势。以广东均安为例，均安是全球主要的牛仔生产基地之一。作为“中国牛仔服装名镇”，它以牛仔服装、纺织、洗水、浆染等一条龙的加工为主导产业形成了新兴的生态型服装加工城镇。同时，均安还配套四大产业平台：20万平方米的牛仔成衣、面料、辅料、机械设备专业市场的对外交易窗口平台（富安国际牛仔城），占地面积600万平方米的纺织服装生产基地平台，均安牛仔服装创新中心的创新平台与国际牛仔博览会的会展平台。所以，纺织服装产业链的当地化，不仅降低了服装企业的采购和供应成本，更重要的是大大便利了上下游企业之间的沟通互动，从而为双方在技术创新中创造了有利条件。

3. 形成了大规模优势

产业集群内的单个企业绝大部分属于中小企业，一般规模不大，但整个集群却显示出明显的规模优势和很高的市场占有率。如最近几年诞生的郑州裤都就是典型的案例。随着郑州密集型服装交易圈的兴盛，二七区服装加工业也风生水起，许多品牌破土而出。“中国女裤看郑州，郑州女裤看二七”得到肯定。从规模上来看，尽管二七区女裤与国内沿海地区的女裤集群地相比还是不大的，但却体现其独特的区位优势，进而产生了强大的市场推动力。

4. 形成了“区域品牌”优势

在不同地理区域内的大部分服装企业，基本围绕统一的服装产业，或紧密的服装相关产业，或有限的几类服装和其他的产业来从事服装或其他产品的开发、生产和销售等经营活动。因此，服装产业关联企业及其支撑企业，相应辅助机构如金融部门、地方政府、行业协会或者教育培训机构等都会在空间上相应集聚，促进形成一种柔性生产的综合体，构成了某区域的核心竞争力。形成的集群效应更容易使政府愿意投资于相关的培训、教育、检测和鉴定等公用设施，又明显地促进了集群内企业的发展，从而使公共资源在产业集群内产生更高的运用效率，加速了集群内的产业和产品不断走向世界，这样就形成了一种世界性的区域品牌。许多国家利用区域品牌形成了自己独特的产品优势，如法国的香水、意大利的时装、澳大利亚的羊毛、美国的牛仔等。利用集群所形成的“区域品牌”，促使了每个企业从中受益。区域品牌同样具有外部效应，不仅有利于企业对外交往，开拓国内外市场，确定合适的销售价格，也有利于提升整个区域的形象，为招商引资和未来发展创造有利条件。这种“区域品牌”是由企业共同的生产区位产生的，可以为区域内的所有企业所享受。区域品牌的共享大大增强了集群内企业的比较竞争优势。如当前湖北的武汉服装企业和周边地区的服装企业形成联合，在汉川、红安等地形成集聚，试图打造社会影响力和综合势力较强的经营模式。

5. 形成了强势的区域竞争优势

根据产业柔性集聚体与区域竞争力的理论研究表明，一个国家或地区竞争优势的获得来源于产业在其内部集聚过程中的所获得的优势。大量中小企业集聚群体根据柔性专业化的特征彼此分工与合作，形成了稠密的区域网络组织，共同应对外部市场环境和技术条件的快速变化，不断提高生产效率，形成了强势的区域竞争优势，如美国的硅谷地区、意大利东北部地区等。在当前信息时代，资源、技术、信息的全球性流动增强，感觉地理空间大大缩小，各区域成为全球生产网络下的一个个节点，相互联系密切。在网络化的区域经济联系下，企业既可以追求到自己个体所获得的最大化利益，也可以获得在区域合作中带来的整体最大化利益的分成。企业之间的合作形成了联系紧密的产业集群，集群产品销售产生了极强的市场渗透力，如福建利用运动鞋和运动服装产品特色，依托遍布全国及世界各地福建人的有利条件，将产品直接渗透到全国各地，培育了“福建经济”；相反，专业市场的发展也为服装产业集群提供了市场平台、信息交流平台、物流服务平台和技术创新平台等，为集群的进一步发展提供了条件。如绍兴的中国纺织城、温州的纽扣市场等都是年交易规模在几百亿元以上的专业市场。其中，绍兴的轻纺面料专业市场即中国轻纺城，已经发展成为全国乃至亚洲最大的纺织品集散中心。所以，产业集群已成为增强区域竞争力的主要方式。通过产业的柔性集聚而快速发展起来的区域，往往具有更强的创新功能和竞争力。

6. 形成了明显的学习与创新效应

一个企业的成功往往会带动一大批具有分工合作关系的企业产生，其学习效应呈现裂变式扩张，例如，印度南部泰米蓝多州提若普尔地区的针织产业集群的产品占据印度国内85%的市场份额，用短短10多年时间就发展成为全印度棉纺织品加工和出口的中心；法国得益于LV的服装品牌起源和发展，爱马仕等一大批服装品牌应运而生并发展。所以，区域的发展很容易产生创新的根本动力。因为创新活动的复杂性，企业很难单独开展创新活动，往往需要多个相关企业及科研部门的共同参与，创新才可能获得成功，这一要求恰好为产业集群的网络特性所体现。原因一：在产业集群内部，集聚着数量众多的相关生产企业、科研机构、商会、协会、中介机构等，这些部门间很容易产生生产技能、专业知识和市场信息等方面的累积效应，同时大量生产企业也时刻面临着同行的竞争压力，这两个方面为企业提供了实现创新的重要来源及所需要的物质基础，使集群内的企业时刻保持创新的动力。原因二：企业之间紧密的网络关系，使得生产企业和相关机构之间很容易形成一个相互学习的整体，推动了集体学习的进程，降低了学习成本，促进更多有创新价值的活动发生。

二、区域经济

每一个区域的经济都会受到自然条件、社会经济条件和技术经济政策等因素的制约。区域经济就是指在一定区域内经济发展的内部因素与外部条件相互作用而产生的生产综合体或者是以一定地域为范围，并与经济要素及其分布密切结合的区域发展实体。区域经济反映不同地区内经济发展的客观规律以及内涵和外延的相互关系。

（一）区域经济的基本要素

地理因素是区域经济中的基本要素，它对一个地区的经济会产生重大影响，如一个国家所在的地理区位、自然资源会对这个国家的发展、国家经济行为产生不可估量的作用。研究区域经济的理论学家，就是研究如何从地理的角度出发，在国际竞争中保护区域的自身利益。人类在地球上的各种活动都会受到地理条件的限制，我们的经济活动也自然会首先选择临近地区的合作，然后不断扩大地理范围。这种地域上的连接产生的经济关系称之为区域经济关系。这种关系通常表现为或者是联合和合作即经济集团化，或者是对立乃至是遏制、互设壁垒等。前者称为互补关系，相互协作，相互支持，共同进步；后者称为竞争关系，相互斗争，相互干扰，阻碍进步。

（二）区域经济的衡量指标

从中国许多地区经济发展情况来看，衡量区域经济是否合理发展的一个重要指标系统包括5个方面。

第一，考虑整个国家经济发展的总体布局，分析地区经济在国家经济中的地位和作用。

第二，考虑规划设计的地区经济开发和建设方案能否最合理地利用本地的自然资源和保护环境。

第三，考虑地区经济发展的速度和规模是否适合当地的情况（包括人力、物力和资金等因素）。

第四，考虑地区内各生产部门的发展与整个区域经济的发展应当比较协调。

第五，除生产部门外，还要发展能源、交通、电讯、医疗卫生和文化教育等区域性的基础设施，注意生产部门与非生产部门之间在发展上的相互适应。

（三）服装产业集群对于区域经济的作用

近年来，我国服装产业日益向集群化发展，以长江三角洲、珠江三角洲、环渤海地区三大经济圈为辐射中心，在广东、浙江、江苏、山东、福建等地的服装主产区，围绕专业市场、出口优势、龙头企业形成了众多以生产某类服装产品或相关服装产品为主的区域产业集群。如河北容城的衬衫，山东诸城的男装、即墨的针织服装，江苏金坛的服装出口加工、常熟的羽绒服，浙江杭州的女装、宁波和温州的男装、嵊州的领带、织里镇的童装、枫桥的衬衫、平湖的服装出口加工，福建晋江、石狮的休闲服，广东中山的休闲服、南海的女士内衣、虎门和深圳的女装、大朗的毛衣、均安和增城以及开平的牛仔，潮州的婚纱晚礼服，江西共青的羽绒服等。这些服装产业集聚地的产业链完善，呈现良好的发展势头，已成为当地经济发展的主体。产业集聚带来的人口、企业和产业的集群促进了区域经济的迅速发展，对当地经济发展起到至关重要的作用。

服装产业集群现象为我们提供了一个思考、分析国家服装产业和区域经济发展并制定相应政策的新视角，也是衡量一个国家和地区产业竞争力和市场环境调整能力的标志。服装产业集群无论对国家经济、区域经济增长，企业、政府和其他机构的角色定位，乃至构建服装企业与地区政府，服装企业与其他机构的关系方面，都提供了一种新的思考方法。服装产业集群可以从整体出发挖掘特定区域的服装产业竞争优势。在条件允许的特定区域，同一产业相关的企业群居在一起，突破了服装企业和单一产业的边界，形成相互协作和竞争优势，促使服装企业、相关机构、政府、民间组织等产生互动，显著促进了企业和地域经济的发展。服装产业集群要求政府消除妨碍生产力成长的障碍，强调通过竞争来促进服装集群产业的效率和创新，从而推动服装市场的不断拓展，繁荣区域和地方经济。集群对地区内的新企业进入和企业增长也产生着重要的影响。一方面，良好的创新氛围、激烈的竞争环境以及完善的地方配套体系，使集群在吸引新企业进入地区方面具有竞争优势：另一方面，地理集中性和良好的外部环境，不仅鼓励区域产业新手的出现，也有利于现有企业的增长和规模扩张。产业集群形成后，不仅会吸引外来的工厂根植于本地，还会有很多新企业在本地繁殖和成长。这样集群内经过长期的积累形成了完整的产业链体系，促使企业在集群内“落地生根”；而且产业集群的高度专业化可把产品做精，使成本降低，产生产业链的联动效应，使配套产品密集，形成上、下游相互配套，相互协调的关系。通过与专业化的市场体系相互促进，保证了生产的产品市场定位准确，促使产业发展拉动市场，市场又反过来促进产业的发展格局。

1. 增强了地区的服装企业间合作效能

现代组织理论学预言，产业内的企业联合形式很可能是未来的潮流，它将取代公司之间一对一的竞争，使供应商、客户，甚至竞争者能走到一起，共同分享技能、资源，共担成本。在绝大部分发达国家中，企业的创新是通过集群相互间的技术合作和互动来达到知识传递作用的。在集群内，由于地域临近的关系，企业之间和企业领导人之间容易形成亲密关系，相互信任，从而共同形成了非正式的行为规范和惯例，也较少流通环节，降低了合作的风险和成本，形成了企业间的合作效能。

2. 提高了区域内企业的创新能力

第一，集群有利于产生创新氛围。在产业集群中，由于地理上的接近，企业间密切合作，大家面对面经常打交道，这有利于进行各种新知识、新技术、新思想和新观念的传播，从而为集群内企业提供一种良好的创新氛围。一家企业的知识创新很容易外溢到该区域内的其他企业，因为这些企业通过实地参观访问和经常性的面对面交流，能够较快地学习到新的知识和技术。企业之间经常接近，无形中也受到竞争的隐形压力，迫使企业不断进行组织管理和技术创新创新，获取一种“学习经济”，增强了企业间的研究和创新能力。

第二，集群有利于转移扩散知识和技术。产业集群企业间的知识和技术扩散相互促进着他们的自增强关系。集群内由于空间接近性和共同的产业文化背景，不仅可以加强显性知识的传播与扩散，更重要的是可以加强隐性知识的传播与扩散，并通过隐性知识的快速流动进一步促进显性知识的流动与扩散。产业集群内由于同类企业较多，竞争压力激励着企业的技术创新，也迫使员工相互攀比，不断学习：企业间邻近，带来了现场参观、面对面交流的机会，这种学习、竞争的区域环境促进了企业的技术创新：集群内领先的企业会主导产业技术发展方向，一旦某项核心技术获得创新性突破，在集群区内各专业细分的企业很快会协同创新，相互支持，共同参与这种网络化的创新模式。

第三，集群可以降低集群企业的创新成本。由于地理位置接近，相互之间进行频繁的交流，为企业进行创新提供了较多的学习机会。尤其是隐性知识的交流，更能激发新思维、新方法的产生。由于存在着“学习曲线”，如图3–1所示，使集群内专业化小企业学习新技术变得容易和低成本。同时，建立在相互信任基础上的竞争合作机制，也有助于加强企业间进行技术创新的合作，从而降低新产品开发和技术创新的成本。

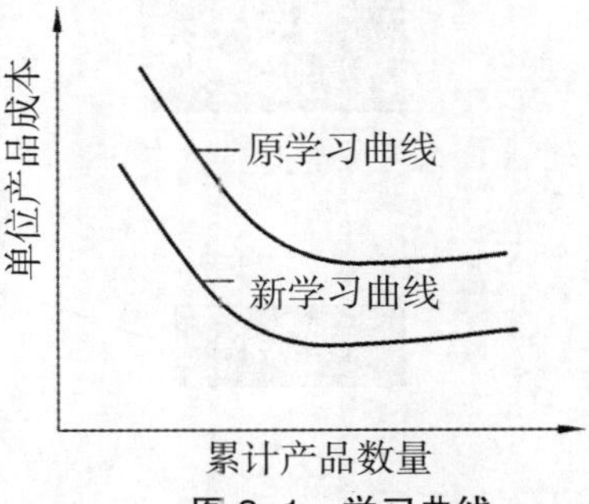

图3–1 学习曲线

学习曲线是指通过技术转移的学习曲线
原学习曲线是指自己开发的学习曲线

3. 推动了地区的区域经济增长

产业集群实际上通过分工专业化与交易的便利性，把产业发展与区域经济有效地结合起来，从而形成一种有效的生产组织方式。它是推动地方区域经济增长的重要方式。

第一，产业集群能产生外部经济效应。产业集聚本身产生的外部经济效应就是外部企业进入本区域的动力。发展产业集群，可以产生滚雪球式的集聚效应，吸引更多的相关企业到此集聚。产业集群的雏形一旦形成，便进入了内部自我强化的良性循环过程，可以吸引更多的相关企业与单位向此集群聚集，而新增的企业与单位又增大了集群效应，这种循环推动区域经济的快速发展。

第二，产业集群可提高区域生产效率。大量的中小企业集聚到一定区域，可以进一步地加深区域内的生产分工和协作，提高了生产的熟练度和产品的精度；在这种集群内发展，除了可以分享因分工细化而带来的高效率外，还由于空间上的相互临近，大大降低因企业间频繁交易而产生的交通运输成本；此外，在现代产业集聚体内，经济活动主体的合作交易往往能够在社会文化背景和价值观念上达成共识，这种基于社会网络信任基础上的合作分工，可以减少企业之间的相互欺诈，对于维持集群稳定和提高生产效率同样起着非常重要的作用。

第三，产业集群可促进新企业的快速衍生与成长。在集群内部，不仅有很多的相关企业在此集聚，而且还有很多相应的专业人才、研发服务机构及新型企业在此发展，企业都面临更多的市场机遇，获得更丰富的市场信息及人才支持，从而降低了市场风险，加之集群内部分工的不断细化，可以衍生出更多的新生型企业，从而进一步增强集聚体自身的竞争能力。

4. 提高了地区的服装产业整体竞争能力

产业集群的最重要特点之一，就是它的地理集中性，即大量的相关产业相互集中在特定的地域范围内。产业集群是由一个地区各方势力形成的一个网络，如图 3–2。

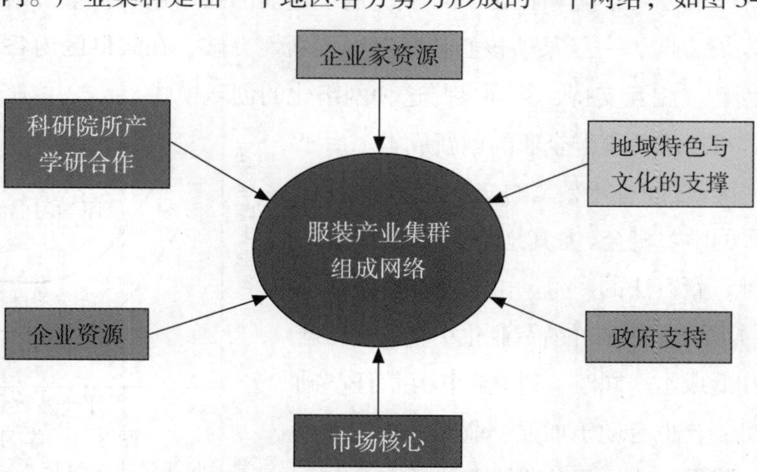

图 3–2　一般的产业集群组成的网络形式图

一般说来，当产业集群形成后，可以通过降低成本、刺激创新、提高效率、加剧竞争等多种途径来提升整个区域的竞争能力，体现一种集群竞争力。由于地理位置接近，产业集群内部的竞争自强化机制将在集群内形成“优胜劣汰”的自然选择机制，刺激企业创新和合作，如联合开发新产品，开拓新市场，建立生产供应链，由此形成一种既有竞争又有合作的合作竞争机制。这种合作机制的根本特征是互动互助、集体行动。通过这种合作方式，中小企业可以在培训、金融、技术开发、产品设计、市场营销、出口、分配等方面，实现高效的网络化互动和合作，以克服其内部规模经济的劣势，从而能够与比自己强大的竞争对手相抗衡。在产业集群内部，许多单个的且竞争力弱小的企业一旦用发达的区域网络联系起来，其表现出来的竞争能力就不再是单个企业的竞争力，而是一种比所有单个企业竞争力简单叠加起来许多倍甚至几十倍的更加具有优势的全新的集群竞争力。集群使得许多本来不具有市场生存能力的中小企业，由于参与到了集群里面，不但生存了下来，而且还增强了集群的整体竞争力。

5. 促进了全国服装产业的升级改造

产业集群的发展变迁影响着产业区域和产品布局，影响着产业资源的流动和重新配置，同时，产业集群在发展过程中带动和加速了产品细分、市场细分和专业化的步伐。产业集群利用它得天独厚的优势在促进科技进步、促进品牌诞生方面起到了不可低估的作用。产业集群的升级有效地促进了全国服装产业的升级。

第二节　服装产业集群的发展动态

一、国外服装产业集群发展状况

经济的全球化加速了不同国家之间、不同地区之间的贸易往来，因此这种经济关系促进了产业的集聚。产业集群在许多发达国家都得到政府的扶持，甚至成为培育与扶持本地产业发展的一种区域发展战略，促进了地区的经济较快速地发展。由于各国优势不同，其产业集群在形成机制、发展阶段、组织结构特征、产业类型等方面具有较大差异。

（一）从不同地域范围内形成的产业集群

从地域范围看，产业集群可分为两个基本类型，全球性产业集群和地域性产业集群。例如，法国巴黎的时尚之都，它是典型的全球性产业集群，对世界范围内的时尚业都有重要的影响，其他的意大利、美国、日本、韩国等也是时尚业的产业集群，具有明显的地域性。产业集群是在区域经济一体化和全球化过程中得到迅速发展的，是与分工、贸易密不可分的一种生产组织方式。因此，一个产业集群的影响范围通常是较大的，不管其是传统产业集群还是高新技术产业集群都产生深远影响。一般地说，发展较成熟的产业集群，它对产业影响的范围是比较稳定的，能达到较好的效果；初级阶段的产业集群，它对产业的影响地域范围则比较小，地域特征明显。

（二）从不同机制下形成的产业集群

形成产业集群的机制大概有 3 种：第一种是“从上到下”在政府力量的作用下形成的产业集群；第二种是“从下到上”在市场力量下形成的产业集群；第三种是市场和地方政府以外的第三种力量，其中最主要的是一些国际组织和非政府组织（NGO），如经济合作与发展组织、世界银行等也都成为产业集群战略的倡导者和实践者，它们极力促使打造产业集群来推动经济的快速发展。如在联合国工业发展组织的项目的推动下，很多落后的发展中国家形成了具有一定竞争力的产业集群，其中就包括上面提到的在拉美、北美等地出现的产业集群。

（三）在不同发展阶段下形成的产业集群

不同的国家在发展的不同阶段，可形成 5 种不同类型的产业集群：一是具有悠久历史，发育成熟，生产活动组织方式相对稳定的产业集群，如英国帽子、礼服制造产业集群，美国牛仔产业集群等；二是形成历史较短，但发育成熟，生产活动组织也相对稳定的产业集群，如日本纺织服装机械产业集群，意大利东北部和中部地区（“第三意大利”）的传统产业集群等；三是历史较短，发育成熟，生产活动组织在内部动态变化中保持相对稳定的产业集群，如美国硅谷高新技术产业集群等；四是历史较短，发育不成熟，内部生产组织方式仍处于调整、完善之中，集群内部的文化、制度等也处于发展之中，相当一部分产业集群如中国汕头的家居服装产业等都还处于这一发展阶段；五是刚刚开始形成，但已初步具有产业集群的形态，拉美、非洲等地许多发展中国家的产业集群、国内的许多中西部等地区的产业集群都处于这个阶段。

（四）在不同产业类型下形成的产业集群

根据传统产业和高新技术产业这两种基本类型可将集群分为 3 类：传统产业集群、高新技术产业集群和资本与技术结合型产业集群。其中，传统产业集群以传统的手工业或劳动密集型产业为主，如纺织、服装、制鞋等产业集群。典型的例子是“第三意大利”的特色产业区。这种产业集群体现大量的中小企业在空间上集中，形成一个有机联系的市场组织网络，劳动分工比较精细，专业化程度较高。高新技术产业集群主要依托当地的科研力量，如著名大学和科研机构，发展高新技术产业，企业间密切合作，具有较好的创新氛围，如美国的硅谷包括纺织产业在内的高新技术产业园、英国的剑桥工业园是典型代表。资本与技术结合型产业集群是较为特殊的一种类型，也是以发展高新技术产业为主要目标，但一般受国家政策的影响较大，如日本的大田、德国南部的巴登 – 符腾堡等。各国政府为了鼓励技术创新和集群发展，往往给予相应的资金、土地等支持，使得这一类型的产业集群在形成过程中，伴随着明显的技术开发创新和资本逐渐集中的趋势。

二、我国服装产业集群发展动态

中国的纺织服装行业以中小企业为主，遍布于各产业集群地的中小企业占规模以上企业的一半左右，而规模以下企业占全行业的三分之一左右，但是出口产品中有70%以上是小型企业生产的产品。因此，我国更需要借助产业集群与市场的协调发展来形成产销联动，促进产业集群地企业从单纯的加工贸易转向一般贸易，从生产走向产销一体化建设，以取得平衡发展。经过十多年的发展，我国的纺织服装产业集群在东南沿海地区等基本已成型，其他地区的产业集群才陆续开始兴建。

（一）我国服装产业集群发展经历了三个明显阶段

1. 2008年以前的我国纺织服装产业集群化发展趋势

2004年5月，在“新形势下服装产业集群的发展方向与模式”高层论坛上，钟淦泉把纺织服装产业基地的发展模式概括为：服装为龙头，企业为主体，文化是底蕴，人才是关键.中国要实现由纺织大国到纺织强国的转变离不开纺织产业集群的发展。产业集群的优势不在于同一领域“弱”“小”“散”企业的单纯聚集，而在于竞争优势的形成。他认为，巴黎、米兰之所以成为时装之都，不仅仅是因为那里聚集了优秀的设计师和品牌，更重要的是因为那里有着丰厚的文化底蕴。由此，我国纺织服装产业集群的发展拉开了序幕。

2008年，我国纺织产业集群化发展已进入了一个更高阶段，各地产业集群在产业公共服务平台与支撑体系建设、区域品牌建设和产业园区建设方面投入了更大的资金和管理力度。

（1）构建专业市场体系是公共服务平台建设的一项重要内容。

通过建立专业市场体系，促使专业市场日益成为促进产业集群地发展的原材料交易中心、产品交易的物流中心、品牌展示中心和信息交换中心。产业集群地的政府一方面抓紧规划建设配套的专业市场，大力发展现代物流运输业；另一方面也在促进原有的专业市场的升级改造，如浙江桐乡濮院羊毛衫市场在原有基础上建设了国际贸易区，并于2007年末建成对外营业。正如濮院羊毛衫市场管理委员会负责人所表示：政府在引导企业品牌化发展的同时，还期望借专业市场的平台建设，搭建对外贸易的窗口，开拓企业的视野，内外兼修，让濮院的优秀品牌企业，不仅做好内贸市场，同时拓展外贸销售。又如浙江绍兴中国轻纺城市场，它是全球规模最大、经营品种最多、成交额最高的纺织品专业市场，它在规划建设集群的升级改造时，拟投资30亿元人民币实施升级改造工程，其中12亿元人民币用于打造轻纺城内极具现代风格的单体面积最大的市场—新生代联合市场，总建筑面积达16万平方米，营业房达1600多间，从而提高市场的功能性，提高集群内企业的反应速度。专业市场已经成为产业集群地企业的销售前沿，很多企业都已经把自己的销售中心设在了专业市场之中，形成了新时期的“前店后厂”营销方式。从当前集群地的专业市场建设来看，市场本身也已越来越重视市场的功能建设，以满足当前企业订单式交易、电子商务以及小批量多品牌的采购变化。如义乌不仅有纺织品博览会，同时还设有义乌的“中国数字城”，以满足全球商家的采购需求。在义乌小商品城的现场，有全球采购服务中心，掌握全部的供应商分类名录，可随时为采购商提供咨询服务。同时，运行多时的“义乌小商品价格指数”已经成为全球采购的风向标。绍兴轻纺城和盛泽中国东方丝绸市场均正在全力打造以其核心产品为代表的“产品价格指数”，以期指导市场交易；叠石桥国际家纺城推出了设计保护服务，凡在管理中心注册登记的产品开发信息，在其市场内将受到知识产权保护。因此，当前的纺织服装专业市场中的企业不仅是卖产品，还可以卖设计、图样、研发专利成果，研发本身也可以从市场上获得更多的价值。

（2）实施创建区域品牌是产业集群的发展战略。

产业集群的区域品牌建设是战略化的发展目标，更是特色化的发展模式。在各集群地政府的倡导下，产业集群地正以特色产品为依托，以生产企业、专业市场、品牌产品为核心共同打造区域品牌。如在北京的时尚周上，许多集群内的企业以整体形象出场，如虎门的以纯、依米奴、温纯、伊韵儿、依索等几家品牌的陆续出场，在虎门政府的鼓励和支持，在布展方面进行整体规划，突出企业的品牌个性，体现虎门服装名镇的整体优势与形象。因此，当人们看到这些品牌时，就会联想到虎门，从中感受到虎门的整体形象。从虎门的富民时装城、黄河时装城、大莹女装城等一批市场品牌的美誉度看出，它们已经成为虎门这个集群品牌当中的一部分。

2. 2008—2011 年的中国纺织服装产业集群的整体变化情况

2008 年以前，我国纺织服装产业集群主要集中在东部沿海经济发达地区，以长江三角洲地区、珠江三角洲地区、海西地区和环渤海地区为主，特别是广东、浙江、江苏、福建和山东五省。2009 年，服装产业集群的集聚效应越来越明显。这些服装产业集群的发展有共性也有差别：有的以单产品闻名，比如福建石狮是国内著名的休闲服装名城；有的以贸易方式闻名，如江苏金坛是“中国出口服装制造名城”等。2010 年以后，随着中西部经济的发展，纺织服装产业开始有计划地逐渐向中西部地区梯度转移，并开始在中西部形成一些产业相对聚集的地方。但是，广东、浙江、江苏、山东和福建五省，仍将在未来较长一段时间内占据我国服装生产的主导地位，短期内，服装产业生产格局不会发生更大变化。

根据中国纺织工业协会对参与统计的 142 个集群来看，2009 年企业共 15.04 万户，比 2005 年增加 3.69 万户，增长 32.5%。其中规模以上企业增加 0.75 万户，增长 63.8%。职工 800.47 万人，比 2005 年增加 225.24 万人。142 个集群在 2009 年的工业总产值达到 18 474 亿元人民币，比 2005 年增长 69.9%，年均递增 14.2%，其中规模以上企业的工业总产值达到 13 832 亿元人民币，增长达 79.8%；主营业务收入 18 076 亿元人民币，比 2005 年增长 73.4%，年均递增 14.7%，其中规模以上企业为 13 113 亿元人民币，增长 78.9%；利润总额达到 910 亿元人民币，比 2005 年增长 91.6%，年均递增 17.6%，其中规模以上企业的利润达到 637 亿元人民币，增长了 93.1%。

目前，从各服装集群统计数据显示，各服装产业集群的服装产业经济总量在当地工业经济总量中的比重，最小占 20%，多则达到 80%以上。与 2005 年相比，大部分集群规模以上的服装企业数量已经翻倍，服装产量和出口额同比增长也普遍超过 60%。比如，广东省的"中国休闲服服装名镇"——中山市沙溪镇到 2009 年底,全镇共有纺织服装企业 2186 家，比 2005 年增加了 1245 家，增幅为 132%，产值为 136 亿元，比较 2005 年增幅达到了 126%。

2009 年以后，由于世界金融危机的滞后效应，我国产业集群受到一定影响，东南沿海服装产业面临转型升级的压力逐渐加大，长三角、珠三角地区生产规模已趋稳定，开始进行产业重新定位：一方面加快提升产业发展水平，另一方面加速向内陆梯度转移，特别是中西部部分地区已经开始出现新的产业集群。2008 年—2011 年在江西、湖北、重庆、四川等中西部地区以及辽宁等东北地区开始出现了许多服装产业集聚，比如 2009 年，河南郑州二七获得了"中国女裤名城"的称号；湖北荆州岑河获得"中国针织名镇"的称号等。今后以骨干企业为纽带，以中小企业专业化分工为依托的产业集群将成为行业发展的主要方向。

3. 2012 年后的我国服装产业集群的发展趋势

2012 年以后，我国的服装产业集群主要体现以市场促产业，不断提升专业市场功能，加强产业集群的配套产业建设，完善产业链条的六大变化趋势。

第一，服装产业集群呈现集聚化趋势。产业集群主要是整合现有的产业资源，逐渐改变已有服装产业分散居住，比较游离的现状，逐步完善服装产业集群的研发、制造、销售为一体的区域性产业，抓好基地内大型产业"航母"的建设和研发机构的拓展，起到对服装产业发展的辐射与带动作用。

第二，服装产业集群呈现特色化趋势。产业集群可打造区域产业品牌，根据产业集群的区域优势，充分发掘、利用相关资源来加速实现产业现代化发展进程，以确立国内外物流的贸易基地、大型专业市场等作为区域产业发展的特色和抓手，确立不同产业集群在服装支柱产业体系中的功能定位。

第三，服装产业集群呈现国际化趋势。发挥地区服装产业基地的巨大优势，利用集群区域的国内、国际物流平台，积极发展国内外贸易，促进产业集群的服装类贸易商品、商贸流通的国际化，吸引更多的国内外相关企业到产业基地进行相关产业投资，使本地企业实现国际化运营。

第四，服装产业集群呈现现代化趋势。利用现代信息技术改造传统商务功能，提高商贸企业管理和运营的信息化程度：发展现代化的大型专业市场，实现市场功能和市场管理的现代化；积极促进商贸流通方式、交易方式的现代化，降低商贸流通成本，提高产出效率。

第五，服装产业集群呈现多元化趋势。适应市场细分的趋势，推进产业功能、产业层次、产业业态的多元化，发展服装产业的现代形态，建立规范化、多功能、多层次、多形态的现代商务体系，满足本地的不同层次服装企业对商贸服务的需求，同时吸引附近区域对本地商贸服务的需求。

第六，服装产业集群呈现生态化趋势。顺应企业对目前制造、商务环境要求日益提高的趋势，创建绿色、卫生、优雅舒适的生产加工和商务环境，发展诚信、文明的商务氛围，为企业提供更好的商务环境，促进产业发展与文化等产业的协调，实现集群的可持续发展。

（二）我国服装产业集群的几种现象

2013 年，中国纺织服装行业社会责任年会暨社会责任报告联合发布会于 8 月 28 日在北京召开。在会上，七大纺织产业集群联合发布了其首份社会责任报告，报告中披露 7 个产业集群的纺织服装业年产值达到 4000 亿元人民币以上，拥有 1.8 万家纺织服装企业和约 70 万行业员工。产业集群在研发、监测、培训、平台等方面提供了有效的服务，滋养着企业的发展，同时企业的灵活性也使产业集群更具有活力与生命力。中国纺织联合会声明，以行业发展为己任，将通过产业集群不断带动纺织服装行业通过技术进步、创新能力和质量效益的提升，有效抗击风险，并对产业集群的社会责任发布进行监督和跟进，推动产业持续健康的发展。目前我国的服装产业集群体现几种明显的现象。

1. 产业集群高度集中于东南沿海地区

我国服装产业集聚主要分布在江苏、浙江、广东、福建和山东等地区。如在先后 6 批获批的 133 个纺织产业集中的县（市、区）、镇试点地区中，共有 35 个服装产业特色名城（镇），其中福建 8 个，江苏 8 个，浙江 6 个，广东 5 个，山东、河北各 2 个，上海、江西各 1 个。随着我国推出产业转移的政策，中西部地区也陆续建立了自己的服装产业基地。产业集群将成为推动地区经济发展的主旋律。

2. 多数产业集群处于形成期或成长期

从产业集群的发展阶段来看，我国大多数服装产业集群仍处于形成期和成长期，只有少数集群已步入成熟期。这个时期的集群内企业较多，公共基础设施建设不甚完善，集群内部竞争与合作机制不是十分健全，企业间的竞争比较激烈，并趋于价格竞争模式。集群在一起的企业主要是为了利用一定规模的上游市场降低采购成本、利用集群规模效应降低生产和管理成本、利用统一专业市场降低交易成本。因此，协调、稳步、持续发展是这一阶段多数产业集群面临的现实问题，必须加强这些方面的研究。

3. 产业集群内大企业地位彰显

统计表明，服装产业集群内规模以上企业个数仅占产业集群企业总数的 25.37%，而工业总产值则占到产业集群工业总产值的 67.41%，销售收入占 61.69%，利润总额占 70.24%，平均职工人数占 56.87%，产量占产业集群总产量的 50%。仅占 25%的企业，用一半多的职工，创造出70%以上的利润，足见规模以上企业在产业集群中的地位，这些企业的劳动生产率和盈利能力均明显高于产业集群平均水平，成为带动产业集群发展进步的中坚力量。这些部分大型企业由于占绝对领导地位而形成了领导型集群。

4. 大多数产业集群都属于专业市场依托型

目前，我国服装产业集群内的大多数企业主营同一种产品，并通过区域内或邻近地区的专业市场进行经营。这类集群占全部服装产业集群的60%以上。它们的形成是企业或手工业者在多年的市场中逐渐密集而自发形成，或是地方政府对地方具有一定产业基础的产业进行扶植而发展形成的。这类产业集群内以中小企业为主，依靠专业市场对企业生产管理和经营的导向性作用而发展，但单个企业优势不突出。这类产业集群内的企业较为固定，数量不是很多，集群内的竞争合作秩序较强。

（三）我国服装产业集群的几种模式

我国服装产业集群数量多，规模不大。但总结起来，我国产业集群的主要模式为有以下几种。

1. 模式一：打造以服装为轴心的产业链

浙江嵊州（领带）、湖州织里（童装）等地的产业集群，是以中小企业为依托，以单一产品或专业服装生产为特色，形成以中小城镇为载体的产业集聚地。这类集群地是在农村城市化进程中，因加工一种产品获利，吸引大家模仿跟进而形成的以这类产品为主的产业集聚地，这种集聚往往会得到当地政府的引导和政策支持；还有一种情况就是围绕专业化市场形成的产业集聚，市场接纳集聚区内生产的大量产品，自然而然形成生产某种服装产品的特色城镇，发展到一定程度时并形成了比较完整的产业链。这种集聚地多以中小企业为主，甚至是一家一户的加工作坊，量多面广，具有低成本和产业链的优势，分布在广大乡镇和批发市场的周边。

2. 模式二：打造大型出口的服装生产基地

随着我国服装出口加工规模的不断扩大，在从事出口服装生产的大型企业集团周围，涌现出一批中小型出口加工企业，形成了多层次的产业群，如浙江茉织华实业（集团）有限公司所在的平湖，江苏晨风集团股份有限公司和常州金松时装有限公司所在的常州，广东名瑞（集团）股份有限公司所在的潮州等地区的核心企业工艺技术精湛，在国际市场上有较高的知名度，是世界名牌服装产品的生产加工基地。关于浙江平湖、江苏常州、广东潮州等地的产业集群，是以外向型经济为特征，形成以大型出口服装生产企业为主体的多层次服装产业群。也有一些以出口为主的集聚地，在“三来一补”的贸易基础上，引进了国外的资金、设备、管理、技术，或是利用侨乡的优势，通过分布在世界各地的亲属关系形成的出口加工基地。如广东的服装产业集聚地就是依靠邻港、澳自由贸易区，在人文、地域、交通方面拥有千丝万缕的联系的优势，从而成为港、澳地区的服装加工基地。

3. 模式三：打造服装专业特色区域

温州、宁波、晋江等地产业集群具有明显的服装专业特色，在改革开放初期争得发展先机，资讯和销售网络发达，以著名服装品牌企业或大企业为核心，在一定区域内形成的品牌企业集聚。这些集群以齐整的产业配套为主要特征，对市场反应敏锐，以生产中高档品牌服装的企业为主体。一般这种集聚地都有着悠久的制衣历史和深厚的服装文化底蕴，拥有得天独厚的人文地理优势，成为中国品牌服装制造中心。

4. 模式四：打造服装文化时尚之都

北京、上海、大连、深圳等城市是我国文化与时尚的代表之地，这些大城市人口密度大，信息流通快，主要以服装文化、商贸、时尚为主要特征，这自然成为能给大城市明显特征的产业集聚地。大城市的服装集群地，它是在老的服装工业基地的基础上形成的，拥有大都市的信息流、人才流、现代物流、资金流等许多优势资源，在服装文化、商贸和设计方面有着极大的优势，成为中国乃至世界时尚服装展示的窗口和舞台。

（四）影响我国服装产业集群发展的几个问题

我国有众多的服装产业集群，集群间存在着较大的发展差异。目前我国多数服装产业集群仍然处于形成期和成长期，这一时期的产业集群肩负着生存与发展的双重任务，面临的发展问题比较突出。主要体现以下几点。

1. 同一市场的单一性

目前，大多数的服装产业集群是依靠当地或毗邻地区的服装专业市场而产生和运行的。这种模式能够有效地降低交易成本、提高交易效率，甚至能够成为一个产业集群形成、发展和壮大的主要动因之一。但市场也是双刃剑，长期过分依赖市场交易，往往会使企业形成惰性，不愿意、没胆识或者没有能力去与外界进行有效沟通，从而形成自我封闭的空间，致使集群内的企业对外部的信息、知识等获取能力下降。集群内的企业对有形市场的依赖性越强，则它们对无形市场的适应性就越差，这样在充分竞争条件下容易导致企业竞争能力下降，甚至是整个产业集群的竞争力变差。另外，产业集群内企业过度地依赖同一个专业市场，使集群内的创新极易传播和被仿制，这对知识产权的保护不利，且使集群内企业的创新效益不高甚至下降，从而降低了集群内企业的创新意愿，导致整个集群的创新能力下降。我们集群所依赖的专业市场应依照所服务的产业集群的发展历史阶段而不断创新升级，增强市场对品牌和企业的“造血功能”。

2. 企业间缺乏合作交流

集群形成的初期是由于产业链的相互依存关系而组织在一起，但实际上许多企业相互间缺乏关联性，甚至同类企业间老死不相往来，有的企业甚至发生抢客户、挖人才、抄新款、恶意压价等不良性竞争，使得整个产业集群的质量下降、产品附加值降低，互相间信息封闭，甚至与外界不交流，企业害怕自己的技术开发投入颗粒无收，企业间相互观望，都希望其他企业做出成绩让自己模仿，造成企业的创新积极性不高。很多集群内部中介组织缺失，或者有中介组织如服装协会，但带动和协调作用不明显，使得集群内的企业、市场、服务机构等如同一盘散沙，不能有机地结合在一起，也无法有效地与外界广泛沟通。企业间缺乏合作交流，从而削弱了集群的规模优势。

3. 企业缺乏深厚的植根性

产业集群形成初期，所在地政府都会大量“招商引资”来推动集群的发展。然而政府在关注资本的注入量的同时，却对服务等问题关注不够；或是某些集群成熟后，相对政策和服务跟进不足，导致企业的资金开始外流。转移生产基地往往给企业带来“不安全感”，不能确信将要前往的地区是否能够兑现招商时的优惠承诺、政策是否具有延续性和稳定性、当地各类行政和非行政部门是否存在“欺生”现象等，这些担心使企业在迁入时就限制了优质资产的流入。而在这些企业迁移后的发展阶段，也会由于各种原因出现“出逃”的现象发生。资金的流出对集群的发展壮大是不利的。

4. 集群缺乏创新能力

目前我国的某些服装产业集群内的企业不论从规模、生产和管理能力、企业运作模式、主打产品品种等方面来说都十分类似。由于集群间企业的相似性，往往导致企业与企业间、产品与产品间陷于简单模仿复制的怪圈中，通过统一的市场进行同类产品的销售过程中，不付出创新成本而单纯依靠模仿的企业往往在价格上更具优势，或能够提供市场质量略微低下但价格极为优惠的产品，从而一时占据了市场销售优势。这些集群主要依赖当地专业市场以及集群的规模效应在国内迅速打响知名度，一时间呈现出一片欣欣向荣的景象。但是这些集群的专业市场在短暂的辉煌后就开始走向萎靡。主要原因就是集群内企业模仿跟进者胜出的结局扰乱了创新秩序，打击了企业的创新动力，导致集群的知识流缺失、新产品缺失、集群长期被锁定于价值链最低端的加工环节，缺乏创新能力，无法适应瞬息万变的市场环境和竞争压力而逐渐丧失了集群的生命力。

5. 没有完善产业链

完善的产业链是集群发展的生命线。但我国的服装产业集群在建设过程中，特别是在产业集群建设初期，往往注重强调的是该集群主打产品生产企业的个数、技术装备、生产能力、专业市场建设和运转状况等，而对产业链的评估力度不够带来隐患问题。因为完善的产业链可以为终端产业减压和降低成本，提高效率，降低风险，同时也是终端产业的技术支撑力量。如果单纯发展一个产品品种的生产集群而忽视产业链建设，会致使产业链由于缺乏基础支撑而增加了采购成本，降低了产业的灵活性和适应性，最终导致丧失产业竞争力；产业链过短，由于产业链的上游无法为下游提供具有创新力的原辅料，导致产业价值增值能力下降。国内外强大的产业集群发展事实证明，配套能力越强的产业集群，则其生命力就越顽强。

6. 缺乏公共服务建设

目前，多数产业集群已经开始搭建公共服务平台，如公共信息服务平台、培训平台、网络交易平台等。但是这些平台多数仅限于市场建设和网站建设，部分产业集群开始建设了产品检测机构和集群对外的宣传平台。但作为公共服务，这些工作是远远不够的。应在适当时期投入建设那些能够降低成本、节约资源、提高资金利用效率的公共服务平台项目，如完善道路交通、第三方物流系统、集中排污、融资业务等，要为企业提供职工的岗位培训和对外进行区域品牌宣传。特别注意的是，不同阶段、不同地区、不同性能的产业集群对其公共平台建设的要求是不同的，各个集群要明确当前自己的发展目标，做到有的放矢地开展公共服务建设工作。

7. 政府的地方保护

政府对推动各地服装产业集群的形成和发展起到了举足轻重的作用。政府通过行政手段建设了基础设施和公共设施，维护产业安全，为产业集群创造了良好的发展环境，引导集群和企业向良性的方向发展。但是政府在区域产业发展中所扮演的角色和行动纲要应该根据服装产业集群在不同的发展阶段而相应的变化，否则行动的滞后可能反而阻碍了集群的发展。如服装产业集群政府在集群发展初期只注重招商引资的短期效应，对集群缺乏长远发展战略规划，则会使得集群内部的管理缺乏系统性和持续性，对优化集群产业结构、实现产业升级缺乏战略考虑。当产业集群逐步发展成熟以后，政府仍然充当着地方产业的保护伞，对地方经济进行过多的干预而会导致区域产业的创新意愿和创新能力下降，内部的自觉协调机制难以建立。这种不能调控的运行倾向应当加以重视和反思，要注意充分体现政府在产业集群发展过程中的指导和服务作用。政府应鼓励中介组织和服务机构的发展壮大，使区域行业组织成为促进集群发展的骨干力量。

第三节　中国服装产业集群发展的建议

一、国外服装产业集群发展对中国的借鉴

国外的产业集群发展已有很长的一段历史。国外的产业集群现已成为推动一些国家实现快速经济增长，获得国际竞争力的重要因素。因此，产业集群作为一种经济现象、一种生产组织方式和产业发展模式是值得我们深思和研究的。现在，我国的纺织服装产业集群还刚显露或处于初级发展阶段，发展水平还很低下。为了保证我国产业集群健康持续地发展，我们必须研究国内外产业集群的发展状况，总结国外强大产业集群的发展经验，科学规划和制定实施产业集群发展战略方针与政策，促进、引导和规范我国产业集群的发展。

1. 合理制定产业集群发展战略和政策

近年来，我国的纺织服装产业集群得到了迅速发展，特别是在广东、浙江、江苏、山

东与福建等地，产业集群已经成为推动各地区经济增长的重要力量。同时国内学术界和有关政府部门也越来越意识到产业集群发展的重要性，一些地方已陆续制定并实施了产业集群发展的战略规划，并推出了相应的政策与措施。从各国产业集群的发展经验看，未来，我国应逐步明确国家产业集群政策与产业集群政策体系，从战略高度制定相关政策；通过信贷、调整投资、基础设施建设等方面政策有效地去促进产业集群的持续健康发展，通过集群式发展获得区域整体竞争优势。走集群式发展道路对于提升传统产业的竞争力至关重要，而传统产业集群的发展也需要国家在政策上给予相应支持。国际经验表明，这方面政策是积极有效的，也是必需的，即使是一些信奉和坚持自由主义、市场导向的老牌发达国家也在务实地调整其政策方向，充分发挥政府规划和政策在促进产业集群发展中的重要作用，以便加快其高新技术产业的发展步伐，并保持传统产业的国际竞争优势。

2. 有机结合国家和地方集群政策

产业集群的发展需要得到各级政府的政策支持。因此制定产业集群政策，要充分考虑我国的产业发展特点和不同地区情况，要充分地把国家产业集群政策和地方产业集群政策有机地结合起来。因为国家层面的产业集群政策要从国家整体利益出发，统筹规划，对全国产业集群的发展和布局进行总体部署，引导促进产业集群升级和自主创新，提高产业集群的持续竞争力。地方政府一定要在国家产业集群政策的基础上，再根据自己的实际情况，制定出针对性更强、措施更具体的政策。无论是国家还是地方产业集群政策的制定，都要以市场导向为基础，注意弥补政策的市场失灵，消除信息传递过程中的障碍，为产业集群的发展创造稳定和可预见的市场环境。

3. 制定集群识别标准，搞好产业集群统计

要制定科学有效的产业集群政策，首先必须对产业集群的发展状况有正确、充分的了解。近年来，国外在产业集群识别和统计方面已经开始进行探索，并积累了一些有益的经验。然而，相比较而言，目前我国尚没有强调明确的产业集群识别标准，更没有开展全国性的产业集群统计，使政府部门对产业集群发展的现状缺乏充分的了解，从而在出台的政策对产业集群的调控和指导方面缺乏依据。借鉴国外的经验，当前我们必要加强研究制定明确的各地产业集群识别标准，在此基础上，对全国产业集群的分布、经济规模、产业结构、中间机构、投资和科技创新等进行全面的统计，以摸清全国各地的产业集群发展状况和主要存在问题，为制定实施科学的产业集群发展战略和政策提供依据，促进我们的产业集群在有序、无疑的道路上稳步前进。

二、适合我国纺织服装产业集群发展的经验与建议

1. 我国服装产业集群发展的经验

我国的服装产业集群从20世纪90年代开始产生，发展至今已经历了20多年，这些经

历为我国服装产业集群的深化发展积累了成功经验。

（1）通过产业链的整合提升了集群的功能灵活性。

产业集群的最初集聚是为了形成整体社会效应，相同的企业走到一起，但随着产业集群的发展壮大，实际上产业链延伸成为集群发展的生命线，进行产业链的整合是集群发展的客观和必然。作为服装产业集群，由原来的单一服装企业的聚集，必然发展成为由织造、染整、水洗、绣花、辅料到服装企业皆备的企业聚集基地。一般的服装产业集群内或周边地区都会建设有面料与辅料的市场以及机械设备配套的服务市场。在较为成熟的产业集群内，一个企业甚至能够在一个小时以内采购到生产所需的全部材料，大大提升了集群内企业的生产和交货能力，降低采购成本和采购风险，使整个集群的功能性更加灵活，服务能力显著增强。

（2）完善公共服务平台和配套设施可助推区域产业健康发展。

现在的集群政府都在倡导结合产、学、研各方优势来加强公共服务平台和配套设施的建设。因为公共服务平台可以承担着集群的行业信息服务、培训咨询、公共信息服务、中小企业产品研发服务、专业设备设施共用、电子商务和信息化服务、检验检测与政府和其他部门的联系和合作等，可以显著提高集群的生产效率和经济效益。一些产业集群成立了商协会等中介服务机构，专门从事公共服务平台的建设和管理。公共服务平台的建立为服装产业集群中最大的企业群体——中小企业创造了有利的发展条件，降低了成本、提高了创新能力，从而推动了产业集群的整体进步。在我国许多成熟的产业集群中，现代化物流配送体系、商业旅游商业洽谈设施、金融服务系统、排污处理等环境保护设施、水煤电油等能源供给系统、职工生活保障设施等配套设施比较完善，这提升了产业集群的竞争能力，是实施集群可持续发展的保障之一。

（3）打造集群品牌可以带动集群的价值提升。

我国产业集群在发展历程中，最大的感受是在品尝了“跟风”“抄袭”“压价”等恶性竞争后带来的品牌和企业的“短命”，也使许多集群内企业吃下了恶果。总结集群发展的经验发现，产业集群必须走特色化发展道路，实施个性化、差异化、高品质、高性价比的集群发展要求，实施品牌化发展战略。因为个性化、差异化可以营造出更为广阔的市场空间，带来了销售渠道的变革和创新，集群内企业的销售渠道由单一的批发市场走向多元化，如特许加盟、连锁专营等销售渠道的普遍应用使销售环节的经销商与产业集群联系更为紧密，频繁的往来交流为产业集群内企业带来了更多商机；品牌化发展模式可以有效地促进了区域内的产业分工与合作，使区域产业朝着更专业、更灵活的方向发展；集群内的企业间形成了有机的网络体系，品牌企业集中精力投入产品研发和市场开拓，加工型企业则不断巩固生产优势，各种企业之间相辅相成，集群的集团规模优势凸现；高品质和高性价比可以稳定和吸引到更多的商业机会，从而激励企业的产品研发投入、创新行为和服务意识，形成了“品牌促市场，市场助品牌”的良性循环局面，促进产业由数量竞争向价值竞争迈进。

（4）集群的人才资源提高了集群创新能力。

产业集群比单个企业更有利于吸引人才，因为产业集群具有规模优势，产生的社会效应很大。产业集群不断引进人才进来可以有效地提升集群的整体素质，有效地增进了产业集群的创新能力提升；反过来，产业集群获得的高素质人才队伍又促进了集群人才的学习能力提高，加强了产业集群对人才的培育力度。不少纺织服装产业集群与服装专业院校进行合作，有的放矢地培育人才，一些集群甚至把学校引进区域。有些产业集群与纺织服装研究机构合作，有的甚至成立了自己的科研院所。

2. 我国服装产业集群发展的措施

我国服装产业集群有其中国特色，针对我国的具体情况，产业集群的发展可采取下列一些措施。

（1）加强顶层设计，横观规划产业发展走向。

顶层设计犹如指挥棒，扬得对，产业发展方向就明确，发展就长远；扬得高，产业就能做得大，国际化程度就高。

顶层设计要做好下面几件事情。

第一，产业定位要准确。首先我们的产业集群到底做成一个什么样的产业？地区政府要对该地区的服装产业有准确定位。服装是传统产业，也是制造产业，政府对这个产业定位要明确，这个地区的产业负责人就会有的放矢。有的地区把服装归属于战略新兴产业，有的地方把服装归属于支柱产业。到底地区怎样规划自己的定位，一定要具体和清晰：做什么为主，做织造？做时装？做针织？做童装？做裤子？甚至可以做得更细。主导者一定要想清楚这个问题，产业集群发展目标明确，产业的效率自然就会提高。

第二，产业地位要明确。我们一定要清楚，某地区的纺织服装产业在该地区经济建设中占什么地位，在地区 GDP 中占多大的分量等。如许多地区在“十三五”规划中，都有关于服饰主营业务突破的内容。那么我们就应该思考怎么规划：现在是多少亿元人民币，到 2025 年做到多少亿元人民币等。这样就会采取相应的措施去达到目标。措施要针对不同阶段、不同地区、不同产业特色、不同产业地位等详细制定，保证可操作性。

第三，产业布局要合理。许多地方政府都已经进行了很好的产业布局，如深圳“从简单制造走向品牌制造、从一般性设计走向高端设计、从国内市场走向国际市场”。现在的深圳服装产业转型升级已初见成效。如武汉的“1+8”城市圈蓝图，“1”做什么？“1”做设计、营销、信息、时尚；“8”做什么？“8”做生产加工。但湖北省的产业链中明显缺失面料供给和印染整理。就面料而言，2012 年湖北省的胚布加工量是 50 亿米布，但面料加工只有 5 亿米布，还不够武汉本地区服装的生产加工原料。因此我们一定要综合考虑本地区的产业链规划。假如某地区的面料加工印染污染压力太大，我们是可以学习 Adidas 公司的，定点在国内外寻找面料厂家，或找寻国内外先进企业做技术开发后盾，与地区集群企业形成一对一的供应。我们的集群企业要根据自己的产品特色引导合作企业来开发自己所需要的面料；或者也可以将国内外的好面料厂家的产品引进来，规划在自己的产业集群地建立面料的集中营销发散地，可方便服饰企业的面料供给。另外在产业布局中，假若成本进一步加大，产业集群是否可以考虑迁移国外？像红豆集团就集中在柬埔寨创建经济开发区，既解决了成本问题，又融入国际环境中。

第四，产业平台要搭建。地方政府要打造时尚平台，考虑是否举办国际服饰博览会，举办的频率是一年一次还是半年一次，要搭建技术研发和转化平台，要考虑建设规模和建设目标，还要建立平台的考核标准等。集群要建立信息平台，供企业家学习、了解国际化服饰信息，通过信息平台使集群企业形成一家等；政府、学校、协会要搭建公共的研发平台，包括搭建企业信息发布平台、企业在线交易与支付平台、物流信息平台、企业数据平台（IDC）、在线软件（SaS）和即时通信平台等，要将这些平台覆盖产业集群内的企业；也要搭建自动化与智能化生产基础的研究，服饰材料基础技术研究等公共技术平台。这些平台让企业来做可能有点困难；企业要根据自己的产品特色建立自己的特色研发平台，为自己的产品开发进行各种研究。

（2）注重特色与创新，塑造集群持续生命力。

产业集群的一个重要优势就是知识在产业集群中的传播从而提高产业集群的整体素质和创新能力。但是目前我国很多服装产业集群明显知识流缺失，属于模仿复制型集群，创新和学习能力下降，长期被锁定于价值链低端，随着集群规模的不断扩大，集群风险反而不断上升。从技术创新促进产业发展的角度看，一个能激励企业不断采用新技术并不断激励企业进行技术创新的制度，新技术会不断被采用、不断产生、不断提高；而在一种鼓励外延式扩大再生产而不鼓励内涵式扩大再生产的制度下，只能是低水平重复建设，技术创新的速度必然是缓慢的。特色与创新是产业持续发展的生命力，因此，要使产业集群保持长久的生命力，打造特色，构建集群制度创新系统十分重要。

第一，特色要明显。对于一个产业集群，我们可能说是某种服装，面料加工或是各种形式的女装，甚至说是电力、机械加工等，但细想又感觉每个品种特色不明显，这样的集群是值得思考的。如我国现在的产业集群很有特色的几个地区：深圳的女装、均安的牛仔、石狮的印染、鄂尔多斯的羊绒、温州的皮革、宁波的西服等，已产生了较强的集群社会效应。所以产业集群一定要提炼出“神”来。如果已定出特色，还要坚持下去，无论遇到什么问题，都不能改变自己的特色。所以，集群到底做成什么样子，适宜做什么产品，我们一定要认真思考，就如一想到美国是牛仔，一想到法国是香水，一想到意大利是时装等，别人一想到某种服装就能想到我们，则我们的集群就成功了。

第二，创新要超前。我们的创新社会效应非常不明显。一是我们的产业集群创新少，二是我们的产业集群创新滞后，三是我们的产业集群创新动力不足，四是我们的产业集群原创意识不强，五是我们的产业集群抱团不够，不能“大船出海”。若我们自己开发困难，我们可以购买技术，如购买国外先进的专利或产品，现在浙江、江苏等地许多企业都开始购买专利，同时也要在产业园区建立自己的研发大楼，用政策和机制激活企业和高校两个创新主体。另外创新要有计划，今年为来年开发多少新产品，要充分调查国内外的服饰市场，做到有的放矢，还要根据研究量去组建多大的研发队伍等。

（3）立足区域优势，置身全球资源链。

每个地区的资源是有限的，专业能力也是有限的。自身的资源和专业优势在一定情况下也会转变成区域发展和企业发展的制约因素。要做大做强产业集群就要跳出区域小圈子，置身于全球资源链中，由单纯依靠本地资源向开发利用异地资源乃至全球资源的方向进行转变。各个集群要明确定位，可以成为品牌集中的市场型产业集群，也可以成为风险较低的技能型、过程型产业集群，强化集群分工，形成专业化和行业内部专业的合理配置，形成集群间乃至集群与国际间的有机关联，每个关联区域和部门都能够成为一个集群的发展动力源泉和支撑，集群间的合作乃至全球资源共享能够使一个小区域获得竞争力的膨胀。

（4）加强品牌延伸，从中低端向高端发展。

我们可以参考微笑曲线，如图 3–3 所示，曲线的两头有大的利润空间，中间利润较低。而我们国家的许多纺织产业集群主要集中在中低档。因此，我国产业集群一定要从中低端向高端发展。那就是做品牌的研发标准与营销品牌。只有提高前后端，才能提高产品的附加值，获得较高的利润空间，激发企业家的激情，形成良性快速高水平发展态势。

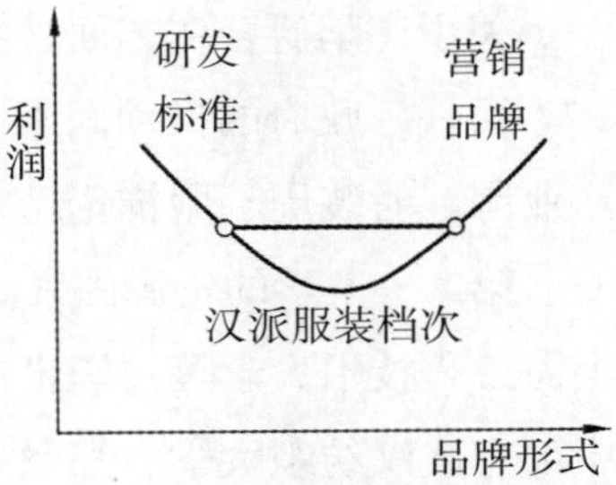

图 3–3 微笑曲线

（5）加强企业家培养，形成大企业家风范。

政府可搭建平台对企业家进行培养，包括以下 3 点。

第一，进行知识培训。利用平台可以讲解服饰专业知识，因为许多企业家是改行来做服饰的；可以讲解市场、政策等知识，因为服饰是典型国际化的行业；让企业家要及时了解汇率、贸易发展态势、国际政治环境等，这样就能谋划在前，占领先机，在经济危机来临之前，企业家可以进行风险防范，甚至在别人的“危”中自己到处都是“机”。

第二，了解国际化信息。因为企业家太忙，我们可以让企业家坐在家里走出国门，把企业的设计部门和销售窗口放到国外，送设计师参加国际学习交流，请进来，走出去，随时了解法国、意大利、美国、日本、韩国等在做什么，让自己不能落后，了解信息、提前规划。

第三，形成大企业家风范。要随时告诉企业家关于政府政策、措施及其他支持，增强企业家做大做强中国服饰的决心和动力；请专家开讲座讲企业家应有的品质、意志和社会责任，遇到经济危机如何控制等；讲做大服装品牌的一般规律和经验，如建立品牌管理体系和品牌化标准等。如2011年江苏的企业就开始做品牌管理的顶层设计，为企业组建品牌管理队伍，为其顺利进入我国第一批的100家品牌培育企业做好充分准备。

（6）控制企业规模，培育扶植领军企业。

产业集群内的企业并不是越多越好。从经济学角度看来，集群内相似的企业越多就越容易造成过度竞争，越容易产生“搭便车”、以次充好的感觉，最终降低了整个集群的质量水平和创新水平，从而影响到产业集群的整体品牌竞争力和社会声誉。因此，服装产业集群的发展不应该追求规模大，而要考核其效率。适当的产业集群规模能够使有限的企业充分发挥自己的长处，在相对公平的竞争环境中保持良性发展。

另外，我们一定要重视服装产业集群中具带头作用的领军型企业。首先，领军企业能够利用其市场辐射能力和市场声誉带来更多的客户；其次，领军企业作为生产核心，能够带给关联企业更多的订单；再次，领军企业的市场行为、创新行为都将成为该区域企业发展的直观范本和发展目标。因此，一个区域扶植领军型企业的发展壮大往往比直接服务于中小型企业的意义重大，对于提高产业集群的整体竞争力来说是更加有效的。

（7）加强产学研合作，产生共鸣效应。

关于产学研合作方面，我们的产业集群已具有较好的因素。

第一，政府的推动因素。各地政府为自己的各类产业集群打造地区特色为代表的时尚产业园、时装周、服饰论坛等，这为扩大服饰产业链奠定了基础。

第二，大学的资源因素。我们国家在华东地区有东华大学、苏州大学、浙江理工大学、上海工程技术大学等，华北有北京服装学院、天津工业大学、青岛大学、山东电力大学等，中部有武汉纺织大学、郑州中原工学院、湖南工程学院等，西部有西安工程大学等，这些大学都拥有一定的人力与科研资源等。各大学为当地的产业发展做出了重要贡献，与当地企业有了很好的合作效果。

第三，努力的服装企业家因素。各地的企业家都在努力为自己的企业寻找发展途径，他们勤劳智慧，广纳人才，已开始在许多企业实施升级改造，使我国涌现一批优秀的服装品牌企业。

第四，好的服饰产业基础因素。我国产值超过100亿的服装产业集群已有100多个，有一些企业资产也已过100亿，如波司登服饰有限集团、红豆服饰集团、李宁服饰集团等，说明我国已具有良好的服饰产业基础。

我国的服装产业集群具备了以上要素，但如何进一步形成一种联动机制要值得我们思考。比如，4个人在桥上一齐跳，可以把桥跳垮，这是共振效应。因此，建立4个因素的良好联动机制肯定可获得好的经济效益。

第四节　典型的产业集群

一、国内外的典型产业集群

1. 国外的典型产业集群

发达国家经过产业集群的发展，已形成了颇具势力的产业特色，如表 3-1。

表 3-1　国外纺织服装产业特色

序号	国家	产业集群地	产品特色
1	美国	硅谷	纤维开发
		北部	牛仔服装
		好莱坞	娱乐业
2	法国	巴黎	香水、时装
3	意大利	罗马	皮革
		米兰	时装
		比耶拉	羊毛纺织
		普拉特	羊毛纺织
4	日本	北陆地区	纤维
		东京	机械制造
5	澳大利亚	悉尼	羊毛
6	英国	伦敦	纺织、服装
		贝德弗德郡	草帽生产
		剑桥工业园	生物技术
7	德国	巴登-符腾堡	纺织装备

2. 我国已成长起来的一些产业集群

我国已出现许多具有社会效应的纺织服装产业集群，如表 3-2。

表 3-2　我国的一些代表性的纺织服装产业集群

序号	集群地区	产品特色	序号	集群地区	产品特色
1	东莞市虎门镇	女装	5	海宁市许村镇	家纺
2	绍兴市	纺织	6	绍兴市嵊州市	领带
3	中山市沙溪镇	休闲服装	7	成都市龙桥镇	童装
4	海宁市马桥镇	经编	8	龙溪县	革基布

续表

序号	集群地区	产品特色	序号	集群地区	产品特色
9	湖州市织里镇	童装、羊绒服装	18	诸暨市大唐镇	袜业
10	苏州市盛泽镇	丝绸	19	长兴县	家居服饰
11	佛山市均安镇	牛仔服装	20	常熟市	纺织、休闲服装
12	郑州市二七区	女裤	21	佛山市西樵镇	纺织面料
13	嘉兴市洪合镇	毛衫	22	桐乡市濮院镇	羊毛衫
14	石狮市	休闲服装	23	东莞市大朗镇	羊毛衫
15	嘉兴市王江泾镇	织造	24	惠州市	服装生产
16	无锡市	梭织、针织服装	25	常州市	纺织
17	苏州市震泽镇	蚕丝家纺			

这些产业集群不断发展，形成了一定规模大的服装产业规模对中国的经济有一定贡献度。

二、我国的一些地区纺织服装产业特色

（一）江苏纺织服装产业主要特色

根据“一大把网”的介绍，江苏的50多个乡镇先后被中国纺织工业协会和江苏省纺织工业协会评为纺织服装特色名镇，第九届服装节又将有家纺、经编、色织一批乡镇纳入特色名镇，这些特色名镇已成为江苏的一支纺织服装产业重要力量。常熟、吴江、虞山、金坛、三星、梅李、湖塘、西渚、程桥、阳江、桃源、盛泽、震泽、塘桥、横扇等众多市镇企业“抱团”发展，形成了羽绒、休闲、家纺、亚麻等一批专业特色明显、聚集效应显著的区域产业集群，打造出强势区域品牌，尽显本地的产业与经济特色。

1. 整合资源，集中打造区域品牌

江苏各地市政府充分利用各地利用的优势资源，面对新的市场情况，着力打造区域品牌，不断提升区域品牌在国内外的知名度，如常州的湖塘镇于2004年将区域资源整合起来，通过注册“湖塘”商标后，走区域化的品牌发展道路，着力发挥“湖塘”商标的优势。随着经济发展，在2010年前后努力实施“湖塘”品牌的产业转型，成立了湖塘纺织科技发展中心，制订了自己的行业标准。根据自己的行业标准统一“湖塘”的产品形象，吸收能够达到“湖塘”商标标准的产品，扩大“湖塘”品牌的产品范围及销售范围，实施打造区域品牌的战略。与此同时，政府结合打造“中国织造名镇”蓄势而为、厚积薄发整整5年。使湖塘镇的纺织业空前发展，研发能力与日俱增，装备水平不断提高，产业链日趋完善，形成棉、麻、化纤等门类齐全，纺、织、染、后整理和服装等行业链完善的纺织工业体系，实现了纺织装备从有梭向无梭、纺织产品从配套加工向自主开发的两大根本转变，形成了以灯芯绒、牛仔布和色织布等为代表的湖塘特色产品，纺织印染经济规模约占全镇工业经

济总量的70%。像湖塘镇一样的塘桥镇、金坛镇、三星镇、梅李镇等区域品牌还根据“提升形象、提升产业、打造平台”的总体宗旨，通过一系列工作宣传品牌形象，组织参与纺织服装博览会，立足于集群基地的纺织产业基础和平台基础，以集群内企业、市场纺织城为载体，以综合活动为抓手，进一步提升名镇的形象，从而打造出许许多多的江苏纺织服装产业集群的区域品牌。

2. 梯次发展，注入区域品牌活力

江苏的一些纺织服装产业基地借着打造“区域品牌”的气势，努力实施科技创新，突出创新设计和营销网络建设，在江苏国际服装节有力推动下着力提高科技贡献率、品牌贡献率，为企业的发展注入持续的推动力。如常熟的虞山镇打造以名镇、名企、名牌工程一体化的中国休闲服金字招牌目标，积极组织知名品牌以群体形式展示和亮相，以企业集聚为基础，加速区域品牌推进的步伐。2001年，江苏梦兰集团的“梦兰”被评为中国驰名商标，成为虞山镇服装家纺行业的第一个国家级品牌。当前虞山镇服装产业已培育出“千仞岗”“雪韵飘”2个中国名牌产品，还有“洲艳”等2个国家免检产品、7个省名牌产品、7个省著名商标和一批苏州市名牌产品，形成了中国名牌、省名牌和地方名牌的梯次品牌发展格局，树立了一座品牌金字塔的形象。江苏的50多个纺织服装产业集群正在通过自身努力建设平台、打造品牌、自成体系，进一步实施品牌战略，变企业集聚为品牌集聚，构筑完整产业链。这些集群内的知名品牌企业年销售总额约占集群服装产业销售总额的一半以上，对打响服装产业集群区域品牌产生了积极推动作用，向打造区域品牌的内涵注入了持续发展的活力。

3. 搭建平台，努力提升产业水平

根据了解，江苏的一些集群政府坚持科学发展，搭建良好的科技创新平台，以科技带动产业，以科技提升产业的发展水平。如江苏的中国（震泽）麻纺产业示范园的建设，设计把测试中心、培训中心、技术与产品设计研发中心、贸易及物流中心、信息中心等产业创新服务平台的建设作为产业科技创新示范园的组成部分，带动和提升产业园区的核心竞争力：把开发麻纺、麻混纺交织新技术、新产品创新项目园区重点建设项目，完善麻纺产业链：把开拓国内麻消费品市场作为重点突破任务，打造麻类优势品牌。近年来，震泽亚麻绢纺产业集群发展迅猛，已初步形成了从原料加工、纺纱到织造、印染、服装一条龙的亚麻绢纺产业链，涌现出了新申集团、太湖绢麻、德科纺织等一批优势龙头企业，成为吴江新兴成长型产业。该镇被中国纺织工业协会、中国麻纺行业协会和中国丝绸行业协会授予“中国亚麻绢纺名镇”荣誉称号。

（二）福建的纺织服装产业主要特点

福建的纺织工业规模发展较快，在福州、厦门、泉州、漳州、三明、南平等地区相对集中。20世纪80年代乡镇纺织业得到迅猛发展，20世纪90年代的家庭作坊式纺织行业改造发展成相当规模的企业800家左右，2003年纺织业实现产值74.94亿元，占福州市纺织的60.69%，占全省纺织的12.32%。2013年，福建的纺织化纤行业持续壮大，1—8月完成增加值270.4亿元，同比增长18.9%，其中纺织业完成增加值109.9亿元，增长19.7%，化纤行业完成增加值47.2亿元，增长27%。恒申合纤、凯邦锦纶、力恒锦纶、锦江科技、金纶高纤等龙头企业加快向上游原料、纺织机械及下游差别化产品等双向拉伸产业链，竞争力增强，平均增长为20%以上。纺织产业集聚和企业群体是福建省国民经济持续、高速增长推动下以及纺织工业各行业不断进步，区域布局发生变化而出现的硕果。它是市场经济灵活机制发展的表现，充分反映了有特色突出的产品；有成本较低、素质较高、丰富的市场劳动力资源；有正在形成的群体规模效应和产业链；有产业密切互动的专业化市场；有不断提升的技术装备水平及其形成的内在功力；有较好的地方政府服务和日渐完善的第三产业。纺织产业集群充分反映了福建纺织工业发展的结构性特点，显示出勃勃生机和活力，一批以市、县、镇区域经济为特色，以大型企业为骨干，以中小企业为主的纺织产业集群的形成并开始显示出较强的竞争力，不仅促进了当地国民经济的持续增长，而且有力地解决了城乡就业问题，带动了地方经济的繁荣，促进了当地社会的进步。

1. 打造区域优势品牌和特色经济

福建拥有一批服装知名品牌企业，如七匹狼、九牧王、拼牌、富贵鸟、爱登堡等中国驰名商标；柒牌、利郎、帝牌、金犀宝、哈德利、威兰西、斯舒郎、斯得雅、皇室、威鹿、乌山岛、力豹等中国著名服装品牌；金丽盛服饰、奋发（FUN）企业、凯柔工贸、斯美泰服装、雍雅服饰设计、友和服饰等著名外资服装品牌；宝姿服饰、优佳丽服饰、黑眼睛服饰、万杰龙工贸、伟伦工贸、怡佳咏时装、圣达威服饰、东方巴厘服饰、尤妮丝服饰、三得兴制衣、元贝琪服饰等服装服饰品牌。南平的棉灯芯绒布、家用纺织品、医用纺织品已成为当地纺织行业发展的特色产品等。近年来福建的服装产品门类不断扩大，品种齐全，已形成休闲装、运动装、夹克、童装、西裤、内衣、羽绒服、牛仔服装等门类较多的主导系列产品。

福建纺织产业集群的发展，区域经济形成的特色已在全国形成影响效应。陆续被中国纺织工业协会命名为纺织产业基地市和特色城镇的有晋江的中国纺织产业基地市、中国休闲服装名镇、中国内衣名镇、石狮的中国休闲服装名城、中国西裤名镇等。

2. 建立完善的跨区域销售网络

福建各地产业集群已建立起完整的市场销售体系。石狮全市已有服装大小专业市场20多个，占地40多万平方米，建筑面积达60万平方米以上。泉州纺织业从石狮市发展服装业及服装市场开始，接着晋江、石狮染整业兴起，直到泉州整个地区化纤、棉纺织、针织、染整服装的拓展，目前已形成了化纤纺丝、棉纺织、针织、染整、服装、非织造布、纺机纺器等行业生产能力和纺织产业体系。石狮已成为独具特色的中国闽派服装发源地和集散地，拥有完善的销售网络体系。由于产业链的延伸和行业配套的加深，福建产业集群及销售网络已出现跨地域、跨行业的发展趋势，如泉州的纺织、服装产业集群已贯穿泉州的晋江、石狮、泉州市区、南安、惠安等地，已向龙岩、三明等地幅射和扩散。泉州的服装面料和服装加工已在江苏、浙江、广东等全国各地形成配套加工与销售空间，出现联合开发的局面。产业用 PU 革基布已形成以南纺股份为首的跨越南平、三明、龙岩等内陆地区的企业群体，不断朝着跨地区产业集群和销售网络的方向发展，化纤业已在厦门、长乐、泉州、三明以及全国各地形成跨地域的企业群体。

（三）浙江温州纺织服装产业集群特色

2010 年温州的服装企业总数达 2777 家，其中制造业和商贸流通业的数量分别为 1921 家和 856 家，全年完成服装产量 39100 万件，同比增长 37.76%；服装产业总产值达 620 亿元，同比增长 6.9%。据海关统计，其中服装及衣着附件出口为 15.77 亿美元，同比增长 21.78%。到 2010 年拥有中国驰名品牌 16 个，中国名牌为 9 个，国家免检产品为 17 个，获得中国服装行业“双百强”企业的数量达 11 家。其中的瑞安、乐清一直保持着“中国男装名城”“中国休闲服装名城”的荣誉称号。温州建成的服装发展大厦和瓯海 CBD 商务大楼可以容纳数百家中小企业，是集研发、展示、商贸为一体的服装总部经济大楼，为入驻的中小服装企业集中提供包括设计、检测、接单在内的“共享服务”，展示着集群的综合效应。

1. 继续增强精品制造能力

温州在传统的男装制造业基础上发展成为男装产业基地。温州服装行业已经形成了以庄吉、报喜鸟、夏梦意杰、法派、乔治白为代表的精品制造业企业集群，其规模实力强大、装备先进、工艺精良、设计时尚、管理规范。2010 年 10 月，在上海环球金融中心举办的“全球高端男装发展论坛”上，温州获得了“全球高端男装制造基地”的实力和地位认可。现在国际上最先进的制造设备品牌更是在温州得到广泛使用，如德国杜克普、日本重机、日本兄弟、美国百浮、法国力克、德国百福 PFAFF、士多宝 STROBEL、意大利迈牌、意大利 KD、日本鹰牌等，进一步加强了温州精品制造的能力，保持精品制造业的领头水平。为增强制造业的配套服务能力，扶持中小型服装企业的发展，温州市努力搭建各类产业服务平台，如浙江省温州服装产业科技创新服务平台、温州市服装产业科技创新服务平台、温州市中小服装企业发展服务平台及温州市服装外贸出口服务平台等，全面开创精品生产的好环境。

2. 继续创造多元化的外贸渠道

温州外贸服装向来以华侨外贸为主。在进一步提升“侨贸”产品质量、扩大销售渠道的同时，温州继续加强对外贸易形势：一是加大服装“国际贸易”一手接单的能力，实现外贸服装发展形式由 OEM 向 ODM 转变；二是加强“组团”赴海外参展的次数和规模，连续 6 届组团赴香港参展，成果显著，成为 2008 年全球金融危机爆发以后，中国服装行业区域性出口仍获红利的典型；三是加强阿玛尼、古驰等国内的多数国际一线名牌在温州进行合作生产；四是在国家商务部和温州市外经贸局的支持下，温州成功在意大利罗马和马尔凯大区设立两个“境外贸易代表处”，体现出温州外贸服装对外接单和合作的渠道多样性。

3. 继续创造经营与融资渠道

以森马、美特斯邦威、拜丽德、高邦等为代表的温州服装企业在实践中创造性地提出了“虚拟经营”的模式，潜力巨大，发展迅速，销售业绩连年翻番，森马和美特斯邦威两家企业冲击百亿大关，成为温州乃至全国服装行业的一大亮点。温州大力倡导“虚拟经营”模式，实现网络经营和实体经营的良好结合。这种模式已成为全行业公认的最佳发展模式。另外，温州进一步拓宽中小企业的融资渠道，包括工商银行、中国银行、中国进出口银行、民生银行、温州银行、宁波银行等在内的多家商业银行先后与商会达成战略合作关系，为中小企业提供信用担保、联保及一系列的特色服务。目前，已有一部分企业受益，拿到了急需的周转资金，从资金上保证了温州企业的正常发展。

（四）广东深圳的服装产业特色

从20世纪80年代开始，香港的制衣业向深圳陆续转移，促使深圳的服装业得到迅速发展。第十三届中国（深圳）国际品牌服装服饰交易会（简称“深圳服交会”）展览面积达7万多平方米，展位3000个，有1000余家国内外服装品牌参展，这足以使深圳服装产业的实力得到全面展示。深圳服装产业不断提升的品牌影响力和产品价值含量，已经成为深圳质量的重要组成部分，深圳服装品牌在走向国际的过程中为深圳传统产业的转型升级探出了一条新路。时尚创新是深圳服装产业得以不断发展和突破的原动力。目前深圳服装业已经从最初的传统优势行业成功过渡到如今高设计含量、高附加值的时尚创意型产业。目前，75%以上的深圳服装企业将销售额的5%~15%作为设计、创新、研发经费，原创力量日新月异，尤其是女装的创新设计能力在国内遥遥领先，深圳成为名副其实的“中国女装之都”。

20世纪90年代末，深圳服装企业老板开始从赚取微薄的加工产业走上自创品牌之路。他们提出“只有好的原创设计才能赋予品牌旺盛的生命力”的发展理念，仅仅通过数年时间，原创、设计便成就了深圳女装在行业的领导地位和产业号召力。在深圳服交会上，他们讲述着品牌故事，如由粉蓝衣橱打造的时装音乐剧《黑暗中的舞者》讲述了一位时装设计师坚守原创和设计的执着创业历程。主人公段冷凡的故事，不仅是深圳时装人的缩影，更是深圳服装企业家的真实写照。深圳的玛丝菲尔、影儿、娜尔斯等多个知名品牌竞相绽放，展示着“深圳设计制造”的强大实力。深圳龙华新区高举“时尚牌、创意牌”，并以此作为该区塑造产业形象的重要着力点。关于“龙华大浪时尚创意馆”汇聚的30多家知名品牌，全面展示了大浪时尚创意城的崭新形象，被业界誉为是深圳服装产业转型升级的一次巡礼。从这里体现着深圳人在“用质量、设计来提升水平和竞争力，让时尚创新成为企业的生命线”的奋斗精神。为了促进优势传统产业转型升级，深圳还颁布了《龙华新区关于加快大浪时尚创意城建设的若干措施》，从加快产业集聚、提升创新能力、突出品牌建设、优化发展环境等方面进行政策扶持，重点支持时尚企业自主创新和研发设计。

近年来，深圳服装行业在品牌设计、市场营销、海外开拓等方面都迈出了坚实的步伐。各国设计师扎堆深圳，如由法国、意大利、韩国等多国部队组合的联合设计队伍为深圳本土服装品牌源源不断地提供设计灵感，为其销售额创下了50%的高增长率。深圳女装品牌的新款周期，从过去的两个月缩短到现在的两个星期。最快时，一两天就有几个新款上市。所以，深圳的服装产业从简单制造走向品牌制造、从一般性设计走向高端设计、从国内市场走向国际市场，深圳服装依靠时尚创意实现了产业的转型升级。

三、我国未来纺织服装产业的升级趋势

在2013年的国家发改委网站上，有一篇名为《纺织工业特色区域和产业集群发展专题》文章中指出：近10年来，我国纺织工业特色区域和产业集群取得高速发展，发生了重大变化。但发展还不平衡，在技术创新、品牌建设、国际化等方面还有很大提升空间，未来10年仍将大有可为。今后无论是时尚、创新还是转型，我国的纺织服装产业集群地都将进一步在升级中彰显出自己的区域优势。

（一）依靠上下游联盟实现时尚升级

过去我国的服装所需要的高端面料产品主要依赖进口，这样使我们的服装创新有点“力不从心”。根据一些国际高端品牌的经验和启示，上下游联盟开发新产品，定点供应新面料是服装品牌发展的一个好办法。如广东增城新塘致诚织布厂与兰精、陶氏等优势纤维企业共同开发绿色环保牛仔，并为下游服装企业提供“一站式”服务，从服装品牌的每一季产品开发入手，不仅推荐最新牛仔面料，还提供牛仔面料样品洗水服务，为致诚开启“牛仔新时代”的决心。因此，未来的我国纺织服装产业链要深化上端的产品开发，不断在面料工艺上进行创新，做出新的花纹和手感面料，或者在新纤维方面进一步开发，并且通过后续工艺做出创新。同样，越来越多的面料企业也意识到，必须完成产业链的时尚升级，才能更好地达到目标。从2012年开始，福建泉州、石狮等地的面料企业不断靠近产业，在产品上专注于时尚升级，一方面，创造面料具有较强的时尚性、科技含量、环保生态和功能性；另一方面，更加注重引导产品开发与终端市场应用领域对接。如有5家石狮的面料企业选择了通过“成衣秀”来展现新研发的面料，采用多种高科技功能性面料，将各种富有创造力的时尚元素别出心裁地混搭设计。很多面料企业也在向下游延伸，进入成衣制作的环节。如海天材料有关负责人表示，中国面料企业之所以离引领时尚距离还很远，最主要的劣势在于还不够了解最终端消费者。通过了解服装的消费者，可以生产出符合市场定位和消费者需求的面料，才能够引领时尚，占据市场。我国还出现了面料企业签约服装设计

师的新情况，如泉州的一些本土企业在酝酿与服装工作室对接，意图通过服装设计师来提升时尚话语权和时尚前瞻性，从而实现产品创新。面料创新已成为时尚产业链条上的动力源，我国服装企业可联手面料企业，通过上游面料创新，打造独具特色的品牌产品和品牌形象，树立起在世界上公认的世界品牌。

（二）通过版权保护实施创新升级

纺织服装产业的升级可依赖面料、生产、设备、销售等各方面进行创新。作为服装品牌的打造，很大一个方面依赖面料的创新和服装的创意，其中依靠面料的知识产权保护是实现服装品牌创新的重要内容。作为服装开发企业，在引领面料创新的同时，要把创品牌作为自主的行为，赋予面料新的内涵和意义。一方面，服装企业要通过服装品牌去引领面料生产，引导客户消费，引领市场走向：另一方面，面料企业要专注新型纤维的开发、应用及面料花型的设计，打造面料创新品牌。做面料品牌要通过正确的定位去打造精品，且给予优质的服务。易真金纺织有限公司的总经理沈锦鹏介绍说，该公司研制的“芙洛拉”品牌面料，主要是针对成熟女性，体现其优雅和雍容华贵的风格，因此，企业坚持原创元素，将中国元素融入其中，体现了这个品牌的特色。所以，我们的企业要实现自身引领市场、刺激消费，抓住市场需求的主动权，做到在市场竞争中获得定价权，保证自己在市场的地位。

（三）完善集群壮大区域品牌

我国经历国际金融危机后，很多企业开始意识到，长期的 OEM 生产方式，使企业丧失了开发新技术、建立新品牌的动力和能力，企业的持续性发展面临着严峻挑战。因此，部分企业在后危机时代开始主动谋变，通过在品牌、质量、设计等诸多方面下功夫，寻求突破之路。作为未来我国的纺织服装产业集群，重要的是要集群内的基础设施和配套产业要日益完善。在产业集群地，除了建设工业园区外，还要建设服装商贸、品牌设计和研发中心、服装与服饰业相关的展览业、面辅料业、服务业等，打造服装制造企业聚集地、设计师聚集地、品牌聚集地、时装信息集散地、流行发布聚集地，实现广大服装企业由劳动密集型逐步向资金、技术密集型过渡。在我国的产业集群转型过程中，各地的行业协会组织自律和引领作用要不断加大。目前，在产业集群地几乎都建立了行业协（商）会的组织，这些行业组织的重要作用已开始显现。作为企业与政府间的桥梁纽带，行业协会组织应在价格自律、竞争规范、市场准入、规模发展、市场培育、贸易促进、标准检验、品质认证、创新保护等方面发挥协调规划、监督和促进作用，使行业形成创新的市场氛围和健康的竞争环境。

第四章 服装品牌培育

自改革开放以来，中国服装业一直是最具竞争力、发展最迅速、最受关注的行业之一，中国作为服装生产、消费和出口大国，在国际服装市场中占据着举足轻重的地位。自 20 世纪 90 年代以来，我国人均 GDP 保持快速增长，为居民收入的快速增长奠定了基础，保证了居民人均衣着支出的持续增长，拉动了内需消费增长，为我国由服装大国向服装强国转变提供了有力的支撑。当前的国内服装行业还在努力实施产业的转型升级，推行注重创新、质量、快速发展和社会责任的工业化战略和品牌化发展道路，致力于培养有国际竞争力的民族品牌，并着力培育国际型跨国集团。经济的全球化发展，加速了中国服装品牌的国际化进程，不仅吸引了大量的海外投资，也带来了技术、管理、营销等方面的先进经验。我国拥有丰富的自然资源、完整的服装产业链，以及高素质的劳动力；加上我国多年来积累的优秀生产加工能力，为中国自主品牌的提升和发展创造了有利条件。随着经济水平的不断提高，国内消费者的需求层次不断提升，其价值观以及消费形态也在发生转变，服装消费更加注重品牌化以及个人化，不再仅仅满足于产品消费的物质享受，而且还开始追求产品消费的精神享受，由理性消费转向感性消费；消费主体也有年轻化趋势，“80 后”年轻人逐渐转变为消费主力群体。同时，受金融危机的冲击，越来越多的国际品牌加速在中国市场的布局，国内高端市场主要被国际奢侈品牌占据，大众市场也由于国际快时尚品牌的入驻使我国市场竞争更加激烈；服装产品同质化日趋严重，竞争品牌间的产品、价格及服务水平等都难以拉开差距。据调查，我国每年有 2000 多个服装品牌被市场淘汰，新成长起来的许多服装品牌的平均寿命只有 1.5 年左右。因此，如何延长服装品牌的寿命，提高和维持服装品牌在市场中的竞争力也成为亟待解决的问题。

第一节　概　　述

过去，无论是什么产业，其市场竞争都经历了产品数量竞争与产品质量竞争两个阶段，而现在各个产业的竞争主要体现的是品牌竞争的特征。在品牌竞争时期，传统质量战与价格战的影响力度已经逐步减弱，单凭这两项优势，难以使企业获得长期的竞争优势，因此，树立品牌已经成为各个产业和不同企业的重要竞争战略。品牌竞争是市场竞争的集中体现，当企业竞争越来越集中于品牌竞争时，品牌的优势就成为能阻止新竞争者加入的障碍，同时也成为企业开创新的市场空间的有力武器。

在现代市场经济中，品牌是一种战略性资产，是企业核心竞争力的重要源泉。正如美国著名品牌专家拉里·耐特所描述的那样，“未来是品牌的战争—品牌互争长短的竞争。”商界和投资者都将认识到，品牌是公司最宝贵的资产，而唯一能够拥有市场的途径是拥有具备市场优势的品牌”。树立品牌显得如此重要和迫在眉睫，这一点已经成为产业和企业界的共识，而企业实施品牌战略的核心是品牌建设和品牌管理。

一、品牌

（一）品牌的定义与分类

1. 品牌的定义

品牌（Brand）是一种品质优异的核心体现，可以是一种识别标志、一种精神象征、一种价值理念。品牌培育和创造的过程实际上是产品不断创新的过程。品牌只有有了创新的动力，才能在激烈的竞争中立于不败之地，持续地巩固原有的品牌资产，实现多层次、多角度、多领域地参与竞争。

对于品牌的定义，存在着不同的解释，如市场营销专家菲利普·科特勒博士在《牛津大辞典》中将品牌解释为“用来证明所有权，作为质量的标志或其他用途”。随着商业竞争格局与生活、消费形态不断变迁，品牌承载的含义越来越广泛，其内容也发生了很大变化。菲利普·科特勒认为：“品牌是一种名称、术语、标记、符号或图案，或是它们的相互组合，用以识别企业提供给某个或某群消费者的产品或服务，并使之与竞争对手的产品或者服务相区别。”简单地说，品牌就是消费者对产品及产品系列的认知程度。随着社会的发展，市场体制的完善以及竞争的加剧，品牌逐渐变得具有价值，尤其是市场价值，甚至是可以用资金来衡量的。具体地讲，当人们想到某一品牌时，总会将该品牌和时尚、价值、文化等联想在一起，企业在创造品牌时，也不断地在创造时尚，培育文化。随着企业的发展壮大，企业的产品会不断地从低附加值开始向高附加值升级，品牌便不断地向产品质量优势、产品开发优势、文化创新优势等高层次进行转变。当品牌文化被市场认可并接受后，品牌便产生了市场价值。

品牌是一种无形资产，可以给其拥有者带来溢价，产生增值。品牌的载体是用以和其他竞争者的产品或者劳务相区分的名称、术语、记号、设计、象征或者是其组合，增值的源泉主要来自消费者心智中形成的关于其载体的印象。这种印象最终的目的是人们对一个企业及其产品、售后服务、文化价值的一种评价和认知，这就是品牌的信任。

在中国营销界，严格地说，品牌内涵是消费者对某产品、某企业、某商标的一种情感反映。这个内涵是从消费者的角度来定义的，而一般所谓的品牌，是从企业的角度来解释的。

2. 品牌的分类

品牌的划分方法很多，主要为下面几种。

根据品牌名的来源划分的品牌：设计师品牌、商业品牌和名人品牌。

根据品牌使用者决策划分的品牌：制造商品牌、私人商品牌、许可证品牌以及无品牌等。

根据品牌所有者在运作中所处的不同环节划分的品牌：制造商品牌和经销商品牌等。

根据品牌知名度的辐射区域划分的品牌：地区品牌、国内品牌、国际品牌。

根据品牌来源划分的品牌：自有品牌、外来品牌和合作品牌。

根据品牌的生命周期长短划分的品牌：短期品牌、长期品牌。

根据品牌产品内销或外销划分的品牌：内销品牌和外销品牌。

根据品牌的延伸性划分的品牌：主品牌、副品牌、副副品牌，或二线品牌、三线品牌等。

根据不同行业划分的品牌：汽车品牌、电子品牌、食品品牌、服装品牌等。

（二）品牌的本质

品牌除了具有实体即物质方面的功能性意义之外，还可以赋予其精神上的内涵，包括心理、情感、社会及文化等，显示出品牌的核心价值内容，如图 4–1 所示。这种品牌的核心价值内容可以彰显一个企业的独特魅力，并且对品牌具有增值效应。因此，品牌是服装行业、企业和各类组织最重要的资产之一。

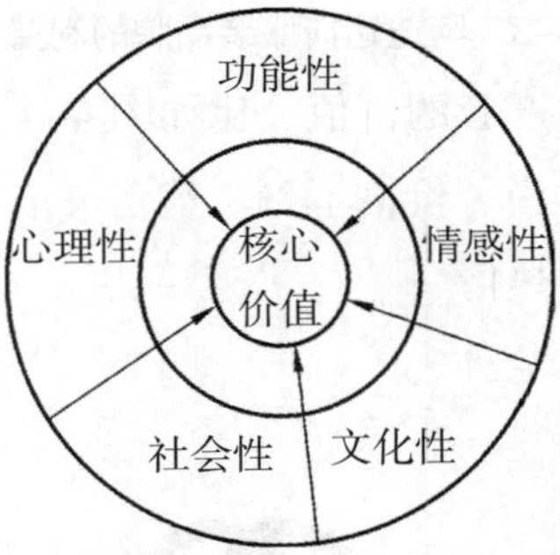

图 4–1　品牌的内涵

1. 品牌的内涵

品牌是一个国家综合实力的反映，代表一个企业的市场竞争能力。有的服装品牌只有品牌名称，如图 4–2 a. 所示的迪奥；有的只有品牌标识，如图 4–2 b. 所示的耐克；但大部分服装品牌既有品牌名称也有品牌标识，如图 4–2 c. 所示的路易威登。品牌的基本功能是区别卖者，在本质上代表了卖者交付给买者的产品特征、利益和服务等一系列承诺。好的品牌就是质量的保证，但品牌还有更深刻、更复杂的内涵。

a. 迪奥品牌标识　　b. 耐克品牌标识　　c. 路易威登品牌标识

图 4–2　几个服装品牌的标识

（1）属性。品牌首先使人想到某种产品属性，比如耐克品牌的鞋子意味着可以很好地保护运动员的身体，尤其是脚踝与膝盖，防止其在做剧烈运动时扭伤，减少对膝盖的冲击与磨损等属性。多年来，耐克广告一直强调“只有运用先进的技术才能生产出最好的产品”，运用气垫技术生产出的气垫运动鞋一经推出就大受欢迎，普通消费者和专业运动员都对它相当认可。

（2）利益。品牌不只意味着一系列的产品属性，有的顾客也需要企业将品牌属性转化为一种功能性或情感性的利益。如图 4–3 a. 中的阿迪达斯主要定位于舒适便捷的运动产品；图 4–3 b. 中的阿迪达斯三叶草主要定位于运动、色彩和年轻；图 4–3 c. 中的阿迪达斯 Y–3 主要定位于时尚和高端产品。

a. 阿迪达斯品牌　　b. 阿迪达斯品牌三叶草　　c. 阿迪达斯品牌 Y–3

图 4–3　阿迪达斯服装品牌的利益内涵

（3）价值。品牌也说明了生产者的价值。比如图 4–4 a. 所示的当代流行的快时尚品牌优衣库，代表着一种高效率、时尚、价格不贵、经营灵活、适应市场的企业形象，这种有利的企业形象会激发消费者购买热情。

a. 优衣库品牌　　b. 香奈儿品牌　　c. 卡尔文 · 克莱恩品牌

图 4–4　几个代表性品牌

（4）文化。品牌代表着一定的文化，尤其对于服装这种具有文化内涵的产品，品牌更洋溢着文化的光彩。如图 4–4 b. 中的香奈儿走高端路线，时尚简约、简单舒适、纯正风范。流行稍纵即逝，风格永存依然是品牌背后的指导力量。香奈儿提供了具有解放意义的自由和选择，将服装设计从男性观点为主的潮流转变成表现女性美感的自主舞台，将女性本质的需求转化为香奈儿品牌的内涵。

（5）个性。品牌本身具有一定的个性。如图 4–4 c. 的卡尔文·克莱恩（CK）品牌一直坚守完美主义，每一件 CK 时装都显得非常完美。因为体现了十足的纽约生活方式，CK 的服装成为新一代职业妇女品牌选择中的最爱。

（6）使用者。品牌往往暗示着购买或使用该品牌的消费者的类型。每一服装品牌都有自己的目标消费者，在企业长久的营销努力下，一提起某品牌人们就会联想到它的使用者。比如乔治·阿玛尼的主打品牌乔治·阿玛尼是针对富有阶层，玛尼、爱姆普里奥·阿玛尼、阿玛尼牛仔则是针对普通消费者。阿玛尼系列品牌紧紧抓住国际潮流，创造出针对不同消费者的形象。

2. 品牌定位

品牌建设的基础工作之一是进行品牌定位。任何企业只有形成正确的品牌定位理念，才可能保证品牌战略的有效实施。因此，品牌定位是企业实施品牌战略的目标导向。菲利普·科特勒在《营销管理》中指出："定位就是对公司的产品进行设计，从而使其能在目标顾客心目中占用一个独特的、有价值的位置的行动。"所以，品牌要在消费者的心目中建立一个独一无二的品牌联想，并使之成为消费者品牌选择的理由。

（1）品牌定位的流程。

实施品牌定位，企业要对企业的市场状况、竞争环境和企业具有的资源进行深入分析和评估的基础上，确定品牌的目标市场。品牌定位的流程如图 4–5 所示。

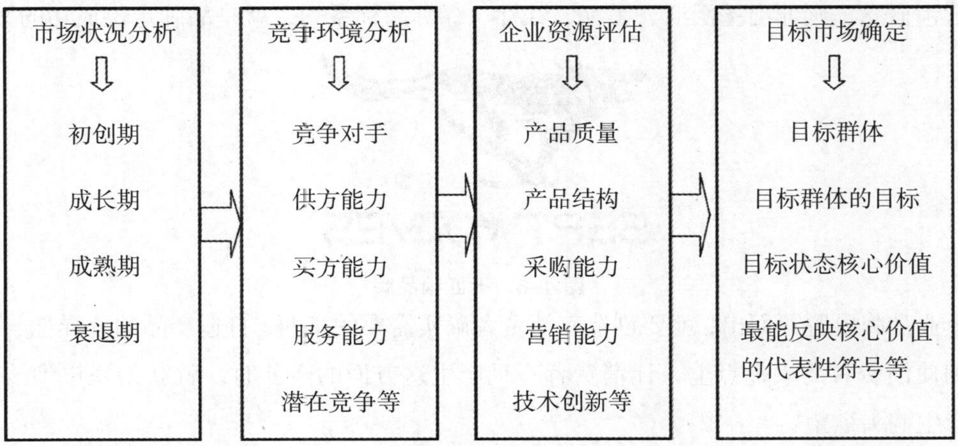

图 4–5　品牌定位的流程

（2）品牌定位的原则。品牌定位要遵循 4 个基本原则。

第一，遵循市场需求的导向原则。市场需求是品牌定位的指挥棒。企业可以满足消费者需求，也可以引导消费者需求，不管怎样，都要以消费者需求为品牌定位的出发点。过去，企业提倡的是"注意消费者"观念，现在开始向"请消费者注意"的观念转变。企业要立足于目标消费群体，从消费者的心理和行为来考虑产品的定位、再定位及产品拓展。一个品牌定位后所开发出的产品特征，企业凭借它将无形的品牌信息通过有形的品牌产品“传播”给消费者，当传递的这些信息与消费者的理解一致时，就可以打动消费者，从而达到满足消费者需求的目的。成功的品牌定位必须能以一种始终如一的形式将品牌的功能与消费者心理上的需要联接起来，以其鲜明的特征将品牌的定位信息明确地告诉消费者，得到消费者认可，从而形成自己特有的品牌市场，并逐渐拓展壮大。

第二，满足消费心理习惯和人文环境的原则。成长基石的论文《品牌定位——企业实施品牌战略的目标导向》讲述了一则关于一次性纸尿布产品定位的故事：这种产品在美国的广告词是“令妈妈更省心、更方便”，很快获得了美国顾客的深深喜爱；同样的产品定位却在日本受到冷落，原因是“令妈妈更省心、更方便”的产品定位不适合日本的人文环境，在日本妇女以家庭为重是一种美德，而这样的一次性纸尿布的产品定位使日本妇女感觉她们仿佛成了“懒惰”的母亲。了解情况后，美国制造商迅速将自己在日本市场上的产品重新定位为“令宝宝更舒服、更干净、更清爽”，结果吻合了日本妇女的心理需求，很快产品就占领了日本市场。我们从故事中看出，品牌定位要充分考虑到目标消费群体的消费心理习惯和目标市场的人文环境，以目标消费者易于接受的方式引导消费者。

第三，遵循突出品牌差异性和个性原则。市场上的任何一个产品都不可能满足所有消费者，因此，以产品为代表的品牌定位应该有其特殊卖点，力求突出其品牌的个性和差异性。

差异的塑造内容很多，可以从文化、功能、质量、技术与服务等方面着手，甚至还可以是脱离产品本身的某种想象出来的概念。如图 4–6 所示，七匹狼在行业中率先提出生活形态营销概念，延伸出圣沃斯、黑标、红标、绿标品标系列，就是品牌定位成功的案例。

图 4–6　七匹狼品牌

企业品牌要脱颖而出，就要创造有消费者确实需要的东西，打造产品的差异性与个性，落实到使消费者的兴趣点上，让消费者一旦产生这方面的需要时，就立刻联想到该品牌，从而产生购买欲望。

第四，遵循品牌定位的稳定性与灵活性相统一原则。品牌定位既要保持相对稳定，也要随着时代的变化，品牌定位应该根据市场的变化进行战略性调整，从而保持品牌贴近市场和顾客，要注意这种变化不应太快、太突然，否则易引起消费者误会，失去市场。如图 4–7，意大利佛罗伦品牌，一个年轻时尚、品味独特的女装品牌，一直以款式趋时、品质上乘、剪裁精巧而广受时尚女性的钟爱。时尚而含蓄、休闲又不失优雅是佛罗伦服装的一贯风格。它的目标顾客，是永远保持着 25 岁心境的女性。但是随着时代的发展，品牌定位还是明显具有时代特性。1990 年，佛罗伦于香港开设首家专卖店，以经典的“女装弹力牛仔裤”率先为人赞誉；1994 年，掀起了“弹力牛仔”热潮，品牌形象深入人心；1996 年，全面开拓中国市场，增设特许加盟业务，品牌影响力不断扩张；同时成功实现了品牌风格转型，显现女性优美线条与优雅气质的设计风格，深受都市女性的青睐；2001 年，意大利佛罗伦家族正式参与经营管理，为品牌注入新的生命力；如今，“年轻、自信、时尚、独特”的设计风格更显清晰，不断绽放其独特的品牌魅力。因此，品牌定位的转变一定要慎之又慎，做到稳定性与灵活性的统一。

图 4–7 佛罗伦品牌

（3）品牌定位四步法：第一步，分析整个外部环境，确立竞争对手及其价值；第二步，避开竞争对手在顾客心智中的强势，或者利用其强势中蕴含的弱点，确定品牌的优势位置—品牌定位；第三步，为定好的位寻求一个可靠的证明，信任状态与社群；第四步，将定位整合进组织内部运行的方方面面，特别是传播上要提供足够多的资源，以将这一定位植入顾客的心智。

（4）品牌定位理论中著名的“二元法则”。哈佛大学心理学博士米勒的研究，认为顾客心智中最多也只能为每个品类留下 7 个品牌空间，而特劳特进一步发现，随着竞争的加剧，最终只能给两个品牌留下心智空间。如杰克·韦尔齐 1981 年上任通用电器后，就是运用“二元法则”，将不属于“数一数二”的业务关停并转让，不管其盈利有多么的丰厚。此举使得百年通用电器因获得了顾客心智的强大选择力量而再续传奇，也使得韦尔齐赢得了“世界第一总裁”的声誉。

（三）品牌的十大特性

1. 品牌的质量

品牌的质量不同于产品的重量，它是指品牌品质的高低，像可口可乐、福特汽车、北京王致和这些百年“老字号”，是几代人努力的结果，它们的核心能力、核心价值、抗风险能力、自修复能力相对要强大很多。

2. 品牌的重量

品牌的“重量”越大，表示品牌越“重”，像雅戈尔、波司登等在世界上可能不太亮，但是它们每一个都有相当大的能量积累，都是很有“重量”的。

3. 品牌的长度

品牌的长度是指该品牌的历史、时间跨度和寿命等。像美国杜邦已有200多年历史了，迪奥有70年历史等。这种品牌历史是品牌生命力的体现。

4. 品牌的宽度

品牌的宽度是指品牌核心区所能控制的市场范围。像优衣库品牌核心区现在已布置到世界不同国家，海澜之家则由于主要集中在中国，品牌的宽度有限。

5. 品牌的高度

品牌的高度是指一个品牌的价值能垒。阿迪达斯是世界级品牌，李宁是一个中国品牌，两者存在高度差。但是李宁赞助运动员参加奥运，就把李宁的品牌给拔高了，增加了李宁品牌的高度。

6. 品牌的深度

品牌的深度指企业与消费者的关系。关系越深，深度越深，否则越浅。一些快销品牌与消费者的深度是十分关联的，因此，这些品牌的产品稍有变化就能引起许多消费者的注意。

7. 品牌自由度

品牌自由度有两层意思：一是指该品牌在市场竞争中在保持一定张力，同时有相当大的回旋余地，能游刃有余，品牌竞争充满弹性。二是该品牌仍有许多商机，其中每一商机都有可能隐含潜力巨大的“新品牌”“副品牌”“子品牌”“孙品牌”。

8. 品牌的亮度

品牌的亮度指人们感觉中的品牌光泽度。如大寨这个品牌在1964年特别是20世纪70年代初期是最为发亮的时候，到20世纪80年代、20世纪90年代，就暗淡甚至“生锈”了。

9. 品牌有序度

品牌有序度是品牌自适应、自学习、自搜索、自调控、自繁殖、自修复功能的一个集中性指标，它反映了品牌的自我更新及适应环境的能力，是考核品牌的重要指标。

10. 品牌的密度

品牌的密度指品牌与消费互动的密度，这个“互动”包括传媒互动、使用互动、行销互动、公关互动等。

（四）品牌的发展战略

1. 品牌目标

品牌目标是品牌创建者按照市场或社会需求，为品牌制定未来发展所要达到的目标效果，是品牌战略定位要达到的终极目的；或是品牌管理者按照企业的经营方向，推出品牌时所要达到的理想中的状态，是品牌战略方向的具体化与定量化，如质量水平、市场占有率、市场影响力、品牌美誉度等。通俗地说，品牌目标就是一个品牌希望自己可以“长多高”。有的品牌目标只是过渡性的，即营造一个品牌只是为了暂时地打造声势，企业的终极目标可能是整个企业的统一形象而不仅仅是某一个产品品牌；有的品牌目标则是长期的，即一个品牌的确立对企业的发展将长期有促进作用。如哥弟推出的“哥弟”面料；用这种面料制作的女裤触摸着感觉很普通，对于没有穿过这种面料的朋友可能感觉不够软，但是穿上后，效果就出来了，弹力非常好，横向弹力和竖向弹力都不错。这种材质对身材的包容性特别好，无论是高矮胖瘦，都很合适，非常挺括有型，而且此面料有不易变性的特性，穿了一段时间，需要洗一下，下水时，面料很软，晾干后，再穿上，会发现裤子像是从没有穿过一样，有新裤子的感觉，而且非常耐穿，容易打理。因此，品牌利用这种面料迅速打开了“哥弟”市场。

优衣库就是长期性的品牌代表之一。优衣库是日本著名的休闲服饰品牌，是排名全球服饰零售业前列的日本迅销集团旗下的实力核心品牌。优衣库提供了易于搭配、质地优良、物美价廉的休闲服饰，以其“中低价位、超大卖场、全线产品”的经营模式，成功打开国际市场，如今优衣库在全球的门店数已超1200家，销售额也因此攀升。迅销集团主席兼首席执行长柳井正曾表示，要做全球第一大时尚零售商。目前它在全球已经有约1300家门市，在海外的扩张步伐还在不断推进。

制定品牌目标，要对资源进行详细分析，看看品牌目标是否有可行性。首先要明确公司目前较为成功的产品与服务，列出主要的市场与所服务的顾客群体，找出影响服务市场与产品的关键驱动力并确定支持驱动力的战略领域，确定引导组织未来走向的核心价值观。其次对企业在品牌战略实施期间的资金、人力、技术等资源进行研究，看看它们能否适应品牌目标的要求。如果在某一方面缺乏，则有可能阻碍品牌目标的实现，此时就应该考虑做一些应变，或者等时机成熟再推行品牌战略，或者对品牌目标做一些具体的改变。品牌目标既有挑战性，又要有实现的可能性，同时应注意有一定的弹性。品牌目标的制定，既要有挑战性，又要有实现的可行性。目标太高，让人望而却步，就缺乏驱动力；目标太低，实现难度不大，就没有激励性，不能鼓舞士气，形成整体向心力。

2. 品牌发展战略

品牌发展战略是指企业根据内部及外部的环境，确立品牌的优势并坚持下去而对品牌的目标以及实现目标所用的手段做出的总体谋划。

制定品牌发展战略，首先要对品牌企业的外部环境以及内部环境进行详细的考察与分析。环境包括微观环境和宏观环境。微观环境是指与企业的生产、营销等有直接关系的环境，如顾客、竞争对手、原材料、合作者等。企业要打造一个品牌，应充分了解顾客的规模结构、消费心理、消费习惯等。宏观环境包括企业的政治环境，地理环境和经济环境等。

相对而言，宏观环境对品牌的影响没有微观环境那么明显，但是不可忽视，如地理环境等。一个新品牌的构建应首先考虑在经济发达、交道便利的地区，然后才向其他地区辐射。另外，每一种产品是否符合消费者需求是受到当地文化环境影响的；在国际竞争中能站稳脚跟并能顺利向国外延伸和发展的一个品牌企业，必须详尽分析国际环境如国际经济环境、社会环境等。内部环境的分析即考虑公司自身的条件，如公司的核心能力、公司的优势和劣势以及管理人员、职工等所呈现出来的工作热情和活力等。如果企业的外界环境很适合企业的发展，企业自身素质又好，则企业活力就强。

以三宅一生（Issey Miyake）品牌为例。三宅一生被誉为“这个时代最伟大的服装创造家”。他的设计摆脱以往设计的常规，敢于向传统设计挑战，抛弃传统服装的包裹意义，自由发挥想象的空间。在近 15 年里，他的设计大胆，似乎是在蔑视传统，但是作品的流畅与自如使身体得到最大限度的自由。三宅一生曾获日本时装编辑俱乐部奖、迈尼奇时装报大奖等多项奖项。他的时装极具创造力，集质朴、基本、现代于一体。三宅一生品牌实施多品牌战略，列举如下。

（1）三宅一生高级成衣。

他的设计集合了东西方时装的精髓，将质朴、基本和现代融为一体。他的设计带有浓厚的日本服饰风格，将立体主义设计发挥到极致。他最有代表性的就是皱褶设计，几乎每一季的秀场上我们都能看到满身皱褶的设计，将色块与立体的纹路巧妙结合，达到一种艺术上的完美体现。其中也加入了当下最为流行的时尚元素——光泽感面料、渐变色、几何图案、透明薄纱面料等，如图 4-8 所示。

图 4-8　三宅一生品牌成衣服装（2014 年巴黎时装秀）

（2）一生运动系列。

将日常运动和服装的实用性结合到一起，专门请来空手道大师演示。解构意味十足的外套和裤子让人一看便知延续了三宅一生系列的解构主义风格，在结构上任意挥洒，释放出无拘无束的创造力与激情。

（3）花木世界。

设计源于自然，提取与大自然的设立灵感往往具有独特的风韵。如图 4–9 所示，巧妙地利用自然界的花草质感肌理作为元素，融合了西方的古典优雅和东方的神秘的内涵，将以上充分溶解，塑造出这充满生机情趣的花木世界系列。

图 4–9　花木世界系列中的 2 种代表款式

（4）给我褶皱。

三宅一生曾说："大部分人需要的并不是那些总需要小心伺候的衣服，而是随时可穿、能带着旅行的服饰。"在这个理念下，给我褶皱店铺内的服饰实用性十足，它的最大优势是突破尺寸限制，承受得住压挤，轻盈不变皱，又可冷水手洗、易晾干、无须熨烫，不论旅行或平常收纳，都不用额外费心。而且，它因皱褶呈现出特殊的棱角，为身体营造出立体线条，还可以起到修饰效果。喜欢给我褶皱的人，爱煞了它的"亦正亦闲"，没有严格的穿着规矩，既可以是出席晚宴的高雅服饰—在高级社交场合，人们相遇后，定会大叹一句，噢，你穿了三宅一生的美丽褶皱！又可以是得体的上班服。因而它一向是都市精英人士的热衷品牌，随便怎么穿，上飞机前巧手揉成一团塞进旅行箱，即可出门。在谈到他自己创立的这种风格的时候，三宅一生说："那是个实验，也是个冒险。"幸运的是，"我要褶皱"系列在他成功后创立，并且把他的事业引向一个新的台阶。在不断尝试的前提下，他邀请了其他行业的艺术家一起，创立了一个新的品牌系列，其中就有为他的褶皱服装特别度身定制的组合。

给我褶皱的划时代意义在于使用专用的生产线，将过去缝制、褶皱加工、最后完工等分开的生产工序统一为一体。这样不仅有可能让服装成为产品进行批量生产，而且可以将生产线上的相关知识和程序结合在一起。其结果是让生产尽可能地实现合理化，就像构建工业产品的制造流程一样。

（5）一块布系列。

1976 年三宅一生首创了“一块布”（A–POC）这一独特的服装，三宅一生曾说“一块布就是我的出发点”。A–POC 被尊为“一块布”哲学更高境界的工艺表现，整体概念是利用天然材质的伸缩性针织物，以先进计算机精算、再用工业用编织机去织成一体成形的筒状单品，强调边缘绝不脱线。上下身几乎分不出来，衣服上头都画了虚线，买回家之后照着虚线剪，就是一件活生生新衣裳，自己胡剪也行；三宅一生希望，消费者也能参与一件衣服的制成过程，过过设计师的瘾，动刀动剪的结果，就是高领可能变成圆领、U 领或是 V 领，一件衣服最后可能就剪成了超级迷你裙。该系列时装的本质在于人本身，衣服可以跟随人体结构而摆动，人体的受力和布料本身的弹性，使得服装在穿着过程中完成了裁剪的过程。这一切都是围绕着人为本质中心。

3. 品牌战略模式

常见的品牌战略模式有 3 种。

（1）品牌发展型战略。对于具有潜力的新型品牌，为积累足够强大的实力，塑造自己的强势品牌，采取的最有效手段是实施提高品牌的市场占有率，扩大整个市场需求的品牌发展战略。一般做法是采取攻势，投入大量资源，扩大生产规模，制造出高质量的产品，分析产品市场，制订产品结构计划，使产品结构能够适应市场的需求。同时，实施强大的广告攻势和营销手段，力争在尽量短的时期内确立品牌的强势地位。

（2）品牌稳定型战略。对于成熟型企业，一是为了维持市场份额和市场地位，二是在与对手的竞争中避其锋芒，保存实力，则企业常采取稳定型战略，即企业的经营方向、事业范围、竞争地位等是基本保持不变化或只有微小变化的战略。稳定型战略有两种形式：一是无增长战略，即企业的一切均按原来的程序和模式运行，企业的战略重点是保持企业目前的规模和地位；二是微增长战略，即企业在稳定的基础上使各方面有一定的实力，避免在竞争中过多地摩擦而遭受损。

（3）品牌紧缩型战略。主要针对进入衰退期或者内外环境处于不利形势的品牌和企业而采取的必要之战略。如该企业体现出市场上对产品的需求下降，或者产品处于衰退期，或者管理水平降低等问题，从而导致品牌影响力的逐步降低，紧缩战略就势在必行。紧缩战略相当于军事上的“战略性退却”，只能作为一种暂时性战略而存在，因为紧缩战略虽然可以避免品牌受到灭顶之灾，但对职工士气会产生消极的影响。

商场如战场。在这没有硝烟的战场上，每一位企业和品牌的管理者都应当具备长远的眼光，审时度势，纵观大局，熟练合理地运用三大战略模式，同时根据企业和品牌的实际情况进行调整。这样，企业和品牌才可能健康向上地蓬勃发展。

4. 制定品牌战略应考虑的内容

制定品牌战略应考虑的内容如图 4–10 所示。制定品牌战略时要考虑下面的问题：①如何建立一个可持续发展，具有凝聚力、战斗力、学习力的卓越组织；②企业如何树立团队事业心并同意思想；③如何培育以客户价值为导向的经营理念；④如何制定颠覆和超越竞争对手的战略；⑤如何培养与战略匹配的核心能力；⑥如何构建以核心能力为导向的学习体系；⑦如何不断系统地提升职业能力。

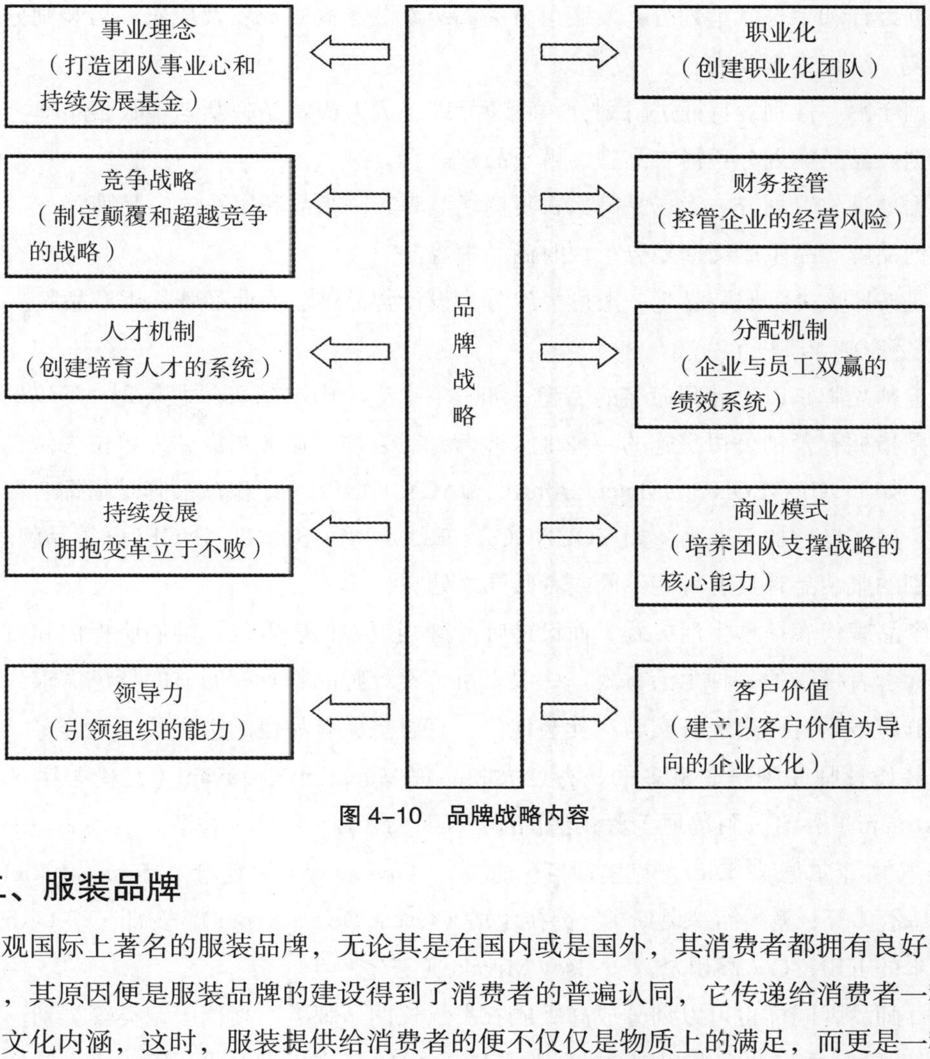

图 4-10　品牌战略内容

二、服装品牌

纵观国际上著名的服装品牌，无论其是在国内或是国外，其消费者都拥有良好的品牌忠诚度，其原因便是服装品牌的建设得到了消费者的普遍认同，它传递给消费者一种品牌特有的文化内涵，这时，服装提供给消费者的便不仅仅是物质上的满足，而更是一种精神享受。所以，服装企业做好品牌建设的目的是为了提升自己品牌的核心竞争力，使自己的服装产品在市场上有一席之地。

（一）服装品牌定义与分类

1. 服装品牌定义

从狭义上讲，服装品牌是指服装商标，是区别服装商品归属的、经过工商登记注册的商业性标志。它是一个具有认知意义而非物质状态的产品符号。从广义上说，服装品牌是以服装产品为载体的品牌形式，其运作方式必须符合服装产品的特点。

2. 服装品牌分类

服装品牌与品牌的分类基本相同，根据服装的一些条件以及特征可进行如下分类。

根据价格和产量综合评定划分：高档时装、中档服装、低档服装。

根据设计和手工含量划分：女装可分为高级女装、高级成衣及成衣；男装则分为高级定制服装、高级成衣及成衣。

根据年龄、性别等特征进行划分：童装品牌，成人服装品牌及老年服装品牌。

根据产品品类划分：衬衣品牌、裤子品牌。

根据地理位置划分：卖场品牌、百货商场品牌、高街品牌以及电商品牌等。

根据品牌产品生产周期划分：快时尚品牌等。

但是按照大类，服装品牌一般可大致分为设计师品牌、商业品牌、生产品牌。

3. 设计师品牌的内涵

设计师品牌是以设计师命名的品牌，如三宅一生、山本耀司、香奈儿、阿玛尼等；商业品牌是指拥有营销公司实施的一种虚拟经营，服装加工业务却放到外单位去做，从而减少费用，如 LOUIS-LONG、Meters/Bonwe、JACK JONES 等；生产品牌是指拥有自己的生产基地厂房，自行加工产品，如 YOUNGOR、ROMOM、SAINT ANGELO 等品牌。那么，不同类别的服装品牌具有哪些不同或者共同之处呢？

一个品牌代表一种生活方式，而设计师品牌则更多代表着设计师们所提倡和希望的能够引领穿着者接受的一种生活方式。一般来讲，设计师品牌具有明显的特色需求，面对的消费人群应该是有一定经济实力、社会地位，有思想、有品位的中高阶层人群等。比如国外的服装设计师品牌是非常多的，有意大利品牌 Valentino Garavani（瓦伦蒂诺 · 加拉瓦尼）、Armani（乔治 · 阿玛尼）等；法国品牌 CHANEL（可可 · 香奈儿）、Karl Largerfeld（卡尔 · 拉格菲尔德）、Dior（克里斯汀 · 迪奥）、Givenchy（纪梵希）、Sonia Rykiel（索尼亚 · 里基尔）等；美国品牌奥斯卡 · 德拉伦塔（Oscar De La Renta）、安那 · 苏（Anna Sui）等；日本的 KENZO（高田贤三）、Isey Miyake（三宅一生）等。

设计师品牌同样也可以划分成高级成衣类、长期品牌类、高档服装类等类别。如香奈儿品牌是可可 · 香奈儿在巴黎创立的品牌，她于 1910 年在巴黎开设了第一家女装帽店，接着她把店子搬到气质更时尚的康明街区，至今这里仍是香奈儿总部的所在地。20 世纪 20 年代，香奈儿小姐又设计了不少创新服装款式，而且从男装上获得灵感，在女装上添一点男儿味道，一改当年女装过分艳丽的绮靡风尚。直到现在，可可 · 香奈儿小姐一贯以她简洁自然的风格形成独具魅力的世界服装品牌（图 4–11）。

图 4-11　香奈儿设计女装（CHANEL 2014 早秋高级手工坊系列）

目前我国存在的服装设计师品牌与国外的设计师品牌间有一定的差距，并不是真正意义上的设计师品牌。主要原因是随着我国经济水平的迅速提高，个性化需求的消费者越来越多，为了满足某一类人群对品味、生活等方面有相对要求的消费者需要而产生的。我国的这类设计师品牌都是在定制中催生出来的。

总之，设计师品牌是用以满足特定消费者需求的服装品牌。

4. 快时尚品牌

随着经济的发展，人们对时尚的追求越来越快，最近几年在服装界又出现了一种快时尚品牌，并带动全球的时尚潮。快时尚品牌，英文名称“Fast Fashion”。这类品牌的主要特征是“快、狠、准”，追求快速度、超高频率的更新，新品到店的速度奇快，橱窗陈列的变换频率更是一周两次。它永远追随潮流的特点，让追求时髦的人趋之若鹜，扎堆采购。目前流行的快时尚品牌有西班牙的 ZARA、瑞典的 H & M、日本的优衣库以及美国的 GAP、荷兰的 C & A 以及中国的 37° Love 等。

尽管快时尚品牌共同特点是“快、狠、准”，但是不同的品牌之间还是各有自己的风格特色。例如日本的优衣库是旨在使所有人都能轻松地穿上优质休闲服的新日本企业。优衣库的使命是以合理可信的价格，持续提供任何时候、任何地点、任何人都能穿着的、具备时尚要素、高品质的基本款休闲服，不断提高人们的生活质量。因此，优衣库彻底贯彻低成本经营，以最快、最低价的方式将生产与销售直接相连，努力实现最完善的顾客服务。其最具特色的是开发“更温暖呵护、更舒适体验、更适宜的价格”的创新面料，如“HEATTECH”面料则具有超强吸湿发热的独特功能。而西班牙品牌 ZARA 最大的特色主要表现在设计与用户体验的快速反馈上。ZARA 的成功主要依靠 4 个要素：拥有庞大的设计师群；公司本身拥有 9 家成衣厂，从新款策划到生产出厂，最快可在一周内完成；ZARA 的送货速度快；采取多样少量的经营方式，每隔 3 周其服装店内所有商品一定要全部换新。这些要素的有效循环的运转，使设计师品牌的优异设计可以同时具备更为低廉的价格。

（二）服装品牌的理念

服装品牌理念是指能够吸引消费者，并且建立服装品牌忠诚度，进而为客户创造服装品牌与市场优势地位的观念。服装品牌理念包括核心概念和延伸概念，必须保持品牌理念、概念的统一和完整，具体包括服装企业形象（本土、跨国等）、服装产品定位（低档、中档、高档）、服装企业业务领域（行业、主要产品等）、服装产品风格（新潮、动感、时尚）、服装企业文化（保守、严谨、进取）等等的一致性。服装品牌理念具有导向功能、稳定功能、激励功能与凝聚功能。

服装品牌理念是由企业使命、经营思想和行为准则 3 个部分内容构成的。

（1）企业使命：服装企业使命是指企业依据什么样的使命在开展各种经营活动，是服装品牌理念最基本的出发点，也是服装企业行动的原动力。

（2）经营思想：经营思想是指导服装企业经营活动的观念、态度和思想。经营思想直接影响着服装企业对外经营姿态和服务姿态。不同的服装企业经营思想便会产生不同的经营姿态，给人不同的服装企业形象的印象。

（3）行为准则：行为准则是指服装企业内部员工在企业经营活动中所必须奉行的一系列行为准则和规则，是对企业员工的约束和要求。

（三）服装品牌的作用

服装品牌的作用可从 3 个不同的角度来体现。

1. 品牌对服装企业的作用

服装品牌是服装企业的特有识别符号，象征着服装企业拥有的特殊权利。好的服装品牌可以大大提高服装企业产品的附加值，促进服装企业价值的提升，使服装企业获得超额利润；好的服装品牌可以很好地建立服装企业的影响力，占据明显的服装细分市场；好的服装品牌一般有准确的服装市场定位，能保护服装企业抵御竞争者的攻击，保持竞争优势；借助成功的服装品牌，有助于扩大服装企业的产品组合或延伸产品线，采用现有的知名服装品牌，利用其一定知名度或美誉度，可顺利推出服装新产品；好的服装品牌是一种诚信，也是对消费者的一种产品承诺，是帮助顾客选择商品的重要因素，可维持稳定的销售业绩；服装品牌知名度形成后，促成了服装消费者对于服装品牌的忠诚，促进了服装新产品开发的成本，有助于服装产品的销售和市场占领，可利用服装品牌优势扩大市场，用少量的投资获得高额的回报：服装品牌可稳定产品的价格，减少价格弹性，有助于增强对动态市场的适应性，减少未来的经营风险。

2. 品牌对于消费者的作用

服装品牌可起到区别服装产品的作用。服装品牌有利于消费者识别服装产品的来源或服装产品的制造厂家，更有效地选择或购买服装商品；通过服装品牌，有利于消费者得到相应的服务与便利，如更换或退货服装产品、享受 VIP 服务等；服装品牌有契约的功能，最佳服装品牌就是服装质量的保证，包括服装企业对消费者的一种产品特征、利益和服务的承诺；服装品牌可便于消费者选购商品，有助于消费者降低购买成本与购买风险；好的服装品牌对消费者具有很强的吸引力，有利于消费者形成品牌偏好，展现个性特征，满足消费者的精神需求等。

3. 品牌对竞争者的作用

竞争者可采用“品牌补缺”战略占领一部分市场，从而获取利润；竞争对手可通过品牌组合或产品组合，寻找到可适合竞争对手，且满足消费者需求的其他产品；竞争对手可参考该品牌的战略，推出相对应的品牌进行反击；品牌不是万能的，开发市场需多种因素组合，如消费者对某些产品购买介入程度不深，对产品品牌抱着一种无所谓态度，也就是消费者对某类产品的品牌不敏感，他们可能是价格敏感者，或从众者，或质量、功能敏感者等，这样可促使竞争者通过不做品牌只做销售获取利润。

（四）服装品牌的资产

服装品牌是一种无形资产，2013 年的厦门中国纺织服装品牌年会活动中，对波司登等品牌资产进行了评估，如表 4–1，显示出我们民族纺织服装企业已经拥有一定的品牌势力。在更早几年，品牌庄吉曾利用自己品牌的无形资产在温州进行抵押，先后获得 6 亿多元的贷款，完成了品牌的迅速扩张；鄂尔多斯曾在过去的品牌价值评定中，获得 43.67 亿元的品牌价值。很多品牌代表了一个国家的形象，正如一说起美国，我们就会想到牛仔和杜邦等。说明一个好的服装品牌不仅仅具有很强的创造经济效益的能力，同时对于社会的发展还有很强的推动力。但从大的环境来说，中国对品牌的关注程度还远远不够，中国的商业银行衡量一家企业的资产价值，更看中的是这家企业拥有多少地产、多少厂房等固定资产，而非无形资产。因此，品牌的生存需要适宜的环境，国家的法制越健全，品牌作为一种知识产权生存的空间就越大。

表 4–1　2013 年纺织服装、鞋帽领域部分企业品牌价值评价结果

序号	企业名称	品牌价值（亿元）
1	波司登股份有限公司	184.03
2	安踏（中国）有限公司	77.67
3	361°（中国）有限公司	61.09
4	浙江洁丽雅纺织集团有限公司	55.83
5	鲁泰纺织股份有限公司	43.55

续表

序号	企业名称	品牌价值（亿元）
6	孚日集团股份有限公司	37.23
7	贵人鸟股份有限公司	33.76
8	乔丹体育股份有限公司	28.83
9	浙江报喜鸟服饰股份有限公司	28.28
10	浙江奥康鞋业股份有限公司	27.86
11	福建柒牌集团有限公司	25.97
12	罗莱家纺股份有限公司	23.29
13	法派集团有限公司	15.80
14	浙江红蜻蜓鞋业股份有限公司	15.41
15	安正时尚集团股份有限公司	14.14
16	北京顺美服装股份有限公司	10.95
17	海宁蒙努集团有限公司	9.35
18	上海丝绸集团股份有限公司	6.96
19	浙江情怡集团有限公司	6.63
20	深圳歌力思服装实业有限公司	5.71
21	深圳市卡尔丹顿服饰股份有限公司	5.65
22	丹古娅集团有限公司	5.50
23	湖南省忘不了服饰有限公司	5.07
24	三利集团有限公司	5.02

1. 服装品牌资产定义

服装品牌资产（Brand Equity）也称服装品牌权益，是指服装企业只有品牌才能产生的市场效益，或者说，产品在有品牌时与无品牌时的市场效益之差。服装品牌的资产与服装品牌的核心价值有着紧密的联系，它是通过服装产品或服务所提供给顾客（用户）的获得的品牌忠诚度相关联。服装品牌价值是服装品牌管理要素中最为核心的部分，也是服装品牌区别于同类竞争品牌的重要标志。迈克尔·波特在其品牌竞争优势中曾提到：品牌的资产主要体现在品牌的核心价值上，或者说品牌核心价值也是品牌的精髓或者灵魂所在。

服装品牌价值必须经过年度亏损或获利来检验，如果一个服装品牌的价值下降，则该品牌的结存价值必须降低。服装品牌价值是指品牌在消费心中的综合形象，包括其品质、品位、个性、属性、服务、文化等。服装品牌价值可以帮助企业获得竞争优势：树立企业优秀的品牌形象；获得售卖一种体验的附加值；不断调整企业的经营重心；展示整体一致的全方位信息；利用公关手段展示品牌的特性等。

2. 服装品牌核心价值的构成

服装品牌的核心价值主要由功能性利益、情感性利益和自我表现型利益组成。翁向东认为，一个具有极高品牌资产的品牌往往具有让消费者十分心动的情感与自我表现的一种享受，特别是在经济发达地区品牌是否具有触动消费者内心世界的情感与自我表现的利益已成为一个品牌能否立足市场的根本。因此，一般的服装品牌，利用品牌的情感性利益与自我表达性利益作为推动品牌发展的主要驱动力，但这都是依赖强大的服装功能性利益为基础的，从而体现出很多服装品牌的核心价值为功能性利益、情感性利益、自我表达性利益的和谐统一。没有功能性利益，情感性利益与自我表达性利益就没有体现品牌价值的根基。

3. 服装品牌价值评估方法

纪梵希（Givenchy）在2006年被“世界品牌实验室”（World Brand Lab）评估列为“世界品牌500强”排行榜中的第411名，显示出该品牌的价值地位和社会影响力，也显示出服装品牌价值评估的重要性。所谓的服装品牌价值评估（Audit）就是指对企业的服装品牌进行全面考察，观察其品牌的健康状况，品牌资产来源及其价值大小。

服装价值品牌评估通过品牌资产评估系统（Brand Equity Measurement System）来评估。品牌资产评估系统是品牌价值的评估手段，为品牌经理提供及时、准确和有效的品牌资产信息的研究系统，以便于他们制定最佳的短期战术决策和最佳的长期战略决策。2002年，波司登被中国名牌战略推进委员会推举为“具有国际竞争力，向世界名牌进军”的十六大中国名牌企业之一，2006年度，经权威机构评估，波司登品牌价值达102.2亿元，2013年评估其品牌价值达到184.03亿元。在世界品牌价值实验室编制的2010年度“中国品牌500强”排行榜中达到第32位的排名，是我国具有势力的服装品牌企业之一。

尽管许多品牌通过评估后获得可以用实际货币表达的价值量，但是由于品牌资产具有无形的特性，这无疑增加了品牌价值评估的难度和偏离度。1996年营销学者戴尔·李欧在对品牌价值评估方法进行总结和归类后，提出了容易被人理解的品牌价值评估两大方法。

（1）营销评估法与财务评估法：营销评估法就是直接面向消费者进行分析评估，而财务评估法则是针对品牌的经济价值提出估算。

（2）品牌效益评估法：品牌效益评估法是针对品牌价值所产生的效益进行评估、分析形成价值的原因。

4. 服装品牌价值评估的内容

要对企业的品牌价值进行准确评估实际上是有一定难度的，但如果按照相同的评估方法来评价品牌，相对来说还是有一定参考价值的。根据评估的经验，中国纺织工业协会品牌委员会大致总结出影响企业品牌价值评估的因素见表4–2。

表4–2 影响品牌价值评估的因素

序号	影响因素	序号	影响因素
1	营业收入（销售收入）	2	企业主营产品执行标准情况

续表

序号	影响因素	序号	影响因素
3	营业成本（销售成本）	23	通过各类检验、认证情况
4	营业税金及附加（销售税金及附加）	24	近 5 年获得最高级别政府质量奖励情况
5	营业费用（销售费用）	25	质量信用总体情况
6	所得税率	26	近三年是否存在抽检不合格或其他质量安全事件
7	净利润	27	企业内部创新机制及创新技术支持平台情况
8	流动资产合计	28	技术研发实力
9	非流动资产合计	29	拥有专利数量
10	流动负债合计	30	获得科技进步奖励情况
11	非流动负债合计	31	参与地方、行业、国家、国际标准制定情况
12	土地使用权	32	服务基础设施情况
13	其他无形资产	33	服务承诺兑现情况
14	新产品销售收入	34	服务全面响应情况
15	出口额	35	企业主营产品的顾客满意度
16	研发（R&D）经费投入额	36	市场占有情况
17	品牌建设专项投入	37	企业品牌管理机构与专职人员情况
18	店面评效（仅限纺织服装行业）	38	企业履行社会责任情况
19	电商投入总额	39	品牌历史
20	生产设备先进性	40	获得各类荣誉称号、标志、证书情况
21	产品主要性能指标和可靠性	41	其他知识产权受保护情况
22	品牌定位	42	品牌文化

5. 服装品牌评估的追踪和管理系统

服装品牌价值评估通常都要从企业和消费者两个因素来进行考虑。服装品牌评估要建立品牌追踪和管理系统：包括品牌跟踪的方法与内容，消费者对品牌的接受程度测试方法与测试结果的判断等；建立如每年进行一次大型品牌跟踪活动和每周进行一次小型的工作效果跟踪的品牌跟踪调查分析周期；定期分析服装品牌的销售业绩、营销活动的投入与成效及市场地位；及时了解自己品牌在市场上所占市场份额和消费者对本品牌产品的需求意见和存在的销售运营问题，科学评定服装品牌的消费者需求变化，及时掌控品牌的实施效益；分析服装产品和服务的市场外在表现，保持与服装品牌定位的一致性；建立基于顾客视角的评估体系和方法，了解品牌的价值收益，不断改进服装品牌的内涵，定期改进渠道结构，调整品牌发展战略，选择最能满足品牌企业长期的目标和方案，保证服装品牌发展的正确方向。

在建立服装品牌评估的追踪和管理系统时，企业要定期追踪服装产品和服务的外在表现：保证当前服装企业的竞争不是单一的产品竞争，而是要升级为企业整体形象的价值；品牌在满足消费者需求和欲望时必须提供好的服务，保证产品与服务要和服装的品牌定位相一致，以持久维护服装品牌形象。

在建立服装品牌评估的追踪和管理系统时，要不断开展基于顾客视角的评估与改进：可以不断地了解消费者对品牌的感知程度，包括顾客感知质量、顾客满意度、顾客对品牌的忠诚度和认知度等的调查和分析。

在建立服装品牌评估的追踪和管理系统时，企业必须对各种可能的渠道选择方案进行评估：通过渠道评估可以监督到市场环境变化和竞争因素的变化，促使渠道做出相应改进，保证渠道的畅通。

三、品牌培育

国际标准化组织从2009年起在全球推行品牌质量的管理方法，以促进全球品牌质量的提高，先后发布了以下具体内容：

ISO9004：2009—怎样打造学习型企业；

ISO9004：2009—充分评估创新可能给公司带来的利益；

ISO9004：2009—强调公司应策划好创新机制；

ISO9004：2009—强调创新应注意时效性；

ISO9004：2009—强调创新是公司各个层面应注意的问题；

ISO9004：2009—强调创新是保证公司持续成功的关键；

ISO9004：2009—强调改进是公司管理活动的基本策略。

所以，品牌培育与建设成为全球企业的重要任务。当前世界进入品牌竞争的时代，品牌也成为我国商业领域的热点话题。随着国内消费者的消费观念成熟和国内市场的不断扩大，世界大牌已纷纷进军我国，迫使国内纺织服装品牌与之竞争，品牌培育也就成为我国各纺织服装企业管理中的大事。

（一）定义

1. 品牌培育

品牌培育是指品牌拥有者对品牌进行的设计、宣传、维护的行为和努力。品牌培育的利益表达者和主要组织者是品牌拥有者（指品牌母体），但参与者包括了与品牌相关联各组织与所有人，包括消费者、合作伙伴、销售渠道、物流渠道、媒体、竞争者及竞争品牌等。品牌培育包括的内容有渠道建设、品牌资产建设、媒介管理、信息化建设、客户拓展、市场活动管理、口碑管理、品牌虚拟体验管理等系列的品牌管理工作。

2. 品牌管理

品牌管理也称作品牌培育管理，是企业为了促进自己的品牌成长和发展而建立的有效战略方案与实施步骤及监督、改正过程，其目的是保证品牌培育与建设工作的健康和有序。

（二）品牌培育管理体系

品牌培育管理是一个系统工程。品牌培育管理体系包括品牌定位、品牌组织机构、管理职责、资源管理、品牌培育过程、品牌培育的监视与测量、培育过程中的问题分析、及时发现问题、及时改进问题等通用性的品牌培育实施内容和规范步骤，旨在引导和推动服装企业树立品牌意识，实施品牌培育管理，提升品牌培育能力，进而形成以品牌为核心的竞争新优势。

（三）品牌培育与建设的作用

品牌培育与建设的目的就是提升品牌企业或者企业产品的知名度。因为品牌建设的核心是让消费者对企业品牌产生良好的形象。

1. 品牌培育与建设可增加企业的凝聚力

品牌培育不是老板或者某个经理的个人事情，它是一个团队的事情，需要团队有良好的凝聚力来实施。良好的品牌可以使团队成员产生自豪感，增强员工对企业的认同感和归属感，使全体员工具有主人翁的态度，有利于提高员工的素质，以适应企业发展的需要，使员工关注企业发展，为提升企业的竞争力而奋斗。

2. 品牌培育与建设可增强企业的吸引力与辐射力

品牌建设有利于企业产生良好的社会美誉度与知名度，有利于广泛吸引人才，提升投资环境的价值，从而使资源得到有效集聚和合理配置，形成企业品牌的吸引力即向心力，通过向心力产生辐射力，从而形成一种扩散力。

3. 品牌培育与建设可强化品牌的文化力

品牌所特有的文化力是一种无形而且作用巨大的企业发展推动力。企业的实力、活力、潜力以及可持续发展的能力都集中体现在竞争力上。提高企业的竞争力就等于提高了企业的知名度。一个好的企业品牌能很大程度地提高企业知名度和竞争力。这种提高不是来自人力、物力、财力的投入，而是靠“品牌”的无形文化力量。

4. 品牌培育与建设是推动企业发展和社会进步的一个积极因素

企业品牌不是停留在美化企业形象的层面，而是成为吸引投资、促进企业发展的巨大动力，进而促进企业将自己像商品一样包装后拿到国内外市场上去“推销”。在经济全球化的背景下，市场经济的全方位社会渗透可以逐步清除企业的体制障碍，加速催化中国服装企业品牌的定位与形成。

第二节 国内外服装品牌的现状与发展

从中国纺织工业联合会流通分会提供的相关资料了解到，2013 年受行业发展与市场环境因素影响，2012—2013 年，我国纺织服装业收益率增长放缓。国际竞争加剧、内需拉动乏力、原料价格上涨、融资困难等一系列困局，加速逼迫企业的自我创新与发展变革，对中小微初创型品牌企业来说，既是挑战同时也是机遇。2014 年是中国的改革年，同时也是行业深化改革的重要转折点。服装行业的未来优势将会落在可持续的科技、品牌与人才发展上。品牌企业更应该通过不断的改革创新和商业模式创新来适应新的行业格局。我国“十二五”规划纲要明确提出“增强企业产品开发能力和品牌创建能力，促进我国制造业由大变强”的发展战略和目标。中国纺织工业联合会时任副会长张莉对此表示，中小微服装企业，尤其是具有成长实力的成长型品牌服装企业，是我国服装行业发展品牌化道路的基础，只有大力提高中小微服装企业的品牌化程度，培育一批具有发展实力的服装企业先成长起来，才能更有效地推动我国中小微服装企业的品牌化进程。就此，中国纺织工业联合会时任副会长、流通分会时任会长夏令敏明确表示，未来将加大力度在品牌培育方面下苦功、下硬功。他说，中国纺织工业联合协会一直致力于中国服装成长型品牌的成长与发展。以往，中国服装成长型品牌都以成长在专业市场中的传统型自主服装品牌为主要申报对象，随着时代变革与商业模式的创新发展，电子商务品牌、独立设计师品牌等越来越受社会与市场关注，这些成长型品牌同样需要行业与市场的扶持，因此，从 2014 年开始，中国服装成长型品牌还特别吸纳了设计师品牌、电子商务品牌等的参与，希望能够对其加以扶持。基于以上服装行业背景和所面临的一系列问题，许多品牌都面临被淘汰的境地，所以服装企业纷纷开始试图通过品牌文化来提升品牌的文化价值，以得到消费者的认同，打造品牌核心竞争力，品牌文化的传承性和不可复制性使得品牌区别于其竞争品牌，也有利于引发消费者的品牌正面联想，进而培养目标消费者的忠诚度，提高品牌竞争力。因此，在研发能力、管理和营销水平等都能得到保证的背景下，了解国内外市场服装品牌建设的现状能更多地促进国内优秀自主服装品牌的健康成长。

近几十年来，世界服装行业发生了很大的变化，中国的服装品牌也在一定程度上得到了发展，中国的本土服装品牌在逐步崛起。然而，中国服装品牌并没有真正的“长大成人”，依然处于迎风生长的“青春期”。我们在推进品牌发展的过程中，很有必要充分了解国外服装品牌的发展状况。

一、国外服装品牌现状与发展趋势

意大利、法国、美国、韩国、日本等国积极推进品牌战略，将“国家形象”与“品牌形象”打包行销，通过各家企业、多项国家扶持政策、多种组织机构等共同打造一批品牌，成就了这些国家强大的经济势力。

国外品牌发展现状

1. 当前出现的典型国外服装品牌类型

从全球已超过800万个品牌中，分析世界的服装品牌整体趋势，发现主要类型为奢侈品品牌、高级成衣品牌、快时尚品牌3种。

（1）奢侈品服装品牌。

我们经常在网上可以查阅到当前的世界大服装品牌名字，如2013年的十大奢侈品服装品牌等。

奢侈品牌在国外的服装品类中占据一定地位。奢侈品是艺术、文化、科技和自然的综合体现，它代表的是一种生活态度，如路易威登手工箱包不仅设计精巧，而且坚固耐用，它积累了50多年的潜心研究，凝聚了数代人的心血，通过反复试验，才掌握了利用坚固、耐磨、防水又美观的特殊材质进行箱包设计的技术，并最终成功设计出Monogram帆布包。即便是一只小小的心形钥匙包，路易威登人也能保证它的品质，使其具有保持多年后不会变形的特质。

由于奢侈品服装品牌的传播质量和收益效果比高级成衣或者快时尚品牌更好，往往会受到众多媒体的强烈关注，引起热议和众“粉丝”的追捧，从而在无形中提升奢侈品牌服装品牌的价值。随着某些地区经济发展水平的迅速发展，奢侈品服装在这些地区和国家得到了较大的发展，奢侈品服装在当今社会已经不再是传统的欧洲国家的天下。目前根据地域性及经济发展状况，奢侈品服装的消费市场大致可分为3个：首先是具有一定历史的地区，以法国、英国和美国为代表的欧洲市场；其次是以日本等为代表的亚洲传统市场；最后是以中国、俄罗斯、巴西为代表经济有着较大发展的新兴奢侈品消费市场。

以迪奥为例，其价格由几万至十几万美元不等，顾客量非常有限，包括各国的皇室成员、名媛以及一部分明星。迪奥通常会选择在《世界时装之苑（ELLE）》《VOGUE服饰与美容》以及《时尚芭莎（HARPER’S BAZAAR）》等顶级杂志上投放时尚大片、异型广告和夹页广告，并在电视等大众媒体上宣传品牌。迪奥在服装秀、展示会等方面是非常杰出的品牌，它的发布会所展示的服饰常常是以作秀为目的，很适合T台表演，与平面媒体上发布的广告不同。但迪奥的营销模式正在悄悄地发生转变，它较大于在中国市场上扩展更多层面的高端客户。由于每年中国高档消费者的迅速增长，2008年迪奥在上海的梅龙镇广场设立了全球范围内第3个顶级的旗舰专柜。

奢侈品服装品牌的推广形式是多种多样的，有日常型推广、事件型的推广等不同推广形式。根据近年来国际奢侈品在中国的推广活动，有研究发现奢侈品的推广已由简单的开设店铺，邀请明星举办派对、新品推介会等形式，逐渐趋向于对品牌历史文化的推广，如艺术展览、全球巡回展以及和品牌的跨界合作等。这些形式都是在展现奢侈品服装品牌的历史文化及价值，让人们了解奢侈品并走进奢侈品，使奢侈品对消费者产生效果。

（2）高级成衣品牌。

高级成衣于20世纪60年代在法国诞生，走到现在经历了半个多世纪，在当今世界服装舞台上仍然占有十分重要的地位。20世纪80年代，当世界纺织服装行业增长7%时，亚洲的增长率为47%；20世纪90年代，亚洲服装行业生产量的增长速度比世界服装行业平均高出6.8%。服装行业在科学技术方面，相对其他行业的发展比较滞后，所以当时服装产业在这些发达国家没有优势可言。20世纪90年代以后，全球服装产业进入了成衣化时代，国际上涌现出大批新的年轻设计师，掀起了许多的时装新潮流。此时，世界服装界的主流是成衣化生产，更多的设计师从事成衣设计。随着现代科学技术的不断发展，人们将高新科技引入到服装产业中，全球范围内的服装产业结构因此发生了深刻的变化。纺织领域的新材料、新技术的不断开发和利用，极大地拓展了传统服装产业的发展空间，使现代服装产业呈现出“大服装”的概念。由于电子技术的快速发展和被广泛应用，服装生产由过去半机械半手工模式向机械化、智能化和连续化方向发展，大大地提高了劳动生产效率，并有效地降低了劳动成本，使企业获得了更多的利润空间，并提高了企业的市场竞争能力。以互联网、物联网等为代表的信息技术的飞速发展，使服装产业有了更广阔的发展空间。因此，全球的服装产业由原来的价格和质量的竞争，转向以高新技术为方向，以品牌竞争为焦点的综合实力的竞争。发达国家与新兴工业化国家依靠其资金和技术等方面的优势，牢牢控制着全球的高级成衣品牌市场。21世纪，高级成衣在时装界占有举足轻重的地位。它最初是作为高级时装的二线品牌出现，如法国伊夫·圣·洛朗的高级成衣品牌，美国卡尔文·克莱恩的高级成衣品牌等。随着高级成衣发展成一个独立行业，出现了独立的高级成衣品牌，如法国戈尔捷。目前高级成衣不断吸取高级时尚元素已成为发展趋势。

随着经济全球化的发展，高级成衣品牌也在向国际化、全球化方向发展，国际上一些著名的高级成衣品牌也都相继实施了全球化战略，国际品牌向以中国市场为代表的亚洲市场的发展趋势更为明显。目前已经有很多知名成衣品牌相继进入中国市场，其中以欧洲和北美洲的高级成衣品牌居多。

（3）快时尚品牌。

20世纪60年代后，服装产业开始从欧洲逐渐向美国转移，美国逐步将一些奢侈品牌及一些高级成衣品牌，转变为以普通消费者为对象的品牌。这些普通消费群体，相对于奢侈品牌与高级成衣品牌来说更加广泛。美国人采用营销代替设计所带来的附加值策略，通过营销的手段让很多消费者对服装品牌有了全新的看法。20世纪70年代末，日本人迅速接受了美国的这种新的营销模式并加以发展，以一种全新的方式展现服装界。日本便将这种全新的营销方式本土化，经过多年的发展，形成了一套比较完整的营销体系。同样，这种模式在欧洲也得到进一步的发展，出现了西班牙的ZARA等出现了极具代表性的快时尚品牌。

对于快时尚品牌，它们的目标客户一般都是青少年或者年轻人，因为这个年龄段的人比较喜欢炫耀。有些青年为了拥有名牌，甚至对假货也不拒绝，只要有奢侈品的品牌在身，即使是假货，他们也觉得比一般品牌的品质要好，这充分说明了这些人热衷于炫耀自己。这种心理的不断扩大，对奢侈品服装品牌和成衣品牌服装提出了新的要求。要求服装品牌为了吸引顾客，设计必须迎合潮流，服装应具有奢华感，这样才可满足人们对奢华追求的心理。

快时尚品牌之所以受到消费者的欢迎，是因为它与奢侈品牌的认知心理有以下共同点：第一，时尚，都是走在时尚前沿的品牌；第二，有品味和能给消费者带来自信，符合消费者对自我整体形象的定位，体现消费者对自己认可，同时也可以得到他人的认可。快时尚品牌与奢侈品牌也存在认知心理上的不同。第一，快时尚服装品牌是一种快时尚，它强调的是整个过程的快速化，快速的设计、快速的供应链和快速的销售，而奢侈品服装品牌是一种厚重的时尚，它拥有着出众的品质和品位及完善的服务，给消费者带来许多的安全感和愉悦感，使许多人不惜花重金去定制服装。第二，快时尚服装品牌没有强烈的信任感，它满足了普通买不起奢侈品服装的白领或者大众对时尚设计的需求。因为快时尚品牌服装在价位上既比较低廉，大众可以接受，但是其品质又在一定程度上具有奢侈品所具有的品质。特别是在金融危机的到来时，人们在注重品质的同时更加关注价格。快时尚服装品牌在品牌形象上，和奢侈品服装品牌的一样，给人“尊贵、精致、时尚、经典、品味”感觉。但是它们也存在明显的不同：快时尚服装品牌在价位的比奢侈品服装品牌要便宜很多。奢侈品服装的价位都非常昂贵的，不仅是因为它定位高端，而且它在服装市场中极其稀少并且具有专有性。快时尚服装品牌理念与奢侈品的不一样，它不需要成为永恒的经典，而是不断地满足消费者个性化的追求，为消费者带来一时快感。

快时尚服装品牌的定位于“廉价的时尚”，服务大众消费者。这种定位使得快时尚服装品牌必须降低成本，才能获得更多的利润。为了弥补创造急速前导时间时所提高的成本，快时尚服装品牌一般会采取款多量少的方式。快时尚服装品牌一般每年都会推出上万种新款式，给不同的消费者提供广阔的选择空间。而奢侈品始终坚守高端品质的品牌定位，不会为了追求利润而轻易向中端或低端产品延伸。奢侈品服装品牌所开发产品只针对给高端人群，基本上不会在二线或大众品牌中使用，奢侈品专一的品牌定位有利于维护品牌形象，锁定高端客户。高价位也让奢侈品成为少数有钱人的专利，比如百达斐丽和阿玛尼的价格在多数人的眼里，是叹为观止的。少数人拥有的感觉，大大提高了“奢侈效应”。快时尚服装品牌采取的价格策略与奢侈品服装品牌完全相反，它的价位从几十到几百元不等。低廉的价格配上中等品质的营销策略，让消费者在选购时觉得物超所值，能够尽情享受购物的乐趣。快时尚服装品牌的服装人们通常只穿一季，再购买会选购新款。有调查表明一般消费者每年大概逛 13 次左右的快时尚品牌，而其他品牌平均只有两三次。

快时尚品牌对店面的位置选择和商品展示与橱窗设计都十分讲究，优越的地理位置与有特色的橱窗设计，都使快时尚品牌极具吸引力。款式多、数量少和不断推出新的策略能更好地激发顾客的购物欲望。例如，ZARA 几乎不打广告，靠消费者的口碑进行宣传，它们也不会有庞大的宣传攻势，其宣传成本只占总销售额的 0.3%，远低于行业平均水平。H & M 运用自己的大众时装品牌与时装设计大师“联姻”的方式设计限量版产品开创时装界的先河，至 2004 年开始每年一次的“联姻”成为 H & M 的一大特色。奢侈品服装没有价格战，也不像高级成衣那样进行轰炸式广告宣传，它只是对其艺术和文化进行宣传，奢侈品通过介入社会政治和文化活动的方方面面来推广品牌。快时尚服装品牌也很少有折扣的策略，因为都是采用的是款多量少的方式，消费者根本等不到季末或岁末的打折就已经销售一空了，只会剩下极少款不受欢迎的在季末或岁末打折。

2. 国外品牌建设的措施

发达国家将品牌建设和国民经济增长视为同步战略，他们为了促进自己国家的品牌处于良性发展状态，想方设法为企业提供各种合适的环境与保护，采取了有力的手段与措施，减少了企业在品牌建设道路上的曲折，促进了品牌的迅速成长。

（1）美国维护自主品牌的发展。

美国政府在法律法规、政策措施、资金支持等方面采取了一系列的自主品牌保护措施。第一，美国多方措施保护自主品牌和本土产业。1933 年政府颁布了《购买美国货法案》，规定政府采购商品时优先购买美国产品。奥巴马时期更加强化了这一保护主义法案。1955—1963 年，政府采购金额占了硅谷半导体产业 35%~40% 的营业额。为加强美国自主品牌的知识产权保护，美国对国内知识产权保护法进行了多次国际延伸，并对外国公司并购本土企业实施严格审批，防止外国公司对本国品牌的“恶意收购”。第二，美国政府努力支持中小企业的发展。1953 年推出了《小企业法》，建立联邦政府的一级小企业管理局，为高技术中小企业贷款提供担保；1958 年制定了《中小企业投资法》，20 世纪 80 年代制定了《小企业创新发展法》并加强《小企业研究发展法》等，按比例为中小企业提供研发经费和科研补贴经费，以推进中小企业的健康发展。

（2）法国实施“法国品牌”战略。

法国政府十分重视自主品牌的培育和保护，一直坚持奉行经济爱国主义的国家发展战略。2013 年 1 月 30 日，法国政府宣布实施“法国品牌”战略并成立了一个专门任务组，主要围绕五方面开展工作：一是法国企业的竞争力；二是法国的投资环境；三是法国农产品和工业制成品的知名度；四是法国产品的质量；五是法国工业形象。为此法国政府还确定了一批“特别保护自主品牌企业”，避免外国品牌对其“恶意收购”。

（3）意大利保护“意大利制造”标签。

2009年12月，意大利政府专门制定了一项保护“意大利制造标签”法案，对“意大利制造标签”的使用条件加以严格规定。如范思哲法规《REGUZZONI VERSACE》，即在所有成衣的制作贴上“意大利制造”的标签，违规者罚款1万~7万欧元，重罚者还会被判处1~3年监禁。同时在上海世博会等国际会议和庆典中，意大利政府都会以“意大利制作”整体形象亮相。凭借着大型的国际活动契机，让全球人来认识“意大利制造”所带来的品牌印象。

（4）德国扶持中小企业发展。

德国政府支持本国的企业品牌建设与发展，大力支持中小企业发展，将促进中小企业的发展定位为国家最重要的战略之一，甚至不惜限制大型企业的发展，据德国波恩中产阶级研究的调查显示，2008年德国中小企业约362万家，占注册企业总数的99.7%；德国政府简化中小企业在申报税收等方面的烦琐程序，由上交财务统计报表公司的年利润门槛由35万欧元提高到了50万欧元；德国每年针对企业的品牌进行各种评选活动，宣传“德国品牌50强”；政府将德国的国家管理费用降低到营业额的4%~6%等；德国在法律法规的层面上鼓励企业与科研机构的合作，先后出台了《企业技术创新风险分担计划》《中小企业研究合作促进计划》《小型企业服务投资促进计划》等政策，为企业科研创新铺垫基础；在学术界，德国多次修改《德国高校总纲法》，为前沿科技成果转化为生产力扫清道路。

（5）韩国打造“国家品牌”形象。

2006年韩国提出“国家品牌”整体营销思路，计划将民族品牌的推介纳入整个“国家品牌”的宣传范畴。韩国政府为推介韩国民族品牌打造了良好的平台，如开办了“动感韩国”等国家品牌的对外宣传网站。“韩国知名品牌挖掘和推介”被列为“国家品牌委员会”首推的十大项目之一，2009年1月，韩国总统直属机构“国家品牌委员会”正式成立，主要负责国家形象塑造，并吸收了政府各部委和韩国名列前9位的大型出口企业代表加入。为提升韩国在世界上的形象，韩国产业资源部每年拨款约合2亿元人民币支持其下设的设计振兴院，对其选拔扶持的中小企业补贴总设计开发费用的50%~60%：韩国政府每年进行2次评选，选拔跻身世界前5名企业、大韩民国名品等。2010年，韩国“品牌委员会”计划在韩国的门户——仁川国际机场建设“名品”宣传馆，对这些品牌进行集中展示等。总之，韩国政府通过多种措施打造自己的“国家品牌”形象。

（6）日本以品牌树立日本形象。

日本政府以“品牌战略”作为国家发展的战略，提出“以品牌树立日本”的新形象口号。

日本构筑品牌的基本理念：建立能充分发挥每个人能力和个性的体制；继承传统同时不断创新；以公正市场环境下的自由竞争激发企业活力；树立满足消费者需要的品牌。近年来，日本政府面向中小企业，募捐和挑选具有日本文化特色和地域特色的品牌，为其承担 2/3 的研发、宣传和推介资金，帮助企业开拓市场。日本成立了知识产权战略本部，专门负责推行日本品牌战略；出资支持中小企业的产品研发、海外市场拓展及向国际化转型、中小企业人才培养等。

3. 国外服装品牌的发展趋势

国外品牌在我国市场上经营思路活跃，手段五花八门但总体分析其发展走向，还是有一定的发展特征。

（1）奢华品牌走向时尚化。

过去在我们的眼中，奢侈品牌就是高档与经典，代表着持久，如 LV、GUCCI、CD 等国际级奢华品牌成为上流社会的宠儿。归纳其成功的原因有六大关键因素：悠久的历史，无可取代的技术，持续维护的传统，独一无二的经营哲学，独特的美学价值与高品质的商品。但因为国外的许多奢侈品牌的创始人都是 20 世纪 80 年代以前的人物，他们的生活方式与文化背景与现代年轻人有着一定差距，设计师们的某些产品无法让年轻人得到满足。随着年代与市场的变化，奢华品牌开始意识到高档消费群有年轻化的趋势，传统保守的设计不容易获得年轻人的青睐，所以在保留经典的情况下，奢侈品牌开始开发更具时尚感的商品，甚至开始跨领域的共同创作商品，探寻奢侈品牌时尚化道路。

（2）奢侈品牌创新经营管理思路。

奢侈品牌除了传统的经营方法外，也开始创新经营理念。它们开始跨领域地共同开发营销渠道，创建新的门店与门店内部管理方法。因其已意识到传统的家族经营方式已不合时宜，必须借助外力，引进经营管理专业人才，并确立一系列全新的经营管理理念：以创意建立品牌价值，以设计、风格美学带来差异价值；以商品力助推品牌优势，针对顾客需求进行商品策划；以优良品质持续打动人心，如 LV 有 1%带来巨大差距的品质理念；用文化保持品牌历久不衰，使顾客对品牌执着，员工对品牌全情投入。

（3）时尚品牌跨界延伸发展。

国际时尚品牌为了保持自己的魅力，争相开发延伸产品，扩大产品内涵，并且在跨行业间合作开发产品服务，相互间大力建设大型卖场，以此拓宽消费群体，让更多顾客进店来形成群体效应；开发多元化的商品与服务，提高消费者的留店时间及购买率，让顾客有更好的“消费体验”；通过大型卖场去形成品牌的规模效应，建立良好的品牌形象与促销形象；不断增加品牌核心内容，努力强化品牌知名度，持续延伸品牌价值。

（4）快速品牌迅速突起。

以日本优衣库等为代表的新势力品牌，运用的反传统时尚商品有效期的创新策略，快速构建了品牌的商业优势。优衣库成功模式归纳如下：一是了解市场的能力强，具有迅速拓展市场的能力和速度，至 2013 年在全球迅速开店达到 603 家以上；二是生产基地稳固，有 10 万工人参与品牌产品生产，实施当地销售当地生产的基本原则；三是研发人员开发品牌产品速度非常快，而且对产品的认识很具体，研发细节到位，能及时开发各层次的消费者喜好的产品；四是物流战略准确，物流速度快，实施全球统一物流策略；五是建立“全世界统一的服务”，以合理可信的价格、大量持续提供“任何时候、任何地方、任何人都可以穿着的服装”的快时尚品牌运作理念，拥有“独特的商品策划、开发和销售体系”，实现“店铺运作低成本化”；六是持续的面料创新，如“HEATTECH”是日本先进技术与时尚潮流融合后诞生的高新技术服装，也是优衣库品牌全球化进程中非常重要的战略商品，根据介绍，2007 年的“HEATTECH”全球推广活动于 11 月 18—29 日依次在纽约、伦敦、北京、巴黎、首尔举行，掀起人们对优衣库品牌创新的新印象，“HEATTECH”具有超强吸湿发热的独特功能，是优衣库以“更温暖呵护、更舒适体验、更适宜的价格”为目标而开发的创新面料。该面料自几年前在日本上市以来，掀起了一股时尚热潮，2007 年在日本市场更是取得了约 2000 万件的销售成绩；七是市场营销敢于创新；优衣库首尝 B2C 商机，对于优衣库这类品牌而言，网购市场显而易见，优衣库投身网购时，竞争者 ZARA、H&M 起初都并未开设网店，国内竞争对手美特斯邦威、以纯、杰克琼斯等品牌亦未大规模涉足该领域；八是提倡谦虚态度，因为谦虚是防止延缓对手模仿时间的一种手段；九是由于劳动力成本低，服装返销的成品价格只有当地百货公司同类产品的 1/3，因而非常畅销，其中有一款休闲服，在日本的订单达到 1400 万套，也就是说每 10 个日本人中就有一个在消费这种品牌的产品；十是优衣库最著名的营销活动之一 WORLDUNIQLOCK，它给人有趣又令人深刻的印象，配上好听的音乐和独特的画面，通过时钟这个小小的平台对产品进行全方位的展示，让“我讨厌看广告”变成了欲罢不能；十一是跟踪消费者心理细微的需求；在“人类需求层次”纵轴上，它不与那些能够显示身份地位、张扬个性，从而体现个人价值、满足人体高层次心理需要的高档品牌直接对抗，而是选择了回应“舒适”这一生理感觉的浅层次需要层面。

二、国内服装品牌的现状与发展

自改革开放以来，我国服装业取得了长足的发展。我国已成为世界服装的生产、消费、进出口大国。目前我国已形成许多区域产业集群，如深圳女装、宁波男装、汕头内衣、均安牛仔、海宁皮革等，区域内具有强大的上下游配套能力，为品牌发展形成合力。我国现已经拥有一批具有较高知名度的服装品牌，如雅戈尔、庄吉、爱慕、三枪、红黄蓝等，形成了较强市场竞争力的品牌基础。不少品牌还在原有单一品类的基础上进行品牌延伸，向多品类发展，如红豆从男装延伸家纺、家居服，浪莎从袜业延伸内衣，安踏从运动延伸童装等。在多品牌发展方面，一些品牌根据客户群体推出具有针对性的品牌产品，如美特斯邦威推出 ME & CITY 品牌，太平鸟旗下拥有贝斯堡、帕加尼、乐町、魔法风尚等多个品牌。在国际化发展方面，国内品牌也同样有声有色，波司登在英国开店、登陆欧洲市场，利郎男装亮相米兰时装周等。体现出我国服装品牌的发展呈现出集群化、全品类、多品牌、国际化的特点。

国内服装品牌的现状

1. 当前国内服装品牌的新趋势

2000年广东青少年研究中心关于13~19岁青少年对名牌喜好情况进行调查，其结果显示北京和上海有超过60%的青少年喜欢名牌，只有14%的青少年不喜欢名牌或很不喜欢名牌。2005年，在江苏、浙江与上海等地所进行的调查表明，56.7%的受访者为了购买名牌曾经要经过很长一段时间的储蓄。奢侈品服装品牌的消费平均占他们收入的40%，有的甚至超过一般白领收入的一半以上。说明随着我国经济水平的提高，消费者购买品牌的欲望逐步增强。从2010年开始，服装消费升级趋势更加明显，消费者更加青睐高档商场、品牌旗舰店，对高档品牌服装需求增长迅速。服装品牌开始了新一轮的品牌升级，注重时尚化、高品质，并推广品牌文化，从产品竞争转向品牌的竞争。

国内许多企业确立了以培育服装品牌作为未来的发展目标，这加速了服装品牌的快速发展。当前我国服装品牌呈现出新趋势。

（1）我国服装市场竞争日趋激烈。

随着国内消费者消费观念的成熟和国内市场的不断扩大，世界大牌已纷纷进军中国，国内市场越来越成为世界服装的重要组成部分。国外服装品牌纷纷进驻国内的一线城市，成立专卖店或引进专业销售商等，其对女装高档市场的影响和对国内服装时尚趋势的影响是非常大的，基本上占据了我国高档市场地位。并且国外品牌为了开拓更广阔的内地市场和占据中高档女装市场空间，与国内品牌合作的步伐越来越快，致使市场竞争越来越激烈。根据中国服装品牌研究中心统计数据，我国目前有超过1万个服装品牌，但这些品牌的市场集中度较低，并且不断有新兴品牌诞生，同时国际品牌的进入加速了国内市场的重新布局，和国内市场的渠道成本、营销成本等的迅速提高，这些多方面因素促使服装品牌将面临越来越激烈的竞争形势。为了推进品牌的发展，出口企业品牌形成高潮期，许多企业采取"一企多牌"或以企业名称为单一品牌的品牌战略。随着企业出口规模的扩大，中国许多服装企业开始从OEM（贴牌加工）向ODM（设计加工）转化，外贸品牌开始走向国际，如Erods、Sunvim、Silique、Loftex进入欧洲、日本及美国市场。

（2）我国服装品牌开始形成集群化趋势。

近年来，品牌集群化已开始形成我国区域经济发展的重要产业组织形式和载体。随着国家统筹区域发展战略的实施和区域经济结构调整步伐加快，目前，东部沿海省市产业集群已占据本区域工业增加值的50%以上，并涌现出一批龙头骨干企业和区域品牌。我国纺织服装产业集群主要集中在东部沿海经济发达地区，以长三角、珠三角、海西地区和环渤海地区为主，特别是江苏、浙江、福建、山东、广东五省。作为行业发展的先行军，这些地区已形成了各具特色的纺织、服装品牌产业集群。涌现出许多优秀的服装品牌。

（3）消费者开始趋向国内设计师品牌。

设计师品牌是指以主持产品设计的设计师或个人开业的设计师名字命名的品牌；中国服装设计师品牌的起源最早在1840年可看到“海派”服装的影子。这一时期上海的定制服装具有个性化的设计特点，可以说是中国设计师品牌的萌芽时期。在20世纪90年代由于服装设计师协会的成立，逐渐有设计师品牌创立，如1994年杭州江南布衣品牌成立，1996年马可创办了例外女装品牌，1997年中国第一个高级定制设计师品牌成立，这些是中国真正意义上的奢侈品设计师品牌。2000年以后这一趋势更加明显，涌现出了一大批像DECOSTER、CABBEEN、ZUCZUG这样的大众设计师品牌。严格意义上讲，目前国内并无符合奢侈品概念的服装品牌，但作为国内奢侈品品牌发展的基础，依据国内服装设计师品牌的产品系列、价格定位、目标消费群体定位、是否提供定制服务以及制作周期等，将服装设计师品牌大致分为奢侈设计师品牌和大众设计师品牌。

奢侈品设计师品牌针对高端消费群体提供高级定制服务，如郭培的玫瑰坊、张志峰的NE·TIGER，以及夏姿陈，这些是国内具代表性的奢侈品设计师品牌。针对这3个代表性品牌的背景资料、产品系列、市场定位、文化定位及销售渠道等信息分析发现：国内奢侈品服装设计师品牌主要是20世纪20年代由设计师创立，高价及优雅、奢华的产品风格定位，主要针对单个的高端精英消费群体，提供高级定制服务或成衣产品：这些品牌终端店铺数量少，而且多设置在发达省会城市的顶级百货商场，由于其在设计风格、工艺手法等方面的不同而使品牌各具特色。高级定制服务更加强调个性化设计，针对具体的消费者年龄、体型、气质、穿着场合等来量身定制，采用顶级的面料和精湛的工艺制作完成，因此价格也更加昂贵。而成衣产品是针对小众的消费群体而非特定消费者，面料工艺也都趋于成衣化，价格上比较高级定制要实惠很多，因此只提供尺寸修改服务。玫瑰坊和东北虎品牌是以高级礼服定制为主，而夏姿陈只销售成衣产品。几种不同的国内奢侈品设计师品牌的对比如表4–3。

表4–3　国内奢侈品服装设计师品牌对比

品牌参数	玫瑰坊	NE · TIGER	夏姿陈
成立时间	1997年创立	1992年创立，2001推出NE · TIGER品牌	1978创立，2003年进驻国内市场
设计师	郭培	张志峰	王陈彩霞
产品系列	个性化的高级女装、演出服；大众定制（衬衫、正装、小礼服、晚装、旗袍等）	皮草、皮革、晚礼服、婚纱、华服及配件等	高级男女装、高级配件、高级家饰
风格定位	民族、时尚、高雅、华丽	高贵、奢华、雍容、优雅	东西合璧的优雅俏丽
价格定位	1万至数万元价格不等	成衣：数万至十数万元；礼服定制：3万起价	数千至数万元以上价格不等

续表

品牌参数	玫瑰坊	NE · TIGER	夏姿陈
消费者定位	核心消费者定位于影视界、政界、商界精英等高端消费群体	新成功阶层和中产阶层	25 ~ 60 岁时尚优雅的女性
文化定位	中国传统文化	中国传统文化	中国传统文化
销售渠道	森根国际总店、王府井天伦王朝店	形象店 专卖店 顶级私人会所	顶级百货、卖场、开设自营专卖店
品牌特色	顶级面料及传统京绣、民族文化与西方时尚元素相结合	皮草第一品牌 中国式婚礼服	中国美学元素融合西方立体剪裁技术

目前国内服装奢侈设计师品牌都已经非常重视文化在品牌发展中的作用，从产品设计、营销手段都可以看出中国传统文化元素：设计师品牌玫瑰坊、东北虎和夏姿陈都是依托中国民族文化来进行文化定位的。郭培的玫瑰坊立足民族文化，将传统的“京绣”、青花等中国元素在其设计中完美呈现，再融入时尚元素，打造中国特色的高级定制品牌：东北虎依托中式婚礼服、特色华服展示中国传统文化，并通过私人会所服务这种更私密的、符合消费者定位的渠道作为与消费者沟通的手段，成功地将东北虎的品牌文化传递出去；夏姿陈更是在中国的皮影戏、荷包、茶、饮食等传统文化上大做文章，在各季的设计上都能发现不同的文化主题。

大众设计师品牌是指为大众消费群体提供原创个性化服务。目前国内这些设计师品牌主要分布于经济相对发达的地区，如北京、上海、广州、深圳、杭州等地，这些大众设计师品牌具有强烈的设计师风格，强调个性化、原创性和小众化，并且设计师的个人魅力，以设计师意志为中心的个性化元素，以及定制服务等都成为设计师品牌的竞争优势。国内这些品牌普遍针对 25 ~ 40 岁的、受到过良好教育且具有一定购买能力的都市消费群体，更加强调对一种特殊生活方式的认同，也更加注重品牌的文化内涵；设计风格多具有独立的特性且不随潮流而变动，强调关注服装在穿着者身上的状态。

大众设计师品牌的文化定位包括：以中华民族精神为来源的传统文化，如江南布衣（JNBY）的“自然、自我”，例外的“真实、含蓄”，梁子 · 天意的“天人合一”等都充分展示了东方儒道的哲学理念，设计上也充分体现了以人为本，如例外品牌的很多披挂式的服装设计，平铺时更像一块面料，真正穿着时才会发现其中的玄机与奥妙，凸显穿着者本身的气质与自信；多元流行文化，如 GXG 一直秉承颠覆流行的设计哲学，结合当代流行文化塑造出时尚新贵的低调与奢华；低碳文化，如自 20 世纪 80 年代后半期以来环保之风盛行，很多服装品牌在设计中从色彩、面料等方面展示低碳环保理念，如例外惯用白、米白、咖啡、冷灰等大地色系来体现服装风格，江南布衣也与美国棉花协会共同举办“自然创造未来”的品牌活动，左岸在整个品牌推广中，通过赞助和参与哥本哈根气候大会，举办绿色环保主题等一系列活动，使服装品牌的绿色环保文化深入人心。

（4）我国服装品牌以网店与直营体验并行。

品牌加盟是过去服装品牌渠道的主流模式。这种模式在短时间内可以通过加盟商建立比较完善的渠道网络，而企业投资较少，因此得到许多中小型服装品牌企业的广泛应用。由于这种模式存在着终端控制力差、形象不统一等弊端，目前仍然有越来越多的品牌选择直营，提高直营店的比例，减少加盟店，强化对终端的管理，为消费者提供优质的客户体验服务。

从 2007 年开始，我国服装品牌借助电子商务促发展，我国服装的网络零售百分率显著增加，在阿里巴巴等网站上，服装都是其销售的第一大产品类型。最近几年各大服装品牌都在着力拓宽网络销售渠道，如乔万尼、雪豹服饰、威丝曼等服装品牌均陆续加入电子商务平台。整体上，我国服装品牌呈现网店与直营体验并行销售的态势。

（5）我国服装品牌卖场需要文化调整。

一般不同档次的商场聚集着不同层次的服装品牌，从而吸引了不同阶层的消费者，代表某一类人群的消费文化。比如说在巴黎的老佛爷商场里经常充满了亚洲游客，说明这种以商场为主导的销售环境是很受中国服装消费群体喜欢的。但是现在的消费者不会单纯迷恋某一个品牌，而是喜欢逛街和“淘”的乐趣，他们会根据自己喜欢的服装而选择合适的品牌、合适的楼层、合适的商场。有时自己专卖店附近的品牌某一类产品热销时会带动一款产品热卖，并且在没有这个品牌的商场，明显看出那款产品就没有那么明显的销售态势，这应该就是流行文化的另一种体现方式。所以，一个品牌形成一个小小的购物空间，一个楼层形成一个类型的大卖场，而一个商场则成为一个消费群体的文化体验场所。在国外的品牌开街边店是为了拉近与消费者之间的距离，通过店铺传达最快的资讯、最新的形象，并且通过整体风格而将自己品牌的内涵表达得更彻底：对于国外大的服装服装商场，如佛罗伦萨河边商场、香榭丽舍大街商场等，各店都有各店的风格和特色，街边的橱窗百花齐放；在中国，顾客们更是信赖商场购物环境和和谐的自身体验，因此，现阶段在国内打造中高端品牌最好选择适宜其品牌文化体验的商场区进驻，进行完善的品牌氛围包装，这样更容易被消费者认同。

2. 我国服装品牌建设取得的成绩

（1）我国逐步出现许多服装品牌。

中国服装品牌研究中心研究发现，我国服装产业的发展也是先从生产大国，再到消费大国，然后发展成为品牌大国。2008 年以来主要是人民币升值、外贸市场的压力越来越大、代工的利润越来越薄，促使服装企业转型升级，创建自主品牌，获取品牌附加值；同时我国经济仍保持较高速增长，在积极的财政货币政策刺激下，内需市场也保持稳定增长态势。特别是随着城市化进程的加速，二、三线城市和农村市场消费的升级，服装消费市场成长迅速。这也促使国内服装企业创建自主品牌，抢占国内市场。

最近几年我国陆续出现了许多有特色的品牌，如杭州的女装结合丝绸，大大提高女装品牌的品位和档次，出现了秋水伊人、可可尼、江南布衣、浪漫一身等系列女装品牌，上海将中国文化运用到服装品牌设计中，诞生了上海滩、禅之云、衣臣等自主品牌，深圳利用开放的特点，创建了以红豆、李宁、以纯、例外为代表的品牌，福建出现乔丹、七匹狼等，山东出现波司登、红领等，湖北出现美尔雅、爱帝等，这些品牌在我国的发展态势良好，已顺利完成品牌培育的第一阶段而进入成长期，销售额逐年快速递增，品牌发展战略不断完善，是我国优秀品牌的代表。

（2）国家推动了服装家纺自主品牌建设的会商机制建立。

2009 年 9 月，工业和信息化部会同发展改革委、财政部、商务部、人民银行、工商总局、质检总局发布了《关于加快推进服装家纺自主品牌建设的指导意见》，明确加强组织领导。由工业和信息化部联合发改委、财政部、商务部、人民银行、工商总局、质检总局、中国纺织工业协会、中国商业联合会、中国纺织品进出口商会等七部门和三协会建立推进服装、家纺自主品牌建设工作的会商机制，不定期召开会议，确定工作重点，协调和指导服装、家纺自主品牌建设工作。各部门按照“统筹协调、明确责任、协调配合、全面推进”的原则，各司其职，加强协调配合。

（3）我国品牌核心竞争力不断增强。

国家不断推出品牌建设的各项措施，包括对知识产权保护、技术创新、产业振兴和技术改造等方面，直接或间接地助推企业提高品牌核心竞争力。1985 年 3 月工商总局开始开展中国驰名商标认定工作；1989 年我国正式加入《商标国际注册马德里协定》，为企业加强海外维权，防止在国际市场上被他人抢注打下基础。根据工商总局商标局统计数据，截至 2011 年，国内申请人通过商标局提出的马德里商标已达 1.3297 万件，截至 2013 年上半年，商标已达 18.7 万件；商务部自 2004 年起，每年举办中国品牌商品美国展和欧洲展，并对企业参展予以支持；自 2006 年起，商务部会同财政部设立了出口品牌发展资金，支持出口品牌展览等活动；2010 年 5 月，财政部会同商务部共同制定了《中小企业国际市场开拓资金管理办法》，对中小企业参加境外展会、管理体系认证等方面予以支持；2014 年 4 月，财政部发布关于重新修订印发《文化产业发展专项资金管理暂行办法》，推动文化企业“走出去”等方面予以支持；2012 年 5 月，财政部出台《中小企业发展专项资金管理办法》，主要用于支持中小企业特别是微型企业技术进步以及改善服务环境等。

（4）借助跨界合作不断提升我国品牌价值链。

目前我国很多纺织服装企业处在全球价值链的准层级关系中，这加快实现了品牌过程和产业升级。企业借助跨界合作，实施产业链延伸已成为品牌企业转变发展方式的新趋势。品牌竞争更多表现为全产业链间的竞争，服装、家纺等终端产品的价值提升，不仅带动了原料、服饰以及流通等产业链各环节的品牌创建活动，也带动了以服饰文化为中心的餐饮、休闲、娱乐等产业相融合的“时尚空间”的发展：随着市场竞争加剧，国内新的高端百货主动邀请优势品牌企业进店，并提供装修等优惠条件的情况已不鲜见，跨界合作成为必然趋势。企业不能单一只顾自己做品牌，而一定要有产业链的链接和合作。纺织服装已经在向时尚文化延伸，是产业变化的一个重要特征。

（5）品牌聚集格局正在形成。

目前，加工转型、外贸转型、新锐设计师的初创型品牌大量云集发展环境较好的中心城市，如上海、北京等大城市坚持与“时尚之都”“时装之都”的城市定位相适宜，将纺织、服装产业纳入时尚产业、文化产业、都市产业的范畴，形成了一批产业特色鲜明、服务功能突出、产业链带动效应明显的园区。深圳、温州、海宁等一些品牌集聚城市与地区更加注重区域品牌建设，并将其作为打造地方名片、优化产业结构、提高区域综合竞争力的重要举措并纳入地区的发展规划。沿海城市的品牌发达，可带动内地加工型区域品牌的转型和发展，如郑州的裤都、武汉的汉加工品牌的诞生等显示出我国区域品牌发展的新态势。

（6）品牌国际化趋势明显。

具有创新优势的品牌企业开始走出国门，走向世界。如波司登品牌已在北美、俄罗斯等多国设立办事处，波司登大厦已矗立在伦敦牛津街头；JNBY 开始进入莫斯科、东京、纽约、巴黎、新加坡等国际大都市的高端百货市场；珠海的威丝曼进入俄罗斯市场，武汉的爱帝进入美国市场，2013 年的例外也得到了法国老佛爷百货集团与巴黎春天百货的盛情邀请。这些企业走向国际市场，可及时了解国际时尚信息和流行元素，逐渐保持与国际大品牌的发展同步，缩小了我们国家品牌与国际品牌的差距。

（7）企业的品牌发展战略呈多元化。

我国的纺织产业分布较广，各地的地域、文化、经济、观念、信息等都不尽相同，且各企业本身的发展阶段也不同，因此，各企业品牌的发展战略呈现多元化趋势，有的借助设计师创意、通过国际时尚周不断扩大自己的影响，有的通过面料创新与服装创意相结合，实现品牌的产业升级，有的通过融资扩大自己企业的经济实力和社会效应，有的则通过接力发力，和国际大牌联手发展，有的通过品牌细分和定位细化扩大品牌的势力，有的通过集群合力发展区域品牌，等等。

第三节　关于我国服装的品牌培育

一、我国服装品牌培育的基本情况

2012 年工业和信息化部科技司印发了《关于深化工业企业品牌培育试点工作的通知》（工信科简函〔2012〕103 号）。该通知指出，2012 年是“工业质量品牌建设年”，深化百家企业品牌培育试点是质量品牌建设年的重要内容。经过各地经信委及行业协会推荐，确定了我国第一批的 141 家工业企业作为品牌培育试点企业，其中纺织服装有 19 家名列其中，见表 4-4，5 家为品牌培育示范企业，见表 4-5。2013 年，为了进一步推动工业质量品牌建设年的各项工作，工业和信息化部科技司印发《关于发布 2013 年工业品牌培育试点企业名单暨召开试点工作启动会的通知》（工信科简函〔2013〕182 号），该通知指出，在企业自愿申报、地方和行业推荐的基础上，又确定了我国第二批的 262 家企业作为 2013 年工业品牌培育试点企业，其中纺织行业有 45 家，见表 4-6。同时，中国纺织工业联合会于 2012 年也正式启动纺织行业的品牌建设筹备工作，于 2013 年 12 月 11 日在厦门召开 2013 年品牌年度大会上发布《纺织行业品牌培育管理体系通用要求》行业标准，表明我国纺织行业的企业品牌培育工作正式拉开序幕。

表 4-4　2012 年工业企业品牌培育试点企业名单（纺织行业）

序号	企业名称	序号	企业名称
1	滨州亚光家纺有限公司	11	江苏阳光集团有限公司
2	波司登股份有限公司	12	宁波慈星股份有限公司
3	常州旭荣针织印染有限公司	13	青岛红领集团有限公司
4	孚日集团股份有限公司	14	青岛即发集团公司
5	福建锦江科技有限公司	15	山东岱银纺织集团公司
6	湖北美尔雅集团有限公司	16	上海三枪（集团）有限公司
7	湖北怡莲阳光丝绸纺织有限公司	17	苏州金辉纤维新材料有限公司
8	湖南华升集团公司	18	苏州志向纺织科研有限公司
9	华纺股份有限公司	19	鑫缘茧丝绸集团股份有限公司
10	吉林四季盛宝纺织有限公司		

表 4-5　2012 年工业品牌培育示范企业名单（纺织行业）

序号	企业名称	序号	企业名称
1	常州旭荣针织印染有限公司	4	苏州金辉纤维新材料有限公司
2	江苏阳光集团有限公司	5	鑫缘茧丝绸集团股份有限公司
3	青岛红领集团有限公司		

表 4-6　2013 年工业企业品牌培育试点企业名单（纺织行业）

序号	企业名称	序号	企业名称
1	艾莱依集团有限公司	6	宁夏中银绒业股份有限公司
2	达利（中国）有限公司	7	青岛喜盈门集团有限公司
3	福州淘帝服饰有限公司	8	青岛雪达集团有限公司
4	广东信达茧丝绸股份有限公司	9	山东江辰时装有限公司
5	邯郸市圣雪海羊绒有限公司	10	山东如意科技集团有限公司

续表

序号	企业名称	序号	企业名称
11	汉帛（中国）有限公司	29	上海德福伦化纤有限公司
12	杭州富兴地毯有限公司	30	上海红富士家纺有限公司
13	杭州喜得宝集团有限公司	31	上海嘉麟杰纺织品股份有限公司
14	恒源祥（集团）有限公司	32	上海水星家用纺织品股份有限公司
15	湖北美岛服装有限公司	33	深圳歌力思服饰股份有限公司
16	湖南东方时装有限公司	34	深圳市富安娜家居用品股份有限公司
17	湖南派意特服饰有限公司	35	万事利集团有限公司
18	湖南省忘不了服饰有限公司	36	威海市山花地毯集团有限公司
19	际华 3542 纺织有限公司	37	武汉爱帝集团有限公司
20	江苏华亚化纤有限公司	38	宜宾丝丽雅集团有限公司
21	江苏康乃馨织造有限公司	39	浙江恒逸集团有限公司
22	江苏梦兰集团有限公司	40	浙江洁丽雅股份有限公司
23	江苏盛虹科技股份有限公司	41	浙江米皇羊绒股份有限公司
24	凯撒（中国）股份有限公司	42	浙江中辉皮草有限公司
25	鲁泰纺织股份有限公司	43	郑州领秀服饰有限公司
26	罗莱家纺股份有限公司	44	郑州市娅丽达服饰有限公司
27	罗蒙集团股份有限公司	45	郑州云顶服饰有限公司
28	宁夏圣雪绒国际企业集团有限公司		

二、品牌培育管理体系文本

（一）服装品牌培育管理体系文本

服装品牌培育管理体系，是服装企业管理中的综合管理文本。为了让企业充分了解品牌培育管理体系的真正内含，中国纺织工业协会品牌管理委员会组织专家专门对各地企业进行品牌管理体系的解读，如图 4-12。服装品牌培育管理文本，包含有质量管理、风险管理、社会责任、信用管理等理论和知识，服装企业在实施品牌管理体系的过程中，可以不断整合其他的管理体系文件，形成以品牌培育为主线的企业管理制度，不断纠正和补充自己服装企业的品牌管理体系；而且服装品牌培育管理体系也是在参考和借鉴了国家工业和信息化部的《品牌培育管理体系第二部分评价指南》等文件，结合国内外服装行业品牌建设的现状而成文的，具有现实指导意义。如 2013 年 12 月中国纺织工业联合会在中国纺织服装品牌年度工作会上出台了《纺织行业品牌培育管理体系通用要求》，标志着我国纺织服装的品牌培育管理工作正式在各企业开始实施。

图 4-12　作者在海宁对企业进行品牌管理体系解读

（二）品牌培育管理体系的主要内容

品牌培育管理体系的主要内容可归纳总结为 5 大模块，如图 4-13。

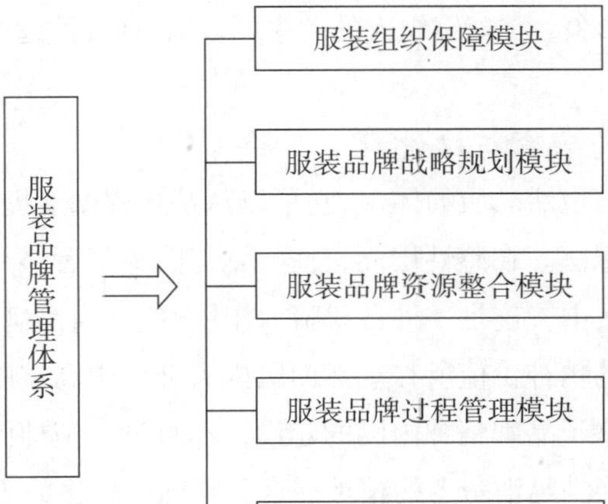

图 4-13　服装品牌培育管理体系

三、关于我国服装品牌培育的建议

当前我国成长性服装品牌出现两极分化。相当一批创新意识不强、工作力度不大的企业被淘汰出局；成熟品牌企业更加注重创新并向多品牌、区域性品牌、个性化品牌、高端化品牌方向转型提升发展。据对联合会与工信部共同确定的 111 家重点跟踪培育的品牌企业上半年的不完全统计，品牌企业的研发投入同比上升 2.45%，品牌销售网点同比增长 16.71%，表现出优势品牌企业强劲的增长势头。根据世界的服装品牌成功的经验分析，我们国家的品牌建设主要可从以下几个方面着手。

（一）多元化加强我国品牌建设力度

品牌既是一个国家的经济硬实力，也是一个国家的文化软实力，人们经常把一个国家与一个或几个服饰品牌自觉或不自觉地联系在一起。从 20 世纪 50 年代的德国，后来的意大利、美国、法国、日本到今天的韩国，几乎各国政府都在国家层面实施了“品牌发展战略”，像韩国、德国、法国等国甚至成立“国家品牌委员会”等统一协调机构，国家品牌战略的实施，助长了竞争优势明显的品牌企业迅速崛起，甚至称霸某一领域，呈现了一批具有国家特征的服装品牌，像大家都熟悉的法国迪奥、古驰等高级成衣设计与产品品牌，意大利的西服和皮革服饰品牌、美国杜邦公司的纺织面料等已成为世界顶级品牌标志。

我国作为服装大国，纺织服装出口占据世界的 34%。然而随着国际市场一体化进程，随着世界经济危机的影响，中国的资源优势不断稀释，纺织服装行业竞争优势逐渐在减少，品牌缺乏竞争力的问题已经非常突出。在近年来国际知名品牌价值评价机构发布的排行榜中，没有一个中国纺织品牌入选世界 500 强。这不仅说明我国在品牌价值评估方面缺乏话语权，更说明我国纺织行业企业品牌竞争力还停留在较低水平，大多企业利润还挣扎在加工层面，品牌溢价能力较差。大力实施品牌发展战略，对于打造企业竞争新优势、促进产业转型升级，提升国家形象，实现纺织人的“中国梦”，具有深远的历史意义和重大的现实意义。

1. 加大奢侈品牌的培育与建设

奢侈品服装是一种高生活品质的体现，它可以从某种程度上提高消费者的生活档次，让人产生一种品牌价值的想法。在感性层面，使人觉得购买某奢侈品服装品牌进行消费，就被归属于更高的社会层次中。这是一种自我暗示作用，它来自品牌对自我归属的一种暗示，这就是奢侈品服装品牌的精神价值所在。然而国内大部分中高端服装企业，将其主要精力放在产品开发上，却忽略了品牌精神内涵的建设，本身没有精神内涵或不能把自己的精神内涵传达给消费者，不能满足消费者的精神需求，与国际奢侈品服装品牌相差甚远。

近几年来，在中国市场，消费者对奢侈品购买能力不断提升，如 LV、爱马仕等的箱包的销售一直走高。这些新兴的奢侈品消费市场的发展，给遭受经济危机的传统市场注入了新活力。有研究表明即使在全球经济危机时期，中国的奢侈品服装市场仍保持着良好势头，奢侈品服装在中国有着较大的发展。在 2008 年金融危机到来的同时，全球奢侈品服装销售非常低迷，中国奢侈品市场不但没有萎缩，反而仍保持着强劲增长势头。有关资料表明，截至 2011 年 3 月底，中国奢侈品消费总额达 107 亿美元，占据全球市场份额的 1/4。而截至 2011 年 12 月底，中国奢侈品市场年消费总额达到 126 亿美元，占据全球份额的 28%，据中国奢侈品协会在香港发布的《2012中国奢侈品市场消费报告》显示，中国在2012年箱包、服装及手表等的消费额度同比增长24.5%。

中国是尚未充分开发的极具潜力的奢侈品服装品牌大市场，很多奢侈服装品牌都进驻中国甚至下沿到中国二三线城市。2012年，随着阿玛尼、麦丝玛拉、巴宝莉、杰尼亚、古驰在国芳百货相继开业，拉开了真正意义上的国际顶级奢侈品牌登陆兰州的序幕，宣告国际奢侈品在兰州全面开局，曾经抢滩北京、上海、广州等一线城市的奢侈品逐渐涌入兰州市场。在中国市场对国际奢侈品服装品牌的生存和发展有着极其重要的意义。因此，非常有必要研究奢侈品品牌在中国市场的营销与推广的策略。这对已进驻或即将进驻中国市场的奢侈品品牌提供有价值的导向，同时为中国的奢侈品品牌提供一定的理论指导。对奢侈品品牌的研究可以在一定程度上引导消费者树立正确消费观。

由于中国奢侈品服装品牌起步较迟，加上国外著名服装品牌的进入，使得我国奢侈品服装品牌所面临的形势比较严峻。但是，由于国内奢侈品的消费市场越来越庞大，所以同样也存在着机遇。目前，国内奢侈品服装品牌的主要不足有：第一，品牌个性化不足，缺少文化内涵，和其他奢侈品牌没有明显区别；第二，艺术附加值比较低，主要表现缺乏独特的设计风格及创新意识不够；第三，品牌企业缺乏有效的科学管理机制，市场调研和研究不够，缺乏准确的市场定位，生产技术不够先进。但是，中国本土奢侈品服装品牌也存在着独特的优势；第一，中国有着庞大的消费市场，中国人口占世界人口总数的近1/5；第二，奢侈品消费人群的增多，随着人民物质生活水平的提高，消费者购买服装不仅仅考虑物美价廉，更加注重服装的款式、流行、个性化和品牌的知名度，人们开始注重服装的文化内涵，并希望彰显消费者的高贵地位；第三，中国有着丰富的传统文化，中国具有五千年的文明，绚丽多彩的民族文化、千差万别的地域文化特色为服装高端品的设计提供源源不断的素材。

自从中国加入世界贸易组织以来，特别是包括奥运会在内的国际大型的赛事在中国举行以来,为中国的服装业与国际接轨提供了一些便利的条件,国产的各种服装品牌有机会得到“弯道超车”的机会,塑造自身独特的品牌形象。国外服装品牌的发展经历了自然品牌时代、设计时代和品牌多元化时代.品牌的发展道路经历了一个螺旋式的发展过程。而中国的服装设计师经历了对外国服装品牌的模仿、结合以前的服装款式进行自主设计两个阶段的发展后，经过服装行业的努力，服装行业已出现了全新的面貌，现在的北京、上海、天津、广州和深圳等城市是中国传统服装的聚集地。如马可的例外EXCEPTION de MIXMIND、谢锋的吉芬、罗峥的欧柏兰奴、张肇达的马克华菲及王一扬的素然等。虽然中国服装市场竞争激烈，但是本土新生代的奢侈品服装品牌有着无限广阔的发展空间。

2. 加大高级成衣品牌的培育与建设

近年来，随着我国的服装行业的逐渐发展和成熟，服装企业的品牌、品种以及数量在不断地增长。同时国内的高级成衣品牌的消费者对品牌的认识也逐渐成熟，目光也变得挑剔，他们不再满足于服装的数量和单一的品种，而是追求有品位、风格、内涵的个性化服装，对其品质提出更高要求。与此同时，由于国外高级成衣品牌的纷纷进入，消费层次发生了分化，品牌服装的分类更加细化。

自改革开放以来，中国服装行业在发展过程中很长一段时期是以替发达国家高级成衣品牌做加工为主，尤其是粗加工。到20世纪80年代中期，国内服装行业才出现了国产的品牌。但是由于起步比较迟，加上工业化水平不高，这个时期的成衣品牌的水平比较低。主要是模仿一些国际上高级成衣品牌的款式，没有自己的设计，其品牌的文化内涵不高，直到20世纪90年代，我国的成衣品牌都没有跳出这个困境。随着改革的不断深入，中国经济的不断发展，中国进入了服装品牌设计时代，从以往的工业品牌到设计品牌，人们的意识形态、生活方式也在逐渐的发生改变。那些受过高等教育、有一定经济实力的消费者，对自己的生活方式和生活品质有了更高的需求，他们对个性化高级成衣品牌的需求不断增长。而这种需求已经超出了中国高级成衣品牌的设计水平，需要国际化的高级成衣品牌。当时，我国的服装业虽然有了非常大的发展，但是相对国际上知名品牌仍然存在很大的差距，国内品牌还没有在世界上叫得响的知名品牌，中国的服装设计师也难以走出国门，没有在国际上建立有一定影响的国际品牌。

中国服装产业经过近几十年的发展，已经成为世界服装大国，在国内涌现出一批服装品牌。但是，这些服装品牌大多数只是停留在普通成衣阶段，与国际上高级成衣品牌相比还存在一定的差距。中国服装品牌目前面临主要问题是如何提升自己、产业结构需要升级。目前国际服装品牌都把主要精力放在品牌设计上，特别是高级成衣，力图通过艺术设计引导消费者。中国需要与国际接轨，也要大力发展自己的高级成衣品牌。现在国内普通成衣的利润空间越来越小，竞争力越来越小。从消费者需求角度看，人们的消费观念日趋成熟，消费者对服装的文化内涵和个性化提出了更高的要求，消费者越来越重视服装的个性化、时尚化和品牌化。

3. 加速快时尚品牌的培育与建设

中国无疑是世界众多知名时装品牌所要抢占的市场。特别是在目前世界都以快餐文化为载体的时装营销潮流日益加剧的情况下，时装营销的策略指向了以快速占领为最重要目标。而在众多奢侈品牌消费群体相对狭小的前提下，快时尚服装品牌以他们独特的营销模式和设计理念俨然成了占领市场的主力军。中国本土品牌也不乏较好的时装产品，虽然在中国也有一席之地，但在国际市场却毫无建树，这也不得不让我们冷静思索。中国本土服装企业一直想进军国际市场，但是很难打进国际市场，其原因是本土品牌常追求进入高端品牌的行列。其实以快速消费策略的快时尚服装品牌模式更能让中国品牌走入世界，不但能迅速占领部分市场，而且能以非常快的速度传播其品牌理念和中国的文化特色。所以，中国时装企业应该冷静思索适合自身的品牌道路，让中国的本土企业走向世界，也让中国璀璨的文化传播到世界每个角落。

4. 加强其他类型服装品牌的培育与建设

与世界发达国家比较，我国人口众多，服装产业巨大，服装的加工水平高，体现加工型、电子商务型、产业集群型等多种形式的服装品牌特色。因此，除了我们学习以上 3 种国际品牌的成功经验外，我们也要考虑我国国情，加强其他类型的品牌培育与建设工作。考虑各地的地域、文化、经济、观念、信息等都不尽相同，且各企业本身的发展阶段也不同，因此，各企业品牌的发展战略呈现多元化趋势。有的借助设计师创意、通过国际时尚周不断扩大自己的影响，有的通过面料创新与服装创意相结合，实现品牌的产业升级，有的通过融资扩大自己企业的经济实力和社会效应，有的则通过接力发力，和国际大牌联手发展，有的通过品牌细分和定位细化扩大品牌的势力，有的通过集群合力发展区域品牌等，稳固国内外市场，引进先进生产技术，降低生产成本，提供产品质量，消除中国制造的劣质产品的恶劣影响，制定符合本企业营销战略，通过广告、媒体，建立自己的产品供应链，降低成本，开创加工型服装品牌，等等。

（二）从顶层加强我国的品牌战略设计和专门政策支持

我国各级政府高度重视品牌的发展，国务院和有关部门出台了一系列重要文件，在逐步建立起品牌激励机制，这些奠定了我国品牌建设的政策导向，形成了品牌发展的良好环境，促进了我国企业在品牌建设方面的投入和发展。但目前还需加强国家的品牌顶层设计和提供专门的政策支持。如考察韩国、德国、法国等国家，它们均成立了国家品牌委员会等统一协调机构，明确由国家牵头部门制定国家品牌战略的有关政策。而我国品牌建设部门有国家的、省级的、协会的，企业都得开会响应，造成“政出多门”，政策不配套，甚至互相撞车；部分指导性文件未真正得到落实，部分支持性政策未将纺织领域涵盖在内，部分政策具体贯彻执行力度不够；行业组织在政策制定和落实中难以发挥组织协调作用，致使品牌企业未能享受到国家政策实实在在的支持，打造“中国品牌”的政策合力还没有形成，这些缺乏政策支持环节集中在人才培养和引进，中国服装品牌整体形象的宣传推广，及国际市场开拓的支持等。

因此，我国要成立专门的品牌建设部门，在此统一行政领导下开展各项品牌建设工作，统一对我国服装企业的品牌形象进行整体专业性推广，扩大我国服装品牌在国际上的影响力。

（三）多角度健全我国品牌发展的外部环境

当前，我国各阶层的品牌意识逐步在建立，呈现良好品牌发展环境。从企业角度看，很多品牌企业制定了品牌整体规划和品牌战略，一批代加工型企业开始探索打造自主品牌，着手建立品牌培育管理体系，注重品牌创新设计能力的提升、市场研究和渠道拓展，我国纺织企业品牌创建和培育的整体意识明显提升，个别品牌甚至走出国门，努力提升在国际市场的知名度。从消费者角度，终端消费为主的纺织服装家纺产品质量已经明显提升甚至达到国际先进水平，加之舆论宣传倡导消费自主品牌，全社会消费自主品牌的意愿有所增强，国民对纺织服装自主品牌产品的认可度有所提高，核心消费群体年轻化趋势愈加明显。但是我国的品牌渠道建设需要进一步加强和扶持。在渠道建设上，纺织品牌企业特别是国内品牌进店难、进店贵，经营成本过高的尴尬处境依然严重，一些品牌企业进店费用占到了营业额的30%；品牌企业融资难、融资贵的现象仍然存在，加上诸多客观因素，企业最终承担的融资成本较高；品牌企业税赋过重。外国品牌对我国自主品牌形成的压力仍然很大。传统“洋品牌”依然占领着国内高端消费市场，对国内中档市场也产生了巨大压力，因中国缺乏保护本土品牌政策措施，中国品牌企业生存空间一再被压缩。调查显示，外资品牌进驻的租金扣点一般为零售额的6%~7%，远低于自主品牌25%~32%的水平；商场内拥有的营业面积，国外服装品牌平均占73%，而本土服装品牌仅占27%，部分高档商场国外品牌超过90%。此外，知识产权保护问题也影响了行业品牌发展。例如，由于服装产品更新快，而申请外观专利的周期一般在6~8个月，服装设计成果不能得到有效保护，款型雷同现象普遍存在，也限制了品牌发展。

（四）多措施加强我国服装品牌的基础建设

1. 加强品牌积淀，形成核心价值

许多企业知道创建品牌、建设品牌的重要性，但对于自己企业的实际情况，却无从下手。有的企业甚至不知道什么是品牌管理体系，有的企业虽建有品牌，因为无品牌管理体系，在建设中出现很多问题，他们感到茫然。而品牌培育是一个长期的过程，品牌价值提升需要品牌不断地积淀。目前，通过市场的倒逼，多数企业已经认识到了品牌培育的重要意义，但是企业对品牌建设的内生动力不强，自主知识产权不多，企业与品牌文化没形成特色，品牌专注度不足，坚持度不够，耐不住寂寞，以谋利为主导，忽视了品牌积淀所带来的长远利益。这也是我国纺织行业缺少百年品牌的重要原因之一。

2. 加强品牌人才建设

由于品牌的激烈竞争，产品品牌更加注重设计创意、科技创新、品牌定位与市场运作等，高端品牌人才需求旺盛，如高层次的品牌管理人才、设计师人才、版型制作人才、营销人才、交叉性的学科人才等。一方面设计管理与国内外优秀设计资源整合力度逐步增大，另一方面品牌营销、设计、管理等专业人才及其复合型人才缺失成为制约企业品牌发展的瓶颈。

3. 加强政府、行业、企业间的共振效应

随着全球金融危机的影响向纵深发展，国内实体经济尤其是纺织服装行业受到巨大冲击。企业急需政府、行业组织帮助企业搭建“走出去”平台，各企业间抱团开拓国际市场，

规避和应对国际贸易摩擦和争端、规范贸易秩序、开展行业维权、举办行业培训等政策资金方面支持，形成政府、行业、企业间的品牌建设的共振效应。但在制订行业规范和技术标准、开展质量管理认证和品牌塑造等工作方面的认识和行动存在差距，品牌自身发展的动力和企业的社会责任感有待进一步加强。

第四节　中国服装品牌网介绍

中国服装品牌网是福建省一品网络有限公司旗下的著名网站之一，经过多年的踏实积累和成功运营，已发展成为服装行业领先的网络媒体、主流服装门户网站、知名 B2B 电子商务平台。它集时效性、专业性、时尚性为一体，拥有国内全面与专业的服装服饰品牌数据库与服装行业资料，以专业快速的信息更新，引领服装时尚潮流，积极地为供应商与经销商建立起沟通的桥梁、联系的纽带，快速有效地提升品牌价值。中国服装品牌网独有的“EFPP”域名简洁明了、直观形象，立足于服装品牌信息为客户提供专业的网络营销、B2B 电子商务等应用服务。

中国服装品牌网以“专业、高效、优质”的服务为宗旨，除了建设中国服装品牌网以外，还推出了中国内衣品牌网、中国女装品牌网、中国男装品牌网。

一、中国服装品牌网的业务情况

中国服装品牌网是国内成立较早，用户数量庞大的服装行业电子商务网站，拥有数十万注册会员、每天平均几十万人次的访问率、每天数千条以上行业动态的更新，超过 5 万家服装企业的加盟，居服装行业网站前列。网站为包括维达斯、迪芬娜、庄吉、童话故事、红蜻蜓、自由空间、菁菁草、嗒嘀嗒、贝贝依依、柏盈、NAC 北美风、台茗、圣达威、伊可爱、豪健、七匹狼、可可鸭、希依龙、汝帛、博里尼、爱莉莎、帮登、英姿丽人、莱姿、红房子、KBS、哥弟、波波等众多服装企业以及品牌提供专业的互联网应用服务。在对企业品牌快速高效的推广服务下，中国服装品牌网赢得了良好的口碑。

二、各网站的业务范围

中国服装品牌网：服装行业资讯、服装营销管理、人才招聘、百货商场、明星时尚、服装杂志下载、服装商机、服装品牌、服装企业、服装产品、服装展会、服装业界、经销栏、服装时尚、服装秀场、女性服饰、服装设计、服装人物、服装专题、服装媒体、服装院校、服装搜店、服装视频、服装图库。

中国女装品牌网：女装品牌、女装资讯、女装商机、女装企业、护肤美容、女装潮流搭配、情感地带、品味女人、写真图片。

中国内衣品牌网：内衣时尚、内衣新品、情趣内衣、内衣故事、内衣资讯、内衣学院、内衣面料、内衣知识、内衣商机、内衣供求、招商加盟、内衣企业、内衣品牌、订货会、产品展示。

中国男装品牌网：男装品牌、男装资讯、品牌商机、企业营销、男装设计、服装面料、男装设备、男装展示、体育星闻、男装图片。

第五章

服装生产数字化

当前我国的服装产业是典型的以生产加工为主的行业，有的企业规模庞大，如图 5-1 所示的雅戈服装城。行业报告网显示：中国是全世界最大的服装消费国和生产国。改革开放以来，中国的服装业有着较大的发展，服装业的发展又推动了中国国民经济的发展。20 世纪末期，我国最大的服装企业产品销售额尚不足 50 亿元，2005 年我国的纺织服装总产值约占全国总产值的 1/10，并连续 5 年出口创汇顺差第一，2007 年，我国最大的服装企业销售额已近 200 亿，2012 年有的服装企业销售额达 400 亿元以上。

2019 年我国从事纺织服装制造业有近 132 万家企业，受到疫情影响，虽然 2021 年中国纺织服装企业数量减少为 12 653 家，但纺织服装企业利润总额为 768 亿元，同比增长 19.9%。我国已建成了全球规模最大、门类最全的产业用纺织品体系，并在高性能纤维、特殊成型技术、功能性整理方面积累了较强的技术和人才优势。中国已是全球最大的纺织服装市场，2021 年全国纺织服装类零售总额超 12 365 亿元。

由此看出，我国以生产为主的服装产业一直为中国经济做出了巨大的贡献。总体上，中国是全世界最大的服装生产加工基地，如广东的均安牛仔加工基地，福建石狮的面料加工基地，湖北荆州的针织服装加工基地等。全世界每 3 件服装，其中就有一件来自中国。随着我国近几年劳动力成本上升和原材料价格上涨，服装企业的利润进一步被挤压且波动性增强，印度、巴西、泰国、越来、柬埔寨等国的服装企业已成为我国服装加工企业的主要竞争对手，而这些国家的劳动力和原辅料的成本比我国要低。因此，要继续发展我国服装产业，实现服装产业升级迫在眉睫。

图 5-1　雅戈尔国际服装城

服装的智能化是实现企业升级的一个重要方面。从 20 世纪 70 年代开始，为了提高服装生产的智能化和高效率，科学家们推出的服装 CAD 开始被企业运用，至此企业逐步地从人体模台、服装 CAD 设计、服装加工与制作、版型修改、电脑排版与放码、工业样版制作等各方面开始运用数字化技术，这为服装企业的智能化提供了一定基础。

未来服装制造商还可以使用节能工具与设备进行切割与缝纫等生产，回收生产过程中产生的残余布料与制版的纸张等。实施服装生产的节能节水策略，例如安装节水装置等；使用节能加热与冷却设备、启用传感器的照明系统以及用于非饮用目的的雨水收集、使用环保工艺进行生产等绿色发展理念，有助于实现服装产业的可持续性发展。

第一节 概 述

一、服装生产发展过程

世界服装生产经历了从手工作坊式到大型工业的生产过程。19 世纪以前，由于服装加工工具主要以手针为主，服装的加工处于原始手工工艺阶段，如大约在 10 万年以前，我们人类的祖先就能够使用动物的骨、筋作为针与线，将兽皮和树叶等材料缝合起来包裹身体，在北京周口店北京人遗址、浙江余姚河姆渡新石器时代遗址中均发现管状的骨针和绕线棒等物。1790 年，由于欧洲资本主义的近代工业的兴起，英国托马斯・逊特（Thomas Saint）从皮匠制鞋操作中获得启发，发明了世界上第一台单线链式线迹缝纫机。1841 年，法国裁缝 B. 蒂莫尼耶(Barthelemy Thimonnier)发明和制造了机针带钩子的链式线迹缝纫机。1845 年，伊莱亚斯・豪也独立地发明了缝纫机，1851 年，美国机械工人发明了锁式线迹缝纫机，并成立了胜家公司。这一时期的缝纫机基本上是手摇式的。1859 年，胜家公司发明了脚踏式缝纫机（图 5-2）。爱迪生和托马斯发明电动机后，1889 年，胜家公司又发明了电动机驱动缝纫机（图 5-3），20 世纪初，日本重机株式会社、美国格伯公司、意大利内基公司分别制造了数控（NC）工业缝纫机，实现了缝纫工序的程序化与标准化，开创了缝纫机工业的新纪元。1975 年，胜家公司又发明了电脑控制的多功能家用缝纫机。20 年代 80 年代初期，随着工业缝纫机的大量应用，世界也步入到服装产业迅速发展的快车道，进入大型工业化生产的时代。

服装材料的不断更新，如新型材料的不断研发，也推动了成衣工艺向现代化方向发展。如防风、防雨、防油透湿材料的衣服无缝缝纫技术、新风格织物形态和新涂料的产生推动下的各种湿热塑性工艺、功能服装制作的特殊工艺要求等，从而改变了设备的构造形式，促进了生产技术的进步。

图 5-2　脚踏缝纫机

图 5-3　上工牌电动缝纫机

服装生产的发展过程可以用图 5-4 说明。

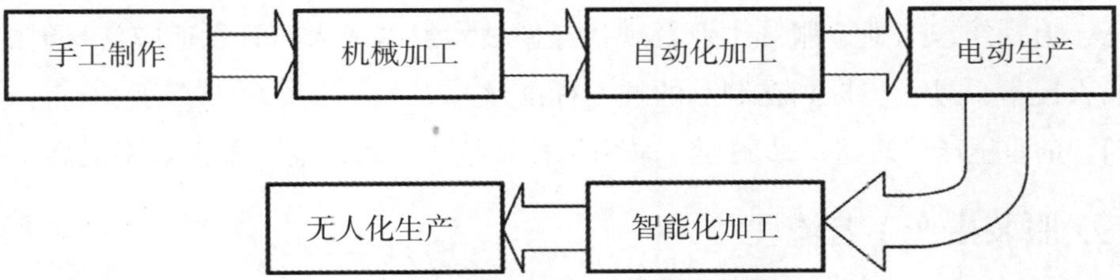

图 5-4　服装生产的发展趋势流程图

二、现代“成衣化”生产发展趋势

（一）成衣概念

成衣是指按一定规格、服装号型标准而进行批量生产的成品衣服。它是区别于量体裁衣式的定做和自己制作的衣服而出现的一个概念。现在，凡商场、服装商城、服装连锁店、精品店出售的都是成衣。成衣是一种工业产品，符合批量生产的经济原则，体现的是“生产机械化，产品规模系列化，质量标准化，包装统一化”形式，并附有品牌、面料成分、号型、洗涤保养说明等标识。成衣概念里又分高级时装和高档成衣。高级成衣在一定程度上保留或继承了高级时装的某些技术，以中产阶级为对象的小批量多品种的高档成衣特点，是介于高级时装和以一般大众为对象的大批量生产的廉价成衣之间的一种服装产业。该名称最初应用于第二次世界大战后，原本是高级时装的副业，到 20 世纪 60 年代，由于人们生活方式的转变，高级成衣业蓬勃发展起来，大有取代高级时装之势。巴黎、米兰等时尚城市在每年的 3 月左右举行的服装发布会与博览会，就是高级成衣进行发布和交易的活动。高级成衣与一般成衣的区别，不仅在于其批量大小，质量高低，关键还在于其设计的个性和品位，因此，国际上的高级成衣大体都是一些顶级品牌。高级时装在西方有严格的规定，它原本特指 19 世纪中叶在巴黎出现的以上流社会贵妇为消费对象的高价女装，故法语中称为“高级裁缝”或“高级女服裁缝”。现在一般是指在欧洲的高级时装店中，由著名设计师设计，由专门的裁剪师和缝纫师在设计师的监督指导下制作出来的单件服装作品。由于是著名设计师设计和量体裁衣式的定做，其用料考究，工艺精湛，大部分用手工缝制，还要经过几次假缝和试穿，因此价格十分昂贵。

（二）成衣化趋势

成衣化是指大型的工业化生产，是 20 世纪五六十年代即第二次世界大战后进行的有一定服装批量的流水线作业生产形式。现代的成衣化技术发展趋势如下。

第一，成衣化加工设备逐步采用了电子技术、气动技术、机械手、机械人、智能化加工等科学手段，尽量减少生产中的环节和过程，提高设备利用率。

第二，前整理工程、裁剪工程、缝制工程和后整理工程等实现程序化生产，使整个成衣制品生产形成自动化流水线。

第三，追踪纺织工业、服饰工业及现代最新技术发展成果，开发适应新材料的合理而科学的成衣技术，进一步提高在制品的技术标准化。

第四，企业生产管理进一步科学，采用吊挂系统等管理理念，最大效率提高生产效率。

（三）服装生产工艺流程

按照服装的整个加工过程，从前到后的生产流程如图 5-5 所示。

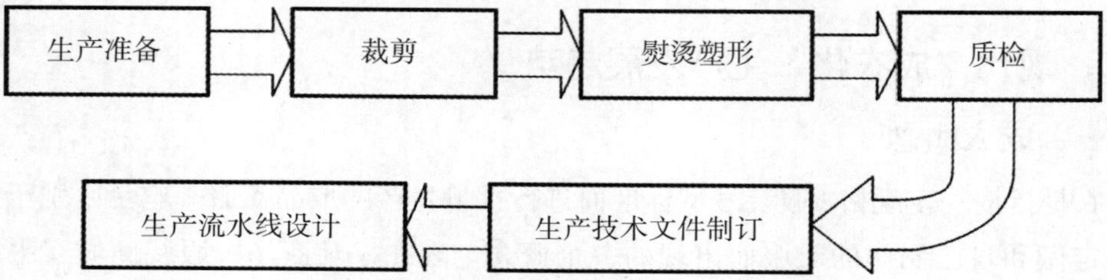

图 5-5 服装生产工艺流程

三、服装生产管理体系

（一）概述

1. 服装生产管理

研究与采用生产中的各种有效方法去战胜市场挑战的一种手段，即与服装生产有关的一切生产活动方面的管理工作总和。

2. 生产管理内容

包括生产能力的核定、生产计划、生产作业计划的编制、贯彻执行与检查分系生产过程的组织工作、生产调度等。如图 5-6 所示，服装生产实施过程可简单地表现为以下过程。

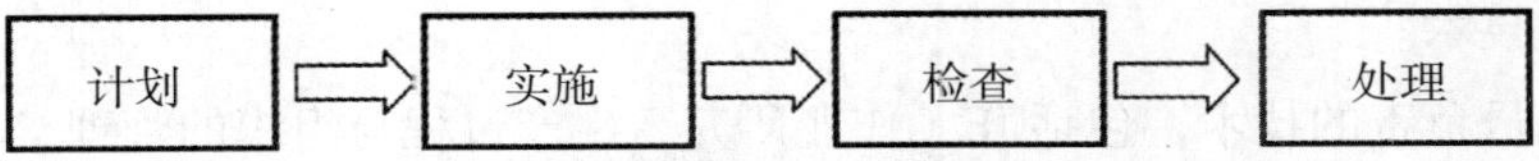

图 5-6 服装生产的实施过程

（二）服装生产型企业的一般组织架构

服装生产型企业的组织架构如图 5-7 所示。

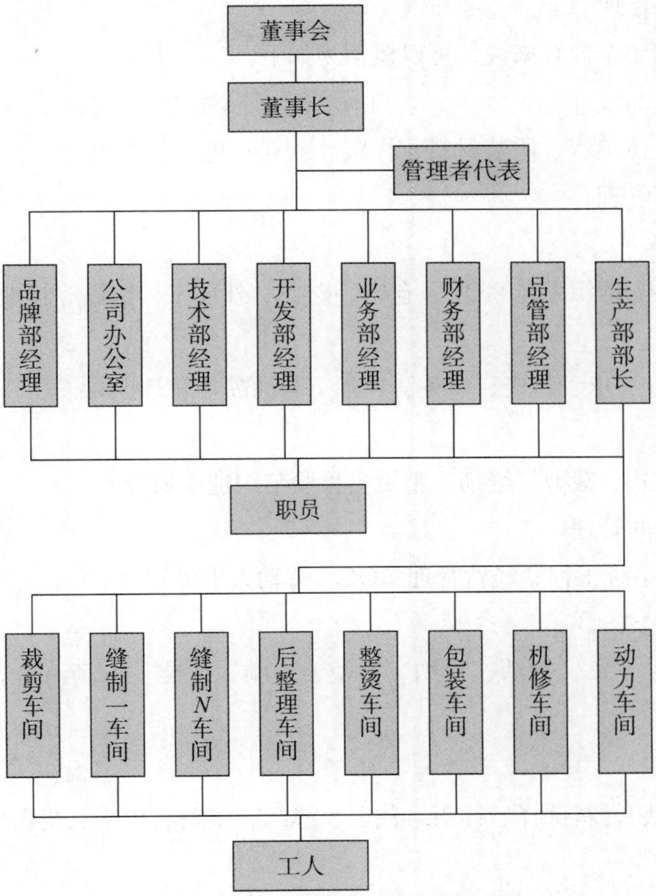

图 5-7 服装生产型企业的组织架构

（三）服装生产管理体系

就是有效地利用人力、原辅材料、机器设备以及资金，按照合理的工作方法，合适的成本、规定的数量与质量、商定的日期向用户交货的一个管理系统，包括服装生产技术系统和服装生产管理系统。

1. 服装生产技术系统

（1）固有技术。

由生产技术人员负责的技术，包括裁剪、缝纫、整烫、检验、设备保全、样版制作等技术。

（2）管理技术。

指管理人员负责的技术，包括 IE（作业研究、生产过程与组织的管理）、OR（经营计划研究）、QC（质量管理）、VA（价值分析）及财务管理、劳动人事管理、成本管理等。

（3）开发技术。

指科技人员负责的研究开发与信息管理等技术。

2. 服装生产管理系统

从服装生产的整个内容来说，可以概括为如下。

（1）品牌与产品设计。

包括历史、人体工程、服装材料、样版、款式、色彩、纺织工艺、消费者心理、信息处理与机器设备等管理。

（2）材料管理。

包括纤维材料、纺织工艺、QC、仓库、财务、外加工、销售等管理。

（3）仓库管理。

包括市场信息、OR、物资、财务、外加工与商品等管理。

（4）作业研究。

包括样版、款式、裁剪、缝纫、整烫、检验与织造等研究。

（5）生产过程的管理。

包括 IE、OR 系统工程、经营管理、QC、劳动人事等管理。

（6）质量管理。

包括原辅材料、QC、裁剪、缝纫、整烫、检验、包装、市场消费者质量信息反馈等管理。

（7）技术指导。

包括设计、服装材料选择、样版、裁剪、缝纫、整烫、检验、机器保全、纺织工艺等技术指导。

（8）工厂设计。

包括工艺设计、设备选型、工程设计、经营管理、财务核算等管理。

（9）设备（器具）开发。

包括机器加工、服装材料性能、机器设备与商品等管理。

（10）索赔处理。

包括市场、QC、消费科学、商品、服装材料等管理。

（11）消息调查。

包括市场、消费者心理、商品等的统计与管理。

（12）计算机应用。

包括计算机在服装设计、服装打版、服装生产与流水安排、生产网络等应用。

（13）裁剪。

包括服装材料、纺织工艺、工场实习、机器设备、款式、裁剪、缝纫、机器保全、服装 CAD 和 CAM 等管理。

（14）整烫。

包括服装材料、款式、裁剪、缝纫、整烫工艺、机器设备、包装等管理。

（15）缝纫。

包括样版设计、纺织工艺、裁剪、缝纫、QC、机器设备、缝纫工艺、外加工、劳动人事与机器保全等管理。

（16）设备保管。

包括纺织工艺、裁剪、缝纫、整烫、保全、机器加工、工厂操作等管理。

（17）经营管理。

包括市场调查、物资、劳动人事、法律法规、生产过程与外加工等管理。

（18）成本管理。

包括原辅材料价格、外加工、生产过程、商品、会计、劳动人事与物资等管理。

（19）劳动人事管理。

包括教育、法律法规、劳动人事等管理。

（20）外加工管理。

包括市场学、OR、物资管理、财务管理、固有技术、样版、心理学、讲话艺术、作文、服装材料学、QC、设备管理。

（四）服装生产的日常管理原则

为了减少服装生产加工过程中的产品质量问题，提高企业的生产效率，生产过程中必须严格遵循基本管理原则。

1. 及时供应材料、合理配置工具

生产厂长必须及时追踪当前下单的原辅材料，需要解决的问题应及时上报处理。生产厂长必须组织车间各有关人员做好人员调配、设备及工夹具的安排等一切生产前的准备工作。生产各部门需要配合技术部门准备好有关需要的定位板、实样版等各类生产前的必备用品，保证生产井井有条。

2. 合理定员定额、实施人性管理

生产厂长根据下达的生产任务指标，归类款式的性质，根据产品质量要求，结合自身车间情况，合理分配并固定生产工人，督促日产进度。为提高生产效率，保证产品质量，根据缝制款式的难易程度，将车间缝制员工分为 A、B 两类，A 类为缝制素质优等，B 类为缝制素质差等，进行有效的安排生产。发挥员工的创造力，分别在每年的 3 月、10 月开展质量创新活动，充分发挥员工的动手与动脑能力，实施人性化管理。

3. 保持均衡节拍，有序调度生产

车间结合本部门的生产实力，组织好生产计划的实施工作，努力完成厂部下达的生产任务指标。制定和执行现场作业标准及工艺流程，从而保证生产的产品的进度和质量符合客户的需要。负责人实施好上级下达的生产任务指标，做到贯彻落实到班组。实现全面均衡有节奏的同步生产，使最终的生产便于包装及装箱。

4. 遵循质量标准，严控产品质量

生产厂长接到任务单后，要组织好各组现场管理人员分析标准样衣的工艺特点和制作要求。针对标准样衣的各个加工部门要协商制定好质量标准和生产工艺流程。新款生产前务必督促有关现场管理员制作产前样、生产工人学习缝制制作，定时巡检和半成品抽检。服装款在生产过程中，各组现场管理人员应组织本班组员工召开生产例会或早会，提供样衣并讲解技术要求，包括工艺单及质量标准。严格要求各员工按工艺标准缝制，保证及时向业务部门提供大货样。生产厂长必须组织并督促各现场管理员将质量问题解决，尽量降低返工概率，保证产品质量。

5. 加强定期维修、保持设备完好

督促各组员工保养好自己的设备，谁使用，谁保管。定期对生产设备进行检修、调整、维护和保养。督促员工每天上班清洁自己机台，检查设备情况，保证机台运作正常。

6. 做好原始记录，做事“齐、准、快、明”

做好日常事务记录，车间的人事记录，对每单货的投产日期及结束日期、生产组别等做好详细的记录，并妥善保管。现场管理人员保管好所有的生产资料，每天汇总各组上交的生产日报表、质检记录及各项报告按时上报厂长处；落实有关呈上的报告及生产日报表、质检记录是否准确实际，数据在看板上进行公示；每天下班前处理好当天的日常事务；负责车间生产数量收发一致，及时处理好车间与各有关部门的交接手续。

7. 加强考勤制度，做到公平公正

督促每位员工准时上下班，做好车间员工的考勤制度 . 车间管理人员薪资实行底薪加提成或者实施“4+4+2”考核办法相结合的薪资体系。对考勤制度做到以事实为根据，坚持公正、公平原则。严格执行各项规章和管理制度，对违反者视情节轻重予以处罚。

8. 做好安全工作，消除各种隐患

做好防火、防盗等安全工作，做到安全第一。做好安全生产、消防等方面的宣传工作。严禁一切易燃品及火种进入生产车间，车间内杜绝吸烟。生产厂长每天下班前需督促有关人员检查车间每个角落，做好安全检查工作。下班后督促各有关人员关闭好门窗，关闭车间所有电路。督促每位员工养成人离机关的习惯，实施定期安检。

9. 保持堆放整齐，实施文明生产

缝纫机、凳子、框子、工具与设备的放置整齐，不准随意摆放、挪动或调换。保证生产现场的环境卫生，每天打扫生产现场，保持环境卫生。半成品、成品要堆放整齐，不可随意捆绑，不能落地，实施次品隔离制度，防止机器漏油，防止不同扎号的半成品或裁片分开，防止色差。定期擦洗生产工具、门窗、地面，严禁将与生产无关的茶杯、零食等个人物品带入车间。

10. 保证士气高涨，努力协调一致

带头遵守各项规章制度，实施激励机制，充分发挥员工的积极性与创造性。调动车间生产工人的积极性，使生产线上员工士气高涨。根据有关人员的缝制技术和各方面因素，合理分配员工的工作。督促各组长完成当日的生产计划指标，保持每位员工的持续运作。督促质检员处理完当日交到验收室的成品，填写每日检验记录，督促发料员统计好当日发到车间的裁片，汇总、反馈给厂部。

11. 坚持服务现场，做到以理服人

负责及时处理好有关人员出现在生产线上的问题。在操作过程中，做到使员工感觉到大家庭的温暖，为员工解决如住宿、饮食等生活上的问题。务必恰当地处理好内部的人际关系，如有无法处理或较为严重的事情应及时反馈到厂部解决。负责维护好本车间的现场生产秩序，使生产有条不紊。

四、服装数字化

服装数字化是指服装工业以数字化信息为基础，以计算机技术和网络为依托，通过对服装设计、加工、销售等各环节中信息的收集、整合、存储、传输和应用，最终实现服装企业资源的最优化配置。包括人体数据库、数字化服装设计、数字化版型制作与修改等内容。在服装生产过程中运用数字化技术可很大程度提高企业生产效率和产品精度。

第二节　服装生产

服装生产是服装加工型企业的最基础工作。虽不同款式的具体工序安排有一定差异性，但其工艺流程还是大同小异的。

一、生产准备

生产准备是服装生产的重要程序，它给服装加工带来方向性指导和高效率，包括技术准备、材料准备和相应的设备需求，如图 5-8 为提供给师傅加工时所参照的技术和面料资料。

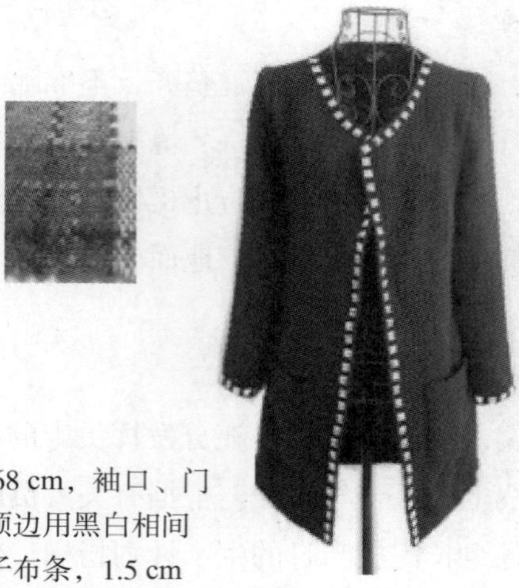

衣长 68 cm，袖口、门襟和领边用黑白相间的呢子布条，1.5 cm

图 5–8 产品加工前的生产准备资料

（一）技术准备

技术准备包括款式设计、结构设计、产品方案设计及工艺设计等，它们是生产的必要过程。

1. 款式设计

款式设计是服装生产的最基本技术资料，它包括设计图和技术要求，如图 5–9 为款式设计图。一般款式设计图表现为实物效果图大小，有款式设计意图和面料的说明。

图 5–9 款式设计图

2. 服装结构设计

服装结构设计实际上是样版设计和推板过程。它是对款式设计图纸的进一步成衣化的实施过程。当结构技术人员面对一款设计图纸，如图 5–10 所示，首先要进行产品分析。产品分析包括如下事项。

（1）根据加工工艺和规格要求分析产品样品的款式、布料、辅料、尺寸、数量、缝纫等事项。在生产中尽量把手工作业改为机械化加工，并研究加工工艺技术，以便设法使用特殊附件等。充分探讨车间加工能力（工人技能、设备种类、设备布置等），以保证生产工艺管理顺利进行。仔细考虑消费者所追求的产品价值究竟是什么，以免过分费工。

设计说明示例：麻涤混纺保持了麻特有的纹理，减少了麻面料的刺痒感。作为外衣保形性好，也可内穿，透气凉爽。采用大小纽扣搭配，打破了蓝色麻涤混纺印花布的沉静。

（2）产品分析后，开始服装结构设计，如图 5-11 所示，注意每片版型的正确与所有裁片的数量，不要遗漏裁版数量。针对服装生产的实际型号数量进行推板，如图 5-12 所示。通过推板，可以得到不同人体穿着的各种大小不同的服装版型图纸，如图 5-13 所示。

图 5-10　西服款式图

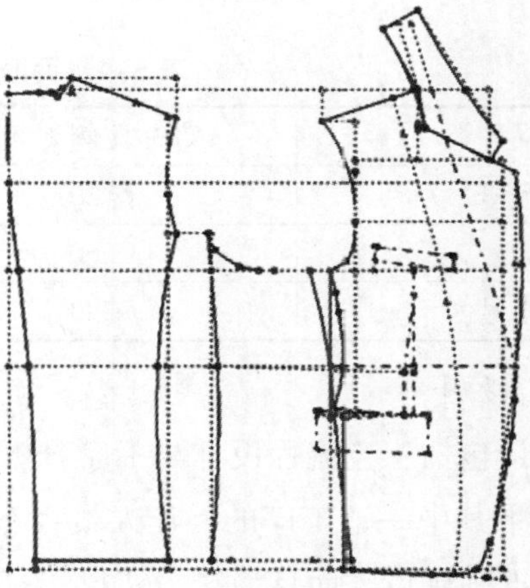

图 5-11　西服的结构图

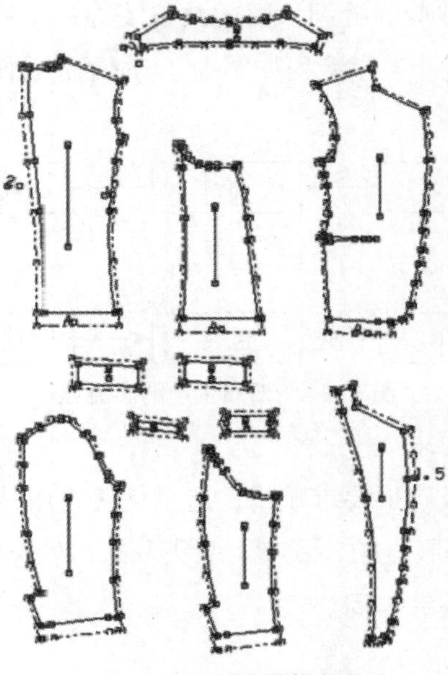

图 5-12　西服的推板图

排料幅宽	排料长度	用布率	排料名	表号	面积总和	已排料 / 总计
144.0 厘米	31.33 厘米	82/82	WANGXIUS	1/1	37.07 平方米	215/215

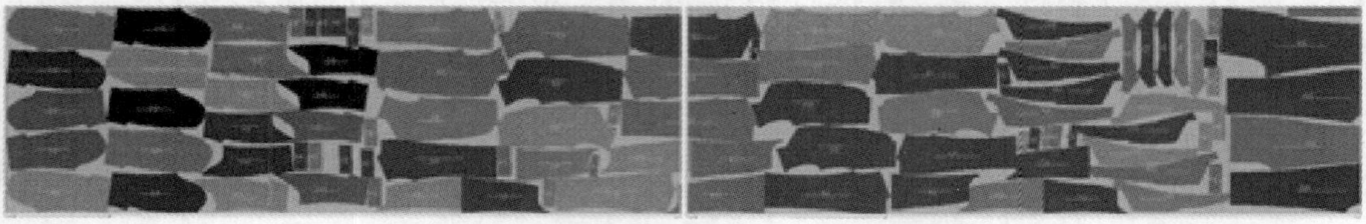

图 5–13　西服的大、中、小号排料图

3. 产品方案设计

产品设计方案是制订工艺设计的依据，它直接影响建厂后各车间机器设备的配备。产品方案选择是否合理，还将影响工厂投产后的经济效益。图 5–10 的西服产品方案设计如表 5–1。

表 5–1　西服的产品方案设计

产品种类	产品比例（%）	年产量（件 / 年）
大号	20	10 万
中号	50	25 万
小号	30	15 万

4. 工艺设计

工艺设计包括工艺流程设计与工序分析。如一件西服从原料到成品，需要经过 120 多道工序。如果其中一道工序的操作人员稍有不慎，西服便会走样。西服不仅裁、缝、粘、烫等工序要准确到位，而且面料、辅料和衬里都要表里如一，只有面料、辅料和衬料达到了“三位一体”的程度，才称得上一件合格的西服。为使企业在投产后收到预期的技术经济效果，在设计工艺，包括裁剪、缝纫、整烫及包装等一系列工艺流程时，要求工艺操作具体，需要进行工序分析，设计工序流程如图 5–14 所示，以便保证工序的节拍平衡和每个工人操作时的准确性。

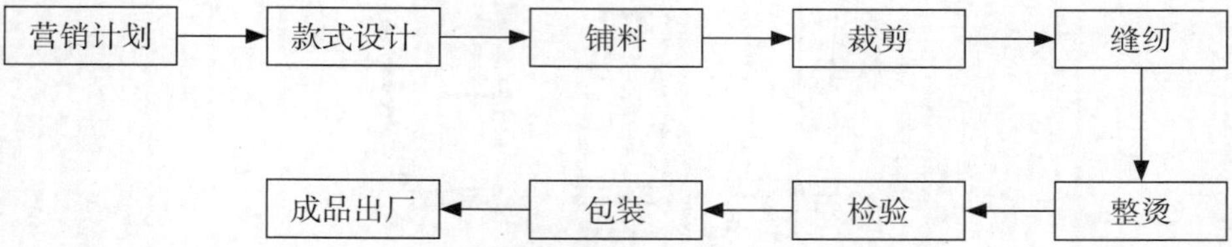

图 5–14　西服生产的总流程

西服加工后的产品质量要求如下：

前身全体：各部位线条及廓形要求顺畅，造型优美，服帖和挺括。

领子驳头：领面及外口平服直顺，领嘴、驳头及缺口处宽窄一致，两边驳头面平直顺，条格两边对称；穿口直顺，叠针牢固。

领底部位：后领面平服顺直，上领松紧平服，吃势均匀端正；领里领角缉线扦线无毛漏开线。

袖子：两袖长短、袖口大小，袖扣高低一致；袖里松紧适宜，吃势均匀，叠针牢固；袖口贴边叠针，袖口里余缝适量。

肩及前身部位：肩缝平服直顺，吃势均匀，垫肩前后松紧自然。

手巾袋：袋口宽窄一致，两边缉线牢固，垫袋缉线兜布暗线无毛漏，袋布叠针牢固。

口袋：袋盖、袋口嵌线吃势均匀，平服直顺，对条格，两边套结应牢固，垫袋布缉线及暗缝线无开线，叠针牢固，袋盖里面料松紧适宜，不得卷翘。

扣眼：缝线坚固、整洁、位置端正，大小一致。

下摆：下摆圆（直）顺，无反吐透针。

里子过面：里子过面宽窄一致，叠针牢固，脖折线内暗拱针。

里袋：里袋嵌线宽窄松紧，两边暗结缉线及暗缝线无毛漏，商标端正，缉线整洁。

止口拱针：止口拱针无反吐透针。

下摆里子：下摆里子平服直顺，贴边叠针里子应有充足的余缝。

摆缝里：摆缝里松紧适宜，无吃纵，叠针牢固。

后背里：吊带应牢固，背旦松紧适宜，有充足的余缝；后背整体线条及型格顺直对格，后领面与后背对格、背缝、后开衩松紧一致，平服直顺，左右条格对称。

工艺设计时必须掌握如下原则：

（1）先进性。

先进性是一个综合性的指标，它包含技术上先进、经济上合理和布局恰当等方面。在工艺设计中，主要参考成功案例，运用先进的科技成果，采用新技术、新设备和新工艺，以有效提高工作效率、劳动生产率和设备利用率。在保证产品质量的前提下，尽可能精简工艺流程，如生产同一产品有多种方案可供选择时，应当比较研究各方案的优缺点。生产能力大小、原辅材料和单耗的成本、产品质量的优劣、占地面积的大小、生产快慢、投资多少和产品成本、劳动生产率的高低等因素。综合分析后，确定适合企业发展优势的工艺方案来实施。

（2）可靠性。

工艺设计方案必须选择成熟可靠的技术路线，如果采用的技术不成熟，投产后很可能影响工厂的正常运作，不能保证产品的质量，对工厂造成不必要的损失。因此，在工艺设计时对那些尚处于实验阶段的新技术、新工艺、新材料，在投产前，必须先经过慎重的技术分析、实践，以保证其可靠性。

（3）高效性。

在企业现有条件下，要保证企业产品的生产效率，尽量使用高效率的生产设备和工艺设计，保证生产的快速实施。

（二）材料的准备

材料的准备是保证生产有序进行的必备条件，包括面料和辅料等的准备。

1. 面料种类

面料准备时其功能必须符合服装功能的要求：面料的色泽和图案必须与设计的款式色泽要求相符或相接近；面料的里外用不同的几种面料组合必须考虑几种面料的厚薄、使用寿命和各种牢度的一致性；产品选择面料要考虑产品销售的地区，根据地区选择符合当地风俗习惯的面料，要考虑不同服装的不同工艺，保证服装加工缝制技术；选择面料时在价格方面要防止成本过高而影响销售。

制作服装的纤维材料种类繁多，通过不同纤维加工、纱线混纺和织造等方式使服装面料品牌更是丰富多彩，数不胜数。这里主要从纤维种类、机织和针织方面简单对面料种类进行概括。

（1）棉织物。

指以棉纱或者棉与化纤混纺织成的纺织品，其制成的服装透湿、透气、舒适等。棉有纯棉和混纺两大类织物。棉布的主要品种有平布、细布、哔叽、卡其、华达呢、直贡缎、斜纹、府绸、麻纱、泡泡纱、灯芯绒、线呢、绒布等，如图 5–15 所示。

图 5–15　涤棉烂花印花布

（2）麻织物。

指由麻纤维纺织而成的纯麻织物及其他纤维混纺或者交织的织物。麻布服装凉爽舒适、吸湿性与放湿性好，耐水洗，质地硬挺等，是理想的夏季服装面料，麻型织物可分为纯纺和混纺两大类。麻织物的主要品种有夏布、爽丽纱、麻交布等，如图 5–16 所示。

a. 苎麻服装

b. 面料样布

图 5–16　苎麻服装及其面料

（3）丝织物。

主要指由桑蚕丝、柞蚕丝、人造丝、合成纤维长丝为主要原料织成的纺织品，具有薄轻、滑爽、柔软、华丽、舒适等优点。丝织品有绫、罗、绸、缎、绢、纺、绡、纱、锦、绨、葛、呢、绒等类型，如图 5–17 所示。

（4）毛织物。

指以羊毛、兔毛、骆驼毛、毛型化纤等为主要原料制成的织品，具有弹性好、抗皱、挺括、耐穿耐磨、保暖性强、舒适美观、色泽纯正的优点，属于高档服装材料。常用到的毛织物有凡立丁、派力司、哔叽、华达呢、啥味呢、海力蒙、贡呢、制服呢、学生呢、麦尔登、大衣呢、法兰绒、粗花呢等，如图 5–18 所示。

图 5–17　粗花呢

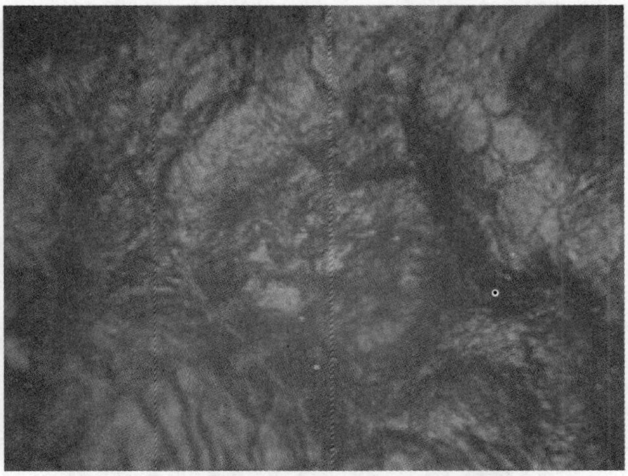

图 5–18　羊皮表面

（5）皮革。

分为真皮和假皮。真皮是指经过鞣制而成的动物毛皮面料，主要用来制作冬装或春秋装，分为皮革和裘皮两类。它体现轻盈保暖，雍容华贵等特点。人工仿造的皮革叫合成革或者人造革，它们外形像真皮特征，其实是用化学纤维或者天然纤维通过人工方法加工而成的皮革，如图 5-19 所示。

（6）化纤织物。

化学纤维的简称。它是利用高分子化合物为原料制作而成的纤维的纺织品，可分为人造纤维和合成纤维两大类型。人造纤维的特点是色彩鲜艳、质地柔软、滑爽舒适、吸湿性与透气性较好，但面料强力差，易变形等，主要有粘胶、铜氨纤维、天丝、莫代尔、竹纤维等，如图 5-20 所示。

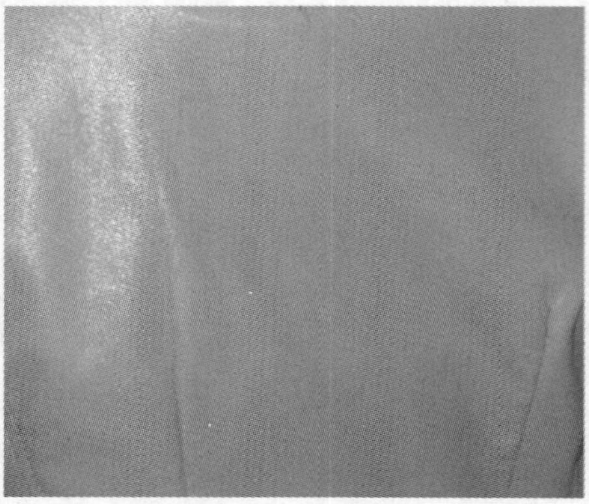

图 5-19 合成革

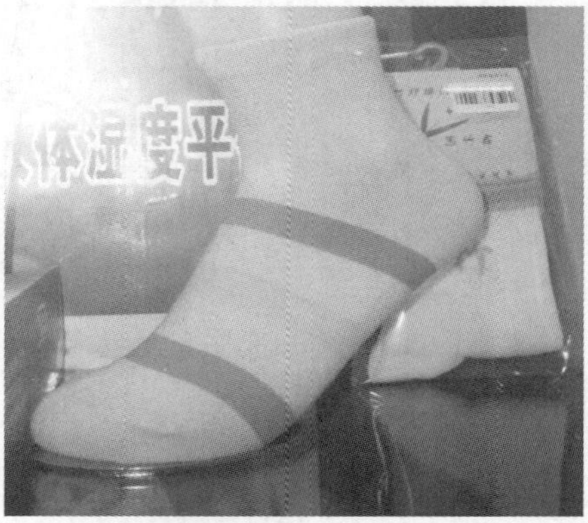

图 5-20 含竹纤维的弹力袜子

合成纤维吸湿性与透气性较差，但悬垂性能耗，服装穿着挺括、不易起皱，易收藏等特点。主要有涤纶、锦纶、丙纶、氨纶、维纶等，如图 5-21 所示。

（7）混纺织物。

混纺织物是将天然纤维与化学纤维按照一定的比例混合纺织而成的织物，可制作各种服装。它既体现天然纤维的柔软、舒适、透湿、透气等特点，也具有合成纤维的合成纤维的挺括、不容易褪色等性能，有麻棉混纺、涤麻混纺、毛腈混纺等织物，如图 5-22 所示。

图 5-21 涤纶丝绸

图 5-22 腈纶仿裘皮

（8）牛津纺。

牛津纺又叫牛津布，面料手感柔软，组织结构是平纹变化组织或方平组织，多用涤纶涤棉混纺纱与棉纱交织，具有易洗快干，手感松软，吸湿性好，穿着舒适等特点。外观似色织布，如图 5-23 所示。

（9）针织布。

针织布是指用针织横机或者经编机织造而成的面料，布面光洁、纹路清晰、质地细密、手感滑爽，纵横向具有较好的延伸性。针织布一般吸湿性与透气性较好，但容易脱散与卷边，有时还会产生线圈歪斜现象。针织布根据所用原料不同有混纺针织布、真丝针织布、腈纶针织布、涤纶针织布、苎麻针织布等，如图 5-24 所示。

图 5-23 涤棉交织的牛津布

图 5-24 天丝与涤纶混纺织物

2. 里料的种类

里料选择包括里布、托布、填料、缝纫线、扣子等材料。

（1）里布。

里布要求布面光滑，能与面布自然贴和，有好的柔软性和硬挺度，光泽和装饰性好，缩水率与面料一致。里料应具有防止填充物外钻的特性，注意面料与里料一致和协调，防止掉色。

（2）托布。

托布要质地柔软，穿着时托布不能影响服装的外观造型，保持外形稳定和造型设计的艺术效果。

（3）充填料。

登山服选用蓬松、柔软、回弹性好、保暖性特强的羽绒；一次性使用的服装选择棉花；需拆洗的服装可选用丝绵；不需拆洗的服装可选用驼毛或驼羊毛等；外部形态要保持挺括性且具有一定保暖性的服装可选用驼绒等。

（4）缝纫线。

缝纫线是服装制作的主要辅料之一，它关系到整体服装的质量、外观、穿着效果等，尤其是对于制作高档的服装。现在市场上的缝纫线品种很多，性能各异，正确、合理地选用缝纫线极为重要，企业根据服装面料及里料来选用相匹配的缝纫线，主要考虑以下几点：节点光滑，无疵点；表面整理要均匀（用油剂或蜡处理）；团线内外、团线之间、缝线密度，捻度要一致；缝纫线色泽是否与面料相符；缝纫线性能是否与面料相同或相近；缝纫线是否符合线迹和接缝要求；缝纫线质量、价格是否合理等。

缝纫线的用量及成本在整件服装成本中所占的比重不大，但缝纫效率、缝纫质量和外观品质与缝纫线关系重大。什么样的面料匹配什么样的缝纫线，在什么情况下怎样使用等，是需要有相当丰富的知识和经验的人来决定的，否则难以制作出高品质、高质量的服装。

（5）纽扣类。

纽扣也是服装材料检验中的内容，要注意纽扣大小一致且光滑；同一批纽扣厚度一致；颜色要与面料一致或相配；耐洗涤，干洗、熨烫不会裂开、熔化或变色、移色。

（6）拉链。

拉链既有装饰作用，又可取代纽扣的作用，拉链两边的齿数相同，锁合拉头来回自如，拉链的自锁性好；拉链的颜色要与面料一致或相配，宽度与款式要求一致；要注意拉链可否水洗或干洗，洗涤后是否褪色，拉链耐烫洗性能如何等问题。

3. 材料的准备原则

进料时必须紧跟市场销售情况而定，随时注意生产节奏和市场动向，避免生产与市场脱节；现货生产要注意库存问题，防止进料过多；对于外加工的服装进料要严格根据客户要求而购买；对进仓入库的原材料、必须严格检验材料的规格、品种和数量，对不符合要求原辅材料要按规定程序及时处理并纠正不当之处；原材料必须按照各类原辅材料的特性和要求进行堆放。

4. 面辅料的选用

根据款式的具体情况选择面辅料，如表 5–2 所示。

表 5–2 西服选择的面辅料

种类	面料	里料		衬料	
		材料	使用部位	材料	使用部位
西服	纯羊毛精纺面料	羽纱	前后身、袖里	棉衬	前后身、领部、下摆贴边、袋口、开衩口、袖口

5. 耗用材料的预算

生产前要对该批服装所用原辅材料耗用量进行预算，以防止面料过少或者过多，造成加工困难和面料的浪费。

材料预算时要考虑在加工中的各种损耗，包括面料的自然回缩损耗、面料缩水的损耗、面料的织疵造成的损耗、段耗、残疵产品的损耗、特殊面料的正常损耗及其他损耗等。其中段耗包括机头布损耗、不够成品段长又不能裁制独件产品的余料损耗、断料裁剪时落料不齐而使用料增加的部分损耗、更改成品规格或裁制附件所剩余的布料损耗、坯布中的残疵损耗。

6. 面料检测

面料检测的目的是掌握材料的有关数据和资料，以便在生产中采取相应的手段和措施，提高产品质量和面料利用率。测试可按照国家标准进行，也可按照生产工艺的模拟形式进行测试。各项指标要从面辅料运到厂内后放置 24 小时才开始检测。检验内容包括数量复核、疵病检验、伸缩率检验、缝缩率测试、色牢度测试、耐热度测试等。

（1）数量的复核和检验。

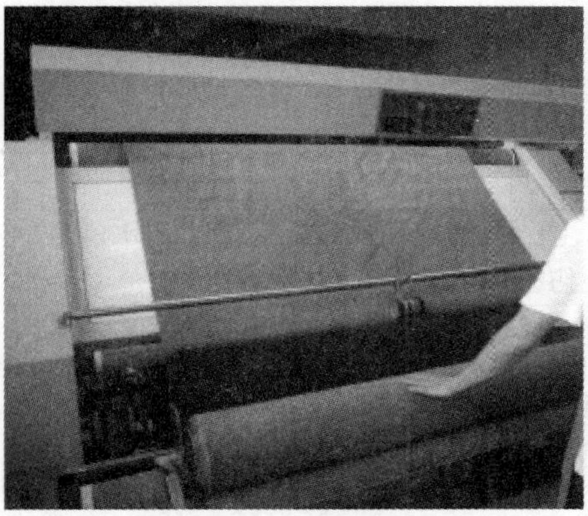

图 5-25　企业在验布机上进行布料检验

原料进入仓库前或者在裁剪前必须进行的一项检测项目，包括面料匹数、每匹布的长度、幅宽等检验，如图 5-25 所示。检验后的布匹堆放要严格按照企业的仓库管理制度分开堆放，保证生产中的方便和面料的最大利用率。

（2）疵点的检验。

疵点包括织造疵点、染整疵点和印染疵点等。在检查时发现有疵点的位置要及时记上明显标记，以便在铺料划样时合理使用。面料织造疵点有机织物的织造疵点（表 5-3）和针织物织造疵点（表 5-4）。

表 5-3　机织物织造疵点种类

疵点分类	疵点名称
经向疵点	松经、紧经、磨痕、断经、穿错、大结、修括、浆斑、吊经（经缩、浪纹）、分条纹、错经（错支、错品种）、筋损伤（破筘）、筘用错、弹力不匀、上浆不良、布面破裂、错纤度、错纤维
纬向疵点	厚段、薄段、轧梭、飞梭、紧纬、断纬、双纬、多纬、缺纬、错纬、磨光（擦白）、花纬（纬纱错色）、松纬（纬错）、皱疵（强捻纱织物疵点）、竹节纱、机械段（稀密不匀）、大脱纬（乱纬）、异物织入、开口不清、回丝织入、闭口不符（小密路）、纬纱异常、打纬不匀
布边疵点	紧边、松边、破边、边污、荷叶边、烂断边
组织疵点	脱针、花纹错乱、综锤脱落、条纹错乱、纹版疵点、提花疵点、错组织（错花纹、穿错、组织错乱、综框脱乱）
不合标准	短码、窄幅、码口不足、宽窄不匀、宽度不足
伤疵	跳纱、破洞、刮痕、浮织、夹梭、边撑疵、停车档、修补疵

续表

疵点分类	疵点名称
沾污	污经、污纬、浆斑、黄斑、锈渍、流印、油污、洗痕、梭箱油污、印章污渍、投梭油污、综筘油污、机械沾污
其他疵点	闪光（丝织物或人造丝织物）

表 5-4　针织物织造疵点种类

疵点分类	疵点名称
经向疵点	吊经、断纱、松经、双孔眼、长丝裂、经轴疵点、经向条纹、导纱器疵、卷取疵点、原布破损、经向条疵、直条针路、布面起毛、直条轧痕、沉降弧条纹、断针疵点织入别物
纬向疵点	纬段、色疵、断纱、条纹、机械段（条纹）、横向割伤、停车横条、线路歪斜、织入别物、添加弹性纱编制不良
布边不良	破边、紧边、松边、边不齐、边组织不良
伤疵	破洞、针洞、漏针、飞跳、破裂、结节、跳疵、修补疵、断疵错、磨破（挂破）、起绒不匀、针孔收缩疵点（吊纱、松纱）
不合标准	短码、窄幅、码口不足、宽度不足、宽窄不匀
	浮织、跳纱、夹梭、破洞、刮痕、边撑疵、停车档、修补疵
沾污及折皱	油污、针污、原纱油污、摩擦污点、布边污渍、尘埃污点、烟灰污点、虫污、墨水污渍、墨水污斑、折痕处沾污、锈污、洗痕、褪色、硬伤
其他疵点	织孔不齐、编制云斑（织孔不清）、组织错乱、垂针（双针、重叠织疵）

面料幅宽、面料长度、疵点检验时可通过验布机进行检验，如图 5-25 所示。通过验布机的记长轮记录布的长度，布的幅宽可以测量，布的疵点通过布匹陆续展开而检查出来。

（3）自然伸缩率测试。

织物放在空气中的自然状态下一段时间后会产生自然收缩的现象。自然收缩率可以进行测试：首先将面料从仓库中取出一个包装中的一匹，测量其长度和门幅宽度，随后将整匹面料拆散抖松，在没有任何压力的情况和常温下，静放 2 小时，随后进行复测，可以算出面料的自然收缩率。

$$\text{自然收缩率}=\frac{\text{静置前的长度静置后的长度}}{\text{静置前的长度}}\times 100\%$$

（4）湿、热收缩率测试。

在成衣生产中，织物常会用水浸、喷水、干烫、湿烫等方法对织物进行加工处理。由于织物在加工中受到外部湿气和热度的作用而产生的收缩现象称为湿、热收缩率。

测量时布料采样方法：在布匹的头部或者尾部除去 1 m 以上（因开始织布时的张力有显著变动，要从头部除去数米），随后量取 50 cm 长的布料，除去布的两边道（因两边道的张力与门幅中部的张力有差异，会影响测试的准确性，如宽松的针织物、静电植绒类植物两边应除去 10 cm），并记录好长度和宽幅数据。湿（或者热）收缩率计算公式如下。

$$湿（或）热收缩率=\frac{湿（或热）处理前长度-湿（或热）处理后长度}{湿（或热）处理前长度}\times 100\%$$

在常温下，几种常见织物的湿热熨烫收缩率见表4-5。根据这些数据可在打版时提前加入一定放松量，保证服装的穿着尺寸。

表5-5　各种织物的湿、热熨烫收缩率

面料种类	收缩率（%）	
	经向	纬向
精仿毛织物	0. 2 ~ 0. 6	0. 2 ~ 0. 8
粗纺毛织物	0. 4 ~ 1. 2	0. 3 ~ 1
棉细布	1 ~ 1. 5	1 ~ 1. 5
棉斜纹布	2 ~ 3	1 ~ 2
棉纱卡	1 ~ 1. 5	0. 5 ~ 1
棉劳动布	2 ~ 3	1 ~ 2
棉布府绸	1 ~ 2	0. 5 ~ 1
棉漂白布	1 ~ 2	1 ~ 2
棉灯芯绒	0. 6 ~ 1. 2	0. 2 ~ 1. 5
富春纺（化纤）	1 ~ 1. 5	—
针织涤纶呢	0. 5 ~ 1. 5	0. 4 ~ 0. 7
桑蚕丝真丝织物	5左右	2左右
绉线织品和绞纱织物	10左右	3左右

（5）缝缩率测试。

裁片缝合时会产生一定收缩率称为缝缩率。皱缩波纹越大，缝缩就越大。

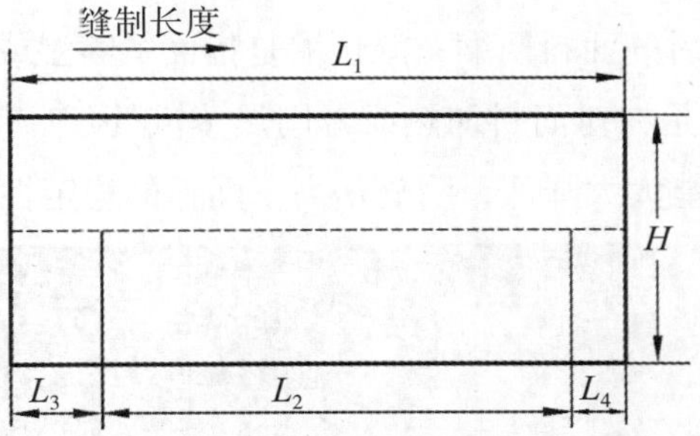

图5-26　缝缩率测试

缝缩量测试方法如图5-26所示：沿着缝纫方向截取$L_1=50$ cm，$H=5$ cm的布条6块分别进行试验测试，图中虚线为缝纫线迹，则

$$缝缩率=\frac{L_1-L_2}{L_1}\times 100\%$$

最终结果为6块布样缝缩率的平均值。

（6）色牢度测试。

服装在穿着和水洗过程中的掉色与否是衡量服装质量很重要的因素，因此，色牢度测试是服装在加工前进行测试的很重要性能。色牢度包括日晒、洗涤、汗渍、摩擦、熨烫、干洗、升华等十几个牢度。如熨烫分为干法试验、熨斗放置 15 秒和湿法试验（强试验与弱试验），主要视测试条件而定。这里以干熨烫牢度测试为例进行说明。

干熨烫色牢度测试：取 5 cm × 5 cm 的布样共计 5 块分别进行熨烫，设定熨烫的温度为 120 ~ 200℃，调节温度 ±5℃，压力为 1.96 ~ 2.94 kPa（20 ~ 30 kg/cm^2）。熨烫测试后根据色卡观察其脱色程度。熨烫色牢度分 5 级，5 级最好，为不掉色，1 级最差，几乎掉色干净。

（7）耐热度测试。

受热是服装生产中常见的一种加工方法，而有的服装材料具有明显的热塑性，如合成纤维。这些合成纤维在热加工处理中会产生一定的性能变化，如材料变硬使服装性能显著降低而影响消费者的穿着。因此，通过耐热度测试可以了解面料的耐热温度。

测试方法为：在距要测试的面料头部或尾部 1 cm 处，在门幅的中部取 10 cm × 10 cm 试样 2 块（如果是印花布样，必须将花样取全）。处理的温度视纤维种类而设定，如棉织物设定温度为 190 ~ 200℃，毛织物设定温度为 150 ~ 170℃，丝织物设定温度为 110 ~ 130℃，合成纤维织物设定温度为 150 ~ 170℃等。工作压力为 1.96 ~ 2.94 kPa（20 ~ 30 kg/cm^2）。处理时，首先把试样平放在烫台上，然后将熨斗调至试验规定的温度，放置在试样上，静止压烫 10 秒后，待试样完全冷却后进行评定。评定时主要是通过目测和物理性能测试来判断。

7. 材料的预缩

对于高品质的服装是不能存在收缩现象的，因此，许多服装加工企业在生产前会对材料进行预缩。预缩有自然预缩、湿预缩、热预缩与汽蒸预缩等方法。自然预缩是让面料自然放置在空气中一段时间后的面料回缩；湿预缩是指面料喷湿或者直接用水打湿后的面料回缩；热预缩与汽蒸预缩是在对面料加热或者用热蒸汽处理后使织物收缩，如图 5–27 所示。面料预缩后的收缩性能大大降低，明显提高了面料的稳定性。

图 5–27 热预缩机

8. 材料的整理

从纺织厂或者染整厂购进的面辅料，通过前面的检验工序会发现一些质量问题，但有些质量问题是可以修正的，如面料存在的缺经、断纬、粗纱、污纱、漏针、破洞等织刺问题是可以用人工方法按织物组织结构给予修补，这个过程叫织补：有的面料上的经、纬纱产生了偏斜，可以通过整纬装置进行整纬。整纬后可降低经、纬纱的偏离程度。

9. 样品试制

样品试制是根据服装款式图（或效果图）或按客户的来样所进行的样品试制（前者叫实样制作，后者叫确认样制作），也可根据客户的修改意见，以及根据生产的可行性研究进行实物标样的试制。现在在许多的服装企业都设有小流水作业车间，如图 5-28 所示。

图 5-28 企业样衣试制及小批量生产车间

样品制作的基本程序是如下。

（1）分析效果图或试样。

针对效果图或者试样进行样衣制作分析：分析该服装的造型，以便选择与之相适应的结构造型方法；分析该服装各部位的轮廓线、结构线、零部件的形态和位置；分析选择与设计要求相合适的面料及辅料；分析选用合适的缝制方法及所需要的附件，需要何种工艺，采用何种设备等。

（2）绘制结构图。

在绘制结构图前要选择样品规格：内销产品按照国家号型的中间标准体（男上装 165/88，裤子 165/76，女上装 155/84，裤子 155/72）进行制作；外销选 M 规格（即中心规格）进行制作，也可直接按照客户要求制作。

打版时选择适合企业实际生产情况的结构造型方法，如原型法、基样法、比例法、立体造型法。

（3）修剪版型及检查效果和形状。

样衣版型做完后要进行样版的检查和修正（图 5–29）才能正式进入样版仓库（图 5–30）或者进行样衣制作。

图 5–29 修版工作室

图 5–30 师傅进行样版的修正

（4）加工样品。

样品加工要按考虑缝制形式、缝迹、缝型、熨烫形式和顺序，因此要制定好加工工艺单，以便工人操作时严格按照工艺文件制作服装。其中的衬衣的领子制作工艺如表 5–6。

表 5–6 衬衣的领子加工工艺

操作标号	工艺内容	缝型及工艺方法	工艺要求	加工图片
1–01	粘烫领角衬		注意粘接状况、剥离强度	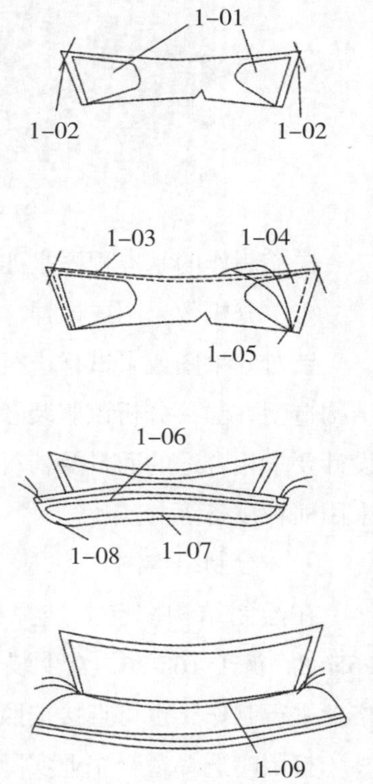
1–02	剪领角衬	手工	剪去量适中，注意对称	
1–03	缝合领衬	1.01	领面、领里应比领衬宽出一缝份，翻领衬为上净下毛，缝合时，领面放最下层，注意松紧适中，领面、领角部位要有吃紧	
1–04	翻领	手工	领尖要翻折好	
1–05	扣烫，缉明线止口	，1.06	注意止口不翻露，明线宽窄一致	
1–06	翻底领	6.03	底领衬比领里、领面小一缝份，底领衬为上毛小净，底领里包作领衬，折边缝合	
1–07	缝合上领域底领	1.01	翻、底领眼刀对齐，缝份不宜太大	
1–08	修剪缝份	手工	底领圆弧外打剪口，部位正确，不宜太深，使翻转平服	
1–09	翻转及辑明线止口	6.03	面、里平服，辑窄止口线迹整齐	

（5）样品的审视与评价。

样品制作完后要让技术人员或者工厂的其他员工进行样衣试穿和评价，如图 5–31 所示。大家对试穿的样衣提出自己的意见，根据意见再继续修改样衣，直至满意为止。

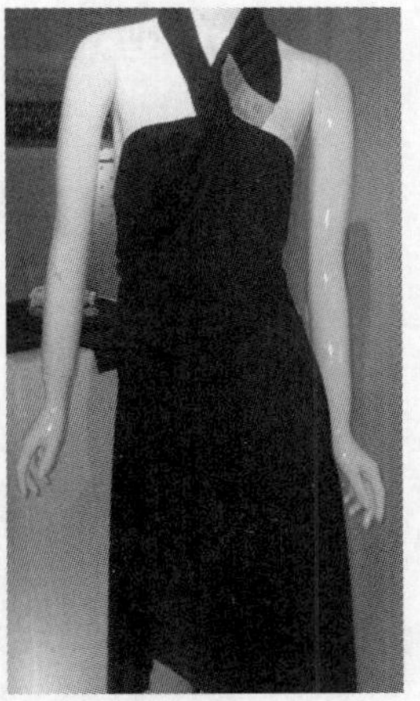

图 5–31　样衣的试穿效果

10. 试产

在大批量生产前要进行试产，试产也叫首件封样，即按照工艺文件规定的技术条件所生产的第一件产品。封样合格以后才可以批量生产，不合格的须改进再次封样。首件产品封样单如表 5–7。

封样对象：凡与本厂产品质量有关的所有部门，包括联营厂，合资厂，加工协作厂及本厂内部各车间、班组等部门生产的首件产品，均列为首件封样对象。

封样范围：包括裁剪、印花、刺绣、缝纫、锁钉、熨烫、折叠、包装等生产全过程封样；对一些难度高，工艺复杂的部件也进行封样。

封样标记：以签字表示合格。

表 5–7　首件产品封样单

产品名称		型号	
销售地区		商标	
规格		生产批量	
封样记录			
封样结论 签名 年　月　日			

封样内容：核实产品型号、名称；核实产品原材料是否相符；核对合约号和订货单，各部位规格测量是否达标；核实生产车间、班组；经检验发现具体质量问题及件数，指出产品质量的原因及改进措施；是否同意投产，要有结论性意见；在样品上要标明已封样合格，并具有验收人签名；封样日期必须填写清楚，以明责任；如需改进的样品，必须写明问题所在，作为再次封样的依据；签发同意领片单。

通过试产和首件封样后就可以及时纠正生产中的问题，防止生产中产生质量事故。试产后可以开始批量生产了。

二、裁剪过程

裁剪是完成由面料到衣片的过程。裁剪主要在裁剪车间完成，如图 5-32 所示。

图 5-32　裁剪车间

裁剪包括制定裁剪方案、排料划样、铺料、裁剪、验片、打号、包扎等工艺过程，工艺流程如图 5-33 所示。

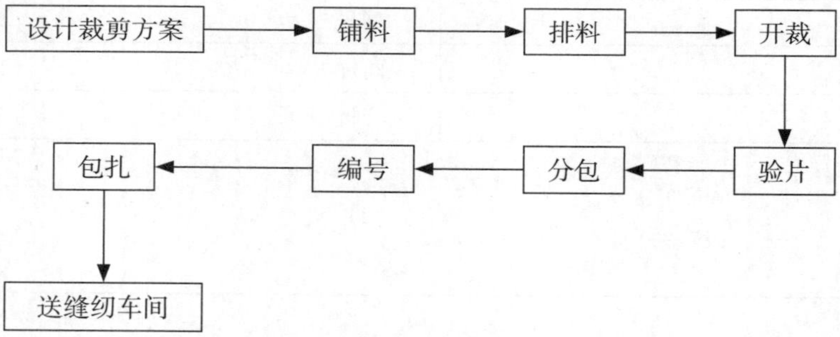

图 5-33　裁剪工艺流程

1. 裁剪方案制定

为了保证充分利用生产条件，提高生产效率，有效节约原材料而必须进行合理的裁剪方案制定。

裁剪方案是根据实际的加工服装数量、裁床情况、面料幅宽及裁剪技术人员的技术水平等进行设计。

如某批生产任务确定的裁剪方案为 2 床裁剪：第 1 床铺料 150 层，每层套裁 37 号 1 件、38 号 2 件、39 号 1 件，共 4 件；第 2 床铺料 100 层，每层套裁 38 号 1 件、39 号 2 件、40 号 1 件，共 4 件。裁剪方案表示为如下。

$$2\begin{cases}(1/37+2/38+1/39)\times 150\\(1/38+2/39+1/40)\times 150\end{cases}$$

裁剪方案设计时需要注意的事项。

铺料长度短，占用裁床小，铺料容易进行，每个规格一次即可裁完，排料、裁剪都没有重复劳动，这样的方案裁剪效率较高；如果两床合并裁一床减少一床裁剪床数，可实施大小规格套裁，有利于节约面料，进一步提高了裁剪效率。但由于增加了铺料长度，需要占用较大的裁床；如果多床进行套裁，可进一步提高面料的利用率。但由于铺布长度较长，因此占用裁床多，操作也较困难。

2. 铺料

按裁剪方案的裁剪层数与划料长度将面料铺在裁床上准备裁剪的过程，如图 5–34 所示。

图 5–34　面料拖铺

（1）铺料的工艺技术要求。

过去大多数中小型企业主要靠人工来铺料，较为灵活。现在也正逐步地实现机械化与自动化。不管什么方法，拖铺面料时要注意布面平整，防止局部起皱；拖铺时用力不能过大，尤其手工脱铺时更要注意用力大小，不能人为用力使劲拉扯；铺料时注意面料的经、纬方向，保证铺料方向一致；做到铺料的一布边要对齐；如果布面有花纹或格子，要注意对正花纹和条格；要注意铺料长度的准确。

（2）铺料方法。

铺料之前要看清楚面料的正反面，然后选择布面进行铺料。铺料有单向铺料和双向铺料两种形式。铺料时往往要用到多匹布，因此要确定布匹衔接方法：先将画好的排料图平铺在裁床上，然后观察各片在图上分布的情况，找出裁片之间在纬向上交错较少的部位。一般情况下，铺料的长度越长，衔接部位应选得越多，平均每 1 m 左右应确定一个衔接部位，如图 5–35 所示。

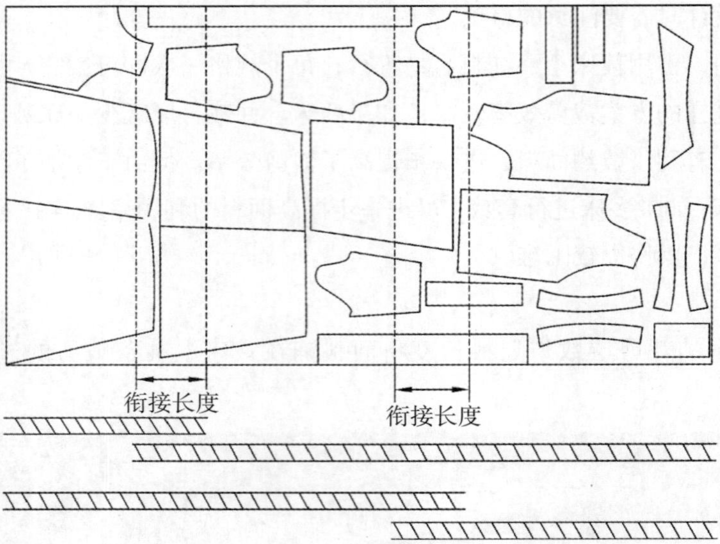

图 5-35 裁剪衔接

3. 排料划样

（1）排料。

排料是对面料如何使用及用料的多少所进行的有计划的工作操作。划样是指将排料的结果画在纸上或面料上所进行的工艺操作。排料划样主要是为铺料裁剪提供依据，使裁剪工作顺利完成，而且对面料的消耗、裁剪的难易、服装的质量都有直接的影响，是一项技术性很强的工艺操作。排料时注意面料的表面状态和经、纬方向，防止边色差和段色差，保证同件衣服的裁片不出现色差现象：要注意节约用料，符合“先大后小，紧密套排，缺口合并，大小搭配”的基本原则：排料时要注意“顺边”现象，即裁出的对称性两衣片是同边的，如图 5-36 所示。有条格和花纹的面料要注意对条对格，保证服装裁剪工艺的精确性。对条对格方法有两种。

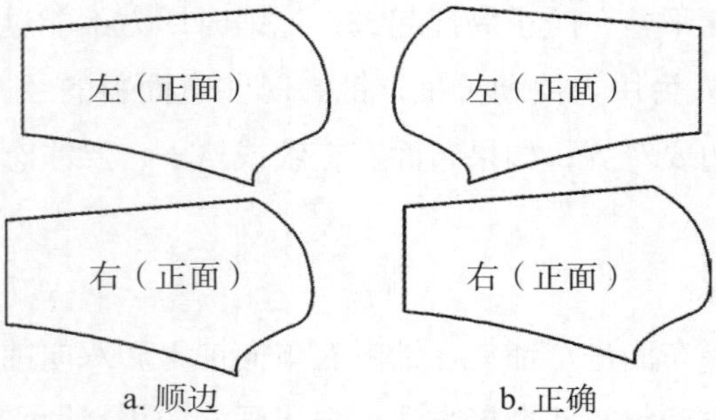

图 5-36 排料

准确对格法：先将对条对格的两个部件按照对条对格要求准确地排好位置，划样时将条格划准，保证缝制组合部位对正条格。这种方法在铺料时必须采用定位挂针铺料。

放格法：是在排料时先将相结合的部件其中一件排好，而另一件排料时不按样版原型划样，而将样版适当放大，留出余量。这种方法比第一种方法更准确。

（2）划样。

划样的方法分为 4 种：纸皮划样、面料划样、漏板划样与电子计算机划样，如图 5-37 所示为纸皮划样方法，图 5-38 所示为面料划样方法。漏板划样主要针对大批量生产，如西服生产、衬衣生产、制服生产等会采用这种裁剪方法。

图 5-37　纸皮划样

图 5-38　面料划样

4. 裁剪

当前生产中主要采用四种形式的裁剪时方法，直刀裁剪如图 5-39 所示、圆刀裁剪如图 5-40 所示、带刀式裁剪如图 5-41 所示、自动裁剪如图 5-42 所示。

图 5-39　直刀裁剪

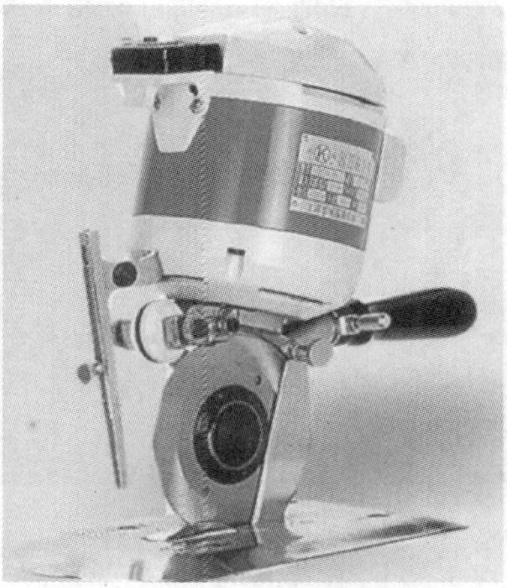

图 5-40　圆刀裁剪

图 5-41　带刀式裁剪机

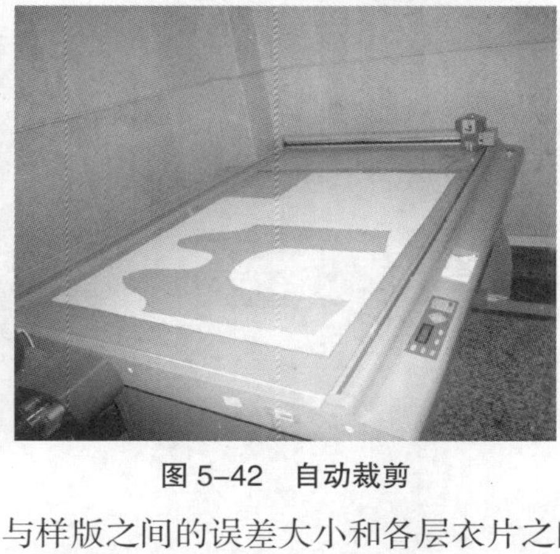

图 5-42　自动裁剪

裁剪时注意裁剪精度，尽量缩小裁出的衣片与样版之间的误差大小和各层衣片之间的误差大小，严格保证衣片与样版的一致。裁剪时要遵循裁剪的基本原则；裁剪时应先裁剪小衣片，后裁较大衣片；裁剪时要保持裁刀的垂直；裁剪时左手压扶面料，不要用力过大过死，更不要向四周用力，防止面料之间产生拖动造成误差；裁到拐角处时应从两个方向分别进刀而不应直接拐角，要保证拐角处的精确度；裁剪时保持裁刀始终锋利和清洁，防止边缘起毛。

5. 验片、打号与包扎

裁剪完的裁片要马上进行裁片检验、打号与包扎，保证裁片在后续加工中的准确性。

验片（图 5–43）时要注意裁片与样版相比；上、下层裁片相比；检查裁片边际是否光滑圆顺；检查刀口、定位孔位置是否准确、清楚，有无漏检；检查对条对格是否准确。

打号是把裁好的衣片按铺料的层次由第一层至最后一层打上顺序数码，防止在服装上出现色差。打号机如图 5–44 所示，但一般企业使用简易盖章印进行打号，打号的号码由 7 位数字组成，最左的 2 位数字表示裁剪床数，接着 2 位表示规格号，最后 3 位表示床数。打号时注意数字印在反面边缘处的统一位置上，打号要准确，避免漏打、重复和错号等，打上的数字颜色要清晰，印油不能太深，打完后要对数字进行复核。

图 5–43　服装验片

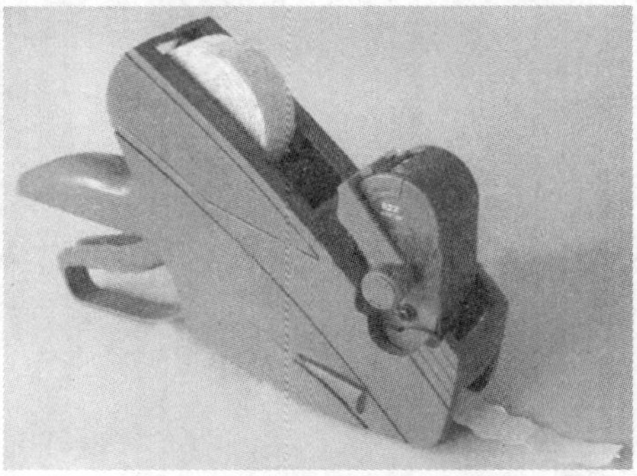

图 5–44　服装打号机

为了防止出现混乱，裁片打号后立即进行捆扎，然后输送到缝制车间。捆扎时一般 20 件左右为一捆，如图 5–45 所示。

图 5–45　裁片分包与包扎

三、缝制过程

裁片包扎好以后就直接送到缝纫车间，如图 5-46 所示。缝纫车间主要对裁片进行加工并缝合成服装的过程，工艺流程如图 5-47 所示。

图 5-46　缝纫车间

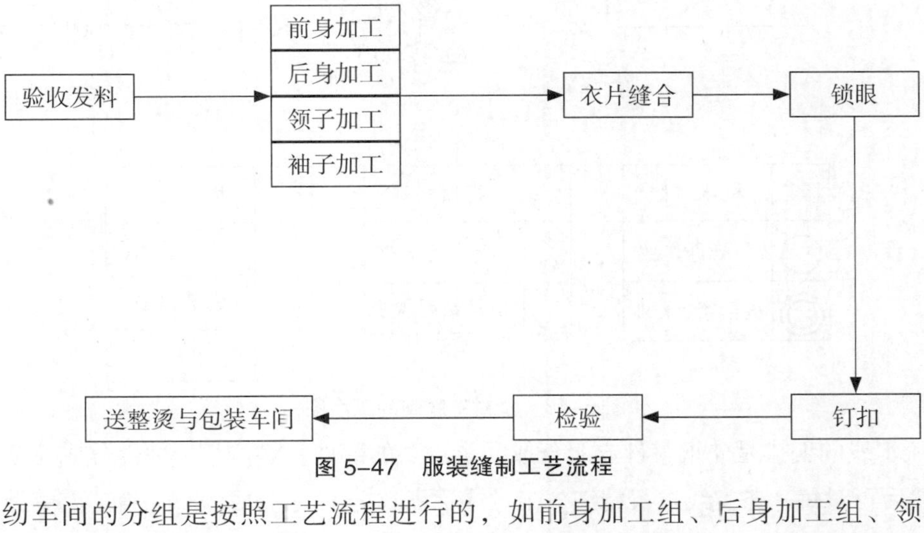

图 5-47　服装缝制工艺流程

缝纫车间的分组是按照工艺流程进行的，如前身加工组、后身加工组、领子加工组、袖子加工组与缝合组等，形成了车间有条不紊的排列。对于每一组的安排是按照生产工序进行的，生产工序是生产过程的基本环节，是工艺过程的组成部分。工序包括工艺工序（如裁剪、缝纫工序等）、检验工序与运输工序，如图 5-48 所示为女衬衫的缝制工序图。

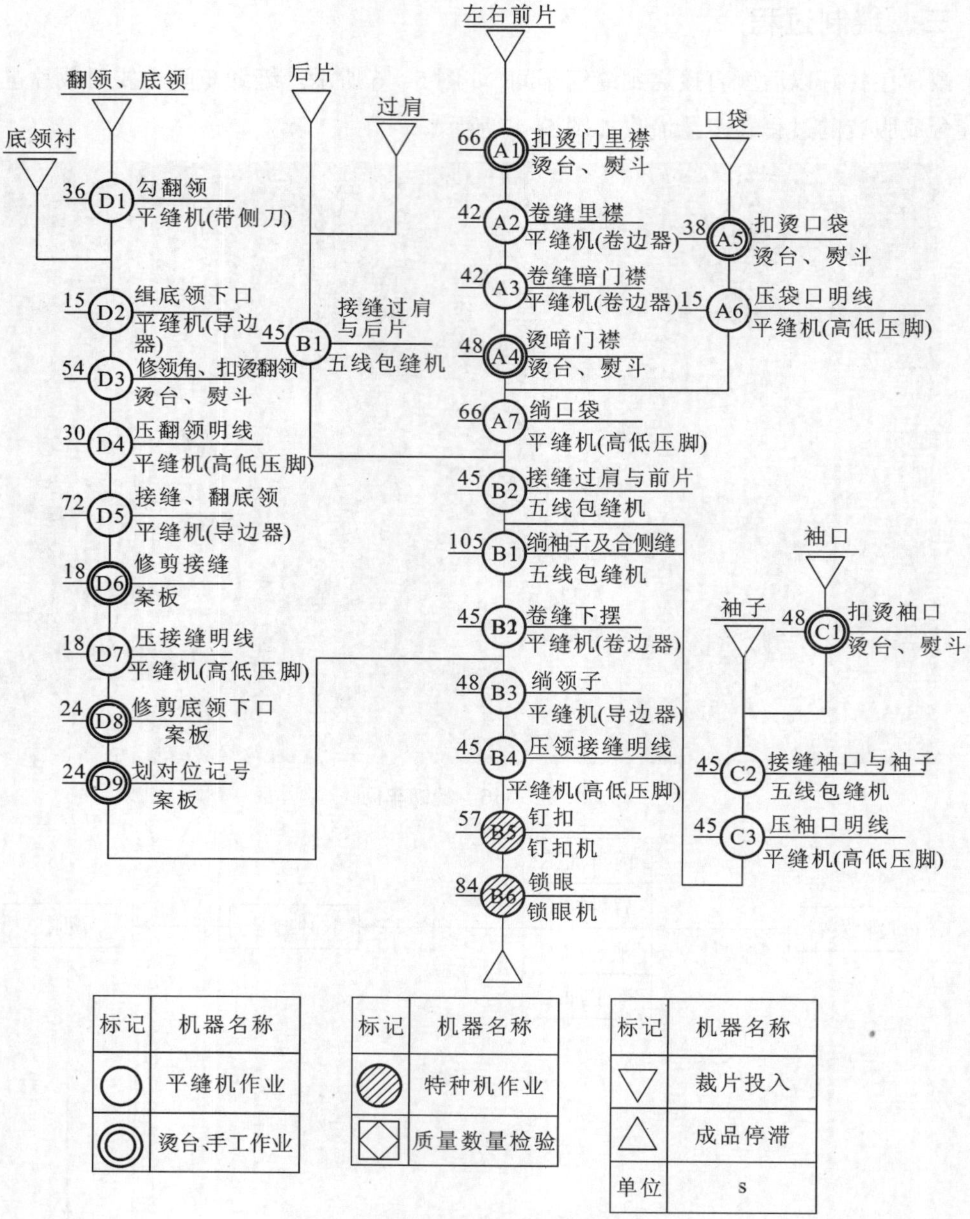

图 5-48 女衬衣缝制的工序图

大流水线的编排是先把整件衣服分成几个主要的部件，将这几个部件分成几条分支流水线，然后再对每一条支线进行精细分工（或称极致分工），分成的每一道工序只做一小道加工。部件工序分好后，再进行组合分工，形成基本流水线。支线和基本流水线就形成一个树状的缝制工序分析图，即为大流水线编排图。缝制作业就可按此工序图的先后进行流水生产安排，如图 5-49 所示。

在流水加工中，有一个 LOGO 缝制工序，如图 5-50 所示。

图 5–49　企业中的生产工艺流水线

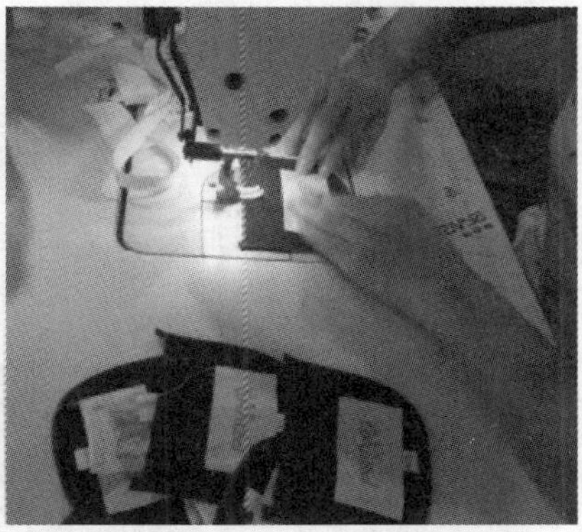

图 5–50　LOGO 缝制工序

四、整烫定型

成衣的整烫定型是在整烫车间完成。整烫定型的目的是使衣料得到预缩，并去除折痕，保持服装平整，或者塑造服装的立体造型，使服装穿着美观与舒服。整烫工艺流程如图 5–51 所示。

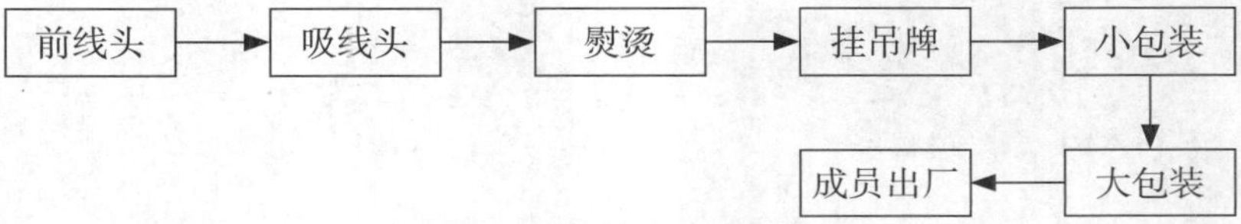

图 5–51　整烫工艺流程

作为成衣整烫有手动、半自动和全自动熨烫形式。现在一些企业逐步采用机械整烫设备，有西装、衬衫、针织物等自动熨烫机。威士衬衫立体夹烫机（图 5–52）被用于衬衫前后片的压烫，由两个中间人交替工作，1 小时能完成 180 件衣服的熨烫，生产效率非常高，采用可调的气囊加压结构使得加压均匀，由编程逻辑控制器（PLC）控制工艺参数与程序。该机可选配喷湿装置和自动收料及回转输送台，加强定型效果和提高生产效率。

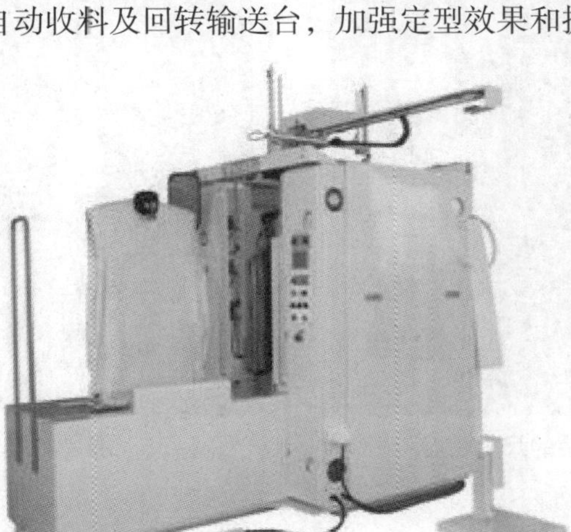

图 5–52　威士 ADTGC138 衬衫立体夹烫机

五、成衣质检

成衣质量检验是为保证出厂的产品全部符合质量要求而必须进行的成衣检验程序，如图 5–53 所示。

成衣质量检验包括外观检验（图 5–54）、尺寸检验（图 5–55）、缝纫质量检验与疵点检验（图 5–56）等内容。

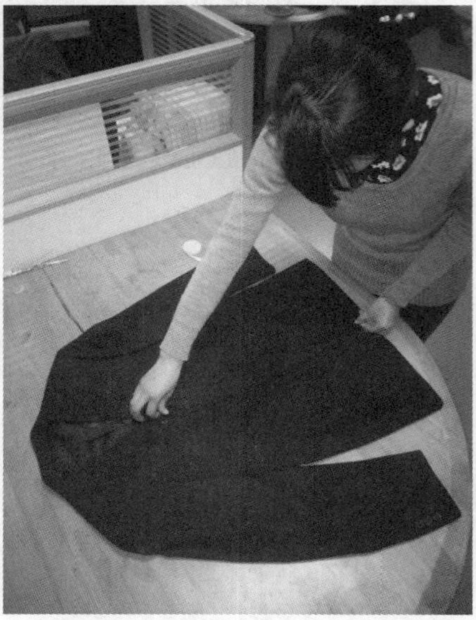

图 5–53　成衣检验

图 5–54　服装的外观检验

图 5–55　服装的尺寸检验

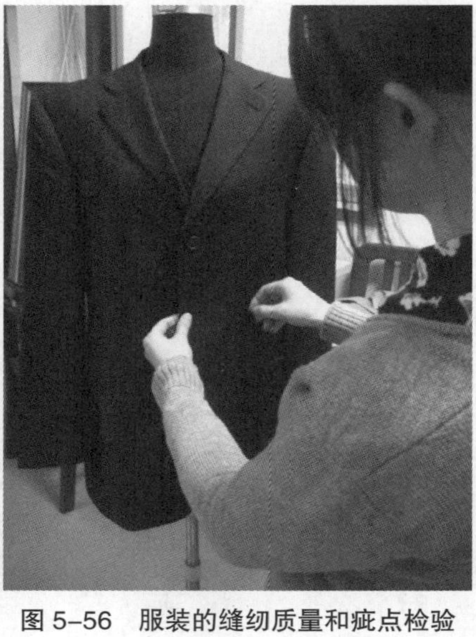

图 5–56　服装的缝纫质量和疵点检验

成品质量的检查步骤如下。

1. 上装成品质量检查（图 5-57）

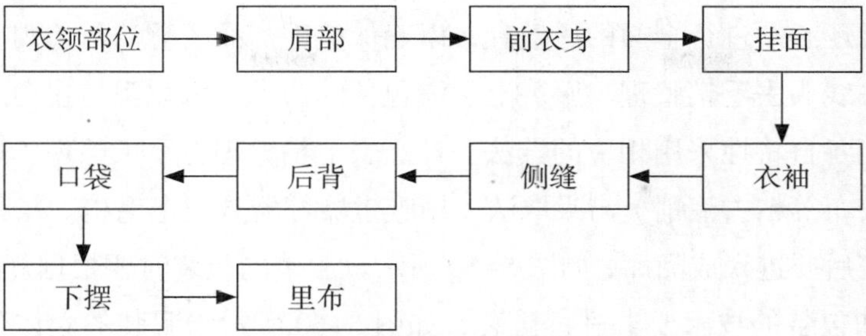

图 5-57　上衣质量检查内容

上装主要部位可能存在的质量现象问题如下。

衣领部位：领角上翘、装领歪斜、后领不圆顺与生角、领面起皱、领驳口不平服、串口缝不平服、领驳部位不贴服、翻领前端上口起链、边沿外翻、翻领的领面横向绷紧、呈露领底、装领后领口部位起涌。

衣袖部位：衣袖吊起或产生斜形皱褶、胸外侧袖隆处起皱、袖隆多出、袖山部位出现瘪陷、袖山中部向上拽紧、后袖山凹陷、后袖隆呈波状、后袖隆塌陷与衣袖与衣身不对条格。

衣身部位：胸部布纹歪斜、驳头里露出、驳折止点处衣身凹陷、前门襟止口呈起伏状、省缝凹窝、驳头翻转过低或过高、前摆翻翘、前侧片不平、衣袋横出、口袋盖回缩、口袋盖翻翘、侧缝凹凸、背叉歪斜、背缝不对条格、前肩缝下横向多余与皱褶、前肩缝下呈斜形皱褶及前衣身腰围处布纹歪斜。

2. 下装成品质量检查（图 5-58）

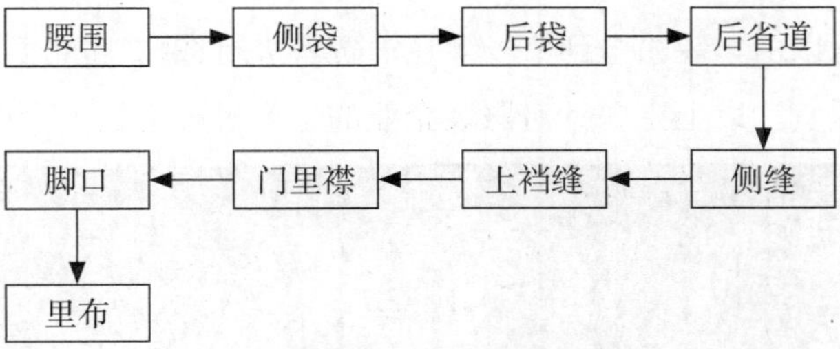

图 5-58　下装成品质量检验

下装可能存在的质量问题如下。

上裆部位：前上裆弯曲部位起链、门里襟长短不一、腰带底缝不平齐、后上裆吊紧与腰带呈斜形皱褶。

口袋部位：袋口下起皱、袋垫外露、嵌线袋袋角绽放、嵌线袋两侧豁开、袋盖丝绺与裤身不符。

侧缝部位：侧缝不平整、侧缝牵紧与侧缝布纹歪斜。

下裆部位：下裆缝有牵紧与起吊、下裆缝不平整与下裆缝不垂直。

熨烫质量：挺缝线不挺、有极光。

六、后整理与包装

服装生产后还必须进行全面的后整理，以确保整件产品的整洁与美观。后整理主要是指去污整理、去线头去毛梢整理。服装上污渍包括油污类、水化类与蛋白质类三种，每种污渍要根据它们各自特性采用相应的方法去掉。去毛梢整理有手工整理（用手撵走毛梢）、粘去法（采用胶布等粘去毛梢）与吸取法（用吸尘器等器具吸走毛梢）三种。

服装加工完后要进入成品库，如图 5–59 所示。服装的包装时要根据规定包装材料、规格，包装方式和包装的技术要求进行包装，如图 5–60 所示为服装的立体包装箱。包装时要规定包装标志的内容、制作标准的方法及标志在包装上的位置等。包装的容器有袋、纸盒、纸箱、纸板箱、板条箱、网丝和包装等。基本包装材料有纸、塑料薄膜、木头、U 形灯、绳索、橡胶袋、金属带等。

图 5–59　成品库

图 5–60　服装的立体包装纸盒

服装包装后就可以由集装箱送到市场上让消费者进行选购，也可暂时放到成品仓库（图 5–61）等待商场来提货。以上主要针对服装企业的生产过程进行了介绍。

图 5–61　成品仓库

第三节 服装生产数字化

随着我国服装企业的不断升级，数字化技术和设备逐渐被企业应用，这提高了产品的加工精度和生产效率，更进一步地体现出现代服装企业的特征。我国规模最大的品牌企业之一波司登的羽绒服生产就是智能制造与数字化生产的成功典范。企业资料显示，波司登采用“总体规划、分步实施、持续迭代”方法构建了智能制造生产基地与中央智能配送工厂，如企业拥有WMS智能仓储管理系统、iSCM智能供应链管理体系、Gims智能管理系统及零售云平台等，实现了生产订单的自动排单，裁剪计划的自动下达，CAD排版的自动生成，物料配送的自动配发，生产过程的全面质量监控，成衣销售与储存的自动配套，包装运输的自动完成，完全实现了全过程的智能化升级，保证了各类自动化设备的互联互通，真正实现了企业的效率最大化，为小批量定制和多品种快速生产创造了基础条件。在服装生产的数字化应用中主要体现三维人体测量仪、服装CAD系统、服装自动裁剪、服装生产管理系统等几个方面。

一、三维人体测量仪

三维人体测量以前主要靠人工通过尺子进行测量，是获取人体尺寸的重要方法。随着三维人体测量仪器的诞生，使企业测量人体数据的速度和进度大大提高，为服装的快速加工带来了优势。人体扫描技术在尺寸、合体度和产品可视化方面确实取得显著的进步，服装公司可以使用全身扫描仪以获得定制的合体度。在由Lands' End赞助的“我的虚拟模型之旅2000”活动中，介绍了世界上第一台人体扫描仪。通过双图像扫描仪扫描人体，从而创造出一个与其尺寸一样的模型，可以用来在Lands' End的产品目录和网站上试穿衣服。Brooks Brothers通过在纽约的店内扫描客户尺寸，为客户提供定制的服装，这个过程使客户轻易获得最合适的服装尺寸。许多扫描硬件制造商已经开发出了允许自动从三维数据中提取测量尺寸的软件，包括Cyberware、Hamamatsu、Hamano、TC、Telmat、TecMath等。三维人体扫描仪是通过光学技术与光敏感设备结合来获取人体表面信息的。以激光和光学为基础的系统是人体扫描系统最主要的类型。三维人体扫描所得到的个人测量数据和图像可以自动被转存到计算机数据库中，通过一个媒介软件，就可以恰当地利用这些信息进行大规模定制或虚拟试穿。

（一）人体体型数据库

人体号型是人体数据库的分析和总结的结果。19世纪末到20世纪初，美国人开始注重人体测量数据，并着手建立大型的人体测量数据库。美国农业部认识到人体工程学决定了服装的舒适度和实用度等多方面的影响，故在1929年，关于服装对身体影响的调查开始在全国开展。这个涉及军队和民用服装的调查包括了人体工程学、测量学和工程学的内容。后来又涉及服装与人体吻合度、服装合体度的关系。

20 世纪 40 年代，美国为了弥补前期的人体测量数据不足，又开始在全国范围内进行大规模的人体测量。而地处亚洲的日本，此时已经经过第二次世界大战的恢复阶段，经济开始复苏，人民情绪高涨，进入飞速发展的阶段，对人体测量数据库要求日益迫切，因此，日本首次的国内大范围测量计划在 1942—1945 年完成。

20 世纪六七十年代，人体测量及其数据库的建立进入初级的发展阶段。美国的人体尺寸数据库正式建立，其研究结果直接与企业合作，在实践中进行不断地检验和修改。该数据库由美国航空医疗研究院资助，本意是服务于美国航空航天事业，但对人体工程学、测量学和服装业来讲，影响同样巨大。在亚洲，日本从 20 世纪 60 年代初到 70 年代末，一直致力于大规模人体测量数据库的建立和相关人体体型分类、服装号型系统的革新，提出了 JIS 号型的体系理论并加以完善。在此 20 年间，日本先是对全国国民进行大规模人体测量，然后又针对服装行业进行不同部位的、更加细分地人体测量，为各种行业尤其是服装行业的发展提供了理论基础。

20 世纪 90 年代是人体测量技术和人体数据库开始成熟的阶段。美国针对不同年龄阶层的人体特征，进行各个年龄阶层尤其是中老年体型的大规模测量，陈旧的、过时的数据库被更新的、符合时代要求的数据库代替，成衣标准尺码系统被建立。日本的人体研究所地位稳定，可以每年针对需要进行精密的人体测量，测量范围大小不等。在这个时期法国也开始全国大规模的人体测量，针对不同的年龄段进行分类，服装号型规格被重新审定。英国为了提高传统服装的合体度，同样在英国国内进行大规模的人体测量，测量范围包括不同年龄阶段女性、儿童和男性共 1 万名。韩国在 1993 年开始进行第三次国内人体测量。在 20 世纪 90 年代，一些发达国家开始建立基于网络的人体特征数字分析系统，直接服务于服装的高级定制和网络定制。其中 E-Tailor 和 Size UK 分别属于欧洲和英国的服装组织，是其中的典型代表。

20 世纪末到 21 世纪初，发达国家的人体数据库已经开始进入长久的稳定发展阶段。一般来说，大规模的人体数据测量和数据库更新每隔 10 年就会进行 1 次，尤其在日本，每年都会进行中小规模的抽样调查来监控人体体型变化，以便及时更新数据库和号型标准，为科学研究和企业生产都做出了极大的贡献。而我国的人体测量数据库起步较晚，在大规模的人体测量之后，第二代国家号型标准于 1991 年颁布，然后再没有进行过全国范围的大规模人体测量。30 多年的时间，我国发生了巨大的变化，经济的腾飞直接改变了人民的生活，也影响着服装行业的发展，生活的提高使得人们对服装的要求越来越高，舒适、合体是现代人对服装最重要的要求，而 30 多年的发展也使得人体体型发生了新的变化，以前制定的号型标准远不能满足需要，因此迫切需要在全国进行大面积的人体测量。

（二）三维人体测量仪

当前，三维人体测量仪是进行人体数据库收集的重要设备。这类设备的主要特点是测量速度快、可以获取人体最多达1000个人体尺寸数据，数据可以被自动归号，且数据可以和CAD设计成一体化等。

1. 德国三维人体测量仪

德国的Human Solution与艾斯特公司开发的VITUS SMART XXL三维人体测量仪器具是现在常用的测量仪器。

2. 法国三维人体测量仪

法国开发的SYMCAD立式白光三维人体扫描仪（图5–62）及其CAD软件系统主要由立式白光三维人体扫描仪、人体数据采集软件、三维人体建模软件、自动归号处理软件以及PC工作五部分组成，可实现从人体数据测量到服装CAD打版，完成三维虚拟试衣的过程如图4–63所示，比较方便企业生产应用。

图5–62　法国Telmet三维人体测量仪

SYMCAD设备的主要特点是全自动校准、数字白光技术、测量时间短，不受身体移动影响，如图5–64所示；实现了3D数据导入CAD、自动生产版型，如图5–65所示；可以实现服装制作的智能一体化，如图5–66所示。

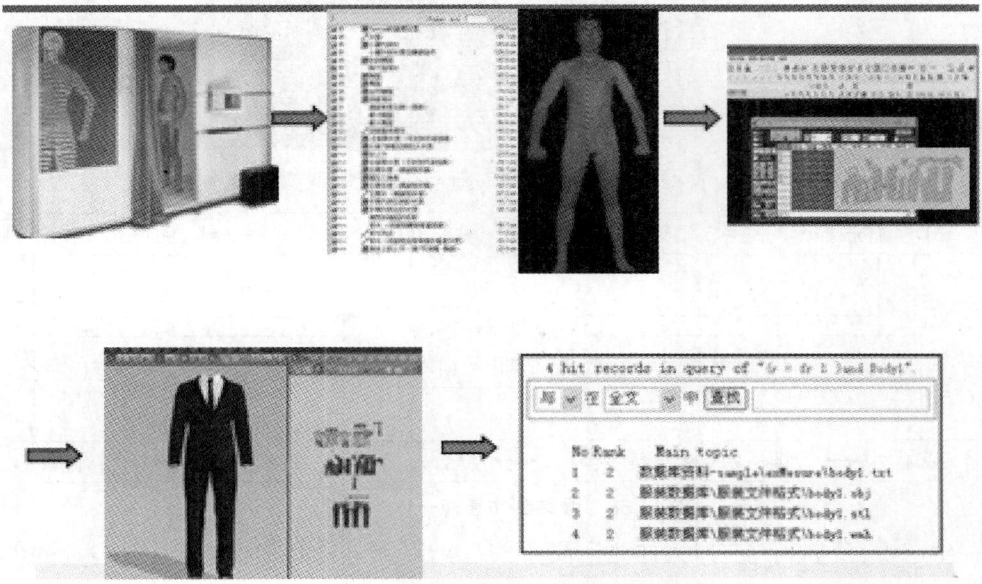

图5–63　法国Telmet测量仪器

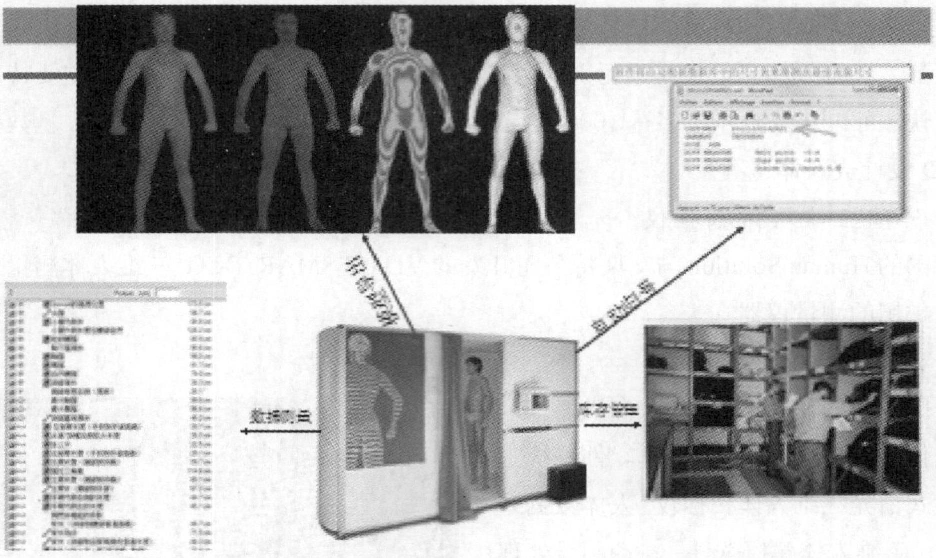

图 5-64 SYMCAD 设备的主要特点（图片由 Telmet 公司提供）

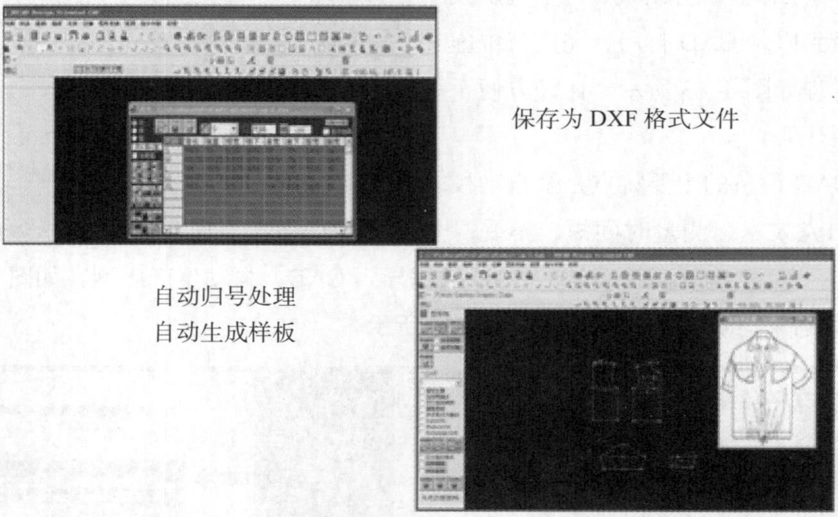

图 5-65 数据自动归号并生成版型

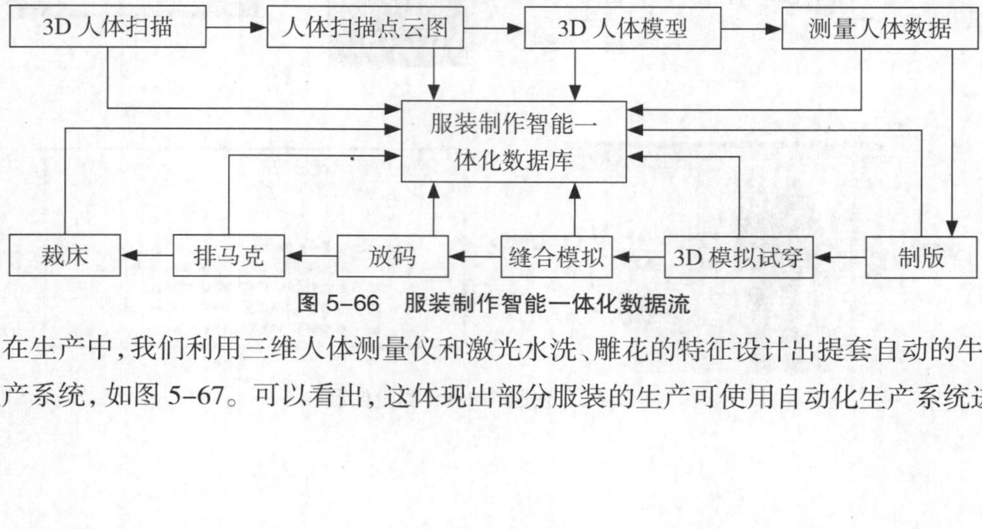

图 5-66 服装制作智能一体化数据流

在生产中，我们利用三维人体测量仪和激光水洗、雕花的特征设计出提套自动的牛仔服装生产系统，如图 5-67。可以看出，这体现出部分服装的生产可使用自动化生产系统进行。

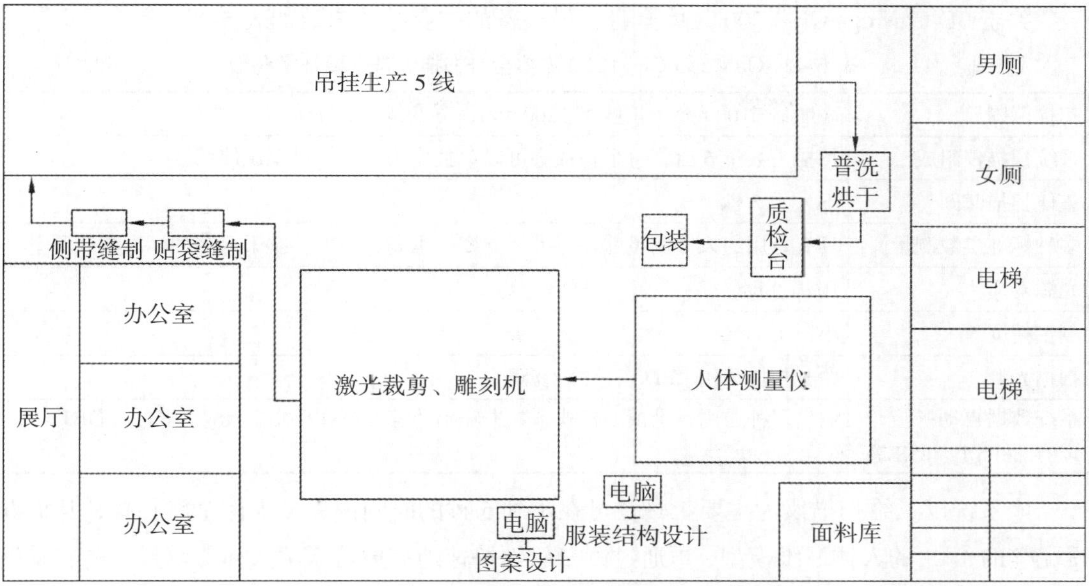

图 5–67　牛仔服装的自动化生产系统

3. 中国的三维人体测量仪

北京博维恒信科技发展有限公司是专业研发生产光学三维扫描系统的高新科技企业，在国内一直处于领先地位。该公司开发的 3DCaMega 人体（全身 – 半身）扫描系统（图 5–68）是国内第一套具有自主知识产权的非接触式数字化人体测量系统，是为精确获取人体三维数据而设计。该系统的应用范围包括建立人体尺寸标准库、军队制服型号分析；服装设计、虚拟试衣、个性化量身定做；美体塑身行业体型分析评价；三维影视动画真人建模；医学工程、生理解剖；人机工效学、工业设计；专业人群选材（运动员、特种部队、艺术专业）等。

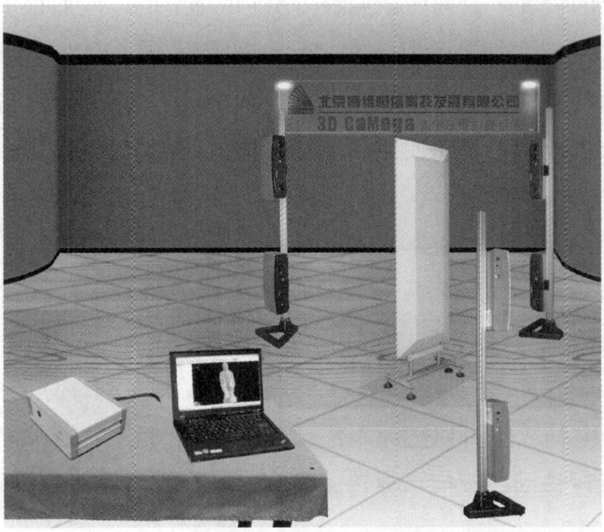

图 5–68　中国的 3DCaMega 三维扫描仪

关于 3D CaMega CF-1200 人体全身扫描设备的主要技术参数如表 5-8。

表 5-8 CaMega CF-1200 人体全身扫描设备主要技术参数

扫描范围	高度≥ 2100 mm，长度≥ 1200 mm，宽度≥ 1200 mm
系统扫描仪组成	扫描头数量 6 台，每个扫描头可以单独作为一个扫描系统使用
整体扫描时间	不大于 5 秒
多种标准参数测量	具有专用的人体测量软件：人体立姿、坐姿、头部、躯干等多种标准参数测量
光源寿命	10 万小时
测量精度	小于 1.0 mm
扫描光源	白光扫描采用 LED 白色冷光源
系统数据自动拼接，可输出多种通用三维模型格式，数据输出兼容性格式要求：ASC、STL、OBJ、WRL、TXT、IGS 等	

该系统以三维扫描仪为主要工具，可在不到 5 秒的时间内完成人体全身扫描，从而获得完整的 1∶1 的人体三维模型，再通过测量软件快速地完成若干项人体关键尺寸的自动测量，并根据测量方案输出人体测量数据。相比传统的手工测量，它在数据的完整性和再利用性上有着无可比拟的优势，为服装设计、人机工程等领域的人体数据采集和自动处理提供了全面的解决方案。

二、服装 CAD 系统

服装 CAD 系统最早作为服装生产的数字化技术应用的服装 CAD 技术。当前的国内外服装企业常会引进服装 CAD 系统，如美国的格柏、法国的力克、美国的 PGM 或奥瑞数控的服装大师智能 CAD 系统软件等。但尽管在大中型企业中 CAD 系统使用率超过 95%，但在全部服装企业中只有 40%，即还有很大一部分中小企业没有应用服装 CAD，服装 CAD 还没有完全达到普及的程度。目前中国服装 CAD 市场上的开发商很多，如北京 710 所的天力（ARISA）服装 CAD、深圳富怡服装 CAD、杭州的爱科（ECHO）等。这些都是针对大型生产的服装企业而开发的，很多中小企业因为资金、人才、硬件设备等因素，没有条件运用服装 CAD 系统，因此，一套简便实用而又价格低廉的服装 CAD 系统的推出势在必行。

1. 服装 CAD 简介

服装 CAD 的应用范围基本分为款式设计和结构设计两种。企业使用 CAD 软件描绘效果图，可以在没有生产前就能看到这件衣服的大概效果，进行款式设计，如图 5-69 所示。结构设计又称为作纸样或打版，包括出头样、放码和排料，如图 5-70 所示。通过电脑直接打印出头样（图 5-71），省去了手工绘制的繁复测量和计算，操作速度快，自由度大，准确度高。使用电脑放码可以把原本需要将近一天的手工放码缩短到十几分钟，可以非常方便地对纸样进行移动、调换、旋转、反转。排好后用绘图仪打印出来就可以用于裁剪了。

图 5–69　服装款式设计

图 5–70　服装纸样设计

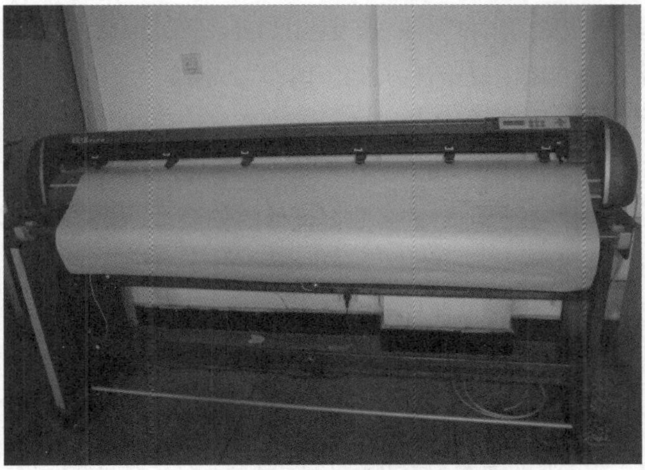

图 5–71　电脑打印输出服装结构图

传统的服装设计都是手工操作，效率低。重复量大，而服装 CAD 借助于电脑的高速计算及储存量大等优点，使设计效率大幅度提高，降低了劳动强度，缩短了生产周期。据统计，通过运用 CAD 系统，服装企业的设计成本可降低 10%～30%，设计周期可缩短 30%～60%，产品质量可提高 2～5 倍，设备利用率可提高 2～3 倍。

2. 服装 CAD 发展阶段

从 20 世纪 60～70 年代开始，美国采用计算机进行样版设计和放码排料来代替手工操作，逐步形成了计算机辅助设计的局面，这是以代替手工为主的服装 CAD 技术时期。20 世纪 80～90 年代，法国、西班牙、意大利、德国、日本等也相继发展和使用了服装 CAD 技术，同时服装 CAM 的技术也开始发展，国外服装企业有 70%以上使用了服装 CAD 技术，这是普及使用服装 CAD 技术的时期。2000 年以后，国内服装 CAD 技术开始迅猛发展，服装企业总体应用 CAD 技术普及率从 20 世纪 90 年代小于 5%提高到目前的 40%左右，相继出现了不少国产服装 CAD 系统，如布易、航天、日升、丝绸之路、富怡、爱科等，以及引进了美国格柏（Gerber）、法国力克（Lectra）、德国艾斯特（Easter）、西班牙艾维（Investronic）、瑞士艾力斯（Alexis）、加拿大派特（PAD）等国外 CAD 系统。

3. 国内外服装 CAD 差异分析

（1）国内服装 CAD 的优点。

总体上来看，国内的服装 CAD 系统，结合了中国的国情设计，性价比一般比国外的 CAD 系统高。主要体现在以下几个方面：国内 CAD 系统软件的适应性和亲和性较好；国内 CAD 系统硬件的通用性和灵活性较好；与进口软件相比，国内 CAD 系统价格偏低；国内软件开发时间较短，产品更新速度快。

（2）国外服装 CAD 的优势。

国外服装 CAD 系统由于安全性和稳定性较高，硬件先进、配套性良好等优点，我国的大型服装企业，尤其是外贸加工型企业较广应用国外产品。其优势体现在以下几个方面。

a. 国外 CAD 在软件的系统安全性方面优于国内产品。

国内服装 CAD 系统的文件大都是在 Microsoft Windows 操作系统的个人 PC 机上操作，而国外 CAD 系统还可直接运行在 Unix 操作系统。在 Unix 操作系统下使用 CAD 系统，其感染病毒的概率极低。这样，既保证了重要数据文件的安全性，又避免了文件被盗用和破坏。

b. 国内 CAD 在软件先进性和配套性方面与国外产品存在一定差距。

在国外服装 CAD 软件中，工业样版的系列化即“推板放码”，一般有“点”放码和“线”放码两种方法，其操作原理基本相同。国外服装 CAD 在放码的实现方法上明显优于国内的 CAD 软件。同时，国外服装 CAD 还可设置二级、三级放码，能更好地满足人体的需要。在放码方面，国内软件是按新规格操作，用同一种方法重新制定了一套纸样。企业如果依照这种方法，在规格差异较大时，可能会影响结构线的造型，这时可用软件中提供的“点”放码来纠正，基本能满足目前企业所需，但是在精确性方面比不上国外的 CAD 软件。

c. 国外 CAD 在软件兼容性方面优于国内软件。

国外的 CAD 软件均兼容 dxf 格式文件，更便于信息交流和沟通，也为 CAD 的升级和新功能的开发提供了发展的空闻。而国内软件在这方面还比较欠缺。

d. 国外的三维服装 CAD 软硬件开发优于国内。

国外在三维服装 CAD 软、硬件开发研究方面走在了国内的前面。

（3）几种典型的服装 CAD 软件介绍。

a. 加拿大 PAD 服装 CAD 软件系统。

加拿大 PAD（派特）软件包括打版放码、三维试衣、自动排料、打印或裁床输出四个模块，不依靠电脑操作系统，只使用本软件工具，派特系统软件直接方便地利用已有式样和样片制作新服装。

该系统的打版模块是具有多种方式的全面快速打版系统，具有全面的自由打版、辅助线设计打版、原型打版机结构线智能打版；界面开阔简洁，30 多种纸样制作工具，全部图符由按钮显示，摒除旧式繁杂指令操作，直观自由，配合快捷键，每种工具至少具备 3 种以上相关功能；具有最灵活快逗的省、裥、褶及省道转移，电脑可自动生成特定的圆滑曲线，或随意拉弧成任意曲线，并具有方便的电脑精确圆顺功能，可自己编辑打孔、剪口及样片名称，并可储存成资料库随时调用；兼容其他服装 CAD 系统（如 Gerber、Lectra 等）文件，以及图形、文本软件（如 Photoshop、Ilustrator、Office 等）文件。派特系统操作界面如图 5-72 所示。

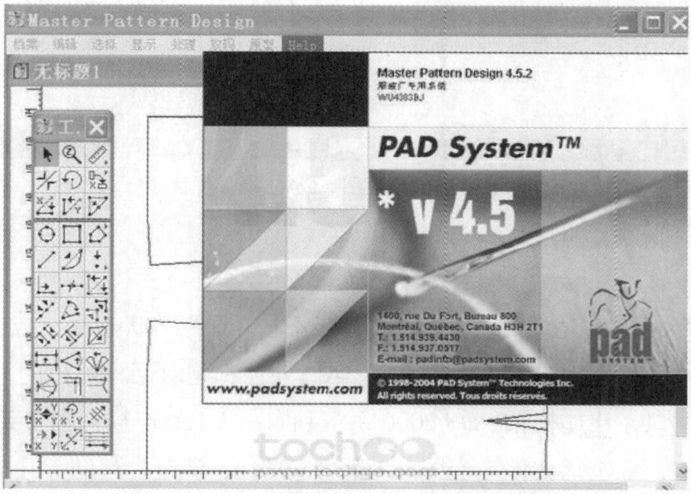

图 5-72　派特（PAD）服装 CAD 操作界面

b. 深圳富怡服装 CAD 软件系统。

富怡服装 CAD 系统是集纸样设计、放码、排料于一体的专业系统。它可以开纸样、放码、排料及打印各种比例纸样图、排料图等。软件采用 Windows 加强式菜单驱控界面，具备 Unix 多用户、多任务能力，兼备同步作业。界面简洁、清晰可见，工具区分一目了然，纸样与设计线随意调整，工作区内纸样简单排列，省去手动排列的不必要麻烦，方便、快捷，纸样绘图位置拥有非一般的记忆功能，具有快速准确自动加缝等功能，可自动跟进、无须修改。

纸样设计系统（PDS）能进行公式制图，根据打版师的打版习惯运用公式或者某些经验数据进行纸样的制作；修版灵活快捷，可以直接改变某些部位的尺寸，使单量单裁的个体服装制作更加方便；自动放码，系统可自动完成不同号型和尺寸的纸样，或者某个特定人体的尺寸样片，避免了设计师的重复性劳动，使制版工作更快捷，更方便；其自由设计法适用于女时装以及款式变化较为复杂的服装的制作，例如转省、修省、褶皱、省展开、切割以及拐角的制作等这些在手工制作中较为复杂和烦琐的工作在富怡打版中都变得简洁和方便了。富怡服装 CAD 操作界面如图 5-73 所示。

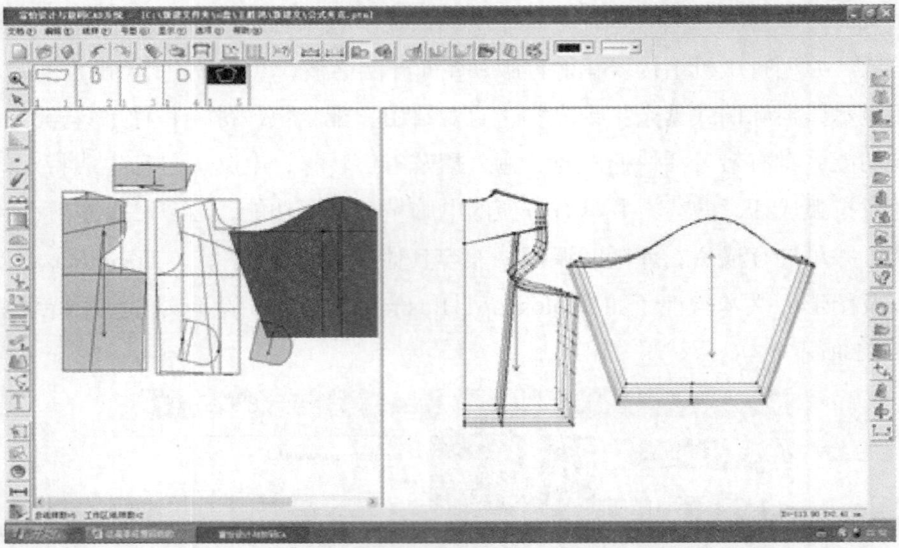

图 5–73 富怡服装 CAD 操作界面

（4）目前主要服装 CAD 系统的技术现状。

a. 操作界面。

在操作界面方面，各大 CAD 软件都有菜单区、工具栏、状态栏、数据输入、工作区，有的软件还有素材区。数据输入方面，通常 CAD 软件都是对话框弹出的方式，而有的系统则采用数据输入窗口，比如格柏 PDS 2000 系统和布易 ET2005 样片设计系统。

在菜单区中，一般包括文件、视图、编辑（修改）、窗口、帮助等几个常见的栏目。

在工具栏方面，目前基本上采用的是 Windows 固有的图标按钮（组）形式，但也有的如格柏 PDS 衣片设计系统中的文字按钮形式，力克衣片设计系统中的盖版工具框形式；另外，一般工具条的位置在工作区的上方、左方或右方。

在状态栏里，一般显示当前所使用功能的名称，有的系统还提示所选功能键的作用与操作步骤；有时，状态栏里还显示被抓捕对象的属性，如点、线、衣片的属性；度量时还显示点或线的距离、线段的长度以及二线的夹角等等。

在工作区内，一般只有一个层面，而对于复杂的设计则有多个层面，比如丝绸之路的款式设计系统、Photoshop 图像处理软件等。另外，鼠标在移动过程中一般碰到点、线时都能自动识别显示，但对于衣片内部区域的识别却还没有达到完全自动识别的程度。

b. 基本功能。

CAD 系统均具有基本功能，而其具有的特色功能则是为了方便用户而设置的。从现有的软件系统来看，CAD 系统的基本功能包括输入、创建、修改、输出这几个主要内容。

在输入输出方面，主要针对文件或数据库的操作，如新建和打开文件、储存与另存文件，还有转换成不同文件格式的输出，以及打印或绘图等。

在创建方面，不同的 CAD 软件包含的内容也不一样，比如款式 CAD 中有线段、封闭形、颜色、图案或者部件库的建立；衣片 CAD 中有直线、曲线、长方形、衣片和毛样创建、尺码、尺寸表或放码规则建立以及放码；排料 CAD 中有排料单建立和排料图产生等。而在创建过程中，不同的 CAD 软件系统采用了不同的操作流程。另外，数据输入时一般采用直接数据输入的方法，而派特、富怡、丝绸之路、爱科则采用部位尺寸有关的参数公式输入。

在修改方面，CAD 软件系统的共同功能有撤销和重做、捕捉和移动或转动、剪切与删除、复制或粘贴、放大和缩小等，但不同的 CAD 软件系统还包含了许多不同的功能。

c. 通用化程度。

目前，软件的各种图形、图像软件发展得较快，向着通用化方向发展趋势明显，比如界面亲和度提高、功能强劲简捷、操作规范统一等。具体体现在“操作状态”下的有：读写文件或数据库、剪切删除、复制粘贴、放大缩小、移动转动、打印预览、输入输出和帮助说明等。但目前各大服装 CAD 设计系统还没有完全达到操作状态下规范统一的水准，操作状态限制在“对象状态”下面，如衣片设计系统中的对象是点、线和衣片，其删除功能必须在相应的对象菜单目录下进行选择，删除点只能在点处理状态下，删除线只能在线处理状态下，删除衣片只能在衣片处理状态下；其他如复制、移动、转动等操作状态也都类同。究其原因，主要问题存在于同一操作状态下不能同时识别点、线、衣片的缘故。

（5）服装 CAD 在中小企业中普及的障碍。

a. 心理障碍。

在已经使用服装 CAD 的企业中，有许多是未经技术论证而盲目购置的，使购进的系统无益于企业自身生产，造成不能完全利用其功能，有的甚至闲置不用。据统计，在已经引进服装 CAD 的企业中只有约 2/3 的企业从购买起就一直使用，而其中却有 1/2 的企业不能完全利用其功能，从而致使部分服装企业负责人对共有很大的抵触情绪，也会使其他准备引进服装 CAD 的企业抱有观望态度。而企业不敢贸然投资，又造成服装 CAD 普及过程中的恶性循环。

b. 价格阻力。

中小型服装企业承担风险的能力较小，在进行一项新的投资时，价格是企业考虑的主要因素。服装 CAD 的价格包括软件价格和硬件价格，目前国内市场常见的服装 CAD 系统的软件价格有着较大的差异，从万元到十几万元甚至几十万元不等；硬件一般为进口，因此售价比较高。而企业在引进服装 CAD 时，由于需要配套购买软、硬件，致使整体价格过高。因而很多企业虽有心购置，却不得不放弃。

c. 企业对服装 CAD 的性能了解不够。

中国服装 CAD 市场上的开发商很多，有些服装 CAD 开发商、经销商、代理商缺乏行业自律，对竞争对手的诋毁大于对自身的宣传，致使服装企业对服装 CAD 的性能不够了解，从而使中小型服装企业望而却步。

d. 软件自身的不足。

由于发展历史、文化背景、运作模式、操作习惯和语言等各方面存在一定的中外差异，国外服装 CAD 系统难以适应和满足国内企业生产的需要，国内系统各功能设计虽然比国外系统更具实用性、更符合国内企业的操作习惯，但与发展较早的国外系统相比，在软件的稳定性、兼容性和纠错能力等方面，仍存在一定的差距。

e. 人才缺乏。

目前，国内中小型服装企业有经验、能熟练使用各种 CAD 系统的服装技术人员还较少。

三、服装裁剪系统

服装自动裁剪系统也是服装数字化技术应用的重要方面。服装自动裁剪系统包括自动铺料设备（图 5–74）和自动裁剪设备（图 5–75）。自动裁剪机是由电脑制板和电脑排料系统控制下的裁剪机，又称 CAM 系统，即电脑辅助系统。服装自动裁剪系统可以和服装 CAD 形成一体化，裁刀的移动是由电脑程序控制，通过服装 CAD 系统的排料，裁刀按照电脑排料储存的记忆自动裁出排料的裁片，比传统的裁剪工艺流程减少了排料和划粉的过程，很大程度上提高了生产效率。

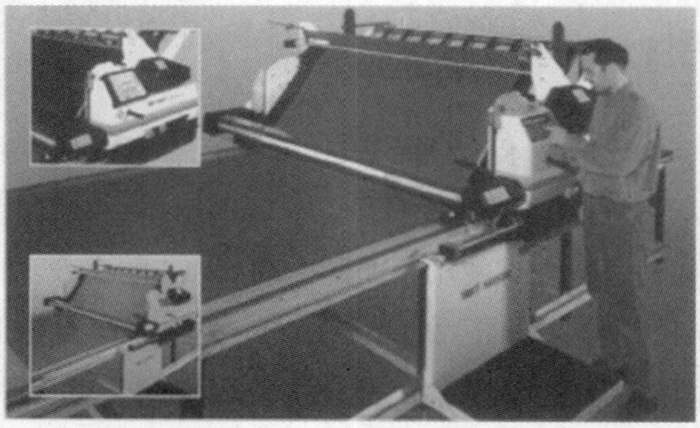

图 5–74 自动摇篮式送布系统

图 5–75 自动裁剪设备

四、服装三维虚拟试衣与模特展示系统

虚拟试衣被定义为计算机模拟，人体模型就存在电脑中，根据人的喜好，选择服装并在与其身形相同的 3D 模特上试穿，以协助完成服装网购。即虚拟服饰店的顾客能够让所选择的服装在几乎真实的人体模型上试穿，客户能看到服装穿在其虚拟身体上的效果。随着人们对服装定制、电子商务、可利用的先进 3D 技术的兴趣增加，虚拟设计已经被认为是服装设计定制工具一个重要组成部分。虚拟试衣是用来让网上消费者看到自己或与自己身形匹配的模特穿着模拟服装的效果。这种形式的数字化试穿或建模有助于解决网上商户所面临的诸多关于精确地表达其服装产品的一种挑战。虚拟试衣技术让消费者能够在快速

的加载时间里，通过精确的产品描述、清晰的图像做出更明智的购买决策。

一些计算机辅助设计（CAD）系统，包括 Browzwear，Optitex，Lectra 和其他品牌，他们为服装行业开发了软件，并运用三维头像使衣服可视化。通过三维人体测量仪完成人体尺寸测量后，通过微调测量点，如胸部、腰部、臀部、腹部，使之形成一系列具体的尺寸。虚拟的衣服版型可以缝合起来，得到一个模型以展示服装的合体度。虚拟试穿技术让消费者能够让与其身形相当的模特试穿不同廓型、面料、色彩、装饰的服装，从而在网上对衣服的合适度进行评价和选择。

虚拟试衣不需要提前做出服装就可以看到服装的穿着效果，这大大缩小试穿成本开支，有助于企业在电子商务平台上进行企业产品宣传，如图 5–76 所示。

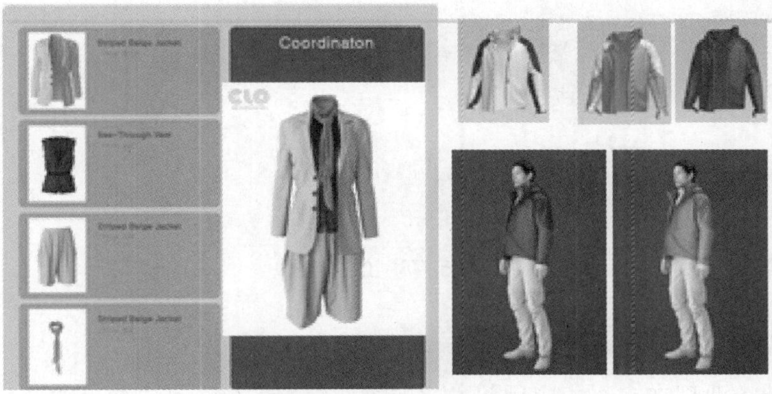

图 5–76　虚拟试衣应用到电子商务平台

如果消费者要变更服装颜色或者面料，通过修改试穿的模拟样品可以完成，如图 5–77 所示。该系统可以通过变化多样的设计来强化设计的竞争力，扩大设计师选择面料的范围。

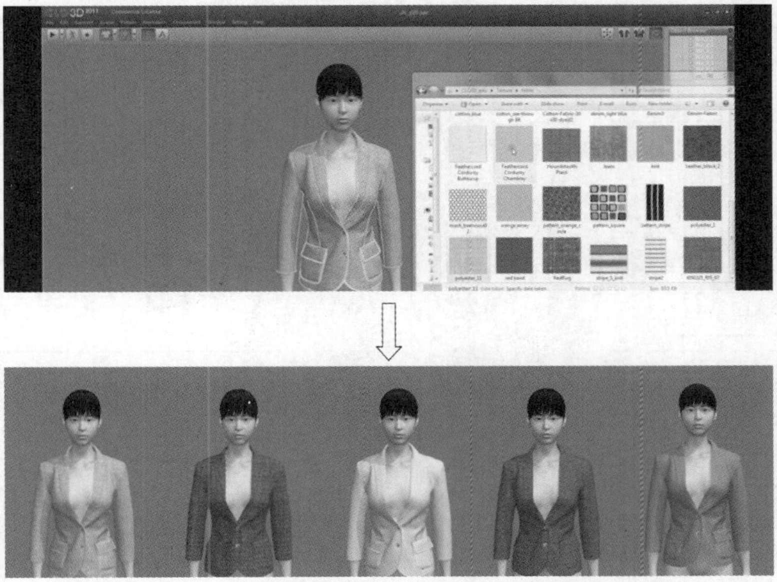

图 5–77　通过试穿的模拟样品完成服装颜色或者布料的更换

该系统已设计出服装虚拟的走秀动作，如图 5-78 所示。如果有灯光效果设计的话，在此基础上可以设计出虚拟仿真走秀的平台，实现从设计、试穿、走秀的快速服装的创意过程。

图 5-78　虚拟走秀

五、服装企业管理系统

大型服装企业现在在逐步应用信息化的企业管理系统，其中包括服装生产管理体系，如图 5-79 所示。

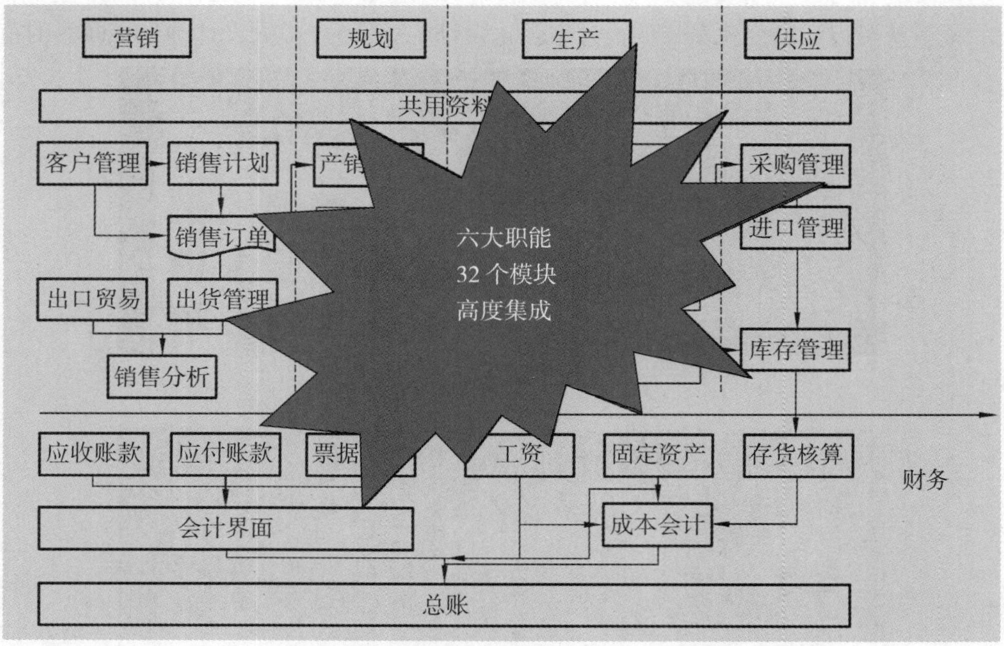

图 5-79　高度集中的营销、规划、供应与生产制造一体化框架

该管理系统是一种灵活的订单生产管理系统，如图 5-80 所示。

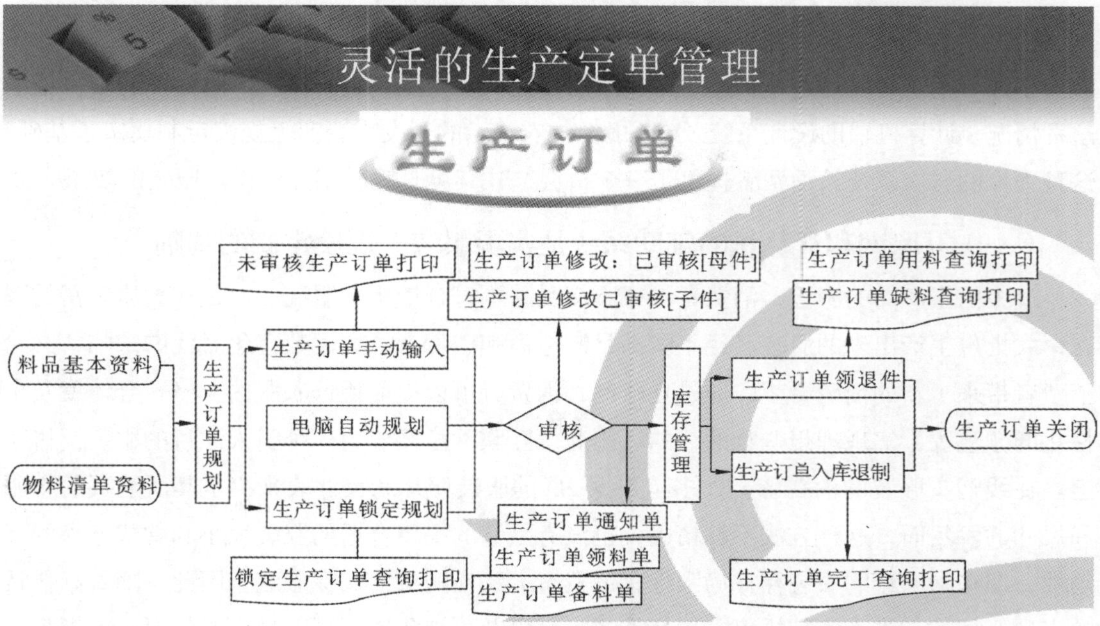

图 5-80　灵活的生产订单管理系统

该系统具有如下特征。

企业内任何数据只由一个部门、一位员工负责输入；减少重复劳动、提高效率、避免差错、责任明确；统一数据库、统一工作程序与处理规则；授权人员、共享信息；环境变化、实时响应；人人自觉维护数据、及时、准确、完整；决策一致、减少矛盾；各职能部门业务联成一体，协同合作、发扬团队精神；闭环系统、响应迅速；各岗位及时输入反馈信息；无限时间跨度、防患于未然；模拟功能辅助决策等。

大部分企业应用的智能化吊挂生产系统也是典型的数字化生产管理系统，如图 5-81 所示。该系统是一种柔性生产系统，属于悬空的物件传输系统，它改变了服装行业传统的捆扎生产方式，有效地解决了服装加工过程中辅助作业时间比例大，生产周期长，成衣产量和质量难以有序控制等问题，具有快速反应能力，可以满足服装企业小批量，多品种，短周期的市场需求。

图 5-81　全自动智能吊挂系统

六、服装大规模的定制技术

新技术、经济全球化和少批量的生产要求导致服装产业正经历着快速的变化。服装企业为了迎合消费者的这种个性化服装需求，实施大规模定制技术成为一种必然趋势。基于这种情况，计算机辅助设计系统及3D虚拟试衣技术的开发为企业大规模定制奠定了基础。这种虚拟的试衣系统给消费者提供了一个机会，让其可直观看到穿着模拟服装的效果。

（一）互联网和计算机的辅助系统是实现服装大规模定制的基础

过去由于产品的匮乏，消费者不得不接受并不符合期望的服装。但是在物质丰富的现在，大批量生产出来的服装已经不能满足制造商和消费者了，而数字化时代的来临，又给消费者带来了新的消费希望。通过互联网，消费者可以提前挑选衣服的风格、合体度及个性化的颜色等，实现理想购物的目的。因此，互联网已经成为一种引人注目的服装销售渠道。在线购买服装的消费者，大多是根据2D的服装照片和尺寸表来决定其所购买的衣服和尺寸的。然而，这种方法不够精确，也没有足够的提供合适的服装大小和款式选择的互动性，即在网上选购服装存在局限性，消费者无法在购买前试穿服装。因此，随着高科技的出现，例如三维人体扫描仪、现有款式定制以及可视化虚拟试穿技术等的诞生，把量身定制和网上购物结合起来已经成为服装企业的发展趋势。但目前，这项技术还有待进一步改进。

（二）服装大规模定制技术

服装的大规模定制（MC）是对大批量生产中的标准化生产流程的整合，它运用信息技术，高效率地快速生产出量身定制的服装产品或服务。“定制”是指生产的每一件产品对客户来说都是独一无二的。其实大规模定制也是一种新的商业策略，其中商品和服务在一个给定的产品线范围内，以一种具有成本效益的方式定制，以满足个人的需求。科技的运用，包括计算机辅助设计、互联网、柔性制造技术的应用，企业可以高效地生产出具有最大差异化和低成本的商品，使企业能够识别和满足客户的个性化需求和欲望。当前我国的服装行业已开始实施大规模定制生产，其目标是开发、生产、销售和提供品种足够多的服装产品，让每一位消费者都能确切地找到自己所要的服装。服装企业实施一个成功的服装大规模定制实践需要考虑3个主要因素的高度整合，即设计技术如计算机辅助设计（CAD）、虚拟现实和多媒体技术的整合，能设计出使客户自己喜好的服装，然后将客户的选择与公司的装配和交付系统整合起来，这样才能够更好地把握客户需求，从而实现订单管理、生产加工和分销渠道的有效协调。

1. 服装大规模定制的流程

一位顾客在电脑上（或者说网络上）可以挑选产品风格、面料、颜色和尺寸大小，并根据自己的喜好创造出独特的设计，得到个性化的搭配，或者根据测量或全身扫描以获得更好的合体度。制定规格后，顾客可以付款给企业，服装订单便被送去实施生产。几天后，产品制成并配送至顾客手中。

所以，服装大规模定制的过程如图 5-82 所示。

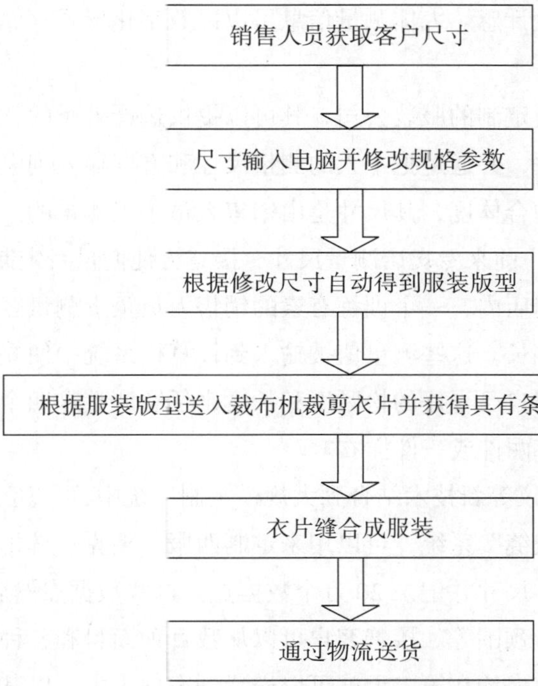

图 5-82　服装定制过程

其实，服装和鞋类的大批量定制可以分为 3 种类型，个性化服装定位、合体性服装及个性化服装款式设计。所谓个性化服装定位，就是产品是根据消费者的个人需求来定制的；合体性服装就是根据个性化的身型三围和规格提供给制造过程实施单独生产以满足客户的选择，例如颜色、面料、工艺、配饰等；个性化服装款式设计就是将消费者的意愿参与到服装设计当中去完成产品的设计过程。所以，服装定制的专业化程度是很高的，而且消费者在服装定制上的兴趣会引起设计方案和个人的合体度的不断变化，这需要借助一支训练有素的团队来完成，即协同设计。合体度是服装大规模定制的关键问题。

2. 服装大规模定制的尺寸获取

定制服装时需要每个消费者精确的尺寸测量，这些尺寸可以通过对消费者进行手工测量，全身扫描仪扫描，或者通过视频摄像头来测量人体尺寸；紧接着，这些测量值被输入到系统中，最后调整原型中匹配点的尺寸大小而得到。诸如 JIT（Just In Time，适时反应战略）或 QR（Quick Response，快速反应战略）等生产观念的服装行业通过这些方法获取尺寸后，它们已经找到了量身定制服装的新细分市场，服装大规模定制已经成为服装行业生产和零售的一大趋势，但现在的一些服装企业仍然同时提供成衣和定制两种销售形式。

大规模服装定制中的两个重要参数是使合体度更高的人体扫描和使设计更独特的协同

设计。人体扫描包括用电子测量顾客的身型使制造的产品具有个人合体度。在客户协同设计中，顾客一般借助 CAD 技术或专业人士的帮助，从一个公司的风格、面料、颜色、平面设计和尺寸大小出发，设计出个性化的服装产品。在更先进的技术水平上，全身扫描和智能卡将会提升定制合适度和设计感。人体测量信息可以以数字化形式存储在智能卡上使其具有可移植性。

我们研究过牛仔裤大规模定制的服装公司，其可以提供选择裤子的款式、下裆长、臀围、面料、颜色及后整理方法，并通过把个人的测量尺寸和喜好输入到电脑程序中并让顾客试穿样衣，由此确定裤子的合体度，其尺寸是由销售人员手工测得的。设计的牛仔服装"智能化生产"计划，允许客户前来专卖店测量尺寸，接着为他们量身定制牛仔裤，2 小时后可以送货上门。在专业为门店内，一个训练有素的销售人员负责测量客户的 4 个净尺寸为腰围、臀围、下裆长和直裆长。这些测量值被输入到计算机系统中便立即产生一件原型试样衣。顾客试穿样衣，根据自己喜好的松紧度和长度来任意调整这四个尺寸。通常达到顾客最完美的合体度需要试穿两件或三件样衣。

一个公司将 3D 人体扫描仪等新技术结合到大规模定制系统中，可以立即搜集到客户的人体尺寸，这称为"数字化裁缝"系统，可以用来定制西服、夹克、裤子和衬衫。该系统可以在 2 秒内扫描客户的身体尺寸并记录 20 万个数据点。这些数据点然后被转化成 45 项具体的剪裁测量值，如领围、颈围等。接着客户可以从数百种面料和各种不同的风格中挑选自己需要的进行组合。服装大约在第二天就可以送货到客户手中，以其独一无二的合体度保证客户的满意度。每个客户的扫描数据和版型被储存起来，以便再次订购。

第六章 服装市场双轨运行

服装业是我国拓展国际市场的基础产业之一，我国对全球服装市场有着举足轻重的影响。同时，我国也是服装消费市场增长最快的国家之一，因而发展服装业也是带动经济发展的一种有效途径。我国的服装企业数量很大，产品出口量也很大。自 1994 年以来，我国连续多年保持全球纺织服装出口第一。美国次贷、欧洲主权债务危机爆发以后，尽管当时我国在美、欧、日等传统市场的份额下降了 3%~ 5%，但占全球的贸易份额 3 年间仍上升了 4%，达到了 36%。2008 年，我国纺织服装出口 1852 亿美元，增长 8.2%，2009 年下降 9.8%，而 2010 年、2011 年分别增长 23.6% 和 20.1%。2012 年受欧债危机造成的国际市场需求不足、人民币升值、劳动力成本上升等因素影响，全球出口 2549.8 亿美元，增长 2.8%，进口 244.6 亿美元，增长 6.2%。2012 年的纺织品服装在全国外贸中所占份额继续回落，贸易额占比 7.2%，贸易额占比较 2011 年减少 0.2%，出口额减少 0.7%。国家统计局统计数据显示，2020 年，我国社会消费品零售总额为 391 980.6 亿元，同比下降 3.9%，其中服装类商品零售额累计 8823.9 亿元，同比下降 8.1%。2020 年重点监测的 46 家纺织服装市场成交额为 13 477.83 亿元，同比增长 4.93%。疫情后的 2023 年前 5 个月，我国进出口贸易增加 4.7%，呈现持续向好态势。

尽管服装出口情况有所好转，但整体上观察国内外总体服装销售趋势，企业的竞争压力仍然巨大。随着品牌价值的日益凸显，企业之间不再局限于价格之间的竞争，而逐渐体现在非价格因素的竞争，市场营销就是非价格因素竞争的一种。

未来世界纺织服装市场格局将会发生一些变化，其中东南亚市场会不断增加，而发展中国家的中高收入消费群体会促进市场扩大，而欧洲、北美和日本市场的成长速度放慢。反倾销和反补贴关税的争端可能会增加。主要进口国对社会责任和产品生态要求提高，这将会成为新的贸易壁垒问题。

第一节 基本概念

衣是人类最重要的生活物品之一,为人类带来重要的经济活动.尽管服装企业在世界经济的排行榜上很难走到前几位，但世界上许多大企业家都是从服装开始创业的。所以，服装市场营销是非常重要的市场营销形式。

一、市场营销

（一）市场营销概念

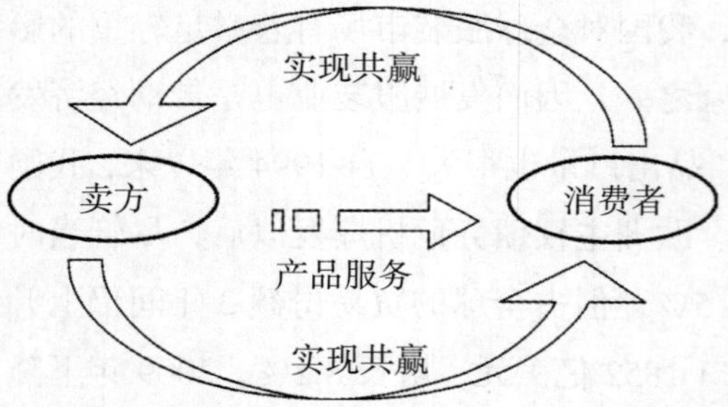

图 6-1 市场营销定义

市场营销（Marketing）又称为市场学、市场行销或行销学，简称“营销”，是指个人或集体通过交易创造产品或价值，以获得所需之物，实现双赢或多赢的过程，其主要研究对象是企业等组织在市场上的营销活动及其规律，它是作为供给方来研究企业怎样适应市场需求，怎样使产品具有吸引力，购买方便，定价合理，使买方满意，从而去提高企业的市场占有率和经济效益一种手段。它主要是研究卖方的产品和服务怎样转移到消费者或用户手中的全过程，可用图 6-1 表示其定义。

（二）市场营销定义的几个不同观点

对于市场营销的具体定义，不同研究机构、在不同的时期有不同的研究观点，其侧重点略有一些差别，几种国际上较为主流的定义如下。

1. 美国市场营销协会（AMA）定义

美国市场营销协会认为营销是创造、沟通与传送价值给顾客，以及经营顾客关系以便让组织与其利益的关系人（stakeholder）受益的一种组织功能与程序。

2. 美国市场营销协会官网最新定义

美国市场营销协会官网认为营销是创造、传播、传递和交换对顾客、客户、合作伙伴乃至整个社会有价值的产品和服务的一系列活动、机制和过程。

3. 菲利普·科特勒的定义强调了营销的价值导向

菲利普·科特勒的定义强调了营销的价值导向，他认为市场营销是个人和集体通过创造产品和价值，并同别人自由交换产品和价值，从而使个人或集体满足欲望和需求的一种社会和管理过程。

4. 格隆罗斯定义

格隆罗斯定义强调了营销的目的。所谓市场营销，他认为就是在变化的市场环境中，旨在满足消费需要、实现企业目标的商务活动过程，包括市场调研、选择目标市场、产品开发、产品促销等一系列与市场有关的企业业务经营活动。

5. 美国学者基恩·凯洛斯定义

美国学者基恩·凯洛斯将各种市场营销定义分为 3 类：一是将市场营销看作一种为消费者服务的理论；二是强调市场营销是对社会现象的一种认识；三是认为市场营销是通过销售渠道把生产企业同市场联系起来的过程。

6. 现代市场营销学定义

现代市场营销学将“市场营销”定义为“推销”。这种观点认为，推销是市场营销活动的一个组成部分，是企业营销人员的职能之一。如果企业搞好了市场营销研究，了解了消费者的需要，按照消费者的需要来设计和生产适销的产品，同时合理定价，做好渠道选择、销售促进等市场营销工作，那么这些产品就能顺利地销售出去。

现代市场营销学理解“市场营销”的定义要从 3 方面进行：一是消费者和用户是企业营销的对象，营销活动的核心，就是要“谋划”。“谋划”的核心问题是首先怎样去识别、确定和满足消费者的需要。这是市场营销最主要的含义，也就是企业经营的目标。二是营销活动的主体是企业。企业是产品交换的主动者和积极实施营销活动的一方，要千方百计去促成交换，想办法把产品销售出去，让消费者主动掏钱想购买。因此，企业把消费者称作为“上帝”。三是市场营销是一个商务活动过程，包括市场调研、选择目标市场、产品开发和定价、渠道选择建立、产品促销、储存和运输及提供服务等一系列有计划的活动。所以，市场营销不仅仅是“一手交钱、一手交货”的行为，但这种行为便是市场营销的结果。这种行为在市场营销中不但不是全部内容，而且其作用也是微不足道的，因为一系列营销活动完成后，具体的交割手续是自然而然的事情了。

二、需要、欲望与需求

需要、欲望和需求是市场营销中 3 个最基本的概念，他们共同构成企业营销活动的基础，三者联系密切，但又相互区别。

（一）需要

人类需要是市场营销的基石，是营销活动的源泉，所谓需要是指人们因为缺乏某种事物而没有得到满足的心理状态，即某种不足或短缺感，主要包括对衣食住行的生理需要、情感归属的社会需要、对知识的追求以及自我实现的个体需要等。需要是人类固有的，是营销人员无法创造的，也就是说，需要不是由企业通过营销活动创造出来的，而是客观存在于人类本身的生理组织和社会地位状况之中，当人的某种需要得不到满足时，就会感到失落。为得到消费者满意，企业进行市场营销活动的基本任务就是开发和生产能满足需要的产品。

（二）欲望

欲望是指想得到某种具体的东西以满足或部分满足某种需要的愿望，它是指建立在不同的经济、社会、文化和个性等基础之上的需要。欲望不仅受文化和个性限制，而且是通过社会形成并以客观物体形式来满足需要。如果说需要对人类整体而言具有共性，正如饿思饭，寒想衣，那么欲望对个体而言则具有个性和特性。例如，中国南方人感到饥饿时想吃米饭，北方人饥饿时想吃面条，美国人饥饿时想吃汉堡，意大利人则更思念比萨等。每个人会依据自己所处的社会、经济、文化和性格等的不同而产生差异化的需求就是欲望。

企业和生产者常常将欲望和需要混淆成一个概念。实质上，二者是有差别的。例如，人们买大米，是对饮食的基本需要，但大米有精白米、贡米、富硒米、珍珠米、东北大米、泰国大米等五花八门的分类，消费者在选择购买时会对喜欢的口味和合适的价格产生不同的购买欲望，但实际需要还是相同的，都是为了满足饮食、填饱肚子。企业生产者往往只关注了消费者对产品所表现出来的欲望，而忽略了实质性的需要。

（三）需求

需求是指对有能力购买并且愿意购买的某个具体产品的欲望，当消费者有购买能力时，则需要和欲望就转变为需求。例如，高档服装时尚精致、高贵大方，作为一种显示身份的衣服，人人都是有需要的。但对没有购买能力的人来说，高档服装的需要只是一种欲望，只有对具有支付能力的人来说才是需求。并非所有的欲望都能得到实现，也并非所有的需要都能转化为需求，问题的关键在于是否具有购买能力。记住：人的欲望是无限的，而购买能力是有限的。

当价格一定时，有能力购买的消费者自然会选择具有最大满足效用的产品，这时购买的性价比决定着市场需求的实现程度，市场需求是企业营销活动的中心。一般市场需求总是处在变化之中，而消费者的收入和价格是影响市场需求变化的两个最基本因素。需求同收入成正比例关系，而需求同价格则成反比例关系。当价格一定，当消费者的收入增加，购买力增加，则市场需求的数量增加，选择性加强：当收入一定，价格上升则市场需求下降，价格下降则市场需求增加。

三、产品、服务与体验

菲利普·科特勒说：消费者的需要、欲望与需求通过营销供给来满足，营销供给主要是指企业生产者提供给市场用来满足客户需要或欲望的产品、服务、信息或体验的结合体。

所以，很多生产者过于追求具体的产品而忽视了伴随产品而带来的顾客利益与体验，这种情况被称为“营销近视”，具体表现为厂商过度关注自己的产品，关注已经存在的市场需求，而忽视了潜在的消费者需求。例如，内衣生产者可能会认为消费者需要的是一件内衣，然而顾客实质上需要的是舒适透气的服装，如果厂商过度关注产品本身而忽略了消费者需求，一旦有功能更强大或价格更低廉的能够满足顾客需要的内衣出现时，这类消费者就会迅速流失，厂家自然会面临危机。

营销活动提供的不仅仅是产品实体，还可以提供服务和体验等。服务主要是指可给人带来某种利益或满足感的可供有偿转让的一种或一系列具无形特征的活动，如服装购买后的免费裁剪、一周内的包换、送货上门等服务。优秀的营销人员会跨越产品的具体属性，通过一系列活动策划为顾客创造良好的实体体验，例如现在一些服装专卖店，提供的不仅是优越的购买环境、良好的文化氛围，更是一种高层次的感官体验。

四、市场

根据杰罗姆·麦卡锡《基础营销学》一书给出的定义，市场是指一群具有相同需求的潜在顾客，他们愿意以某种有价值的东西来换取卖主所提供的商品或服务，这样的商品或服务是满足需求的方式。

市场定义

市场是人类对于固定时段或地点进行交易的场所的称呼。住在城市各个区域的人们在城市里进行产品交易并促进城市的经济发展。当一个城市的市场变得庞大而且更开放时，城市的经济活力也会相对增长。市场的构成要素可以用一个公式表示：市场=人口+购买力+购买欲望。

原有市场的特性可以被概括为：市场是商品交换顺利进行的条件，是商品流通领域一切商品交换活动的总和。市场体系是由各类专业市场，如商品购买与服务市场、技术市场、劳务市场、金融市场、信息市场、文化市场等组成的完整体系。但这些市场体系中的各专业市场均有其特殊功能，它们相互依存、互相制约，共同作用于社会经济。市场也是以商品交换为基本内容的经济联系方式。在商品经济条件下，交换产生和存在的前提是社会分工和商品生产。由于社会分工，不同的生产者分别从事不同产品的生产，并使一般劳动产品转化为商品，使产品生产也转化为商品生产。因此，市场是在商品经济条件下社会分工和商品交换的产物。市场与商品经济有着不可分割的内在联系。

当前，随着社会交往的网络虚拟化，市场不一定是真实的场所和地点，现在的许多买卖都是通过计算机网络来实现的，如中国最大的电子商务网站淘宝网就是提供交换的虚拟市场。

五、服装市场营销

服装市场营销是指个人或集体根据顾客的需要和服装市场的需求，针对具体的服装目标市场，设计创造符合他们所需的服装产品，以适当的成本进行制造，并通过交易将其价值传递给顾客，最终实现双赢或多赢的过程。

六、电子商务

（一）电子商务概念

电子商务通常是指在全球各地广泛的商业贸易活动中，在开放的网络环境下，基于浏览器/服务器应用方式，买卖双方不谋面地进行各种商贸活动，实现消费者的网上购物、商户之间的网上交易和在线电子支付以及各种商务活动、交易活动、金融活动和相关的综合服务活动的一种新型的商业运营模式。电子商务利用的工具是微电脑和网络通信。

（二）电子商务的几种不同解释

各国政府、学者、企业界人士根据自己所处的地位和对电子商务参与的角度和程度的不同，对其定义进行了不同解释。

1. 权威机构的定义

经济合作和发展组织（OEBD）认为：电子商务是发生在开放网络中的包含企业之间（business to business）、企业和消费者之间（business to consumer）的商业交易。

全球信息基础设施委员会（GIC）电子商务工作委员会认为：电子商务是运用电子通信作为手段的经济活动，通过这种方式人们可以对带有经济价值的产品和服务进行宣传、购买和结算。这种交易的方式不受地理位置、资金多少或零售渠道的所有影响，公有和私有企业、公司、政府组织、各种社会团体、一般公民、企业家都能自由地参加广泛的经济活动，其中包括农业、林业、渔业、工业、私营和政府的服务业。

2. 权威人士的定义

美国学者瑞威·卡拉科塔和安德鲁·B. 惠斯顿在《电子商务的前沿》中给出了电子商务的定义："广义地讲，电子商务是一种现代商业方法。这种方法通过改善产品和服务质量、提高服务传递速度，满足政府、组织、厂商和消费者降低成本的要求。这一概念也用于通过计算机网络寻找信息以支持决策。一般来讲，今天的电子商务通过计算机网络将买方和卖方的信息、产品和服务联系起来，而未来的电子商务则通过构成信息高速公路的无数计算机网络中的一个将买方和卖方联系起来。"

中国专家王可从过程角度将电子商务定义为"在计算机与通信网络基础上，利用电子工具实现商业交换和行政作业的全过程"。

中国企业家王新华从应用角度认为电子商务从本质上讲是一组电子工具在商务过程中的应用，这些工具包括：电子数据交换（EDI）、电子邮件（E-mail）、电子公告系统（BBS）、条纹码（Barcode）、图形处理、智能卡等。而应用的前提和基础是完善的现代化通信网络和人们的思想意识的提高以及管理体制的转变。

电子商务专家杨坚争教授认为："电子商务是指交易当事人或参与人利用现代信息技术和计算机网络（主要是互联网）所进行的各类商业活动，包括货物贸易、服务贸易和知识产权贸易。电子商务利用现代信息技术能够有效地减少交易的中间环节，缩短交易时间、降低交易成本。”

学者沈鸿认为，电子商务是利用现有的计算机硬件设备、软件和网络基础设施，通过一定的协议连接起来的电子网络环境进行各种各样商务活动的方式。

西安交通大学电子商务专家李琪教授对电子商务从广义和狭义两个角度进行分析定义。广义的电子商务是指利用一切电子工具从事商务活动。狭义的电子商务可以从5个角度来定义，从通讯角度讲，电子商务是利用电话线、网络或其他媒介所做的信息、产品、服务或付款的传送；从企业流程的角度讲，电子商务是商业交易及工作过程自动化的一种技术应用；从服务角度来说，电子商务是解决公司、消费者及管理阶层降低服务成本、提高货物品质，加速服务，提高传递速度的一种工具；从在线角度讲，电子商务提供了因特网和其他在线服务中购买和销售产品和信息的能力；从生产力角度讲，信息技术与商务技术复合成为系列化的应用电子工具，以其为中心从事交易的经济事务活动。

3. 世界电子商务会议关于电子商务的概念

“欧洲电子商务发展提倡”中给出电子商务的定义是：“电子商务通过电子方式进行的商务活动。它通过电子方式处理和传递数据，包括文本、声音和图像。它涉及许多方面的活动，包括货物电子贸易和服务、在线数据传递、电子资金划拨、电子证券交易、电子货运单据、商业拍卖、合作设计和工程、在线资料、公共产品获得等。它还包括了产品（如消费品、专门设备）和服务（如信息服务、金融和法律服务）、传统活动（如健身、教育）和新型活动（如虚拟购物、虚拟训练）等。”

1997年11月6—7日，国际商会在法国巴黎举行了世界电子商务会议。全世界商业、信息技术、法律等领域的专家和政府部门的代表，共同讨论了电子商务的概念问题，这是目前电子商务概念较为权威的阐述。与会代表认为：电子商务是指对整个贸易活动实现电子化。从涵盖范围方面可以定义为：交易各方以电子交易方式而不是通过当面交换或直接面谈方式进行的任何形式的商业交易；从技术方面可以定义为：电子商务是一种多技术的集合体，包括交换数据（如电子数据交换、电子邮件）、获得数据（共享数据库、电子公告牌）以及自动捕获数据（条形码）等。从涵盖的业务来看，电子商务业务包括信息交换、售前售后服务（提供产品和服务的细节、产品使用技术指南、回答顾客意见）、销售、电子支付（使用电子资金转账、信用卡、电子支票、电子现金）、组建虚拟企业（组建一个物理上不存在的企业，集中一批独立的中小公司的权限，提供比任何一个单独公司更多的产品和服务）。

（三）交易平台、平台经营者、站内经营者

电子商务的形成与交易离不开交易平台、平台经营者以及站内经营者。

交易平台：第三方电子商务平台是指在电子商务活动中为交易双方或多方提供交流及

相关服务的信息网络系统总和。

平台经营者：第三方电子交易平台经营者（以下简称为平台经营者）是指在工商行政管理部门登记注册并领取营业执照，从事第三方交易平台运营并为交易双方提供服务的自然人、法人和其他组织。

站内经营者：第三方电子交易站内经营者（以下简称为站内经营者）是指在电子商务交易平台上从事交易及有关服务活动的自然人、法人和其他组织。

（四）电子商务构成要素

从应用角度来考虑构成电子商务的要素，电子商务是由网络、电子商务用户、商家、认证中心、物流中心和网上银行组成，电子商务的基本组成如图 6–2 所示。

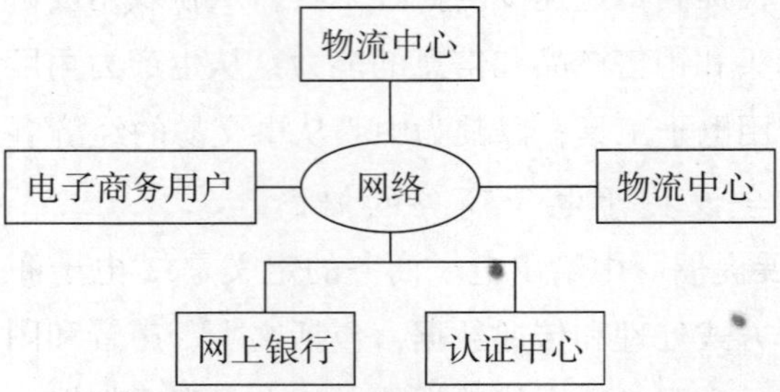

图 6–2　电子商务基本组成

（五）网络

网络包括 Intranet、Extranet 和 Internet。Intranet 是企业内部活动的场所；Extranet 是企业与外部进行商务活动的场所；Internet 是电子商务的基础，是商务信息传递的载体。

（六）电子商务用户

电子商务用户分为个人用户和企业用户（商家）。交易双方都通过网络发布和获得交易信息并通过网络进行商务活动。

（七）认证中心

认证中心（Certificate Authority，CA）是受法律承认的权威机构，负责发放和管理电子证书，使得交易双方能相互确认身份。电子证书一般包含证书持有人的个人信息、公开密钥、有效期和发证单位的电子签收等数字文件。

（八）物流中心

电子商务的数字类产品可以直接通过互联网传递，但是实物商品还是需要由物流将商品送到消费者手中。

（九）网上银行

随着电子商务的发展，银行业开始实施网上银行业务，为客户提供网上支付手段，提供 24 小时实时服务，这极大地促进了电子商务的发展。

（十）二维条形码

二维条形码就是用某种特定的几何图形按一定规律在平面（二维方向上）分布的黑白相间的图形记录数据符号信息。它是在代码编制上巧妙地利用构成计算机内部逻辑基础的“0”与“1”的比特流概念，使用若干个与二进制相对应的几何形体来表示文字数值信息，通过图像输入设备或光电扫描设备去自动识读，从而实现信息的自动处理。它具有条码技术的一些共性：每种码制有其特定的字符集；每个字符占有一定的宽度；具有一定的校验功能；具有对不同行的信息自动识别功能与处理图形旋转变化等特点。

第二节　市场营销的发展、功能与方法

市场营销是进行产品交易的手段和方法，它的发展促进了市场的繁荣。

一、市场营销理论在国内外的发展简介

（一）市场营销在国外的发展

市场营销起源于工业发展，于 19 世纪末到 20 世纪初产生于美国。产生之初的营销定义为推销术和广告术，并没有系统的理论、概念和原则，也没有得到广大企业的重视。第二次世界大战以后，学者们才开始进行市场营销的理论研究并逐渐被企业界所重视。20 世纪 50 年代至 80 年代市场上出现了供过于求的状态，促使市场营销学迅速发展。20 世纪 80 年代后由于经济的迅速发展，市场营销学便发生了革命性巨变，形成了自身的理论体系并与其他学科如电子技术、信息技术等相互渗透，形成了现代营销。

市场营销理论在国外的发展可以概况为下列 4 个阶段，如图 6-3 所示。

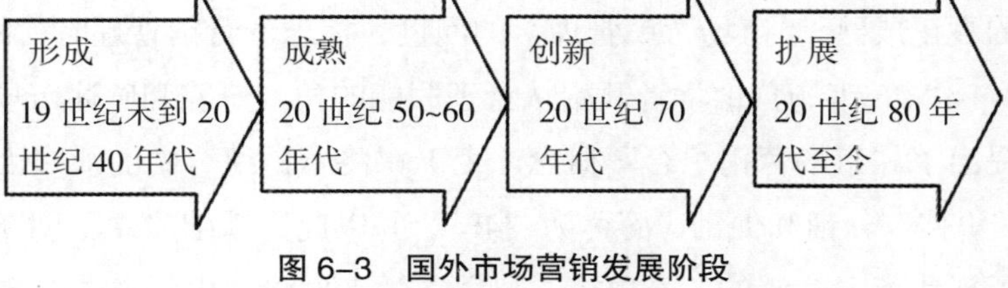

图 6-3　国外市场营销发展阶段

1. 市场营销理论的形成阶段

市场营销理论的形成阶段是在 19 世纪末至 20 世纪三四十年代。

19 世纪末，美国的社会环境发生了深刻的变化，美国资本主义迅速发展，并实施产品垄断，造成产品生产能力迅速扩张，商品开始剩余，销售问题日渐突出。在这种社会和经济形势变化的综合影响下，传统经济学已出现运营困难，市场营销思想由此萌芽。这时的研究主要以生产观念为导向，研究内容仅限于商品分配和广告推销。

20 世纪初期，美国的一些学者试图开始将“市场营销”搬进课堂，如 1904 年克鲁希（W. E. Kreus）在宾州大学讲授了名为“产品市场营销”（The Marketing of Products）的课程；1910 年，巴特勒（K. S. Butler）在威斯康星大学讲授了名为“市场营销方法”（Marketing Method）的课程，形成了市场营销理论研究的雏形。

20 世纪 20 年代，美国学者对市场营销研究不断深化，充实了大量的研究资料，并首次将市场营销理论以教材的形式出现。这样将一些分散、零乱的概念和理论集中化、系统化、条理化，基本形成了较为完善的营销理论体系。这时的市场营销主要集中在营销的功能研究上，如实体分配功能、交换功能和辅助功能，这些材料形成了当时的市场营销理论体系主要内容。

20 世纪三四十年代，市场营销理论进行了很好的整合。这时主要侧重产品市场营销的研究、市场营销理论体系的简化以及市场营销方法的突破。

2. 市场营销理论的成熟阶段

市场营销理论的成熟阶段是在 20 世纪五六十年代。其间现代市场营销观念的出现，管理导向在市场营销中开始应用，市场营销理论框架的形成，标志着市场营销理论研究迈向了成熟时期。

20 世纪 50 年代初，乔尔·迪恩率先提出了“产品生命周期”概念，并且著名销售专家西奥多·莱维特针对这一概念给予充分的肯定和高度评价，使这一概念在市场营销领域得到了广泛的应用和传播。

20 世纪 50 年代中期，美国营销学者温德尔·史密斯总结了一些企业市场营销的成功经验，第一次提出了“市场细分理论”。“市场细分理论”一经提出，就受到广大企业管理者的重视并迅速采用。这时，“细分市场理论”构成了现代市场营销理论的一个重要组成部分。

20 世纪 50 年代，一些市场营销学者将市场营销从传统的经济学母体中分离，标志着市场营销理论的真正成熟。《市场营销管理》的问世，标志着营销管理时代的来临。

20 世纪 60 年代初，市场营销学者开始从管理职能的角度研究和阐述市场营销问题。尼尔·博顿最先提出了“市场营销组合”概念。麦卡锡将营销组合中的众多因素概括为四大要素，即产品、价格、分销和促销，简称为“4P”，并以此为基础建立了创新的市场营销理论体系，构成了现代市场营销的核心内容。接着，学者们将“生活方式”概念引入市场营销，促使市场营销人员强化对消费者态度与行为的研究，这不但为市场细分提供了有效方法，也改变了企业把握消费者的思路和工具。

3. 市场营销理论的创新阶段

市场营销理论创新和发展阶段主要是处于 20 世纪 70 年代，表现为以下 3 个方面。

“定位”的提出：1972 年，艾尔·列斯和杰克·特罗发表了《定位时代》的系列文章，引起了学术界强烈反响，并流传开来。20 世纪 70 年代后期，屈特和里斯出版专著《定位：攻心之术》，奠定了“定位理论”的基础。“定位理论”强调随着竞争激烈化、同质化、相似化的日益严重，企业要创造心理差异、个性差异。

“社会营销观念”的产生：20 世纪 70 年代初，西方资本主义国家出现了通货膨胀、环境污染、能源短缺、失业增加等紧张形式，许多市场营销学者开始反思传统的市场营销哲学，逐渐意识到市场营销的社会责任。1971 年，杰拉尔德·蔡尔曼和菲利普·科特勒最早提出了“社会市场营销”观念，它要求企业在市场营销活动中，不仅要考虑消费者需要和公司目标，而且要考虑消费者和社会的长远利益。

“服务营销”的创新：20 世纪 70 年代后期，美国服务经济的快速发展激发了市场营销学者对服务市场营销的研究兴趣。林恩·肖斯塔克在《市场营销杂志》上发表论文阐述了对服务市场营销的独特见解，认为服务市场营销应从产品市场营销中分离出来，作为一个专门问题进行研究。此外一些营销学者也先后研究了这一领域，并取得了重要的研究成果，使服务市场营销成为现代市场营销研究的热门课题。

4. 市场营销理论的扩展阶段

20 世纪 80 年代，市场营销理论进入了扩展阶段，表现出一个新的发展状态，其研究领域不断深化，应用范围进一步扩展。

“全球市场营销”的提出：20 世纪 80 年代初，市场营销学者莱维特明确提出了“全球市场营销”的概念，并认为过分强调对各个当地市场的适应性，将会丧失生产、分销和广告等方面的规模效益。因此，他呼吁跨国公司向全球市场提供统一的产品，并采用统一的营销手段。这一观点在当时引起了激烈的争论。

“关系营销”的推出：1985 年，巴巴拉·本德·杰克逊强调了关系营销的重要性，并引起许多人对这一概念的广泛关注。“关系营销”是指建立维系和发展顾客关系的营销过程，目的是培养顾客的忠诚度。它是区别于传统的交易市场营销的，主要为顾客增加社会的、经济的、技术支持等附加价值，所以它更能把握市场营销概念的精神实质。

追求“顾客满意度”：20 世纪 80 年代以来，一种新的营销观念在日本、欧美等国兴起，那就是“顾客满意度”。科特勒认为：“满意是一种感觉状态的水平，它来源于一件产品所设想的绩效或产出与人们的期望所进行的比较。”所以，企业营销的目的就是在提高期望的同时提升绩效，两者结合，以达到使顾客满意的目的。

“品牌资产论”提出：认为品牌是一种无形的资产，这是 20 世纪 80 年代以来市场营销战略的一大飞跃，它将传统的品牌概念推向新的高峰，其主要贡献者是品牌专家大卫·A·艾克等人。他们认为，品牌资产比品牌形象更为重要，它是品牌竞争的关键所在。

（二）市场营销学在我国的发展简介

20 世纪 30—40 年代，市场营销学这一概念首次在我国传播。据现有资料表明，中国最早的市场营销学教材是1933年由丁馨伯译编的《市场学》。20世纪40—70年代，由于国内政治经济因素的影响以及商品经济的不发达，市场经济学的引进和研究工作受到了阻隔。20世纪70年代末，我国召开了中共十一届三中全会，中央出台了以经济建设为中心，对内改革对外开放的方针政策，使得国内市场商业竞争与对外贸易迅速发展，这迫切要求用现代市场营销理论来指导我们的生产与经营，从而为我国重新引进和研究营销学理论创造了良好的条件。

国内市场营销主要经历了3个阶段，如图6–4所示。

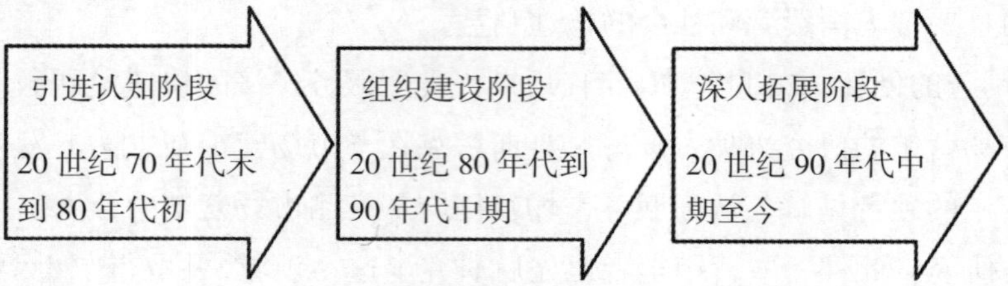

图6–4 国内市场营销发展阶段

1. 市场营销学的引进和认知阶段

1978年，中国确立并实施改革开放政策，中国的经济迅速发展，流通活跃，市场繁荣，尤其是建立了4个经济特区，中国有了商品经济的“试验田”，市场上有了竞争。再加上外国企业广告的榜样作用，中国人开始对“市场营销”有了初步认识。此时，中国的营销理论学工作者引进市场营销学的书刊、杂志，邀请国外营销专家来华讲学，在高等院校中开设市场营销学课程等，并组织有关教师编写市场营销学教材。这为市场营销理论的引进和传播起到了启蒙作用。

2. 市场营销学的组织建设阶段

这一时期的主要特征是中国的民办、合作、独资企业等非国有经济蓬勃发展，形成了竞争主体多元化的市场竞争格局。市场竞争加剧，加之人们对市场营销学在中国的逐步引进和吸收，全国各地从事市场营销学研究、教学工作的人员已完全意识到该市场营销学对我国经济发展的重要性，由此大力推动该学科在我国的发展。1983年6月，我国第一个市场营销组织即“江苏省市场调查、市场预测和经营决策研究会”在南京成立；1984年1月，全国高等院校市场学研究会在湖南长沙成立；1991年3月，中国市场学会（China Marketing Asociation，CMA）在北京成立。成立的这些学会为市场营销学的学习、研究与应用提供了肥沃的土壤。1992年，我国大学院校开始开设市场营销学专业并在全国招生，这促进了市场营销学在教育方面的新发展。在企业应用方面，由于商品经营、采购的自主权被交给了企业，企业为了取得更高的效益，不仅要注重商品的生产，还必须注重商品的适销对路，因而对于市场营销方面的知识越来越重视。不少企业积极参加营销学会的活动，主动邀请专家到企业出谋划策，解决企业营销中存在的问题，并取得了显著效果。这一阶段的市场营销理论和方法的研究与应用得到了飞速的发展。

3. 市场营销学的深入拓展阶段

20 世纪 90 年代以后，我国逐渐形成了以公有制为主体，多种所有制共同发展的经济结构，竞争主体呈现多元化；分配方式的多样化使得消费者需求呈现多样化、个性化特征；随着国际经济一体化的发展，我国加入世界贸易组织后，国外资本大举进入国内，内外的双重竞争压力使得我国企业竞争能力弱、创新力不足、产品结构不合理等缺陷逐渐显现出来。这种状况强迫我国不得不学习国外成功的市场经验和深入研究市场营销理论，探索出适合我国国情的营销理论。

市场营销理论甚至引起高层领导的重视。1996 年，第八届全国人民代表大会第四次会议通过的《中华人民共和国国民经济和社会发展“九五”计划和 2010 年远景目标纲要》文件中，首次以“市场营销”取代往常用的“经营”“销售”等术语，明确指出国有企业要按照市场需求组织生产，搞好市场营销，提高经济效益：文件还指出，要积极发展代理制、连锁经营等新的营销方式，建立科研、开发、生产、营销紧密结合的机制。1997 年国家经济贸易委员会发布了《关于加强国有企业市场营销工作的意见》，说明了国家经济管理部门日益重视市场营销工作。

2011—2014 年，我国大力推行企业品牌建设，提出打造高价值的品牌战略思路，坚持新型工业化生产道路，坚持快速反应的品牌市场运作模式，实施高效率的品牌市场营销运营机制。

二、市场营销的基本功能

市场营销的根本任务就是解决生产与消费的各种矛盾和分歧，保证生产者生产的各种产品和服务与消费者或者用户方面的各种不同需要与欲望相适应，从而实现生产与消费的统一。它在保持社会生产与社会需要之间的平衡发挥着重要作用。市场营销主要具备下面 4 种基本功能。

（一）方便交换的功能

方便交换的功能就是方便企业与消费者进行产品交换和物流的功能，如信息沟通方便、资金融通快速、抵抗风险等。通过资金的融通和商业信用，可以控制或改变产品的流向和流量，在一定条件下，能够给买卖双方带来交易上的方便和利益。抵抗风险是指在产品交易和储运中，要有承担某些财务损失，如产品积压和产品损坏等而造成的经济损失。信息沟通方便就是有利于市场信息的收集、加工和传递，这对于生产者、中间商、消费者都是非常重要的，没有信息的沟通，双方无法了解产品信息和消费者需求，交换功能等都难以实现。

（二）开发产品的助推器

服装的流行规律，要求企业要不断地设计、改进原有产品，推陈出新，不断满足消费者的需求。为了及时了解消费者需求，作为新产品开发的设计者和研究者要和营销部门长期、密切的沟通，及时掌握消费信息，把握新产品开发的方向。所以，有效的市场营销，通过市场需求信息的反馈，为产品改进、开发和换代指明了方向，并督促、推动了产品开发系统的快速运转。

（三）维护客户的凝聚器

市场营销不仅要把握并满足消费者的需要，而且要通过销售的前、中、后三个时间段的营销服务及更大范围的服务，对顾客形成一定吸引力，促使顾客自发、自愿地向企业靠拢，保持和增加对企业或品牌的忠诚度，努力扩大产品的潜在市场需求。市场营销便是这种维持和增加消费者忠诚度凝聚器。另外，市场营销的信息沟通功能可以把市场需求具体地反馈给生产者，有助于生产出适销对路的产品，从而对产品形态效用的创造发挥着重要作用。

（四）探测市场需求的功能

市场是动态的，市场环境在不停地变化，消费者的需求在不断更新，如服装的流行就是市场变化的典型例子。人们年年推出流行色，随时可能出现新款式流行。在令人眼花缭乱的变化中，要准确识别，成功地预测消费者需求不是容易的事情。对企业来而言，如果不能随时把握消费者的需求，就意味着不能获取消费者信息，从而满足不了消费者需求，更谈不上去实现企业的营销目标。推行有效的市场营销活动可以成为了解市场需求的探测器，使企业清楚地获取消费者需求信息、消费结构及其分布，从而为企业找到生存、发展的良机。

三、市场营销方法

市场营销方法也是随着时代发展而不断丰富的。从最初的最原始产品营销逐步发挥到现在的粉丝营销等，体现出营销水平的快速与全面发展。

（一）服务营销

服务营销也叫有形商品的无形营销。现代社会随着科学技术的日益发达，生产手段的日益先进，加之网络信息程度原来越厉害，工业化生产的不同企业产品越来越近似或者同类，尤其是产品的设计、生产、质量、功能等不相上下，造成产品的有形部分的属性如品质与产品特性等方面的差异很小，致使营销的服务变得越来越重要。因为消费者购买时对商品的判断与选择，不能只依据商品的有形属性，而在很大程度上取决于商品的无形属性，如企业如何方便地提供商品给顾客，如何让自己的服务使顾客感到满意等。实际上，服务的竞争把企业之间低层次的有形竞争引向了更高层次的无形竞争的领域。现代市场营销的竞争就是高科技含量的优质产品与优质服务的综合竞争。对我国企业来说，越来越意识到服务营销的重要。服务相对于商品、资金、经营设施等硬件要素来讲，可塑性、可控性更强，企业不仅可以通过加强质量保证体系，改善售前、售中和售后服务的方式和质量，努力提高企业的服务水准。更重要的是，各个企业一定要根据自己的实际情况，因地、因时采取不同的形式、方法和手段，以便更好地服务于顾客。

（二）形象营销

形象营销就是把企业通常的商品营销组合与经营理念、行为识别、视觉识别有机组合起来。因为企业形象就是经营理念（MI）、视觉识别（VI）、行为识别（BI）三者的综合统一，体现出企业关系者与所有社会公众对企业的整体感觉、印象和认知。随着商品的日益丰富，生活质量的提高和竞争的加剧，消费者购买商品时的选择余地很大，认牌选购明显增强，体现企业形象在消费者中的作用日渐突出。企业要获得综合利润的最大化，必须树立整体观念和长远观念，在企业关系者中树立良好的企业形象。作为营销企业，对内要有引导能力和凝聚力，建立良好激励机制，使企业内部的整体行为、价值观念和目标取向更加一致、和谐，充分发挥员工的积极性与创造能力；企业对外要具有识别的促销功能，使竞争对手无法效仿，在消费者和社会公众面前具有明显优势，并易于辨认。形象营销是企业文化建设的重要成果。

（三）绿色营销

绿色营销诞生在20世纪80年代中期。主要原因是因为人类生存环境的日益恶化，在非再生性资源越来越匮乏的情况下，消费者提出了保护自身健康，维护生态平衡及保持社会经济持续发展的良好愿望，促使绿色消费运动在全球范围内蓬勃发展起来。据统计，全世界绿色消费经济规模在2000年达到3000亿美元。绿色消费运动的迅速发展，潜在市场规模的巨大，直接导致了企业在生产经营中将环境保护和维护生态平衡列为优先考虑的问题，这样，绿色营销便应运而生。所以，绿色营销就是将生态平衡观念与环境保护融于企业的营销管理中，促进企业制定市场营销策略时，充分考虑企业利益、消费者需求和环境保护三者的有机统一。它的最大特点就是充分考虑环境保护问题，要求企业具有强烈的社会责任感，企业无论进行产品研发、设计、生产，还是开拓市场及渠道，或是消费者在使用的过程中等都要充分考虑环境与生态的利益，尽量保证产品的“绿色含量”，力求做到安全、卫生、无公害。

但是，绿色营销的过程是比较复杂的，包含一系列的工作：绿色收集信息、产品绿色定位、制定绿色价格、实施绿色计划、建立绿色渠道、塑造绿色形象、开展绿色促销与绿色管理等。21世纪，人们追求的是绿色产品，它的市场前景非常广阔、极具市场潜力。无论是国内市场还是国外市场，消费者购买商品时首先考虑的是否为绿色产品，包括该产品的使用过程中及产品使用完后是否会对环境造成危害，是否可以回收利用等。部分发达的国家已经开始禁止不环保的产品进入市场；我国也已经开始限制使用不能自然降解的塑料袋和一次性泡沫饭盒等。从市场营销角度来看，越来越多的绿色商品、绿色消费、绿色生产、绿色商店等的出现，绿色营销必将成为市场营销发展的主要方法之一。

（四）整体营销

“整体营销”是由菲利普·科特勒提出来的。他认为企业的内部、外部环境的所有重要行为者都应该参与市场营销活动，如供应商、分销商、最终顾客、同盟者、竞争者、职员、财务公司、政府、新闻传媒和一般大众等都是市场营销的合作者，即全员参与营销，因此，整体营销也称“全员营销”。整体营销的核心思想是“合作”，需要把市场营销与公关活动有机地结合起来，它依赖于企业各部门及全体员工的共同努力和密切配合而完成。

整体营销包含9个具体的子营销活动。

1. 分销商营销

一是与分销商的正面营销，即与分销商开展直接的交流合作，和给分销商在资金、经营方法、人员培训、营业设施与招贴广告等方面大力支持：二是与分销商的负面营销，即绕开分销商个人的主观喜好，用强烈的广告宣传攻势，在最终顾客中建立并完成良好的品牌形象，使该品牌商品成为顾客购物时的首选。

2. 最终顾客营销

它包括两个方面，一是传统的针对目标顾客的销售，二是主动引导顾客。

3. 媒体营销

媒体就是利用报纸、电视台、广播、杂志等新闻媒介部门来达到营销的目的。

4. 政府营销

指政府及其职能部门的各种法律、法规、制度与条例等，往往会对企业的生产或经营产生很大的影响。

5. 大众营销

大众营销与目标营销是相反的。所谓目标营销，就是为特定的目标客户制定营销组合，如产品、价格、分销、促销的有效组合。但是大众营销是典型的产品导向方式，指使用相同的营销组合方法含糊不清地针对每一个顾客。大众营销的前提条件是假设每一个人都是一样的，并且认为每一个人都是潜在的顾客，试图把产品卖给每一个人。

6. 供应商营销

在供应商的选择上，企业要制定严格详细的具体标准，包括管理水平、商品质量、生产技术水平、时间观念和财务状况。

7. 财务公司营销

指对于这些上市公司，一般要聘请独立的会计师事务所对自己公司的财务进行审计，并出具有法律效力的审计报告，从而保证财务的良好状态。

8. 企业职员营销

一是通过对销售人员、生产工人、管理人员、科研人员等全体员工进行专门营销培训，树立他们的市场观念和顾客观念；二是强化与这些全体员工的沟通，理解并满足他们在工作和生活中的需求。

9. 同盟者营销

指现代企业在经营活动中要与原辅材料商、经销商、广告商、零部件商、运输商、外贸部门、税务部门、工商部门、银行、法院以及水、电、煤气等众多企业或政府职能部门保持良好合作关系，保证自己的生产经营健康顺利地进行。

（五）关系营销

关系营销是从企业管理市场关系为出发点，认为企业与顾客及其他利益相关人之间要建立和谐有利的商业关系和相互信任的关系。所以，关系营销的核心思想是建立和发展良好的顾客关系，使顾客保持对某个企业或某一品牌商品的高度忠诚。关系营销强调不仅要争取顾客和创造市场，更重要的是维护和巩固已有关系。其主要内容是对顾客进行科学的细分与管理，方法比较灵活多样，如建立消费者的数据库，使企业能够准确把握消费者的有关信息，使商品能够准确定位，从而使企业的促销工作更具针对性，有利于提高市场营销效率。企业还可以通过建立顾客俱乐部、顾客信用卡、会员卡制度、对重要顾客设立专门的关系经理等方法，对顾客进行主动管理。

（六）粉丝营销

粉丝营销是指利用粉丝关系而进行的交易形式，粉丝营销的目的是为了进行品牌传播、促进销量提升、保证良好售后服务或者与粉丝建立更为紧密的联系。

以上所说的市场营销方法只是少数种类，现代市场营销的方法多种多样，如定制营销、多国营销、立体营销、直接营销、借势营销等丰富的营销方式。大家可以在市场营销的书籍中一一查阅，这里就不多叙述。

第三节　电子商务概述

随着大家对电子商务的认识越来越深刻，人们的生活和工作开始离不开电子商务，说明电子商务已经渗透到人们生活与经济的各方面。

一、电子商务的分类

电子商务发展迅速，其商务模式主要分为9类：ABC、B2B、B2C、C2C、B2M、M2C、O2O、B2A（即B2G）与C2A（即C2G）。

（一）ABC模式

ABC模式即Agents to Business to Consumer模式，是由代理商（Agents）、商家（Business）和消费者（Consumer）共同搭建的集生产、经营、消费为一体的电子商务平台。模式中的三者之间可以相互转化，大家互相服务，相互支持，你中有我，我中有你，真正形成了一个利益共同体。

ABC模式是新型电子商务模式的一种，被誉为继阿里巴巴B2B模式、京东商城B2C模式、淘宝C2C模式之后电子商务界的第四大模式。

（二）B2B模式

B2B模式即Business to Business模式，指商家（生产企业）对商家（中间商或代理商）的一种电子商务形式，是企业与企业之间通过互联网进行产品、服务及信息的一种交换。B2B电子商务交易的供、需双方都是商家（企业或公司），它们使用了Internet的技术或各种商务网络平台，完成商务交易的过程。这些过程包括：发布供求信息，订货及确认订货，支付过程及票据签发、传送和接收，确定配送方案并监控配送过程等。

（三）B2C模式

B2C模式即Business to Customer模式，是我国最早产生的电子商务模式，指企业与消费者之间进行的一种网上商务交易，也称网上购物。该模式以8848网上商城正式运营为标志。如今B2C电子商务模式网站非常多。

（四）C2C模式

C2C模式即Consumer to Consumer模式。C2C与B2B、B2C相似，都是电子商务模式之一，它们不同的是C2C是用户对用户的模式。C2C商务平台就是通过为买卖双方提供一个在线交易平台，使卖方可以主动提供商品上网拍卖，而买方可以自行选择商品进行竞价。

（五）B2M模式

B2M模式即Business to Manager模式。相对于B2B、B2C、C2C的电子商务模式，B2M是一种全新的电子商务模式。该电子商务模式与B2B、B2C、C2C的本质区别在于目标客户群的性质不同，后三者的目标客户群都是作为一种消费者的身份出现，而B2M所针对的客户群是该企业或者该产品的销售者或为其工作者，而不是最终消费者。

（六）M2C 模式

M2C 模式即 Manager to Consumer 模式，它是 B2M 电子商务模式的延伸概念。在 B2M 环节中，企业通过网络平台发布该企业的产品或者服务，职业经理人通过网络获取该企业的产品或者服务信息，并且为该企业提供产品销售或者提供企业服务，企业通过经理人的服务达到销售产品或者获得服务的目标。

（七）O2O 模式

O2O 模式即 Online to Ofline 模式，它是近年来刚兴起的一种电子商务模式。O2O 模式将线下商务的机会与互联网结合在一起，让互联网成为线下交易的前台。线上、线下联合操作，企业可以通过线上服务为线下销售来揽客，消费者可以用线上服务来筛选优质服务及成交时后的在线结算等。该模式最重要的特点是推广效果可查，每笔交易可跟踪。所以，利用 O2O 模式很快达到了一定销售量规模。

二、电子商务的工具产生和发展

2012 年，马云和王健林用 1 亿元打赌，赌的事情就是关于电子商务和传统营销到底哪个会强势些，结果以王健林近似认输而收场。从这里看出，电子商务是当前商业的一种必然趋势。

（一）早期电子商务工具

早期的电子商务是指使用各种电子工具所从事的商务或活动。电子商务工具的使用给商务带来了越来越多的便利。1843 年贝恩发明传真可以被看作电子商务的起点，1844 年 5 月 24 日莫尔斯在美国国会大厅举行的电报通信试验后电报开始作为一种电子商务的盛行工具；接着，智能用户电报（Teletex）可以将基于计算机的文件编辑、字处理技术与通信相结合，通过使用网络和终端设备提供附加功能，还实现了缩位拨号、多址呼叫、延迟传送等业务功能。经转换设备可以与其他用户互通电报，全世界各行各业应用它建立文本通信；1876 年，贝尔发明的电话，采用语音通信，实现了即时双向交流，它迅速发展成为一种广泛使用的电子商务工具，并且很快取代了电报的地位，甚至到今天仍是最重要的电子商务工具之一；电视是一种利用电磁信号将视频信号和声音信号同步传递和接收的系统，人们利用电视机获取了大量的多媒体信息，如电视广告和电视直销等商务信息。由于电视是一种单向的通讯方式，消费者不能直接主动寻求出售的货物以及谈判交易，因此用电视交易还必须配合电话等方式实施。

（二）近代电子商务工具

近代电子商务出现于 20 世纪 60—90 年代，被誉为 EDI 的电子商务。EDI 是英文 Electronic Data Interchange 的缩写，翻译为“电子数据交换”，是一种可以在不同组织之间进行订单、传送发票等业务资料的电子工具。它采用共同标准化的格式，尽量避免人工的介入操作而由收送双方的计算机系统直接传送和交换资料。VAN 为增值网络，英文译为 Value Added Network。VAN 是网络自身具有附加价值、可以进行信息分配和加工的一种结构。它实现了不同系统的对接和不同格式的交换，为无数使用者提供了交换数据的服务。EDI 需要借助 VAN 而进行电子商务工作。EDI 系统可以在世界范围内交付和使用，它可应用到出口商、银行、运输公司、保险公司、海关、商检等部门。跨国间的商务，EDI 可用于订货、报关、商检、发货、运输、银行结算等活动。

EDI 应用有许多好处：一是资料的传输通过网络传递，节约了传输与处理时间，提高了工作效率；二是缩短了订货时间，可提早确定货量，产品的库存量大大降低，节省了库存费用；三是直接由计算机与计算机传递资料可以降低纸张成本，保护环境；四是可以减少错误数据处理、节省人员费用等。

（三）现代电子商务工具

20 世纪 90 年代以来，由于 EDI 通信系统的建立需要较大的投资，使用 VAN 的费用很高，仅大型企业才能使用。在 20 世纪 90 年代中期后，出现了现代电子商务，即基于因特网的商务活动。因特网的基本功能是双向或多向数据全球交流，即产品、广告、购买、支付和服务的送交以及电子支付都可以通过因特网来实现。因特网的优势是它的多媒体应用环境，即声音、图形和文字等多种数据处理、传输与使用。下载文件、网上通话、网上游戏和图像在因特网上都可以得到。此外，网上可视会议多媒体服务、淘宝购物等活动，使得因特网拓展进入贸易范围。这种利用互联网思维的因特网的迅速普及，开始演变为一种大众化的信息传播工具，基于互联网的费用较低，覆盖面更广，服务更好，逐渐开始取代 VAN 而成为 EDI 的数据交换载体。当前，基于互联网的电子商务发展速度非常快，并逐步走向高峰期。

三、电子商务的国内外发展概况

（一）电子商务在国外的发展

从国外电子商务的发展历程可以发现，各国政府在电子商务的发展过程中起着一定的指导和促进作用。

1. 美国电子商务的发展

美国是电子商务的先驱。1990 年以来，美国利用互联网的迅速普及，将电子商务迅速发展成为美国经济的一大热点。1993 年，克林顿总统签发了《国家信息基础结构的行动纲领》，开始全面推动建设美国国家信息基础设施。1997 年，美国政府发布了《全球电子商务纲要》，将因特网与 200 年前的工业革命相提并论。1998 年，克林顿总统发表了著名的“网络新政”演说，宣布为了推动网络贸易，将对电子商务实行免税。不久，美国国会即通过了《因特网税收自由法案》。

电子商务起源于美国，美国高度发达的市场经济体系提供了电子商务发展的良好经济、技术和社会条件，因此，美国的电子商务发展异常迅猛，至今一直保持着全球领先的地位。comScore公司（美国知名的互联网统计公司）的数据显示，2011年美国电子商务支出总额达到2560亿美元。

2. 欧洲电子商务的发展

1997年4月，欧盟出台了《欧盟电子商务动议》，指出欧洲的主要竞争者一定要利用电子商务带来的机遇迅速发展，欧洲国家必须加强政治上的合作，在基础设施、技术和服务等方面做好准备，制定统一的法律框架，确保欧洲企业有能力迎接电子商务的挑战。1998年，大部分欧盟成员国充分开放电信市场，推动数字通信终端，逐渐成为互联网接入和电子商务的主要平台。1999年12月，大部分欧盟成员国制定了电子欧洲（e-Europe）计划，为了实现让每一个家庭、每一家公司和每一个管理部门、每一所学校都能上网的目标，重点建设10个重要领域，促进电子商务的发展。2010年欧洲网购业务达到1719亿欧元。

3. 日本电子商务的发展

2000年11月，日本国会通过了《信息技术基本法》，这时“互联网”一词被载入日本的法律词典中。2001年1月日本对现行50项法律的进行修正，并针对电子商务正式立法。电子商务的立法为日本信息技术的传播铺平了道路，而这些信息技术贯穿于日本商业、教育、政府以及信息网络社会的其他方面：这一年日本建立IT战略指挥部，作为商业领导人和内阁成员的顾问小组，为政府提供政策建议，以便推动电子商务和IT的发展，这被称为“e-Japan”战略。“e-Japan”战略于2001年1月正式发起，在IT战略指挥部的支持下，2001—2005年，互联网成为日本经济重要的基础构架蓝图。

2006—2010年，日本把IT的关注度转至“u-Japan”战略。其中“u”代表“ubiquitous”（来自拉丁文），意为“无所不至”。也就是说，日本希望在2010年以前实现所有物品和人都能在任意时间、任意地点通过互联网接收和发送信息的目标。

2010年7月20日，日本经济产业省公布了《2009年版日本电子商务（EC）市场调查报告》。根据该调查显示，日本2009年的消费者网购（B2C）的市场规模为6.7兆日元，约合人民币5324亿元人民币。

（二）电子商务在我国的发展

我国的电子商务是在20世纪90年代随着因特网的快速发展而发展起来的。在发展期间，也经历了一些曲折，主要可以分为起步期、雏形期、发展期、稳定期、成熟期这5个发展时期。

1. 起步期

电子商务在我国的起步主要在1990—1993年，特征体现为电子数据交换时代，主要应用在文本传输，商务应用还很稀少。

2. 雏形期

1993—1997 年，我国政府领导组织开展“三金工程”阶段，为电子商务发展打下了坚实基础。

1993 年成立了以时任国务院副总理邹家华为主席的国民经济信息化联席会议及其办公室，相继组织了金关、金卡、金税等“三金工程”，取得了重大进展。

1996 年 1 月成立国务院国家信息化工作领导小组，由副总理任组长，20 多个部委参加，统一领导组织中国信息化建设。

1996 年，全桥网与因特网正式开通。

1997 年，信息办组织有关部门起草编制中国信息化规划：中国第一家垂直互联网公司——浙江网盛科技股份有限公司（浙江网盛生意宝股份有限公司）诞生；1997 年 4 月深圳召开全国信息化工作会议，各省市地区相继成立信息化领导小组及其办公室，各省开始制订本省包括电子商务在内的信息化建设规划；广告开始主要使用网络广告；1997 年 4 月，中国商品订货系统（CGOS）开始运行。

3. 发展期

1998—2000 年，互联网电子商务迅速发展。

1998 年 3 月，中国第一笔互联网网上交易成功；1999 年 3 月 8848 等 B2C 网站正式开通，网上购物进入实际应用阶段；1998 年 10 月，国家经贸委与信息产业部联合宣布启动以电子贸易为主要内容的“金贸工程”，它是一项推广网络化应用、开发电子商务在经贸流通领域的大型应用试点工程。

1999 年我国兴起企业上网、政府上网、网上纳税、网上教育（湖南大学、浙江大学网上大学）、电子政务（政府上网工程）、远程诊断（北京、上海的大医院）等广义的电子商务活动，并进行试点。电子商务进入实际发展阶段。

4. 稳定期

2000—2009 年，电子商务逐渐将传统产业的商务通过 B2B 作为主体实施，标志着电子商务已经进入可持续发展的稳定期。

5. 成熟期

3G 的蓬勃发展促使全网全程的电子商务时代成型。这一时期更多体现新媒体和微信营销的特征。

四、电子商务的基本功能

电子商务可提供网上交易和管理等全过程的服务，因此，它具有咨询洽谈、意见征询、网上订购、网上支付、服务传递、交易管理、电子账户、广告宣传等各项功能。

（一）咨询洽谈

电子商务可借助非实时的电子邮件（E-mail）、微信、短信、新闻组（news group）和实时讨论组（chat）来了解市场和商品信息、洽谈交易事务，如有进一步的需求，还可用网上的白板会议（whiteboard conference）来交流即时的图形信息。网上的咨询和洽谈超越人们面对面洽谈的限制、提供多种方便的异地交谈形式。

（二）意见征询

电子商务能十分方便地采用网页上的“选择”“填空”等格式文件来收集用户对销售服务的反馈意见。这样使企业的市场运营能形成一个封闭的回路。客户的反馈意见不仅能提高售后服务的水平，更使企业获得改进产品、发现市场的商业机会。

（三）网上订购

电子商务可借助 Web 中的邮件交互传送实现网上的订购。网上的订购通常都是在产品介绍的页面上提供十分友好的订购提示信息和订购交互格式框。当客户填完订购单后，通常系统会回复确认信息单来保证订购信息的获悉。订购信息可采用加密的方式使客户和商家的商业信息不至于泄露出去。

（四）网上支付

网上支付是电子商务完成的重要环节。客户和商家之间可采用信用卡账号进行支付。在网上直接采用电子支付手段将可省略交易中很多人员的开销。网上支付将需要更为可靠的信息传输及安全性控制，交易双方要防止欺骗、窃听、冒用等非法行为的介入。

（五）服务传递

对于已经支付了货物款项的客户，商家应将其订购的货物尽快地传递到他们手中。这些货物有的要送到本地，有的要送到异地，电子邮件将能在网络中进行物流的调配。而最适合在网上直接传递的货物是信息产品。如软件、电子读物、信息服务等。它能直接从“电子仓库”中将货物发到客户端。

（六）交易管理

整个交易的管理会涉及人、财、物多个方面，企业和企业、企业和客户及企业内部等各方面的协调和管理。因此，交易管理是涉及商务活动全过程的管理。而电子商务的发展，它恰恰可以提供一个良好的交易管理的网络环境及多种多样的应用服务系统。这样，电子商务便能获得更为广泛的应用。

（七）电子账户

网上的支付必须有电子金融来支持，即银行或信用卡公司以及保险公司等金融单位来为金融服务提供网上操作的服务。而电子账户管理是电子商务最基本的组成部分。信用卡或银行账号都是电子账户的一种标志，其可信度需要配以必要的技术措施来保证，如数字证书、数字签名、加密等手段的应用提供了电子账户操作的安全性保障。

（八）广告宣传

电子商务可凭借企业的Web服务器和客户的浏览，在Internet上发播各类商业信息。客户可借助网上的检索工具（Search）迅速地找到所需商品信息，而商家可以利用网上主页（Home Page）和电子邮件（E-mail）在全球范围内做广告宣传。与以往的各类广告相比，网上的广告成本最为低廉，而给客户的信息量却最为丰富。

五、电子商务运营模式

科学技术的发展促进了电子商务运营模式的快速发展，通过新型运营模式与传统运营模式的相互结合又可产生新的运营模式，极大地发展了产品的营销渠道和商业模式。

（一）百货商店运营模式

百货商店运营模式比较单一，也就是商家为了满足消费者日常消费需求的产品线较为丰富的一种商店。这种商店要配备仓库，以拥有更快的物流配送和客户服务。作为这种运营模式的最有代表性的商店是亚马逊，它是作为电商行业办得最为专业化和规模化的商店，让同行业的人甚为嫉妒。其他著名的商店还有线下的沃尔玛、屈臣氏，我国武汉的中百仓储等，这些商店是做得比较成功的。

（二）综合商城运营模式

使用综合商城运营模式的商城随处可见，如北京商城、新世界商城、亚洲贸易商厦等。商城根据楼层可以分为不同产品及品牌，如一楼是化妆品、手表等，二楼是女士服饰，三楼男士服饰，四楼是运动与休闲服装，五楼是手机、电子产品，六楼是特价品牌等。淘宝商城也有庞大的购物群体，有稳定的网站平台，有完备的支付体系和诚信安全体系，同样是卖家进驻卖东西，买家进去买东西的交易场所。淘宝商城同传统商城一样，本身是不卖东西的，它只是提供完备销售的配套体系。线上的商城，人气足够，产品丰富，物流便捷，成本低廉，是一个24小时的“不夜城”，具有无区域限制、有丰富的产品等优势，现在网上综合商城已经成为我国交易市场的最重要角色之一。

（三）垂直商店运营模式

垂直商店运营模式是指服务于某些特定的人群或某种特定的需求，提供有关这个领域需求的全面及更专业的服务商业运营模式。如麦考林与红孩子商店就是这种商业模式的代表。麦考林定位于18～25岁的年轻女性群体，起家时是用DM，但后来一直无店面载体，采用网店销售形式；红孩子的市场定位是母婴市场，起步也是以母婴市场为切入点，逐步形成连锁店销售。

（四）专一整合型运营模式

专一整合型运营模式是一种全新的经营模式，主要依靠先进的营销理念，把先进的电子商务模式与传统零售业进行创新性融合，用现代化网络平台和呼叫中心的方式为客户服务，从而达到交易的目的。

（五）复合品牌店运营模式

复合品牌店运营模式是指随着电子商务的成熟，越来越多的传统品牌商加入电商战场，以抢占新的市场，拓宽销售新渠道，优化产品与渠道资源为目标，形成线上和线下同时运营操作的经营模式。如佐丹奴作为一个传统的服装品牌，自己有上百家的直属与加盟店。但是，当淘宝商城开业的时候．佐丹奴也参与其中。不管是什么形式的商店，佐丹奴都会有自己的独立形象店，这是复合品牌店运营模式的特点。当佐丹奴发现线上的消费者和线下的消费者是不同的时候，就大胆地运用价格歧视策略获胜，而品牌通过网络的销售降低了商品的店面陈列成本与库存成本，优化了现金流通及货品流通的运作。其实我国的许多服装品牌，如波司登、威丝曼、虎豹、乔万尼等公司都开始采用这种运营模式去拓展自己的销售渠道，但是要注意各种资源的整合力度，不断提升整个物流、现金、人才的运营系统，不断提高复合品牌店运营模式的能力。

（六）衔接通道型运营模式

2007 年美国电商峰会上由知名经济学家提出一种叫衔接通道型运营模式，即 M2E（Manufacturers to E-commerce）。M2E 是厂商与电子商务的衔接通道，是驾驭在电子商务上的一种新型行业。该商业形式是一个以节省厂商销售成本和帮助中小企业的供应链资源整合的运作模式。

（七）服务型网店运营模式

现在许多商家都开始提供服务型的网店运营模式，通过网上信息提供购买车票、飞机票、货物快件运送、邮件快递、帮你排队买电影票等服务，从而满足人们不同的消费个性需求。

（八）导购引擎型运营模式

导购引擎型运营模式就是在商品经营中提供一种消费者之间或者消费者与厂家之间进行产品体验点评的平台，消费者可以将自己用过的产品体验告诉给更多的消费者。作为 B2C 的上游商采用这种模式，给商家们带去客户。但是服务业必须站在消费者的角度才能获得企业长期发展的通道。

（九）网购导航型运营模式

网购导航型运营模式是以导航模式收录正规诚信的商城，让对网上购物不了解的用户迅速地找到自己所需要产品的正规商城。但商家要注意，收录的必须是正规诚信商城，这样才能避免用户因进入钓鱼网站而造成经济上的损失，实现方便、快速购物的目的。

（十）社交电子商务运营模式

社交电子商务（Social Commerce，简称 SNSGEC）运营模式是电子商务的一种新的衍生模式，它借助网络媒介、社交媒介的传播途径，通过社交互动、用户自生内容等手段来辅助商品的购买和销售行为。在 Web2.0 时代，越来越多的内容和行为是由终端用户来产生和主导的，比如博客、微博。社交电子商务一般可以分为两种类型：一类是专注于商品信息的网站，比如 Kaboodle，Thisnext 以及国内的美丽说、辣妈说、葡萄网等。这些网站主要通过用户在社交平台上分享个人购物体验、在社交圈推荐商品的应用。另一类是比较新的商业模式，通过社交平台直接介入商品的销售过程，例如社交团购 Groupon 的网站、法国的 Zlio 网站、中国的辣椒网 La joy 网站等。这些网站是让终端用户介入到商品销售过程中，通过社交媒介来销售商品。

（十一）团购运营模式

团购（Group Purchase）运营模式是现代许多厂家采用的一种促销模式，也是消费者争取自己利益的一种购买方式。团购指的是团体线上购物，包括认识或不认识的消费者联合起来，加大与商家的谈判筹码，会取得最优价格的一种购物方式。依据的是“薄利多销”的基本原则，商家可以给出低于零售价格的团购折扣和单独购买得不到的优质服务。团购作为一种电子商务模式，通过消费者自行组团、专业团购网、商家组织团购等形式，提升用户与商家的议价能力，并极大程度地获得商品让利，引起消费者及业内厂商、甚至是大的资本市场关注。团购的商品价格更为优惠，现在团购的主要方式是网络团购。

（十二）电子商务 ABC 运营模式

电子商务 ABC 运营模式是一种的新型电子商务模式，是由代理商（Agents）、商家（Business）和消费者（Consumer）共同搭建的集生产、经营、消费于一体的电子商务平台。三者之间可以相互转化，相互服务，相互支持，你中有我，我中有你，真正形成一个利益共同体。电子商务 ABC 运营模式是继阿里巴巴 B2B 模式、哈妹网 B2C 模式、淘宝 C2C 模式、Mai126 安全网购导航 N2C 模式之后电子商务界的第五大运营模式。

（十三）线上订购、线下消费运营模式

O2O 的主要运营模式就是线上订购、线下消费，是现在流行的一种商业运营模式。线上订购、线下消费是指消费者在线上订购电子商务的代表商品，再到线下实体店进行消费

的购物模式。这种商务模式能够吸引更多热衷于实体店购物的消费者，可以避免单纯网购上的以次充好、图片与实物不符等虚假信息的缺陷。传统的O2O核心是在线支付，为了消除消费者对网购诸多方面不信任的心理，平台将O2O经过改良，把在线支付变成线下体验后再付款，消费者可以在网上的众多商家提供的商品里面挑选最合适的商品，亲自体验购物过程，不仅有保障，而且也是一种快乐的享受过程。

（十四）轻型品牌店运营模式

轻型的品牌店是指利用自己的长处进行产品线上的部分服务形式，利用自己核心的竞争力，其他部分让更强的合作者来承担。如做得最早的YESPPG，尽管已经倒闭，但其首创的商业模式是值得提及和改革的。

第四节　服装市场营销

现代社会的工业化进程与纺织服装产业密不可分，自然服装的营销是工业化后的一种主要产品交易形式，它有着一定的市场营销规律。在现在的网络时代，电子商务是一种重要的服装营销渠道，我们必须以一种互联网的思维来运营服装产品，促进传统的服装产业运营模式的转型。

一、服装市场营销概述

在服装市场上，由于服装产品销量大，营销速度快，所以，参与营销的人员是最多的，也是最具挑战性的一种市场运营模式。

（一）服装业经营的特点

服装企业是一个典型的劳动密集型企业，企业数量多，但缺乏经济规模效应。由于产业链流程长，造成与服装零售相关的渠道很复杂。服装是一种时尚型与季节性产品，流行速度快，周期短，市场的差异大，小批量多品种成为服装业经营的主要趋势。服装既有遮体的实用功能，也有美观功能和文化品位功能，所以，服装有它特有的品牌价值，体现出自己的经营特点。

1. 产业大企业规模小

服装产业是一个大产业，但是企业却是小规模的多，如在我国一年产值上100亿人民币的服装企业不多，大多数的企业仅有几个亿人民币到几千万元，无法和其他重工业相比。

2. 市场的快速反应

服装被称作“QR”（Quick Response）产品，主要体现出价格快，销售快，商机稍纵即逝，需要形成互相信任的产供销和快速的零售体制，加快物流管理，及时抓住商机。

3. 服装是一个创新创意的产品

服装是一种快时尚产品，它的流行主要依赖的是服装的创新与创意。作为面料开发者、设计师、服装经营者在服装的经营活动中起着重要作用。

4. 服装的经营方式多样化

快速的市场变化、多样的市场细分决定了服装的经营方式要多样化。直销店、专卖店、买断、代销、特殊加盟、许可证经营、公司连锁、电子商务、微信营销等方式千变万化，显示出灵活的特点。

5. 经济的规模效应与其他产业发展有关

服装产业发展与运营的发达与外界经济有着紧密的联系。如世界时尚中心的美国纽约、法国巴黎、日本东京、意大利米兰都因为这些城市有着发达的服装加工业、批发业、零售业、信息网络业、服装研究机构、知名大学及著名时尚杂志社等，综合推动了服装业的经营。

6. 服装业发展依赖艺术、技术与营销的结合

现代服装一般都是服装的艺术作品加工出来的产品，艺术是服装产生的前提，服装加工与技术是服装产生的必要条件，服装要销售到消费者手中需要通过营销，综合起来看，服装是艺术、技术与营销相结合的产品。

（二）服装营销适应的范围

服装企业的营销包括品牌服装设计公司、服装品牌制造商、服装生产商、服装贸易商、服装批发商、服装零售商、饰品企业（包括皮具、饰品、帽子、鞋袜等加工企业与经营企业）、服饰信息咨询企业（包括流行色机构、信息集成系统、市场咨询等企业）、会展企业、服装协会等经营活动。

（三）我国服装市场营销的发展阶段

服装营销发展是与产品的丰富度相关联的。整体上，我国的服装营销的发展分为计划经济时代和市场经济时代两个阶段。

1. 计划经济时代

从新中国成立初期至十一届三中全会前，我国实行的是计划经济，这一阶段服装成衣化水平较低，主要生产方式是商业部门来料加工；当时的服装消费与服装生产是两种独立的经济体系，服装产品供不应求；服装出口均由商业和外贸部门包销。这一阶段主要有两种服装经营模式。

（1）外贸。

服装公司由外贸公司下达来料、来样加工订单或者由服装工厂向外贸公司和外商提供企业设计的样衣，外商选中后再组织生产。服装批零企业与这种生产方式无关。通常这种企业被称为服装工业企业，主要起生产加工的作用。

（2）内销。

服装工厂根据政府和上级主管公司的计划指标进行设计、生产，以出厂价全部转售给批发、零售企业，这些商业公司在城市被称为服装鞋帽公司，由它们组织批零销售。

在这一阶段，由于计划控制，外贸、工业、商业企业各管一方，和平共处。

2. 市场经济阶段

改革开放后，我国逐步实施计划经济，服装产业作为终端行业开始在国民经济中占有重要作用。服装产业不仅促进了我国经济的快速发展，而且促进了我国精神文明的建设。服装是重要的出口产品，对于我国这样的人口大国，服装产业解决了许多劳动力的就业。这一阶段服装工业首次被确立为消费品工业发展的三大重点之一；国家对服装工业的管理体制进行了重大调整；逐步确立服装工业的“龙头”地位，形成化纤、纺织、印染、针织、服装这一条龙的大纺织格局；服装工业的发展逐步纳入依靠科技进步的轨道。由于这一阶段的经济快速发展，使原有的生产经营模式发生了巨大变化。

（1）生产企业快速增加。

由于收入和生活质量的提高，服装市场需求量迅速增长，服装实施服装价格放开，加之服装的技术含量低，准入门槛低，投资少，见效快，各级政府和地区大办服装产业，民办、三资企业迅速兴起，外贸公司转变为服装联营公司，服装企业不但生产服装，而且自建服装门市部，品牌连锁店，商业企业自己组织生产或找代加工企业生产，形成了服装产供销企业相互渗透、交融。

（2）经营体制和机制。

改革开放后的国内市场，一方面，服装商品的种类和数量从短缺到逐步丰富，慢慢满足了人们的消费需求；另一方面，由于市场经济的发展，企业受到过去长年的计划经济模式和经营方式的影响，加之国外服装企业逐步进入我国，致使服装企业的市场调控能力不足，出现过多次的经营困难，有的企业消失，有的企业通过“转型”获得成功，最终形成一批大型服装企业，如波司登公司、李宁公司等，逐步掌握了在市场上运作自如的能力，形成了运营方式不断创新、营销管理规范的市场营销队伍和机制。

（3）服装销售形式。

国家经济的进一步发展和人民生活水平的进一步提高，服装销售形式也发生着变化。

第一，体现的是服装代销形式：20 世纪八九十年代，服装销售的最常见形式是代销。这时计划经济的统购统销形式不见了，看到的是到处销售商品的店面。实际销售时，代销形式对服装企业或者服装供应商的压力是很大，因为销售之后的剩余服装要退回企业的，即主要由生产企业承担经营风险，但承担风险的企业在信息及时反馈和定价策略上有主动权。在现在的乡镇，服装批发商仍在采用者这种经营模式。

第二，出现新型商业体系：20 世纪 90 年代末到 2000 年以后，第三产业的发展，促进了服装市场进一步繁荣，如高档商场、超级市场、连锁店、便利店等相继出现，消费者对自己需要的产品有了更多选择，新型的商业体系的发展促进服装营销的各层次出现，适应了不同消费群体的选购，这对传统的代销形式造成了极大冲击。有一定规模的企业基本都会自己开设连锁店作为零售，实施统一装修、统一进货、统一配送、统一售价和统一的质量，树立起统一形象。在信息商业体系中出现了“快时尚”门店，这种店面是公司进行联盟的结果，设计速度快，生产速度快，物流速度快，销售速度快，相对传统的慢销售来说，它一度弥补了实体店销售遇到电子商务带来的销售量下降的尴尬。

第三，进入电子商务时代：快速是电子商务时代的特征。当前，人们成为互联网上的主体，人们在网上开始生活。在这互联网的“互”的阶段，服装的营销逻辑发生了根本的变化，主要是因为：一是企业可以不通过销售中介（渠道）直接向用户展示和销售服装，而且成本低廉；二是企业不通过电信中介（媒体）直接向用户传播信息，用户也可以直接向企业反馈自己对产品的需求；三是用户之间不再是互不认识的陌生关系，可以在网络进行产品信息交往。

（四）服装进入国际市场的几种方式

服装企业选择市场运营方式进入国际市场，要比较自己的优势和当地市场环境给予自身的优势等。服装的出口主要有 4 种方式。

1. 出口

服装出口就是向国外销售服装商品，它是进入国际市场最简单的方式，因为出口的服装工艺比较简单，许多款式保持不变，有少部分也只是可做某种程度的修改。这种销售方式的特点是关于服装的生产线变动小，不需对企业的经营方针、投资、组织和战略进行重大修改，成本投入较少，风险也小。出口又分为直接出口和间接出口。

直接出口是将产品直接销售给国外客户。这种出口方式投资大、风险高，但因为是直接将商品传递给了销售客户，省去了中间商的费用，潜在收益也大。我国有些出口服装就是由国内服装企业直接销售给国外大型零售商如老佛爷商场等。直接出口可以通过企业的出口或国外企业的贸易机构进行实行，国外企业的贸易机构更了解国外市场的动态，它们可以直接提出消费者需要服装产品生产要求。

间接出口就是委托国内出口商或国外进口商进行服装贸易，或者通过服装进出口代理商进行代理贸易。

现在国内有许多大型企业开始陆续在国外设立销售分公司，如波司登在英国伦敦等地设立自己的服装销售店，这也是争取服装出口、进入国际市场的一种方式。

2. 直接投资

直接投资方式是直接到国外开厂开店，是一种既可避开贸易壁垒，又可获得低成本资源的贸易形势。因为直接投资可以恰当地给当地经济和就业带来利益，比较容易被当地政府接受，在管理上也容易控制，但是缺点是投资成本高，市场预测要准确，否则风险大，管理上也有一定难度。

3. 跨国营销

对于一些大型公司而言，由于他们已有在国外市场经营的许多经验，因此，走向跨国营销成为必然，如山东如意集团在意大利、日本的营销方式等。这种企业本身已不再为一国所有，企业的生产、服务、经营策略、销售网络及影响策略已全球化。

4. 合作经营

合作经营是有别于产品出口和直接投资方式的。它有 4 种方式。

（1）合资。

合资是一种双方或多方投资的方式。在我国的 20 世纪八九十年代，许多国内企业采用这种方式扩大自己的规模。这种方式有利于获得当地的资金、土地和其他资源，同时也容易获得行政机构的认可。企业在进入国际市场进行营销时，这种方式也一样普遍采用。

（2）特殊经营。

特殊经营是一种间接的进入国外市场的方式。企业通过合同或协议同意对方有偿有条件地使用生产工艺、商标、专利和贸易诀窍。例如湖北黄石美尔雅最初跟日本的合作就是用这种方式在国内、美国和欧洲市场打开销路的。

（3）联营。

我国许多的生产型企业，拥有自己不太出名的服装品牌，往往会和大型百货店、大卖场联营销售，也有大型服装公司的大品牌会和一些品牌专卖店采用这种联营方式。

（4）协作生产。

现在许多的大型品牌如阿迪达斯、耐克等世界知名品牌公司常常利用当地的制造商生产自己的服装并在当地市场上销售。在我国服装市场上，许多境外品牌采取这种方式将产品进入我国市场上销售，这样既降低了生产成本，又有利于不断扩大自己的市场。

（五）国际服装市场的销售渠道

我们的服装走向国际市场通常要比国内市场的渠道长得多。我们出口服装的价格到了国外市场上后要比出厂时价格上涨数倍，其中主要是流通费用增加所带来的。由于不同国家采用的销售战略不同，沟通组织的规模不同，每个国家的营销渠道是不完全相同的。例如美国的批发和零售组织的规模一般都比较大，所以进入市场的范围大，最后服装销量也大；日本的营销渠道长而复杂，一般的服装通常要通过许多级批发商，造成服装销售价格高，但优衣库是对这种渠道的一种变革，所以服装销量快而价格合适；印度、非洲各国的流通组织小而分散，市场份额相对会小些。鉴于各国的服装流通中的传统习惯相差很大，国际流通渠道的复杂性和流通过程中的高费用，所以，国际营销对渠道的选择显得非常重要。一般的国际市场销售渠道如图 6–5 所示。

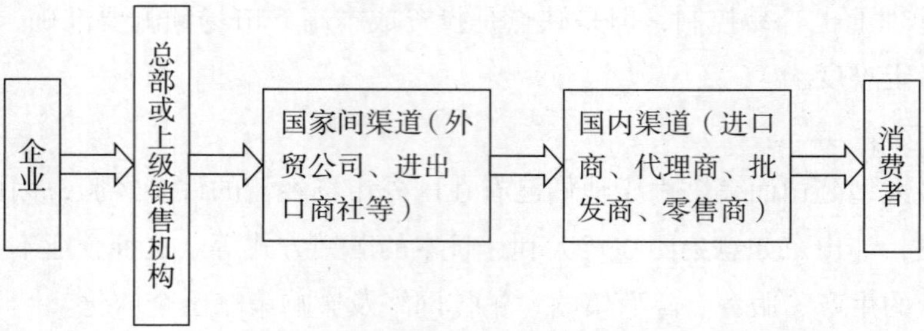

图 6-5 服装的国际市场销售渠道

（六）服装的流行

服装流行是指服装被特定或者大多数消费者所接受的一种现象。流行是有周期性的，消费者接受某款服装的时间越长，则某款服装的流行周期就越长。

1. 流行周期

每一种流行都是具有一定的周期，如图 6-6 所示。在流行的开始，设计师们凭借自己对服装及时代的理解推出一种新的服装款式，人们感觉有一种新款式服装出现但没有人接受它，只是对它感觉好奇而已。当某种新的服装被购买、穿着并被更多的人看到，有某些人喜欢或者是有能力尝试的人，或者是那些渴望穿着有异于其他人的消费者开始接受。也许设计师根据市场的反应对款式做出修改或调整得以符合消费者的需要和合理定价，让多一些人开始购买。人们称这些人为“赶时髦”。随着这种时髦的扩展，有越来越多的人穿着这样的衣服，成为这种流行的消费主体，并逐渐达到流行的高潮。由于服装的大批量生产，过了一段时间，消费者开始对这种服装穿着兴趣下降甚至是厌烦它，人们又找到了新的流行对象，消费者开始转向新的服装款式，最后这种流行开始消失。

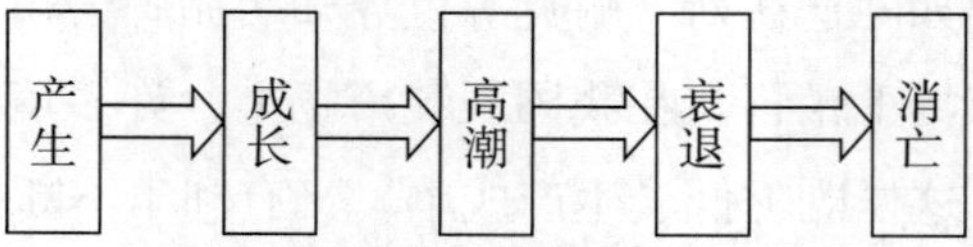

图 6-6 服装流行的周期

2. 流行变化的影响因素

为了正确了解流行的变化趋势，我们必须了解流行所处的时代背景。正如一位设计师所说的：“流行是一种社会现象，它反映了特定年代的不断变化。”因此，流行的变化时微妙的，它常常隐含有某种社会和心理因素的影响。

（1）社会因素。

流行的因素明显是社会因素变化的结果，如民主革命带来的妇女追求思想解放而剪短头发穿着学生装；改革开放初期，为了显示自己的开放程度，许多女同志开始烫头发并穿上花裙子；现在，经济条件好了，人们开始返璞归真追求自然绿色的服装等。

（2）心理因素。

人类是一种复杂的生物，其行为很少只靠理性支持，而是同时受到感性因素和理性因素的双重影响。人们的变化常常来自心理感受，喜新厌旧是人们的一种正常心理，人们经过一段时间的服装穿着后会厌倦它的颜色、款式甚至是面料，开始对那些新的服装又感到好奇。服装是一种很容易让人厌倦的东西，这是一种明显的心理变化。

3. 流行变化的模式

流行一直在变化，但改变方式却有几种模式。

（1）发散型。

也称钟形流行曲线，是一种最为普遍的流行模式。它主要是受到社会因素的影响呈现出的流行现象。

（2）周期型。

就是我们常说的“服装流行呈周期性变化”。这种变化是与时间相关的，经过若干年后某种流行又再度出现，我们会发现今日的流行居然是我们以前曾经穿过的款式，一般来说，裙子每30年呈一周期变化。

（3）停滞型。

这主要受文化价值观念、社会价值观念、生活方式、传统习惯、经济因素和现有市场体系等因素的影响，使得某一种流行几个季节、几年甚至上千年都不改变，如世界人们喜欢穿的牛仔服装、各民族的民族服装等。但仔细研究，会发现这种停滞型的流行从外观初看是没变化的，其实随着时间准移还是有微小的变化，如面料可能在变。

（4）摇摆型。

指流行变化趋势太快，甚至从前一个流行到下一个流行看不出有任何联系。这是典型从一个极端走向另一个极端的流行变化模式。

（5）突变型。

这是指一种纯粹的突变模式，是突然发生的而没有一个渐进的过程。如从长裙子突然到“迷你”裙的流行等。

（6）进化型。

这种变化方式又称作服装市场的加法，即随着时间的推移，设计日趋精致，如西服的流行规律。

二、电子商务是服装市场营销的一种商业运营模式

电子商务是在传统的营销模式下发展起来一种营销方式，它是指在因特网开放的网络环境下，基于浏览器或者服务器的应用方式，广泛的全球各地商业贸易活动中的买卖双方不谋面地进行各种商贸活动，去实现消费者的网上购物、商户之间的网上交易和在线电子

支付活动以及各种商务活动、交易活动、金融活动和相关的综合服务活动的一种新型的商业运营模式。

（一）电子商务和传统营销模式的相互补充

1. 电子商务的特点与优势

（1）服装电子商务的特点。

在互联网时代发展起来的服装电子商务具有典型的特征。

一是服装电子商务体现三者之间的商业关系，如图6–7所示。电子商务的企业与消费者之间、消费者与消费者之间的关系导致商业世界的逻辑发生了彻底的改变；企业可以直接将产品销售给消费者；企业可以直接将信息传播给消费者，消费者也可以直接反馈信息给企业；消费者相互之间不再隔绝，信息在其中自由传播；二是电子商务强调的是“用户、产品、口碑”；三是电子商务时代体现两种思维；产品思维——创造让用户尖叫的产品；口碑思维——诱发、引爆和吸纳用户的尖叫；四是一种社群化存在方式。

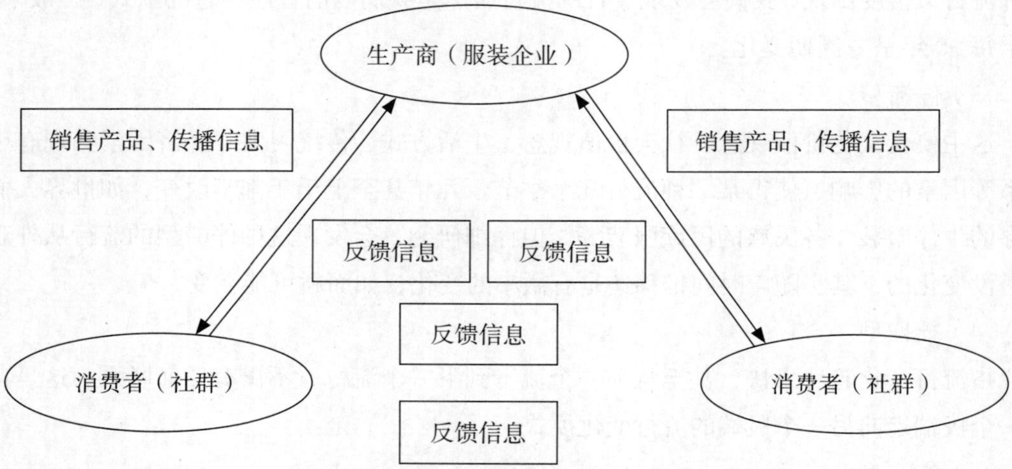

图6–7 电子商务的商务关系

（2）服装电子商务的优势。

发展到今天的电子商务，其各项设施和技术基础、信息资源和运作环境已经处于良好状态，对传统市场营销产生巨大冲击，其商业模式显示出传统营销模式所缺少的竞争的优势：各种资源高度共享，商业反应见效快，投入成本较小；能提供全天候、全方位的服务；突破了传统工业体系下的时空界限对企业经营活动范围的束缚；虚拟市场空间大，给客户更多的选择；实施客户化、人性化、智能化的推销和促销手段。

2. 电子商务必须与传统市场营销相结合

电子商务由于受到现实存在条件的局限，在实际应用过程仍然需要传统营销支持。电子商务与传统市场营销优势各异，其融合与统一可以相互影响，相互促进，共同满足消费者日益增长的消费需求，这样才能拓宽销售渠道，为企业带来更多的利益。

3. 电子商务也是服装市场营销转型升级的一种方法

电子商务或新媒体商务等都是在互联网时代下的产物。纺织服装是现代工业时期诞生的第一工业产业，大家现在都叫它“传统产业”，因此，服装工业运作尤其是服装市场运作的思维和逻辑都是与工业社会相适应的。这种思维和逻辑既然保证了它在工业革命获得成功，就必然会阻碍它在互联网社会获得成功。服装工业在工业时代成功的因素，恰恰是现在阻碍它成功的因素。但是传统企业也可以再度获得成功，虽然过去积累的思维和经验不再有效，互联网思维要求有不一样的做法，但是只要掌握了互联网思维下的电子商务，传统企业多年积淀的对产品的理解，就将转变成一种巨大的优势。而产品恰恰是互联网思维的电子商务核心概念之一，是电子商务的基点。如果加上对用户的理解，再善于塑造产品的用户口碑，则服装企业一定在电子商务时代转型成功。

（二）电子商务时代服装市场营销的新变化

在电子商务高度发达的今天，网络技术的飞速发展，使得服装信息的传递更为快捷；电子商务系统的完备，使得服装交易更为方便。在两者的综合作用下，传统的市场营销理论受到了很大的冲击，时空概念、服装市场性质以及服装消费者的行为、需求和愿望都发生了很大改变。

1. 服装营销理念的变化

在电子商务的影响下，服装市场营销的理念也逐渐发生了转变，转变过程如图 6-8 所示。

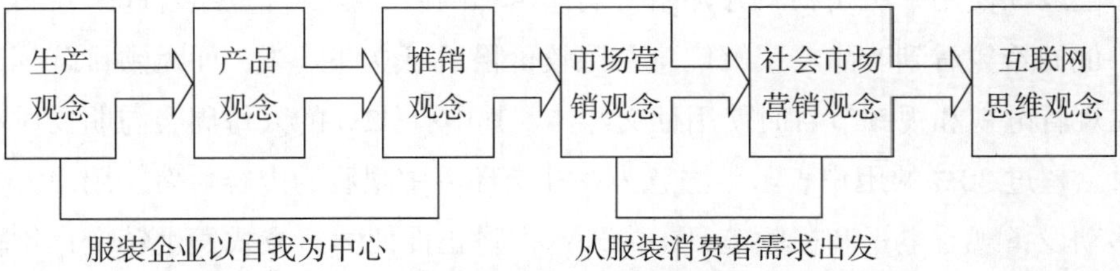

图 6-8 营销理念变化过程

过去的生产观念、产品观念、推销观念都是以服装企业自我为中心，强调的是服装生产效率、服装产品质量和服装产品怎样推销到消费者手中去的以服装企业自我为中心的营销理念，认为只要生产出好的服装产品就不怕服装销售不出去，体现“好酒不怕巷子深”的哲学观点。随着服装产品的日益丰富，服装消费者对服装的选择范围更大，好的服装也不一定有好的市场，市场观念从 20 世纪 50 年代以来体现得越来越明显，2000 年后发展到社会市场营销观念，认为服装企业兴亡与服装企业对社会的影响成正比例关系。现在服装市场营销理念虽然还是强调从服装消费者需求出发观点，但是要与时俱进，要运用互联网思维去进行服装经营与市场运作，充分利用服装营销关系如购物方便、交流容易、企业反应快、有回报等，努力实现现代消费的需求。

2. 服装消费者的转变

随着网络通信能力的日益普及和强大，服装消费者的行为、需求和愿望都发生了很大的变化。

（1）手机的移动式消费成为一种消费趋势。

爱立信消费者研究室每年在全球40多个国家和15个大型城市调查10多万消费者，通过庞大的消费趋势数据发现：在美国、日本、澳大利亚和瑞典，超过50%的平板电脑用户和大约40%的智能手机用户表示喜欢云（多个移动设备上无缝使用相同的应用和数据）所带来的便利性；消费者喜欢购买平板电脑和智能手机，人们可以利用它们排队购物或是与朋友在咖啡店聊天时，仍可以即时地处理工作任务；57%的智能手机用户在工作时使用他们的个人付费智能手机服务。为了及时获得信息、维护社交圈，人们正在将自己的智能手机和各种订阅带入工作中。个人智能手机正越来越多地用于工作，例如发送邮件，制定出差计划、查找地点等等；消费者已越来越习惯随时随地上网，推动了互联网的移动化。移动网络覆盖率是城市生活满意度的最重要动因之一；经济不确定性削弱人们对传统体系和权威的信任，而越来越多消费者选择信任个人网络和社区作为自己的个人社会保障网络；女性智能手机用户中有97%使用短信服务，77%收发照片，59%使用社交网络，24%查找地点，还有17%兑换优惠券，显示女性在推动智能手机市场；12%的城市居民表示，他们使用社交网络的目的主要是为了“沟通和交流思想”“了解朋友最新动态”和“更新最新个人动态”，城市居民比郊区居民在拥有更多在线好友，城市将成为社交创造力中心；许多智能手机用户已经在使用手机购物，并开始将实体店和网店购物的优点结合起来，实现店网一体购物。他们希望看到产品、了解信息并比较价格后可立即购买，而无须排队等待；62%的用户在观看电视和视频节目时使用社交媒体，其中有42%的人每周会与朋友讨论他们在看的节目。超过30%的用户表示更愿意为在社交环境中观看的内容付费。用户大多是在家中使用移动设备观看电视和视频节目；内外部力量正促使学习方式发生转变；年轻人不再是一无所知，他们将个人技术经验带入课堂，自下而上推动学习方式的转变。同时，政府和机构为提高效率不断寻求新的ICT解决方案。网络连接在全球范围内改变着儿童的未来。

（2）服装消费者拥有大范围的服装产品选择范围。

电子商务系统可以将服装商品的详细信息呈现给消费者，消费者可以通过网络检索所需服装商品的信息、功能而浏览自己所需服装种类。体现出现代消费者拥有大范围的服装商品选择范围和比较，可以在购买前“货比多家”。网络信息的公开性，使得服装商品的竞争跨越了地域的限制，服装消费者可以通过比较不同商家同一服装款式的详情而决定购买情况，这为服装消费者带来方便的同时也加剧了服装企业之间的竞争，从而使得服装商品更趋于公开公平。作为服装企业，只有主动搜索所需服装的顾客才是真正意义上的消费者，企业通过浏览记录定位真正的服装消费者并主动为其提供更好的服务。所以，服装企业必须定位真正的服装消费者，以保证自己的客户群体。

（3）电子商务使得服装消费者不再为服装广告的宣传而感到烦恼。

在传统的服装市场营销中，服装商家通过广告宣传自己的服装商品，在这过程中，不会关心服装消费者是否愿意接受这些信息。服装广告内容少、产品介绍不够详细容易使得消费者不能够完全了解服装产品。在电子商务高度发达的今天，服装消费者可以选择性的接受服装广告的宣传，根据自己需求选择性的搜索服装款式，并且进入到广告主页了解服装产品的详细性能、价格、外观等资料，一切一目了然。

（4）服装消费者需要通过网络主动表达自己对服装的欲望。

电子商务使得服装消费者需要根据自己的需求主动在网络上寻找所需服装产品，没有找到或者不符合自己的需求可以主动与服装商家联系，提出自己的意见，主动地参与服装商家的营销和生产过程中。服装商家也可以根据消费者意见改进服装而得到更好的营销效果。

3. 服装营销策略的变化

目前在电子商务的环境下，服装营销策略已发生了一系列的变化，由传统的以服装产品为中心的“4P”策略（产品策略 Product，价格策略 Price，渠道策略 Place，促销策略 Promote）转变为以服装消费者为中心的“4C”策略（顾客欲望与需求 Consumer，消费者付出的成本 Cost，方便购买 Convenience，实时沟通 Comunication），到现在以服装营销关系为中心的“4R”策略（互动营销 Relevancy，反应营销 Reaction，关系营销 Relationship，回报营销 Reward）和以服装企业核心竞争力为导向的“4V”策略（差异化 Variation，功能化 Versatility，附加价值 Value，共鸣 Vibration）的变化，关系如图 6–9 所示。在电子商务环境下，这 4 种服装营销策略的变换并不是单一的，而是相互融合，体现在 4C 策略下的 4P 策略仍然可用，其中又融合了 4R 营销策略等。

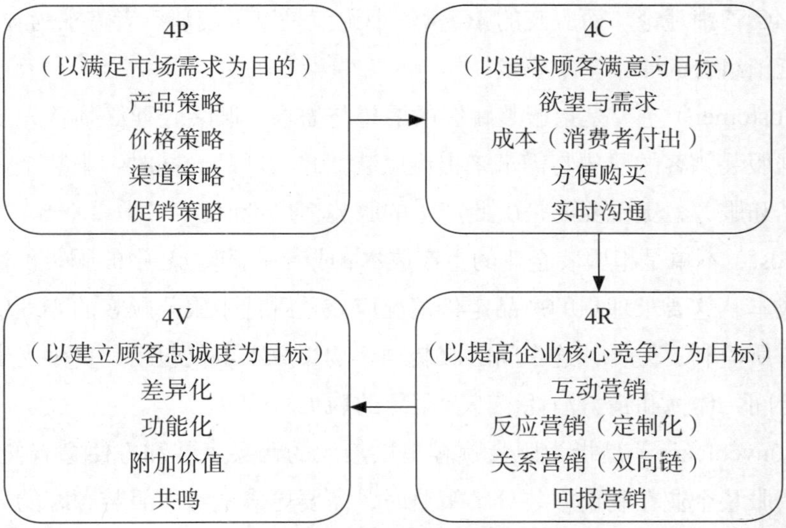

图 6–9 营销策略变化图

（1）不同时期的服装营销策略内容重点不同。

a.20 世纪 40—50 年代提出的服装 4P 营销策略。

20 世纪 40—50 年代的商品开始丰富，为了应付市场问题，针对当时情况下，美国营销学者麦卡锡教授提出 4P 营销策略，他认为一次成功和完整的市场营销活动，应该是以适当的产品、适当的价格、适当的渠道和适当的传播促销推广手段，将适当的产品和服务投放到特定市场的行为。

服装产品（Product）的组合主要包括服装产品的实体、品牌、服务和包装。它是指服装企业提供给目标市场的服饰货品、服务的集合，包括服装产品的款式、外观、质量、效用、品牌、包装和规格，还包括关于服装的服务和保证等因素。

服装价格（Price）的组合主要包括服装基本价格、折扣价格、付款时间和借贷条件等。它是指服装企业出售服装所追求的经济效益和回报大小的重要参数。

服装分销（Place）的组合主要包括服装分销渠道、存储设施、运输设施、存货量控制因素，它代表服装企业为使其服装进入和达到目标市场所组织、实施的各种活动，包括途径、环节、场所、仓储和运输等。

服装促销（Promote）组合是指服装企业利用各种信息载体与目标市场进行沟通的传播活动，包括服装广告、营业推广、人员推销与公共关系等。

服装 4P 营销策略是服装市场营销过程中可以人为控制的因素，也是服装企业进行服装市场营销活动的主要手段。对服装 4P 营销策略的具体运用，形成了服装企业的市场营销战略。

b.1990 年提出的服装 4C 营销策略。

服装市场的竞争越来越激烈，媒介传播的速度也越来越快，单纯依靠服装 4P 理论运作服装市场已受到激烈的挑战。1990 年，美国学者罗伯特·劳朋特教授提出了与传统营销的 4P 相对应的 4C 营销理论。而服装的 4C 营销理论就是以服装消费者需求为导向，重新设定了服装市场营销组合的 4 个基本要素。

顾客（Customer）主要是指服装顾客的愿望与需求。服装企业必须首先了解和研究服装顾客，根据服装顾客的愿望与需求来提供服装款式与产品。同时，服装企业提供的不仅仅是服装产品和服务，更重要的是由此产生的服装客户价值。

成本（Cost）不单是指服装企业的生产成本，或者说服装 4P 中的服装价格还包括服装顾客的购买成本，这要求理想的产品定价情况应该是既低于服装顾客的心理价格，也能够让服装企业有所盈利。另外，这中间的服装顾客购买成本不仅包括其货币支出，还包括其为此消费的时间，体力和精力消耗，以及服装的购买风险。

便利（Convenience）是指为服装顾客提供最大的购买服装和方便穿着便利。服装 4C 营销理论强调服装企业在制定服装分销策略时，需要更多地考虑服装顾客的方便，而不是服装企业自己的方便。需要通过好的售前、售中和售后服务，去让服装顾客在购买服装时都享受到便利。便利也是服装客户价值中不可或缺的一部分。

沟通（Communication）是用来替代服装 4P 中对应的促销策略。服装 4C 营销理论认为，服装企业应该通过服装顾客来进行积极有效的相互沟通，建立基于共同利益的新型服装企业 / 服装顾客关系，而不仅仅是指服装企业的单向促销和劝导服装顾客。通过双方的相互沟通可以找到能同时实现各自目标的通途。

c. 当前提出的服装 4R 营销策略。

4R 营销理论是营销研究领域的最新成果，该成果是唐·舒尔茨（Don E.Schuhz）在 4C 营销理论的基础上提出来的。该理论认为，随着市场的发展，企业需要从更高层次上以更有效的方式建立起顾企之间有别于传统的关联性新型关系。具体的服装 4R 策略是如下。

关联（Relevance）是指在竞争激烈的服装市场中，服装企业需要通过某些有效的方式与服装顾客建立起互帮互助、互需互求的关系，把服装企业与服装顾客紧密联系在一起。由于服装顾客与服装顾客的忠诚度都是动态与变化的，为了赢得长期而稳定的服装市场，提高服装顾客的忠诚度，避免服装顾客忠诚度向其他的服装企业转移，服装企业必须要与服装顾客建立起紧密而牢固的关联，这样才能将服装顾客流失的可能性大幅地降低。

反应（React）主要是指服装企业对市场所做出的反应。在信息社会，对于快速流通的服装市场，经营状态良好的服装企业应该是从服装顾客的角度出发，获取服装顾客的各种需求，并迅速做出反应、及时给予满足的企业，已不再像过去只制定、控制和实施计划，不迅速建立服装市场反应机制的企业。

关系（Relation）是要求服装企业通过不断改进与服装消费者之间的关系，实现服装顾客的稳定化与长久化，同时服装企业要有一定的辨别不同服装顾客、形成不同关系能力。只有分清了不同的服装顾客与服装企业的关系，服装企业在服装营销过程中才能掌握从一次性服装消费到终生服装消费之间的所有服装顾客种类，从而加强服装营销的力量：只有建立起良好的服装顾客与服装企业的关系，才能获得服装顾客的满意、赢得服装顾客的信任、提高服装顾客的忠诚度，而留住这些服装顾客，也可将一次性服装消费顾客变为企业的终身服装消费顾客。

回报（Return）主要是指服装企业通过服装市场营销活动取得的收入和利润的能力。追求回报是服装市场营销发展的动力：回报也是维持服装市场关系的必要条件。在要不断满足服装客户的需求，为客户提供价值的同时，服装企业自身也要获取利润。因此，服装市场营销的目标就是为服装顾客和服装企业创造价值，最后使他们均获得利益的回报。

d.20 世纪 80 年代我国提出的服装 4V 策略。

20 世纪 80 年代后，随着高科技产业的迅速崛起，高技术产品与服务不断涌现，高科技企业逐渐诞生，营销观念和方式也不断丰富并形成独具特色的新型理念。这一时期，我国的学者吴金明等人综合性地提出了 4V 的营销观念。

差异化（Variation）指服装顾客的千差万别和个性化特征。管理大师彼得·德鲁克曾认为企业的宗旨就是创造顾客。从表面上看，企业向不同的顾客提供的是同一种商品，但实际上，顾客心里所买的可能根本就是不同的东西，正如同样是买服装，中老年人更多注重的是冬暖夏凉功能，年轻人则是把款式和流行作为首选标准。服装顾客对服装商品看法的差异性决定了他是否成为最终消费者。而服装企业为了生产的服装让顾客欢迎，最主要的就是把自己的服装与竞争对手区别开来，让消费者一见倾心。所以，创造顾客就是要创造差异，有了差异就有了市场，这是对差异化营销的理解。所以，服装企业一定要充分利用自身的技术优势和管理优势，生产出性能优异、品质优良的服装产品，而且通过有特色的宣传活动、灵活的推销手段、周到的售后服务，在消费者心目中树立起良好品牌形象，它才能立于不败之地。差异化营销一般分为产品差异化、形象差异化和市场差异化 3 个方面：产品差异化是指服装企业生产的服装在质量、性能上明显优于同类产品的生产厂家，如特步专注于体育运动方面，形成了运动服装市场，雅戈尔专注于西装领域，而爱帝则专注于内衣领域，它们各自形成了属于自己的独特服装市场；形象差异化是指服装企业实施品牌战略和 CI 战略而产生的差异，企业通过强烈的服装品牌意识、成功的 CI 战略，借助于媒体的宣传，使服装企业在消费者心目中树立起良好的品牌形象，从而对该服装企业的产品产生偏好的市场影响；市场差异化是指由服装的销售条件、销售环境等具体的市场操作因素而生成的差异，大体包括销售价格差异、分销渠道差异和售后服务差异。

功能化（Versatility）是指服装应具有的功能，如治疗心脏病服装、防细菌服装等。一个服装企业的产品在顾客中的定位有 3 个层次：一是服装的核心功能，主要由服装的基本功能构成，如衣服是用来御寒的；二是延伸功能，即功能向纵深方向发展，如服装的防辐射功能、防火功能等，它由“单功能—多功能—全功能”的方向发展；三是附加功能，如美学功能等。如果产品的功能越多，它所对应的价格就越高（这是性价比原则）。功能可以弹性化，就是指根据消费者消费要求的不同，提供不同功能的系列化服装产品，增加一些功能就变成奢侈品（高档服装）。20 世纪八九十年代，日本许多企业盲目追求多功能或全功能，造成的功能虚靡使功能缺乏弹性，也是营销失败的典型案例。

附加价值（Value）是指服装企业生产的产品除具有基本价值外，还含有附加价值。附加价值就是由技术附加、营销与服务附加及企业文化与产品附加三部分所构成。当前的市场价值中，以产品物耗和社会必须劳动时间的劳动消耗在价值构成中的比重逐渐下降，而高技术附加价值、品牌（名品、名人、名企效应）或企业文化附加价值与营销附加价值在价值构成中的比重却显著提升。目前，在世界顶尖企业之间的产品竞争已不再局限于核心产品与形式产品，竞争优势已明显体现在产品的高附加价值。所以，当代营销新理念的重心应放在附加价值强调的 3 个角度：一是提高技术创新在服装产品中的附加价值，如原创面料、织物、功能服装的开发等，从技术创新走向服装价值创新；二是提高创新营销与服务在服装产品中的附加价值，其关键就是让顾客满意，包括服务创新。服务创新能力不但是衡量服装企业能否实现消费者“价值最大化”的重要标志，也是衡量服装企业自身能否实现“利润最大化”的“报警器”；三是提高服装企业的企业文化或品牌文化在服装产品中的附加价值，使消费者在购买服装的使用价值时，实质上是在购买服装企业的文化价值和享受企业的文化。因此才有了 LV 的服装产品价格已不再是服装本身价值，而是其品牌价值，由此也得出了其品牌产品不轻易降价的规则。皮尔卡丹的服装商品即使价格高些，人们也乐意购买，这是“名人”与“名品”的效应。

共鸣（Vibration）就是钟殿舟在《互联网思维》所说的要让产品使消费者“尖叫”的另一种说法，指企业持续占领市场并保持竞争力的价值创新给消费者或顾客所带来的“价值最大化”，以及由此所带来的企业“利润极大化”，强调的是将企业的创新能力与消费者所珍视的价值联系起来，通过为消费者提供价值创新使其获得最大程度的满足。消费者追求的是效用最大化，效用最大化要求服装企业必须从价值层次的角度为服装顾客提供具有最大价值创新的服装和服务，使其能够更多地体验到服装和服务的实际价值效用。价值效用是企业对消费者基于价值层面上的一种“价值提供”，这种“价值提供”构成了价值创新的核心内容。因此，只有实现服装企业经营活动中各个构成要素的价值创新，才能最终实现服装消费者的效用价值最大化，当服装消费者能稳定地得到这种价值最大化满足后，将不可避免地成为该服装企业的终身顾客，使服装企业与消费者之间产生了共鸣。

（2）服装 4P、4C 与 4R 营销策略的对比。

我们将服装 4P、4C 与 4R 营销策略进行对比，如表 6–1 所示。

表 6–1　服装 4P、4C 与 4R 营销策略的对比

项目类别	4P 组合	4C 组合	4R 组合
营销理论	生产者导向	消费者导向	竞争者导向
营销模式	推动型	拉动型	供应链
满足要求	相同或相近要求	个性化需求	感觉要求
营销方式	规模营销	差异化营销	整合营销
营销目标	满足现实的、具有相同或相近的顾客需求并获得目标利润最大化	满足现实和潜在的个性化需求，培养顾客的忠诚度	适应需求变化，并创造需求，追求各方互惠关系最大化
营销工具	4P	4C	4R
营销沟通	“一对多”单向沟通	“一对一”双向沟通	“一对一”双向或多向沟通或合作
投资成本和时间	短期低，长期高	短期较低，长期较高	短期高，长期低

a.4C 营销策略相对于 4P 营销策略的优势。

4C 营销策略优于 4P 营销策略的主要有 4 点。

一是4C营销策略可以了解到消费者的真正需求。只有探究到消费者的真正需求,并由此进行产品规划，才能确保项目的最终实现。由于消费者的生活经历、受教育程度、工作性质、家庭结构、个人审美情趣各不相同，每个人对服装的品质需求侧重点不同，因此要了解并满足消费者的需求是一件艰难的事情。4C理论认为了解并满足消费者的需求不能只表现在服装企业的一时的热情，而是应始终贯穿于服装产品开发的全过程，这样容易掌握消费者需求的真正动态。

二是4C营销策略重视企业为满足消费者需求而支付成本。消费者为满足其需求愿意支付的成本包括：消费者因投资而必须承受的心理压力以及为化解或降低风险而耗费的时间、精力、金钱等诸多方面。4C营销策略开始重视这一部分的成本,符合市场需求的需要。

三是4C营销策略重视消费者的便利性。服装企业的消费者咨询、销售人员是实现企业与消费者接触、沟通的一线主力。他们的服务心态、知识素养、信息掌握量、言语交流水平，对消费者的购买决策都有着重要影响。4C营销策略重视消费者的便利性，提倡服装企业要尽量而最大可能地为服装消费者提供方便。

四是4C营销策略重视企业与消费者沟通。4P营销策略中的企业广告策略面貌大多相似，模拟化、定式化趋势非常明显。各种服装广告文案、创意表现、报纸上的广告版面与日期选择都大同小异，说明广告质量不高。在过去，厂商们都以“请消费者注意，而不是注意消费者”的4P模式为出发点,广告创作的基础仍是对项目的简单认识和创作人员的瞬间灵感,而不是对目标消费者的了解和对消费心理的深刻洞察。而4C则认为广告与沟通的差别有着创作思维基础上的本质区别，广告的天职是创新与树立个性，4P则更注重沟通的效果，通过沟通对消费者心理有进一步的认识，从而在营销战略上取得战略优势。

b.4C营销策略的不足之处。

中国企业的营销现已经转向到市场竞争导向阶段，而4C营销理论强调的是顾客导向。顾客导向与市场竞争导向的本质区别是：顾客导向看到的是新的顾客需求；市场竞争导向不仅看到了需求，还更多地注意到了竞争对手，冷静分析自身在竞争中的优、劣势并采取相应的策略，从而在竞争中求发展。

4C营销策略也有自身的不足。

一是4C营销理论不能保证企业顾客份额的稳定性、积累性和发展性。4C营销理论虽然已经融入营销策略和行为中，但企业营销又会在新的层次上同一化。不同企业至多是个程度的差距问题，并不能形成营销个性或营销特色，不能形成营销优势，保证企业顾客份额的稳定性、积累性和发展性。

二是4C营销理论没有注意顾客与企业双赢原则。4C营销理论只强调顾客需求，以顾客需求为导向，但顾客需求有个合理性的问题。顾客总是希望质量好，价格低，特别是在价格要求上是无界限的。只看到满足顾客需求的一面，企业必然会付出更大的成本，时间久了，会影响企业的发展。从长远看，企业经营要遵循双赢的原则，这是 4C 需要进一步解决的问题。

三是 4C 营销理论没有体现长期地拥有客户关系的营销思想。4C 营销理论没有解决满足顾客需求的操作性问题，如提供集成解决方案、快速反应等；也没有体现既赢得客户，又长期地拥有客户关系的营销思想。

四是 4C 营销理论体现被动地适应顾客需求的强力态度。4C 营销理论总体上虽是 4P 的转化和发展，但被动的适应顾客需求的色彩较浓。根据市场的发展，需要从更高层次以更有效的方式在企业与顾客之间建立起有别于传统的新型的主动性关系，如互动关系、双赢关系、关联关系等。

c.4R 营销策略的优势。

4R 营销策略的提出与时代是相吻合的，有其时代的优势特点。

一是 4R 营销策略在竞争导向基础上提出营销新思路。4R 营销策略虽以竞争为导向，但在新的层次上提出了营销新思路，不仅积极地满足服装顾客的需求，而且主动地创造需求，通过关联、关系、反应等形式建立与它独特的关系，把服装企业与顾客联系在一起，形成了独特竞争优势。

二是 4R 营销策略真正体现并落实了关系营销的思想。4R 营销策略提出了如何建立关系、长期拥有客户、保证长期利益的具体操作方式，这是关系营销史上的一大进步。

三是 4R 营销策略是实现互动与双赢的保证。4R 营销策略的反应机制为建立服装企业与顾客关联、互动与双赢的关系提供了基础和保证，同时也延伸和升华了服装营销的便利性。

四是 4R 营销策略的回报使企业兼顾到成本和双赢两方面。4R 营销策略认为，为了追求利润，服装企业必然实施低成本战略，充分考虑服装顾客愿意支付的成本，实现服装成本的最小化，并在此基础上获得更多的服装顾客份额，形成规模效益。这样一来，服装企业为顾客提供的服装产品和追求的回报就会最终融合，相互促进，最终达到双赢的目的。

d.4R 营销策略的缺陷。

4R 营销策略同任何理论一样，也有其不足和缺陷。如与服装顾客建立关联、关系，需要实力基础或某些特殊条件，并不是任何服装企业都可以轻易做到的。但不管怎样，4R 营销策略提供了一个很好的思路，是经营者和营销人员应该了解和掌握的。

4R 营销策略之外的“+0.5R”，几乎所有的市场营销理论都是在强调如何抢占市场和争取客户，夺取利润为最大目标，但市场行为本身就是一种风险博弈，也可以说在市场上什么都是可变的，只有利润和风险是永恒的，所以企业需要在 4R 理论上再加 0.5R，即 Risky Control，以便能够把握好风险控制，这样的服装管理者才能拥有更长久的发展动力和空间。

4. 服装营销中的物流变化

在中国目前电子商务环境下，电商之间的竞争已经不是信息流与资金流，网络零售的成败在于“最后一公里配送”，物流成为电商角逐市场的核心竞争力。

在快时尚的模式下，如今服装行业都在倡导着“快时尚，快物流”的理念。如今电子商务飞速发展，却面临着“物流瓶颈”。网购的高速发展无疑给物流行业提出了挑战，而物流成本又制约着电子商务的发展。如我国在节假日的前期往往是网购高峰，但快递企业的承受能力有限，往往出现“爆仓”。当今电商的主要物流形式采用物流外包和物流自建两种方式。

（1）服装营销的物流外包。

所谓物流外包是指服装销售等企业为集中资源、节省管理费用，增强核心竞争能力，将其物流业务以合同的方式委托给专业的物流公司运作。营销中的物流外包是一种长期的、战略的、相互渗透的、互利互惠的业务委托和合约执行方式。

物流外包作为一个提高营销过程中的物资流通速度、节省物流费用和减少在途资金积压的有效手段，能够给供需双方带来较优质的服务。

当前服装企业面对网购高峰期的时候，迫切要求物流的速度跟上网购的速度，这时电商应该选择适合自己的物流公司进行物流外包。企业在选择第三方物流时，要考虑到第三方物流对企业的营销系统需求有比较强的理解能力。

（2）服装企业自建营销物流。

自营型物流是被服装企业在流通中所广泛采用的一种物流模式。自营型的企业通过独立组建物流中心，实现对内部各部门、商场、商店的物品供应。目前，这种模式在满足服装企业内部生产材料供应、产品外销、零售厂店供货或区域外市场拓展等企业自身需求方面发挥了重要作用。

虽然第三方物流已经逐渐加强自身管理，开始重视客户体验，但物流企业与电商企业毕竟是企业愿景截然不同的两个组织，有不同的管理模式和服务准则，快递员并不能完全达到电商对服务质量的高要求。由于相隔的层级较多，奖惩制度很难实现，快递员的积极性不高，主观能动性差，为了尽早完成每日派件任务，忽略了对快件的呵护和对收件人的态度。自建物流因为是直接管理，甩开了不必要的交接环节，使得物流配送的“最后一公里”更加人性化。目前如果一家甚至多家第三方物流配送公司都能满足电子商务企业的这些要求，对企业来说是一种幸运。从长远目标来看，企业自建物流与第三方物流并存也许是相对更健康的一种商业物流关系。

三、我国服装市场营销的状况

越来越多的中国消费者会在全世界范围内寻求价格更低和服务更好的产品。据 2013 年

11月的中国纺织服装厦门品牌年度会议上报道，2012年，中国的消费者购买了价值500亿欧元的奢侈品，但其中只有150亿欧元是在中国市场上进行的交易。一项调查表明，中国消费者到海外去选择购买奢侈品的原因主要是内地奢侈品价格过高，服务较差。中国消费者非常青睐的奢侈品是与国外同样价格而服务更好的优质产品。现在的中国消费者对产品越来越挑剔，同时他们对于那些Logo的关注度却开始降低。在中国，许多的Shoppingmal在设计、形象和管理方面都达到了很高的标准，但是却找不到足够多的可以匹配这个氛围的品牌。中国市场需要新品牌，需要那些品质达到“意大利制造”的标准，而性价比却远远高于奢侈品的品牌。

（一）中国时装市场的现状

中国服装市场非常庞大，生产商、品牌商与商场比比皆是，但中国服装产品系列却缺乏使之真正称为品牌的特质，大部分产品在设计、面料的选择和品质方面都比较同质化，很多中国品牌在形象和产品风格的宣传上也缺乏特色，它们需要以更吸引人的方式进行销售。中国的商场和多品牌的零售商应该更多地履行新品牌和新产品“探险家”的角色。它们应该更多地去学习和参考发达国家的商业发布会、商业街橱窗和陈列。如在日本这个比较成熟的市场上，买手不仅仅要找到新的品牌和好的产品，还要在商场中创新零售概念，为消费者提供全新购物体验。中国没有买手，百货公司仅仅是出租场地，不承担任何采购风险。做买手需要知道你在买什么、给谁买，这需要长期的经验和专业技能积累。中国购物中心要发展，需要快速调整它们的商业策略和工作方法，需要更加接近消费者，或者具有全面的产品知识。从2009年起，在淘宝等网站的推动下，越来越多的传统服装企业加入了电子商务大军，如雅戈尔、李宁、美特斯邦威等，形成了传统销售模式与电子商务相结合的综合营销系统。

2020年由于疫情影响，消费者不便去实体店消费从而催生了更多的远程购物的需求，使各地纺织服装企业更加积极地采用线上线下双轨道运行的市场机制，许多企业都构建自己的手机APP，利用互联网平台进行产品直播，形成了线上产品宣传，线下实体店或者仓储送货的新市场交融模式。

（二）我国近年的服装出口特点

1. 中国服装出口在世界上的比重在增加

我国服装的出口量逐年增加，从1980—2010年的30年间，我国服装占世界服装出口量的比重从4.6%增加到了37.8%。2020年，随着全球的疫情扩散，我国纺织品服装出口稳步回升。据中国海关统计数据显示，2020年我国纺织品服装出口总额为2912.2亿美元，同比增长9.6%，较2019年回升了11.5%，达到2015年以来的历史较高水平。

2. 我国对东盟等新兴市场的出口开始增长

近几年，中国的服装出口总体呈现增长趋势，在 2008 年—2012 年的 5 年间，我国的服装出口额从不足 1200 亿美元上升至 1600 亿美元，年平均增长 7.3%，2013 年 1—10 月，服装出口为 1458 亿美元，增长 11.5%。2012 年我国服装的具体出口情况如表 6-2 所示。

表 6-2 2012 年中国服装主要出口市场及同比及占比情况

地区	出口额（亿美元）	同比（%）	占比（%）	2008 年占比（%）
全球	1591.8	3.87	100	100
欧盟	363.7	−13.69	22.85	25.58
东盟	108.6	91.09	6.82	3.3
美国	290.2	2.99	18.23	15.5
日本	222.8	1.07	13.99	14.8
俄罗斯联邦	63.7	14.83	4	4.7
韩国	32.6	−7.2	2.05	2.78
加拿大	28.6	−8.72	1.8	2.47
南非	19.1	1.67	1.2	0.8
巴西	15.2	16.12	0.95	0.35
埃及	14.9	0.32	0.94	0.33

表 6-2 显示，我国服装出口的市场呈现一定变化趋势，近年我国产品在欧盟、美国、日本市场所占的份额逐渐缩小，这些市场主要被东南亚、南亚市场所挤占。

2022 年我国对东盟市场的服装出口增势较好，据纱线网 2023 年 1 月 31 日报道，2022 年我国服装出口仍实现一定增长，据中国海关统计，我国服装累计出口 1754 亿美元，同比增长 3.2%。

3. 我国服装市场中的主要针织、梭织服装出口量持续下降

我国服装市场中的主要针织、梭织服装出口量持续下降，如图 6-10 所示；出口平均单价不断提升，如图 6-11 所示。

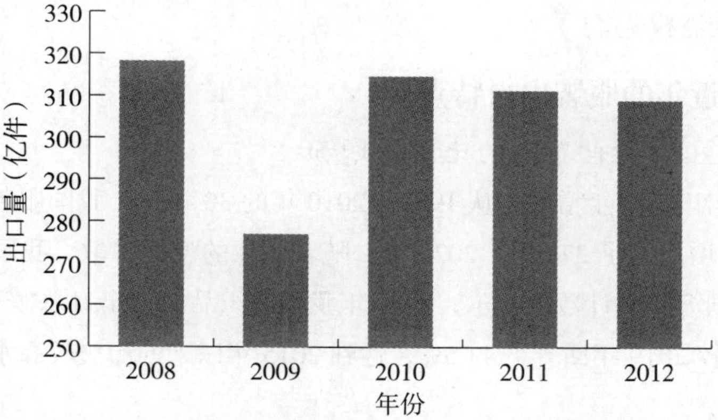

图 6-10 2008—2012 年我国主要针织、梭织服装出口量情况

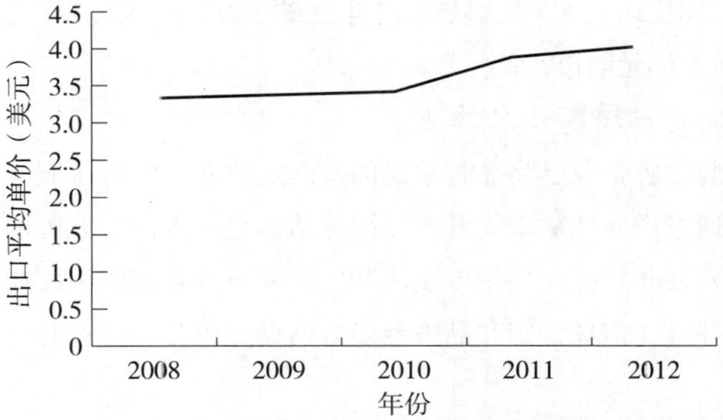

图 6-11　2008—2012 年我国主要针织、梭织服装出口价格变化情况

2022 年，中国产业经济信息网数据显示，中国针、梭织服装出口均呈量减价增的走势，中国针织服装出口额为 785.6 亿美元，同比增长 4.4%，出口价格同比增长 7%。中国梭织服装出口额为 741.5 亿美元，同比增长 9.5%；出口价格同比增长 13.3%。

4. 我国品牌纺织服装在出口中所占比重逐步上升

1990 年以前，国内的品牌主要处于萌芽时期，我国服装产业主要任务是开始承接国际服装产业转移。这时的许多外资企业开始在国内投资办厂，“三来一补”是当时的主要出口方式。也是这一时期中国开始接触国外品牌，许多产业人员开始初具品牌意识。随着中国服装企业开始接触国际品牌，我国服装企业开始进行产品的商标注册。1990—2000 年为品牌成长阶段，这一时期，中国因成本优势成为国际产业转移的首先之地。随着中国纺织服装业的迅速发展，出口规模逐渐扩大，1990 年纺织服装出口已达 400 亿美元，在全球纺织服装出口市场占到 12%，服装产量和出口量开始位居全球第一，为发展我国外贸品牌打下了市场和经济基础。同时，国内自主品牌飞速发展，涌现出一大批自主品牌，如波司登、三枪、鄂尔多斯等，有力地推动了外贸品牌的发展，一些外贸企业开始使用自主品牌出口。进入 21 世纪，纺织服装品牌发展进入鼎盛时期，尤其是中国加入世界贸易组织后，为中国纺织服装自主品牌的发展提供了广阔的舞台，纺织品牌服装开始进入国际市场。

经过 40 多年的发展，中国的服装产品正逐步从“中国制造”向“中国创造”转变。品牌服装正以其独特的设计、精良的做工被越来越多的进口商所接受。截至 2013 年 11 月份，据估计，品牌纺织服装出口已上升占纺织服装出口总额的 10%。在广交会上，品牌出口企业达总参展企业数的 16%，品牌展区的订单数占纺织服装馆总订单数量的 18.3%，其中男女装、家纺、内衣等产品的品牌成交量突出。2012 年我国品牌服装企业出口服装 86.7 亿美元，占当年服装出口总额的 5.4%，品牌家纺企业出口家纺 23.5 亿美元，占家纺产品出口总额的 14.1%。2013 年 1—10 月，品牌企业服装出口 74.8 亿美元，占服装出口总额的 5.1%，品牌家纺企业出口家纺 21.8 亿美元，占家纺产品出口总额的 14.5%。

据 2023 年 3 月 21 日的安踏财务报道，2022 年安踏收入首次突破 500 亿人民币，达到

536.5 亿元人民币，同比增长 8.8%，从 2015 年突破 100 亿元人民币后，年复合增长 25%，目前总市值达到 2868 亿元港币。

5. 我国内销服装市场逐步品牌化

我国优秀的服装品牌企业已将品牌建设的发展定位在“创新 + 服务”上，一方面增加产品的科技含量，通过产品档次来提升产品附加值，另一方面看好国内服装市场，开拓多种渠道向内销市场发展和扩张，采用专卖店和电子商务及新媒体手段相结合的方式，进行品牌与产品推广，并且在市场营销和品牌专卖方面做好服务，通过对市场精准定位，许多企业取得成功。

（三）零售型服装品牌的现状

目前我国存在许多零售型服装品牌，这是服装商业的一种特色。零售型服装品牌是指以零售为主体，生产外包的虚拟经营品牌为零售主导型服装品牌。传统的零售服装品牌都是将实体店作为销售终端。随着电子商务的发展，已经出现了完全依靠网络作为渠道销售，以及许多品牌线上和线下实体店结合的情况。因此，按照品牌主要销售渠道的终端形态可以分为以网络销售主导的零售服装品牌和实体店销售主导的零售服装品牌。

1. 以网络销售为主导的服装品牌

网络销售可以更好地建立消费者数据库，在品牌及文化推广时更具有针对性和有效性，因此，这种销售模式逐渐发展起来，其中不少传统实体品牌也开设了网络营销销售渠道作为自己营销的辅助手段。由于网络服务仍有许多不成熟的地方，所以成功的网络营销服装品牌还是屈指可数的。网络服装品牌的生产和销售渠道是虚拟化的，以网络销售主导，通常以高性价比的产品获取成功，设计风格简约，在营销策略上采用整合营销的方式，其中直复营销是网络品牌重要的营销手段之一，电子邮件、社交网络和手机是三大主要推广方式。网络消费更注重顾客体验，页面设计、产品包装、售后服务等都影响着销售结果。这类品牌将消费者的群体文化作为诉求点，着重体现这一群体所有向往的兴趣、爱好和生活方式等。网络时尚消费正是这一群体生活方式的反应，因此也是网络服装品牌的文化精髓。

2. 以实体店销售主导的服装品牌

实体店销售主导的服装品牌通常以直营、加盟或特许经营的方式建立全国零售网络，通过该方式在全国范围内开设品牌专卖店占领市场，进而提升品牌的销售额；这类服装品牌多为童装品牌和年轻时尚品牌，对产品的更新速度要求高，因此很多服装品牌都向快时尚方向转型，如美特斯邦威、太平鸟不断完善企业供应链的建设和管理，还有世界几大服装零售业巨头，如瑞士 H&M，西班牙 ZARA，德国 C&A，美国 GAP，日本优衣库等。H&M 的品牌精神是挑战人生、永不回头、相信自己、相信伙伴，体现现在年轻人的心态；优衣库的使命是以合理可信的价格，持续提供任何时候、任何地点、任何人都能穿着的、具备时尚要素、高品质的基本款式休闲服装，体现出与人们的生活质量不断提高的时间吻合。

还有国内一些知名零售品牌，除了时尚廉价，它们还用不同的精神文化内涵来得到消费者的认同，如美特斯邦威十几年坚持“不走寻常路”，森马“穿什么，就是什么”都是在强调一种年轻的精神状态，坚持自我选择做你喜欢的，“这就是个性，我与你一样”。当消费者在感受到这种消费文化的同时，便形成了对品牌的认知，进而在关注、消费的过程中不断强化形成认同，最后形成对品牌的忠诚。

年轻时尚品牌具有流行周期短，产品更新换代速度快等特点，价格也相对大众化；以流行时尚为诉求，强调目标消费群体自信、自我的精神状态，是一种服装销售的情感诉求。

（四）我国服装的快时尚营销现状

快时尚服饰属于休闲服饰的一种，如果以休闲服饰行业来看，2012 年我国休闲服饰行业的市场需求已经达到 8131 多亿元人民币，市场需求巨大。虽然我国还尚未形成一家真正的快时尚品牌，但是休闲服饰的市场需求为快时尚行业的发展提供了良好的市场基础。中国服装企业正在经历着角色的转变，从最初代生产及代加工为主向自主品牌转变。庞大的市场带来激烈的竞争，除了加强自身“修养”外，引入外部资本助力发展已成为一种趋势。近年来，我国服装行业风起云涌，尤其是时尚休闲类服装这个细分市场更是热闹非凡。首先是一大批国产品牌不断发展壮大，如李宁、美特斯邦威、森马等；更有服装电子商务公司异军突起。这些企业强调市场反应的敏捷，强调更加迎合消费者多元多变的需求，掀起了服装消费“快时尚”的潮流。

虽然我国是服装生产大国，但是我们缺少高附加值的服装品牌。随着中国服装市场竞争日益激烈化，服装行业逐渐进入微利时代。中国服装企业需要拥有奥林匹克“更快更高更强”的不断进取、永不满足的奋斗精神和不怕困难、敢于挑战的商业拼搏精神。尽管中国的快时尚品牌与国外的快时尚品牌对比有明显差距，且 2012 年的投资情况较往年有下降趋势，但中国的市场容量大、消费者需求日益多样化、服装行业仍存在较大的发展空间。研究“快时尚”品牌的物流特点及发展规律，对促进我国服装企业的营销战略发展有借鉴的作用。

四、国际服装市场营销状况

国外不同国家的市场营销情况

1. 美国服装市场营销状况

在世界经济危机后的 2009 年感恩节时期，从当时的经济数据看，美国服装业犹如在寒冬中挣扎。全球第一大服装零售商美国盖普公司在 2009 年 5 月的净销售额为 10.3 亿美元，同比下降 5%：服装专卖零售商的销售额在虽在 2009 年 10 月同比增长了 3.4%，但却在 11 月又下降了 5.7%，说明世界经济危机严重影响了美国人的购买力，当时的消费者对未来的经济走势主要是抱有观望态度。而在 2014 年，据美国商务部公布的数据显示，今年 1 月的美国纺织品与服装出口额为 18.61 亿美元，比去年同期的 17.9 亿美元增长了 3.99%。其中服装产品出口同比增长 1.91%，为 4.37 亿美元，包括女士及女童服装的出口增长了 126.78%，运动服装的出口却下降了 74.77%；纺织品出口同期增长 4.65%，为 14.24 亿美元。近年来，美国纺织品服装出口呈现稳步增长的态势，从 2010 年的 197.52 亿美元增至 2013 年的 236.6 亿美元。其中中国、墨西哥和加拿大占美国纺织品服装出口市场接近 50%的份额，对中国出口约为 1.12 亿美元。

2020 年以来，美国服装进口额持续负增长，5 月份的服装进口降幅达到 60.14%。2020 年美国从越南进口服装为 117.11 亿美元，同比下降 6.59%。柬埔寨是美国服装进口国中唯一保持小增长的国家，市场份额比上年同期提高了 1.21%。美国自越南进口棉制服装份额明显提高，2020 年 1—11 月，美国自越南进口棉制服装 48.34 亿美元，市场份额比上年同期增加了 3.37%，越南成为美国棉制服装的第一大进口国。美国的纺织服装工业产量接近 700 亿美元，纺织服装业仍是美国制造业中最重要的部门之一，其出口量在世界顶级市场中名列前茅。美国的纺织原材料、纱线、面料、服装、家居用品及其他纺织成品在全球市场中仍具竞争力。

2. 欧洲的市场营销情况

国际服装联合会（IFM）在 2013 年的一份报告中，主要针对当时欧洲服装市场现状进行了深入分析，认为 2013 年欧洲服装市场整体压力较大，服装零售增速过缓。主要原因一是由于消费者收入紧张；二是消费者购买习惯发生了变化，“快时尚”和“少库存”的行业发展方向要求欧洲买家调整采购策略，过去热衷的“快时尚”消费观念开始衰退，开始理性的“慢时尚”服装消费。在这种经济不景气的情况下，人们更喜欢购买能确保可控性支出的高品质服装产品，并且越来越注重健康安全。因此，高品质、绿色、可持续发展产品成为服装市场的主流，同时，定位中高端、培育高级定制业务也是我国紧跟欧洲市场必须所需的一种企业转型形式。

2014 年上半年，逐渐走出经济危机阴霾的欧盟市场显示出好的市场动态。从我国纺织品服装对传统市场出口增速来看，18.5%的两位数增幅远远赶超美国和日本市场。终端服装消费市场开始回暖、服装贸易环境开始转好。据中国纺织品进出口商会统计，2014 年上半年，我国对欧盟纺织品服装出口形势良好，累计出口额 261 亿美元，增长 18.5%，欧盟成为我国出口增长最快的主要市场。

2020 年，欧盟经济严重受创，德国、法国意大利和西班牙等核心成员国经济增长明显缩减。2020 年 11 月，欧元区失业率为 8.3%，均高于 2019 年同期 0.9%。2020 年欧盟贸易表现 T & C 出口下降了 13.6%。但 2020 年欧盟进口增长 5.5%。2021 年 3 月的欧盟商业信心指标势头强劲，纺织服装行业证实有 3.8% 的增长，就业预期指标也出现了强劲增长。

欧洲商场在营销中也非常重视中心采购部门和买手的角色，如 Maurizio Baldasari 品牌在国际市场上已经销售数十年，非常注重国际销售关系、营销和视觉销售的重要性，非常关注不同国家的消费者预期以及“买手”的重要性，“买手”在国际时装市场体现中扮演着主要角色。作为产品经理，他们能够理解和诠释消费者的预期，并据此可以在供应商（纺织品、纺纱业、服装制造商）手上进行产品采购。Maurizio Baldasari 品牌建立的 Maralunga 设计工作室，为众多意大利品牌、商场、意大利时装委员会、日本 Renown 集团、C&A、日本高岛屋、意大利 Marlboro、意大利 Sanremo、法国 Saic、意大利 Legler 及德国 Steilmann 提供设计与设计咨询业务。

3. 韩国服装市场状况

中国一直是韩国最大的贸易国，双方的贸易额每年在不断地增长。根据韩方统计，2014 年 6 月份韩国外贸总额为 902.50 亿美元，同比增长 3.25%。其中，进口 423.98 亿美元，同比增长 4.1%，出口 478.52 亿美元，同比增长 2.5%。贸易收支连续 29 个月保持顺差，达 54.54 亿美元。（其对主要国家和地区的贸易顺差分别为：东南亚 44.8 亿美元、中国 37.4 亿美元、美国 24.4 亿美元，中南美 21.3 亿美元；对主要国家和地区的贸易逆差分别为：中东 68.4 亿美元、日本 18.1 亿美元、澳大利亚 9.5 亿美元、欧盟 6.6 亿美元）。2015 年 1—6 月，韩国累计外贸金额为 5464.37 亿美元，同比增长 2.53%。其中，进口 2631.13 亿美元，同比增长 2.6%，出口 2833.24 亿美元，同比增长 2.5%。贸易收支为 202.11 亿美元顺差。

从韩国的整个服装市场看来，超过七成的服装来自我国山东。韩国著名服装企业 LG 时装公司生产的名牌西装“TNGT”完全是在中国生产制作后返销韩国市场的，而其中在山东生产的占到了 80%；伊兰特时装公司在韩国国内销售的主要品牌服装，有相当大的数量是在山东、江苏等地制作后返销韩国的。正因为这样，中国人便想把生意做到韩国去。于是，山东烟台海河商会与韩方经过考察调研后，着手建设“首尔中国城”项目。“通过运营韩国公司和商铺，真正实现前店（首尔中国城）后厂（自己的工厂），投资者拥有一个商务平台，将自己的产品打入国际市场。”外国人可以在韩国注册服装公司，韩国规定外国人投资额应达到 5000 万韩币（约合人民币 40 万元）以上，公司的注册成立一般委托律师法务师办理。

在韩国，名牌服装基本在高档百货店租专柜销售，其情况与中国差不多。这些名牌服装的生产厂一般都在韩国本土。一般品牌或没有知名度的品牌大部分都把工厂设在中国山东、福建，以及东北三省：有的为了节省成本，只是委托加工，拿设计图给中国生产方，并没有自己的工厂；也有在中国生产后把产品卖到美国和欧洲市场的，尤其是美国服装市场，韩国商人以前把韩国产品卖到美国，后来由于韩国生产成本提高，转为将大部分订单委托给中国企业生产。

4. 日本的市场营销情况

日本的服装市场从生产到销售的一系列环节都已非常成熟，向来是亚洲服装市场的风向标，甚至一度在一定程度上可以左右欧美市场。但是近年来，日本消费者的服装消费意识已发生转向。据2013年信息，我国对日出口始终处于低速增长、甚至负增长的状态，全年对日出口下降。从2014年上半年数据上看，日本市场的情况也不乐观。据中国纺织品进出口商会统计，2014年以来，日本市场在我国出口中的地位进一步下降，截至2014年上半年，我国对日出口额占总出口额的比重不足9%。2015年2—6月各月出口全部下降，1—6月累计下降8.4%，主要是服装出口下降11.1%所致。在这些数据体现了我国纺织服装企业对日出口业务的压力。

近年来，伴随我国劳动力成本以及原材料价格的提升，我国服装企业原有的部分日本订单已开始转移到东南亚国家，如南通伊仁时装有限公司是一家长年向日本出口服装的企业，几年的订单流失现象十分明显；南通的丰通时装有限公司从2014年上半年开始，接日本的订单业务开始减少，到2015年5月的订单就很少了。从日本海关的统计数据中也可看出，2015年5月下降7.8%；2014年的1—5月，日本纺织品服装累计进口159.9亿美元，下降2.6%，其中，纺织品进口37.2亿美元，增长6.7%，服装进口122.7亿美元，下降5.1%；日本自中国进口107.7亿美元，下降8%，而同期自东盟进口29.1亿美元，增长15.9%。中国产品在日本市场上所占的份额降至67%，较2013年同期下降了近5%。东盟在日本的份额上升至18.2%，比2013年同期扩大了3%。

2020年1—11月，日本从中国进口服装13 494.71亿日元，同比下降18.63%，占日本服装进口市场份额53.96%，比上年同期减少了2.08%。随着日本服装订单逐渐向东南亚地区转移，越南、柬埔寨、缅甸、孟加拉国在日本服装进口市场的份额持续提高，2020年，日本自越南、柬埔寨、缅甸、孟加拉国四国的进口服装市场份额合计28.22%，比上年同期提高了1.78%。

日本市场向来层次清晰，主要的几类市场渠道为：商社型的服装公司、服装专门店、商场店中店、零售商自行销售、自行生产制作销售等。

著名商社型服装公司有Onward 樫山、三阳商会与东京Style等，主要代理国际知名品牌，公司也会自行注册品牌，根据目标消费者层次来设计制作，进而在百货店里面设置店中店进行销售。当然，这类公司也有买手到世界各地收集适合日本市场的服装，带回日本进行销售。

日本的专卖店主要销售自主品牌，采用欧美、日本本土等著名品牌的销售形式，如美国的GAP库、日本的优衣库等。这类店铺分为高、中、低三个档次，如高档的爱马仕、香奈儿、Dior、阿玛尼、Maxmara等国际一流品牌，中低价位的ZARA、H&M等欧美品牌以及由优衣库自行研发的JIYU等低档品牌。

商场店中店仍然是最普遍的经营模式，主要经营一些中档品牌，适合在办公室工作的白领阶层。自行生产制作销售一般针对和服，价格非常昂贵。

永旺、岛村、西松屋等较为出名的日本大型超市是零售商自行开发、制作与销售的商业模式。如永旺是综合超市，服装占据了重要一环，以家庭为主题，服装大部分是家庭和日常穿着的设计，号码齐全，价位低廉，很受家庭主妇的欢迎；岛村主要销售低档服装，一款设计往往只有 1 ~ 2 个号码，每个号码又只有 1 ~ 2 件，依靠快速的商品回转率来保证店铺的运营，靠低价位、新设计赢得客户的支持：西松屋是专门销售儿童服装的零售店，在日本以价廉物美而著名。

近年来由于日本经济一直不景气，政局也时有变动，这使日本的消费心态趋于保守；由于欧美设计一些价位低、新颖的服装进入日本，以及日本本土快时尚品牌的崛起，日本人的服装意识开始偏向价廉物美。

第五节 中国的电子商务平台介绍

阿里巴巴的电子商务发展是中国整个电子商务行业发展的缩影。中国电子商务从 1999 年开始经历了十多年的发展过程，从网络购物的诞生到新兴支付与物流体系的建立等，电子商务系统逐渐走向健全。未来的中国电子商务将会朝着更加多元化的方向发展。

一、改变营销模式，助推电子商务兴起

随着中国互联网的兴起，中国在 1997 年出现了第一个电子商务的网页，实现了电子商务的中国市场化开始。随后出现阿里巴巴的 B2B 模式、易趣的 C2C 模式、当当网、卓越的 B2C 模式的相继问现。从此，中国人改变了以传统营销模式为主的唯一道路，中国的电子商务全面兴起。

中国的电子商务经历了互联网泡沫，向前发展的步子走得更加踏实。电子商务运营商们从培养用户的消费习惯做起，注重用户的消费体验。其中，支付宝的推出具有重要的意义，解决了中国电子商务网上支付的诚信问题，推动了中国电子商务快速的向前发展。

从 2005 年开始，我国大批的垂直类电子商务网站崭露头角，电子商务平台开始向纵深方向发展，并且大量的传统服装企业开始使用并布局电子商务平台。2007 年是我国网购爆

发性增长的一年，网购交易实现了大规模增长。我国电子商务经历了初期的发展逐渐走向成熟。

二、电子商务发展好，提供金融危机发展契机

中国的电子商务成长空间巨大。

网购已经开始渗透到老百姓生活消费的各个环节，商品种类不断丰富。一方面线下大部分商品都开始转向网上销售；另外线下无法购买到的一些商品反而在网络上可以找到。

同时网购商品种类在不断丰富，商品的展示也走向多样化，方便了用户更好地了解商品信息。电商购物平台在商品展示方面推出了一些全新的体验。

尽管我国在2008年的经济形势不太好，但是当时中国的B2B电子商务行业依然保持了相当快的发展速度，市场比较活跃；现在以阿里巴巴、拼多多等为代表的综合类平台仍旧占据着B2B电子商务市场的绝大部分份额；垂直型和行业联盟式平台凭借着差异化的服务和资源优势抢占着市场份额。同时，一些新兴模式的电子商务网站平台也在快速发展。

这些年，经济危机的爆发使传统的贸易方式受到影响，大量以出口为主导的中国中小企业经营日益危机。根据艾瑞统计数据，使用电子商务的线上中小企业在全球经济危机下的存活率要高出传统线下企业的5倍。电子商务可以帮助中小型的服装企业拓宽销售渠道，降低成本，在金融危机的形势下，这种优势将更加凸显。因此，世界金融危机也会给中国的电子商务带来进一步发展的契机。

三、电子商务生态系统将更加完善

随着电子商务的普及，越来越多的传统企业开始转向电子商务，电子商务的生态系统将更加完善。网络基础建设将更加紧密。目前以展示信息为主的B2B电子商务平台中，简单的信息展示已经无法满足用户的需求，随着电子商务的发展，服装企业不仅需要一个平台来展示信息，更需要能够在平台上实现快速而有效的交易，这需要将整个价值链上的各个环节整合到一个平台上，因此，未来的电子商务的价值链将应更加完善。

第七章 服装人才培养

本科教育是高等学校的立校之本，也是发展之基。在高校扩招后的大学大众化发展过程中，高校的学科和专业得到了较快发展。这种以规模扩张为主要特征的学科专业在发展进程中，一方面反映了大学在大众化进程中有了进一步的飞跃，另一方面也发现在其发展过程中出现了一些问题，如教育质量不高、学生就业难、创新型人才难以脱颖而出等。国家针对这些问题也在寻求解决办法，如国家“卓越工程师”人才培养、专业综合改革、国家大学生实践基地建设、西部计划等项目的推出，无疑在极力推动我国大学的教育教学改革和发展，对促进大学的良性循环起了积极作用。服装教育是国家人才教育的重要组成部分，是培养服装产业所需人才的重要方式。人才是产业发展的第一要素，服装人才对促进服装产业的升级意义重大。

第一节 我国服装教育的基本情况

国外教育普遍重视创新型人才培养。从家长、学校到整个社会创新意识浓厚，创新环境宽裕。如被公认的时装界“哈佛”，即美国纽约时装技术学院具有近百年历史，是培养创新型人才的成功典范。他们将创新能力的培养贯彻于整个大学教育的始终。在国际上享有盛誉的日本文化学院与杉野服饰大学等在服装教育过程中也非常注重培养学生的创新能力，并保证课程的连贯性，以创新为主线贯穿课程的始终，从而培养出像三宅一生等多名世界设计大师。而我国服装院校大多创新教育不够，学生被动学习，导致我国缺少世界顶级设计师，甚至严重影响现在学生的创业与就业。国内也有许多高校在研究大学生创新能力培养，如陈洁营在中国教育先锋网发表《论大学生创新能力培养》等文章，但基本倡导的是学生科研与课堂、传统人才培养模式改革等研究；葛宝臻、刘济良等在《本科教学改革与人才培养模式创新研究》主要分析了一些学校“卓越工程师班”的实践能力培养、“英才计划”班的科研动手能力培养等成功案例，这些对推动我国教育教学改革起了积极作用。但我们的服装教育道路还任重道远，我们必须加强对服装创新人才培养方式方法间的整合性研究，针对服装类学生在整个高等教育过程中的创新能力培养进行整体设计，将创新能力培养深化到服装高等教育过程的各个方面，探求适合我国国情的创新型人才培养的新方案。

一、服装类专业就业出现结构性的突出矛盾

大学服装类专业的毕业生就业情况与其他行业的学生就业情况差别不大，相对来说就业率要高些，但整体上还是存在一些问题。

1. 大学同质化

许多地方院校和行业高校都设立了服装专业，其教学、科研与服务社会的能力大体相同，一些大学一味追求“高大上”效果，招生人数一味扩大。

2. 规模快速发展带来的资源不足

包括教师、办学条件等，尤其是实验、实习等实践环节的教学条件严重短缺。

3. 学校过分强调专业就业教育

弱化了有信念、有梦想、有激情、有责任感的爱国精神为主的成人教育，有专业精神、职业精神、创新创业精神、合作精神、自生长能力（自我精神力量的生长）的成才教育被“短视”“缺失”与“弱化”的现象较为严重，培养出一些“近视人”“缺陷人”和“半边人”。

4. 学科的滞后

专业教材、实验与实习教育明显滞后于知识、技术、管理和市场的发展。

5. 服装企业的用人单位急功近利

企业需要的是要有经验、动手能力强，且要热爱工作的人。这也正是大学出现前面 4 项问题的直接反映。

二、不同服装院校的服装专业人才培养模式比较

我国的服装艺术设计在 2003 年以前属于艺术设计的一个专业方向，2003 年以后被设定为独立专业，而服装设计与工程专业是完全的工科专业，这是与国外不同的。我国的这种人才培养模式使服装艺术设计与服装工程专业不能很好地融合，艺术类学生偏重设计，对服装技术和服装工程方面了解较少，而服装工程的学生对时尚感受较差。这样使服装专业学生不能完全感觉到服装生产的整体培育过程，使学生对企业的现实问题在处理时的考虑会以偏概全，创新能力不足。

不论是重点高校、服装特色类高校还是非服装特色类高校，服装专业的课程都大同小异，最基本的有：服装效果图、服装设计原理、服装设计、中外服装史、服装结构基础、女装结构、女装纸样与工艺、立体裁剪、服装材料学、服装工业制板、服装市场营销、服装 CAD 应用、服装工艺等。各服装院校的各专业根据自己的实际情况和专业的侧重点不同，在此基础上增加或减少课程。但总体上看来，全国的服装专业的总趋势是“重设计、轻工程、轻技术、轻实践”，在我国的服装院校中有 70%的服装专业是偏重于设计的。服装工

程专业在国内各校的受重视程度不够，有许多学校即使有服装工程专业，但是对于服装工程专业的教学设施投入少，导致技术技能训练不全面。全国许多服装专业都存在着新技术的教学与应用滞后等问题，课程设置和教材几乎数十年变化不大，这样，我国的服装类大学生在校学习时缺乏技术和实践能力培养，致使大学生在就业时面临困难。同时，我国的一些中小型服装企业仍停留在传统加工和小作坊式作业的阶段，有些大型企业只注重生产数量，不够重视企业文化，这主要是我们没有意识到工程性、文化性、创新性培养服装人才的重要性，或有意识培养但并没有采取有效措施去推动。种种原因限定了现在的“服装人才”在专业技术和实践操作方面还存在一定的欠缺，例如对于工艺、面料等的深度掌握不够，入职初期实践操作能力不强，不少都是“纸上谈兵”的设计人才。

三、服装专业人才的实践能力培养情况

在全国各纺织服装院校中，教学计划中安排学生下厂的时间不是很多。在大学 4 年中，学生真正能下到企业中实践的时间是有限的，而且基本上只是以参观为主。实习之后，学生对企业的印象还是很模糊。据调查，大多数学校的生产实习时间普遍在 2 ~ 4 周。据某大学老师介绍，他们在 2000—2003 年的教学计划中，安排了 8 周的生产实习时间，通过与企业的合作，取得了一定成绩。但在 2004 年后，由于服装企业都是民营企业，对于学生的短暂实习，企业考虑到会影响生产，一般不愿意接受学生进入企业实习，大部分企业只接受学生参观。因此，在 2004 年以后，他们的教学计划中只安排了 3 周生产实习。而学生的毕业设计，从时间上来说，基本上都会安排半年，但服装设计类学生主要在学校设计作品，设计完成后，大多数学生将设计稿图送到附近的缝纫店或小型加工企业去加工，对自己设计的服装结构和服装缝制工艺不充分了解和熟悉。通过了解，学校周边的服装甚至形成一种经济现象，老板们自己忙不过来，还请了很多师傅来协助制作。有的缝纫店，在每年的 10 月到第二年的 4 月之间，主要以制作学生作品为业，不对社会经营。因为，这种学生业务包括打版和工艺制作，每件衣服的加工费用为 300 ~ 500 元，而市场价格仅为 80 元。在学校实验室，学生除了按照课程规定应完成的服装制作外，很少再自己动手制作其他的作品。这种现象，造成学生把服装专业当作纯艺术设计专业，实践能力弱，背离了服装人才培养的目的。

四、服装类学生的文化教育情况

近些年来，一些高校在大学文化建设方面取得了一定的效果，但目前还存在的问题是：一是多数为个性化研究，主要是针对各校特色进行个性化探索，这样不免会产生“自卖自夸”的嫌疑；二是服装类大学生的文化培养缺乏高校群体性案例研究，目前我国服装高等教育发展蓬勃，高校聚集比较普遍，针对高校群体进行案例研究对沟通各校的文化特色，提

炼赋予时代意义的大学精神和文化必然具有现实意义；三是服装教育的研究成果相对比较少，大多数资料显示的是各式的研究报告或内部资料，研究成果的推行与实施还不够；四是缺乏深层次的中外大学文化的比较研究成果。我国在服装教育模式、人才培养方式乃至课程设置等方面都大规模借鉴国外服装高校尤其是名校的相关经验，但是在服装类大学专业的文化教育方面做得还是不够。因为文化具有明显的地域特点，所以要在没有文化相匹配的情况下实现教育目标是何等艰难。从人生的角度来说，文化有时候起着决定作用。一个人的文化底蕴决定着一个人能“走”多远。这个观点是独臂英雄丁晓兵与首都大学生对话时提出的（详见《人民日报》2011年3月4日的报道）。丁晓兵说，我不敢说自己说的有多么深的文化底蕴，中国文化博大精深，我们学到的只是沧海一粟。现在是知识爆炸的年代，作为一个对人生有着执着追求和抱负的人，特别是年轻人，吸收人类创造的优秀思想文化，对于提升一个人的生命品质是非常重要的。

服装是文化产品。一个服装类学生的文化功底，同样决定着他设计服装的内涵、品位和档次，中国服装类学生的整体文化功底，决定着整个中国服装行业的强盛。因此，在服装人才培养中，可以看出服装类学生文化修养培养的重要性。调查中，我们发现在2009年以前的服装人才培养计划中，普遍重视专业课程，文化课程非常少。从各个学校的培养计划中，关于文化课程主要是“服装史”与“服装心理学”，在湖北省的高等学校中，由于受到杨叔子院士提出的大学要开文科课程的影响，武汉的各高校专业都开设了“大学语文”。在其他省份，有的大学开设了“中国近代史纲要”，但除专业课外，经济类课程开设较多；也有的大学开设了“中国地方文化英语导读”等。服装院校普遍的文化课程偏少现象，应引起注意，它对未来的中国服装品牌的生存与发展起着举足轻重的作用。

第二节　关于服装高等教育质量评价与标准

一、服装高等教育质量评价

（一）高等教育的质量观

由于每个人的需求不同、价值观念不同，不同的主体从不同的角度对服装高等教育质量有着不同的价值诉求，形成了不同的质量观。

1. 内适性质量观

它是以知识本位的教育价值观为导向，强调高等学校作为学术机构存在的特性，强调大学的学术价值，主张大学要从事高深学问研究。

2. 外适性质量观

它是以社会本位的教育价值观为导向，强调服装高等教育满足社会需求的重要性，遵循市场逻辑，以国家、社会和市场需求为导向，强调服装高等教育要为所在国家和地区的服装产业经济和社会发展服务，并以满足外部社会需求的程度作为衡量高等教育质量高低的标准。

3. 个适性质量观

它是以学生本位的教育价值观为导向，强调以学生为中心，强调学生作为人的自主与独立性、完整性、自我指导性，强调学生个体自由发展与心智的训练发展和完善。

（二）高等教育质量评价的多元性

高等教育质量评价的多元性首先表现为高等教育质量评价主体的多元化，但是教育质量由谁来判断仍是教育评价逻辑的起点问题。

由专家组成评价主体有其自身的优势和客观依据，但专家并非教育活动的直接参与者、教育的直接消费者和当事人，并不能替代其他与教育相关者的意见和要求。教育评价主体除了专家外，还应当包括教师、学生及其家长、社会中介机构、教育决策机构、学校管理者以及用人单位。因此，要打破单一的以政府为主体的评价模式，积极开展由社会、个体共同参与的多元化评价方法。

高等教育质量品评价的多元性还体现在高等教育质量评价对象的多元化。教育评价评什么，显然存在教育评价对象的选择问题。

传统的高等教育评价将教育质量简单地等同于教学或学生质量，强调教学和学生标准。高等教育质量至少有三方面的构成，即教学和人才培养质量、科学研究和社会服务的水平和效益。

从高等教育质量的生成过程来看，高等教育质量不仅包括教育产品的质量，而且包括教育过程质量和教育投入的质量。这 3 个重要环节都应成为教育评价的对象。

高等教育质量品评价的多元性第三表现为高等教育质量评价标准的多元化。教育评价怎么评，第一要件是给出质量标准，才能进行事实和价值判断。

（1）高等教育呈现出多样性：不可能拿精英标准或大众化标准衡量具有不同定位和办学特色的高等学校的质量。

（2）社会需求多样化：社会对高等教育人才需求、科技和社会服务需求都是复杂多样的、发展变化的。

（3）学生来源、构成多样化：不同文化背景、不同知识基础、不同目标追求、不同个性特征的教育消费者涌进高等学校，当然需要多样化的教育评价标准。

（三）高等教育质量评价的内容

高等教育质量评价有 4 类主体：政府、高校、社会和学生。高等教育质量评价的内容体系为：①反映政府提供高等教育教学服务的效率要求；②反映学校关注开展学术研究创新的水平要求；③反映社会对人才培养质量适合度的认可要求；④反映学生对教育投入增值满意度的成长要求。服装高等教育的教学质量评价，就是学校对以上 4 类要求达成度的加权统计总和。

（四）高等教育质量评价的模式

国外高等教育质量评价模式主要有：法国的高等教育是以政府进行主导的行政模式、美国的高等教育是以市场为主导的顾客模式、英国的高等教育是以学术主导的专家模式。我国的高等教育评价历来突出以政府为主导的评价模式，随着社会发展、利益主体多元化出现，逐步重视开展由社会、个体共同参与的多元化评价。对于纺织服装类大学专业，我们提倡逐步完善的“五位一体”高等教育质量评估保障体系，如图 7–1 所示。

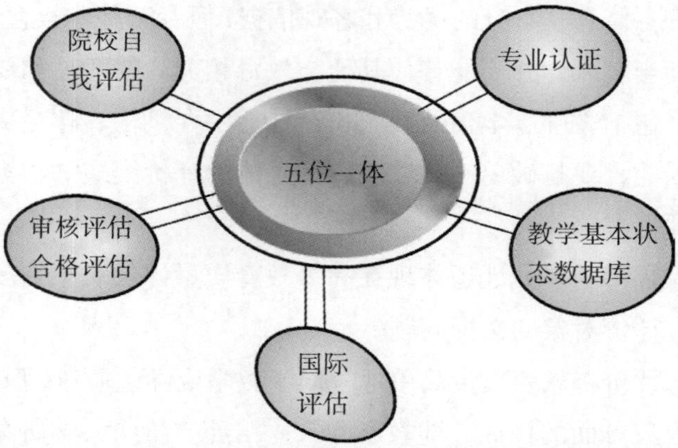

图 7–1 “五位一体”的服装高等教育质量评估保障体系

二、服装高等教育质量标准

质量是与设定的标准相一致的。标准是评价的基准或尺度。高等教育质量标准随着时代的变化而变化，不存在一个既定的、永恒的质量标准。

高等教育质量标准可以分为 3 个层次：第一层次是国际，即国家标准，从宏观上提供整个质量指标体系的框架和基准；第二层次是类标，从纵观层面统设现有学科、专业和将要出现的新专业的质量标准；第三层次是校标，即各个高校的校本标准，从微观层面上具体反映各级各类学校个性、特色的质量规定。目前我国高等教育的质量标准体系有国家人才培养质量标准、行业人才评价质量标准与学校人才培养标准及方案等。

（一）高等教育质量标准的范畴

高等教育质量标准要体现全面性与特色化。

1. 高等教育质量标准的全面性

第一，教育目标的质量包括目标的合理性，高等学校培养目标与办学层次的一致性；第二，教育过程的质量，包括专业与课程的质量，教学秩序、教学环节的实施水平，师资队伍的合理结构，高等学校管理人员的素养与管理水平；第三，教育制度的质量包括高等教育制度的先进性与科学性，管理机构的精干有效，符合高等教育发展的规律；第四，教育设施的质量包括高等学校校舍、设施的齐备与先进，教育教学手段的现代化程度；第五，教育产品的质量包括毕业生在思想品德、专门知识与技能、科学方法与能力、综合文化修养等方面达到的水平，培养的人才在经济社会生活中所起到的作用。这是高等教育质量评定标准中最重要的内容。

2. 高等教育质量标准的特色化

特色化强调高等学校的特色是其质量的标志，特色就是创新，特色就是质量和水平，是其生存和发展的重要基础。特色鲜明高水平大学有其特殊的培养目标。通过制定服装人才培养规格、培养途径、教学环节方面的教育教学质量标准，从而办出特色来。特色化质量标准需要在众多的要求中做出选择，并确定哪些是应该考虑的重点。

（二）服装学校教育质量标准体系构成

1. 服装人才培养标准

根据国家教学质量标准和行业人才评价标准制定学校人才培养标准。服装人才培养标准体系结构包括培养目标、培养规格、教学内容（知识体系、实践体系与创新训练）、课程体系（核心知识点和技能点，学分制要求下的准入、准出课程）、课程教学大纲与课程教纲。

2. 学校教育质量标准体系构成

各主要教学环节质量标准（规章制度或规范），按“五评”分类，如图 7–2 所示，包括专业评估方案、课程建设与管理办法、评教制度、学生学籍管理细则与二级院部目标责任管理方案。

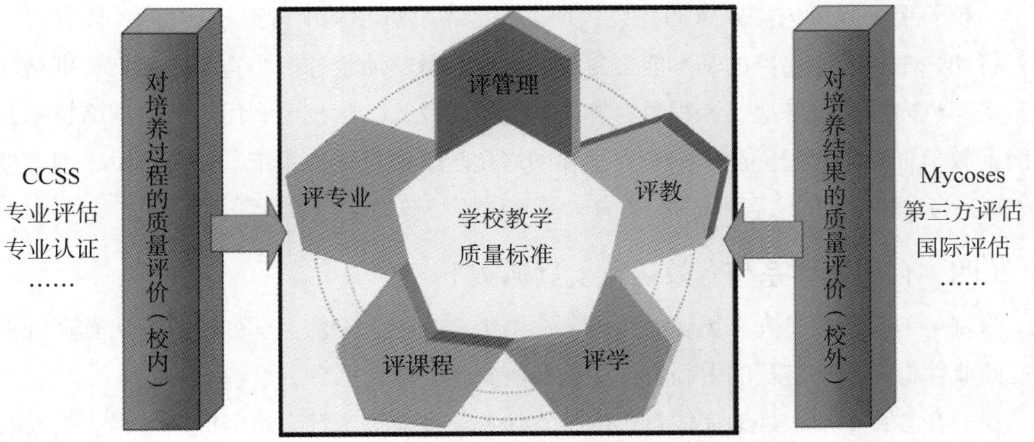

图 7–2　学校教学质量标准

三、提高服装高等教育质量的思考

培养高质量的服装人才是服装高等教育的根本宗旨，是服装高等教育的出发点和落脚点。作为具有深厚纺织与服装行业背景的高校，必须坚定不移地走特色发展之路，因为特色就是创新，特色就是质量和水平，特色就是生命。

伴随着产业转型升级的深化，培养适应纺织和服装产业链发展需要的高素质服装应用型创新人才，为纺织服装行业企业和区域经济发展提供人才支撑，是此类教育的社会职责。培养适应社会发展需要和满足个体发展需求的高素质服装人才是最大的质量。

（一）在服装人才培养的总体设计上体现特色

特色办学已逐渐成为高等学校主流意识，特别是行业和地方院校已把学校教育特色作为发展的本质追求。要认真进行专业特色人才培养总体设计。服装人才培养特色可以在不同的层面、方位等维度上体现，即“体现向度”上可以各具特色。特色鲜明高水平大学要根据自己的优势找到办学定位、办学目标、服务面向和行业企业，形成自己的教育哲学，成功塑建学校教育特色。

（二）在培养过程与改革创新上做实做强

学校要抓住培养过程中三大环节——课堂教学、实践教学和第二课堂，重点推进这三大环节中的改革与创新。要着力提高学生服务国家、服务人民的社会责任感，培养学生勇于探索的创新精神和善于解决问题的实践能力；坚持德育为先、能力为重、全面发展。继续实施“阳光教育工程”，把提高服装人才培养质量的教育工作与基础实践教学、专业实践教学、综合实践教学“三层面”有机结合，切实提高学生的创新精神和实践能力；实施“1233”模式学分制人才培养方案。

（三）在培养资源与有效利用上加大投入

学校要更加强调内涵式资源建设，加大用于本科教学的财政开支比例。《教育规划纲要》将加强学校人才培养的基本能力建设作为提高教学质量的一个重要方面，特别是加强实验室、校内外实习基地、课程教材等基本建设的投入。学校要利用现代化网络技术，开发网上教学资源、课程资源、网络教学和网络化教学质量评价系统。在岗教授、副教授每年100%为本科生授课。要把高水平的学科和科研资源转化为教育资源。

（四）在质保体系与有效运行上真抓实干

哈瑞·刘易斯在《失去灵魂的卓越》一书中，描述了哈佛大学如何成为从教育机构演变成商业性机构这一进程的引领者，又是如何放弃了教育宗旨。

我们在教育中要很好地完成自己的根本任务，即应该为社会培养原则性强、受人敬重的人；应该培养学生重要的价值观、性格、道德，让他们愿意为社会和行业做出贡献并为此而学习。

（五）努力服务社会，缩短大学与社会的距离

大学的基本功能就是“引导社会和服务社会”（学术为魂，育人为本），这是最本位的育人属性。北京师范大学在章程的第七章“学校与社会”中就是这样说的，实现学校的社会责任，强调学校“通过多种方式服务社会”“主动接受社会评价”，并规划成立打通本科与研究生教育、课内与课外教育的人才培养委员会。大学与社会的距离应该是接近的，只有大学与社会融合才能出现好大学和卓越大学，我们要努力缩短学校与社会的距离。

（六）加强建立创新人才培养理念与顶层设计

大学要建立自己特色办学思想、形成特色人才培养的定位及实施战略，成立人才培养指导委员会，拉好“四链”：人才链、产业链、创新链、落实链；建立“人才牵引专业，专业嵌入产业，产业哺育专业，落实保障人才”制度。

人才培养的核心是保证学生适应经济社会和学生发展及信息技术的运用，如图 7-3 所示。

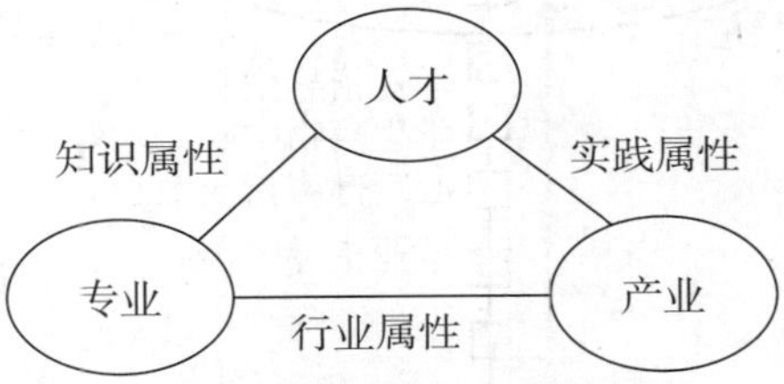

图 7-3　培养学生的核心内容

随着现代服装产业的升级和行业发展需求，大学可实施“8 个 1”教育教学人才培养方案，如图 7-4 所示。

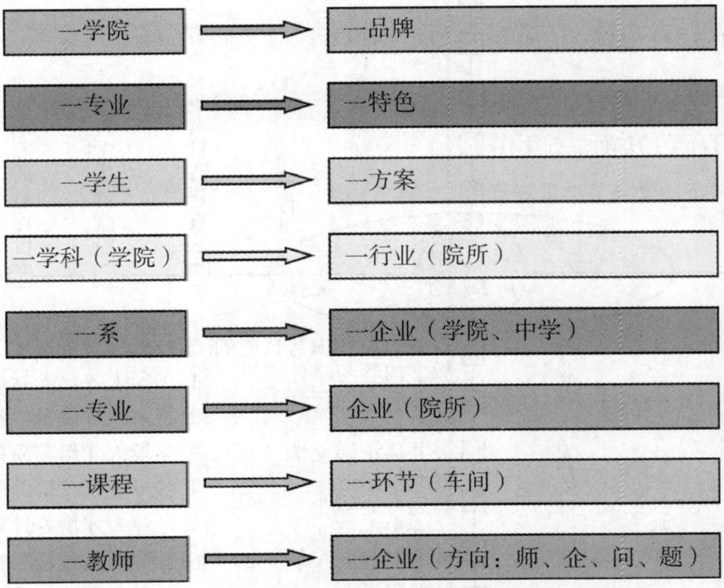

图 7-4　“8 个 1”教育教学人才培养模式

在实施人才培养方案的同时，我们建立“6+8”体系来保证教学质量。“6 评”：评教、评学、评课程、评专业、评管理、评保障；“8 抓”：生源、专业建设、教案、课堂（第一课堂 + 第二课堂）、实践（实验、实习、实训、社会实践）、作业、考试、毕业环节。

经过实践过程，形成的教育与教学总体架构如图 7–5 所示。

未来的教学是实现学生选课的真正学分制，最好达到学校人才培养的目的，如图 7–6 所示。

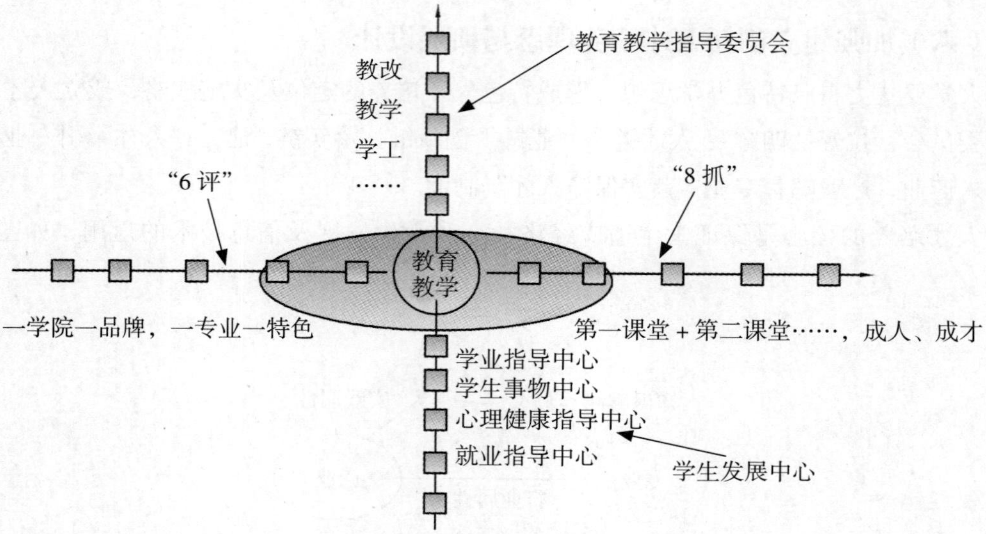

图 7–5 教育教学架构

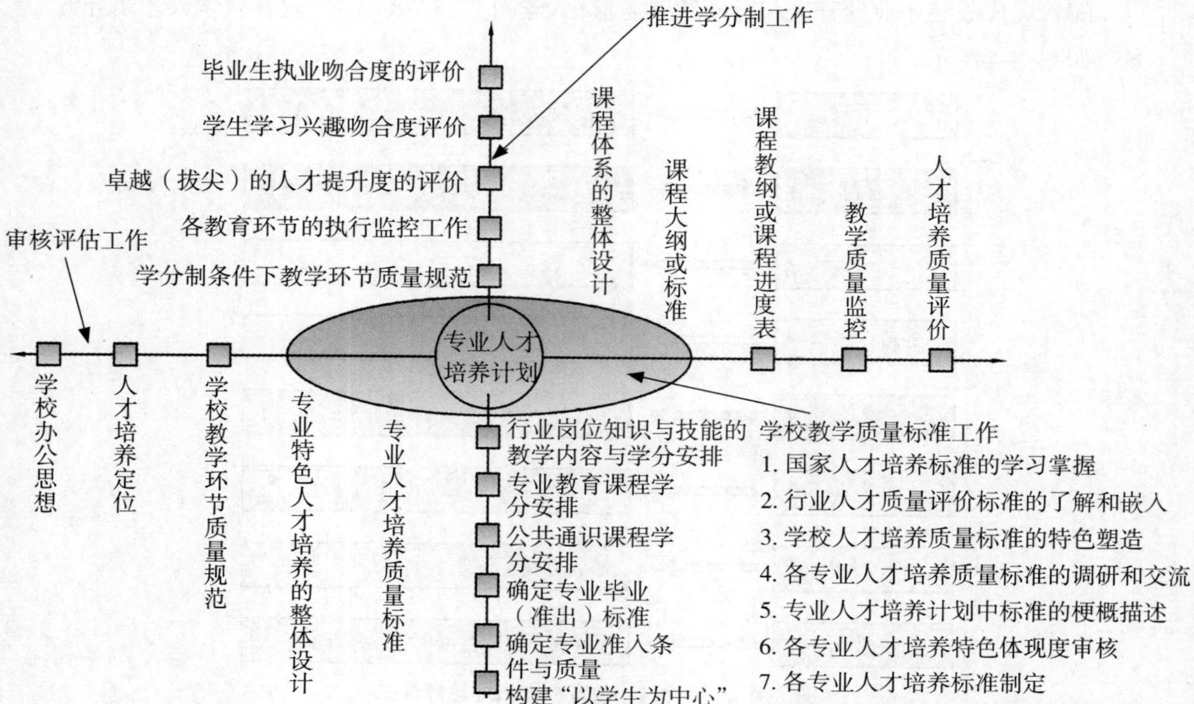

图 7–6 专业人才培养计划

第三节　服装教学改革与人才培养模式创新

一、概念

（一）通识教育观

随着社会的复杂化，各行各业对人才综合素质的需求越来越明显，企业不仅要求员工要有专业知识，而且也要求员工要有解决与专业相关的各种社会问题。因此，通识教育就变成当前人才培养的主要教育理念。通识教育（Liberal Arts Education）还被翻译成“一般教育”“普通教育”，或者是“通才教育”等，指的是通过教育后，使人才获得在现代多元化的社会中能够行走于不同人群之间的知识和价值观。

通识教育观是 19 世纪初美国博德学院的帕卡德教授第一次将它应用于大学教育中，后来就越来越多的人热衷于对它进行讨论和研究。在现代服装教育中，考虑学生的就业范围广，学校在进行课程体系设计时，一定要考虑学生工作的多样性和复杂性，在基础课程设置中，或者在具体的课堂讲授中，老师都应该具有通识教育的观念，比如基础课程要设置有让学生能触类旁通的通识课程，在具体的课程教学上，老师要教授这门课程的具体理论，并传授能拓展学生思维的课程理念，让学生遇到该课程类似的问题时也能举一反三，使学生在未来工作中能很好地解决复杂问题。

（二）创新人才

创新型人才是指基础理论坚实、科学知识丰富，能够提出问题和解决问题，治学方法严谨，富于独创性，具有创造能力，能勇于探索未知领域，开创事业新局面的人才。同时，他们具有为真理献身的精神和良好的科学道德，是人类优秀文化遗产的继承者，是最新科学成果的创造者和传播者，是未来科学家的培育者。

二、服装教学改革与人才培养模式创新的背景及意义

改革开放以来，中国高等教育取得了举世瞩目的成就。中国高等教育进入了推进质量水平大提高、向建设中国特色社会主义高等教育强国迈进的新阶段。

在当今社会，教育的国际竞争日益激烈，人才竞争是世界各国发展竞争的焦点，优先发展教育，建设人力资源强国，要全面贯彻党的教育方针，坚持育人为本、德育为先，实施素质教育，提高教育现代化水平，培养德智体美全面发展的社会主义建设者和接班人，办好人民满意的教育。人民满意的大学就是适合社会需求的大学，因此，每个学校都要科学构建创新人才培养体系。

（一）依靠服装人才促进服装产业的发展

服装产业是个大产业，它与人民生活、国民经济都息息相关。服装教育是服装人才培养的摇篮，是实现服装创新型国家的基础，因此，我国要实施服装教育兴产业、服装人才强企业战略，必须通过服装教育的变革和优先发展为服装产业和企业发展提供强有力的人才智力支持，把以加工型为主的服装产业转化为服装人才资源是优势、服装品牌强大的服装产业。

增强服装企业自主创新能力，建设创新型服装产业，不仅必须优先发展教育，而且必须深化改革。对于高校来说，意味着一场深刻的变革，同时也是一次千载难逢的发展机遇。创新型服装产业的发展需要做好壮大创新主体、重构创新体系、营造创新环境、培育创新人才、完善服务体系、培育创新文化、优化创新载体等一系列工作。服装创新人才培养是服装产业升级的关键所在。

（二）提升服装教育面对国际化竞争的能力

信息时代到来以后，我国面临着经济全球化、政治多极化、文化多元化、教育国际化的变化趋势。在我国的服装教育走出国门、遇到发展机遇的同时，也面临着剧烈的国际竞争压力。这迫切要求我们的服装高等教育在教育理念、人才培养模式、教育教学改革等方面做出及时的应对、改革和调整，为国家培养出更多具有国际素质、全球视野的各级各类高素质服装人才，为提升我国服装的国际竞争力提供强有力的人才和智力支持，为推动服装教育的国际化发展起到示范、带动作用，为全面实现建设小康社会的战略目标做出自己应有的贡献。

在全球化知识经济背景下，高等教育对新兴经济的重要性比以往任何时候都更加大。服装虽说是传统产业，但它却不断地体现出新兴经济特征，如计算机时代的电子商务，服装首当其冲。这些新兴的服装知识积累和应用已经成为推动服装经济发展的主要因素之一，因而服装知识创新日益成为一个国家服装产业在全球经济背景下保持竞争优势的核心。科技革命推动了经济与科技的全球化，也必然将服装教育推上国际的舞台，要求高校及其人才培养适应全球化竞争与合作的需要。

（三）实现服装高等教育与服装产业协调、健康的发展需要

当前服装产业、服装科技、服装品牌环境都面临着剧烈的变革，服装高等教育面临的形式和环境发生了巨大的变化。一是消费结构升级，人们生活从温饱型、舒适型向发展型、享受型转变，对服装的需求和要求不断提高，要求服装教育不仅要满足经济社会发展的需要，还要满足人们自身全面发展的需要；二是服装产业结构加快调整，职业、就业市场发生了很大变化，要求服装教育适应社会发展、满足企业需求，改革人才培养模式和教育教学模式；三是随着我国城镇化建设，人们的消费观念、生活方式变化很大，需要不断拓展

服装教育市场，满足人民群众对服装教育大众化、多样化、高质量的需求；四是当今社会的变革不断加快，需要服装教育培养出创新能力强的人才；五是文化事业发展加快，服装也是文化产业的一部分，需要不断深化文化产业的改革；六是科学高度分离、高度融合，信息化急剧增长，企业需要的服装人才综合化趋势明显增强；七是知识更新与成果转化周期大大缩短，前沿学科和技术领域取得重大突破，如网络、信息、生物、新能源、新材料、航天、海洋等，都在很大程度上影响着人类生产、生活及学习方式；八是教育本身需要不断深化教育改革、全面实施基础教育新课程改革，促进教育公平取得新进展，全面实施高校合作、合并等；九是服装学科、院系结构调整，资源整合等迈出重大步伐。所以，服装教育已成为社会建设和民生的问题。高等服装教育作为教育系统的高端形态，迫切需要进行人才培养模式、教育教学、课程体系等方面的变革。

（四）坚持“以人为本”的人才培养观念

服装教育的发展变革一方面是为了促进社会、产业发展的需要，另一个重要的方面，就是实现大学生自身全面、自由发展的需要，接受过服装高等教育的人不仅是一个知识人、专业人、职业人，还应该是一个素质全面、智慧通达、热心公益、具有开拓进取的精神、具有强烈的责任感和使命感，具有爱国情怀、国际视野、发展眼光、创新意识的创新型、复合型、高素质、强能力的人才。而这种服装人才的培养需要服装高等教育自身不断变革和发展。

三、高等教育服装创新人才培养模式的内涵、特点

（一）服装人才培养模式的内涵

所谓服装人才培养模式，是指依据服装教育的目的、教育理念、培养目标，遵循服装的工作程序，采用一定方法对受教育者进行服装知识传授、能力和素质培养，使其达到预期服装培养标准的一种相对固定的组织框架和运行方式。可见，高等服装教育人才培养模式要有服装教育理念做支撑，有明确的服装教育目标和培养规格，通过构建合理科学的服装知识、能力和素质结构的培养方案的设计，通过一系列的服装教育措施和活动（包括服装课程体系优化、教学方法与教学手段改革、教学资源与教学组织优化等）的有效实施最终实现服装现教育培养目标的方式。高等服装教育人才培养模式应体现服装产业、服装教育和人自身的发展要求。

（二）新时期服装人才培养模式的特点

21 世纪是知识经济时代，服装科学技术在高度分化的基础上形成了高度综合化趋势，服装产业发展要求高等教育树立新的服装人才培养观念、以学生为本的观念和变终结性服装教育为终身服装教育的观念，注重培养服装类学生的可持续性学习能力和可持续性发展

能力。新时期高等服装教育人才培养模式应具有如下特点。

1. 服装人才培养模式的多样化

服装人才培养模式的多样化是我国服装经济现状及其发展的必然要求，是高等服装教育发展内在规律和自身发展不平衡以及走向大众化的必然结果。服装人才培养模式的多样化涉及服装办学指导思想的多样化、服装人才培养目标的多样化、服装人才培养途径的多样化、服装教学方法与教学手段的多样化、服装教学管理模式的多样化等等方面。这要求服装高等教育不能再搞“千校一面”，应结合高校自身特点形成有特色的服装人才培养模式。

2. 体现创新人才培养的基本目标

人类的进步和世界的发展都是在交流融合中前进的。当今服装产业的发展，服装学科相互交叉，以及边缘学科在服装产业中的大量涌现，艺术、工程、文化等学科结合得更加紧密，互为基础，相互促进。一方面已有的服装学科专业知识越来越专，知识门类划分得越来越细；另一方面科学的整体趋势日益明显，越来越多的其他科学知识被应用在服装学科中。21世纪知识经济时代的发展呼唤能够适应其特点的不断创新与创意的服装人才。因此，高等服装学校人才培养模式构建应以培养服装创新人才为目标。

3. 以人为本、培养学生自我终身发展能力

面向未来，服装人才培养模式应有前瞻性和超前意识，培养出的服装人才要适应未来服装产业的需求，既要给学生奠定终身学习的服装知识基础，更要培养学生的终身学习意识、学习能力和学习方法。

4. 体现服装人才培养模式的灵活性

灵活性是服装人才培养模式适应不同学生、不同要求的有效手段。服装类学生个体之间的差异决定了其对人才培养模式的不同要求，必须正视学生多样化的发展需求，也就是个性化的发展，改革一成不变的人才培养模式，增加其灵活性。

四、服装教学改革与服装人才培养模式创新的关系

（一）服装创新人才培养模式要求深化大学的教学改革

服装人才培养模式是一个上位概念，大学教学是一个下位概念，服装人才培养模式的创新自身并不会落实到服装人才自身的发展和培养上，高等服装教育人才培养模式的创新必须通过大学服装教育教学的改革和深化，通过服装专业、课程的改革和优化，通过招生体制、教学方法的转变等落到实处，因此，可以说，创新高等服装教育人才培养模式必然要求不断深化大学的教学改革。

（二）大学服装教学改革的核心是服装人才培养模式的改革

大学服装教学改革涉及与服装教学有关的方方面面，但其核心是服装人才培养模式的改革。服装产业的变革和对服装教育方式、人才规格等方面的要求最先通过服装专业教学，

通过服装专业、课程、教学、管理等方面的变革体现出来。从这个意义上说，服装专业教学方面的变革为服装人才培养模式的变革提供了信息和动力，服装专业教学的变革和深化最终必将导致服装人才培养模式的变革，最终实现服装人才培养的目标，完成高等服装教育的使命和责任。

（三）大学教学改革与服装人才培养模式的创新是协调推进的

服装人才培养模式从宏观、整体上为高等服装学校在指导思想、发展思路、发展定位、发展特色等方面指明了方向和目标，服装教学为人才培养目标的实现提供了坚实的基础，服装创新人才培养模式必然要求深化大学教学改革，深化大学教学改革必然要求服装人才培养模式的优化和调整，所以要同时关注这两个方面，保证改革的实效性。因此，大学教学改革和服装人才培养模式创新必须相互推动，协调发展，才能形成改革的合力，取得事半功倍的效果。

五、推进教学改革与创新服装人才培养模式的思考

（一）构建把创新型人才培养渗透到大学生高等教育全过程的工作新机制

首先创新教学理念，形成以学生创新培养为本、服务学生可持续发展高等教育新观念；其次，创新高等教育机制体制，把大学生创新能力培养工作渗透到高等教育全过程，将招生宣传、大学课程学习、实践能力培训、大学日常生活和思想政治教育、就业和社会需求与创新型人才培养紧密结合，探索高等教育过程中的人才培养新方案；再次，创新人才培养工作的载体，构建操作易行、科学的创新型人才培养的前移模块、教学模块、实习实践模块、延伸模块、跟踪模块的“五模块”实践平台，每个模块既独立又开放，形成新型的人才培养目标体系。

（二）构建综合与个性相结合的课程体系

课程是人才培养的核心，也是人才培养模式创新的重心。建立课程体系，既要加强服饰文化素质方面的学科基础课程，也要注意学生的个性发展，提高专业课的质量，着力培养学生分析和解决问题的能力。

课程体系要由 4 部分课程组成：综合基础课程、实践课程、个性课程、前沿知识课程。一是科学技术的发展已呈现出高度综合化的趋势，课程设计上要体现各学科之间的交叉、渗透和融合，即形成在自然科学、人文科学、社会科学三大科学领域间相互整合的课程体系。这种整合要求教师之间必须合作，减少学系界限所造成的障碍，完成课程的纵向和横向的一体化。二是加强实践环节，建立完善的实践教学体系，加大实践教学的比重，重点加强学生对所学知识的理解和掌握，更有利于创新思维和能力的培养，如引导学生开展科学研究，让学生深入到社会中开展调查研究和实践，开设综合性、设计性实验，开展课外

科技活动等。实行创新学分奖，在成绩认定上，可以用创新成果代替一定数量的学分，鼓励学生去创新。三是加大选修课的比重，设计个性化培养方案，在学科内让学生根据自己的兴趣和特长自由选择课程，也可以加选其他专业的课程，从而真正实行因材施教，实施个性化培养。四是教学内容要不断更新，服装专业应该根据经济社会发展和科技进步的需要，及时更新教学内容，将新知识、新理论、新技术、前沿课题和最新研究成果不断充实到教学内容中，实现教学内容现代化，为学生提供符合时代需要的教学内容。

（三）选拔优秀教学团队带头人

选拔教学团队带头人，坚持品德、学术、能力标准，打破常规条件限制，打破学科行政壁垒，建立由学校组织公开选聘机制。优秀教学团队带头人应有很强的业务能力、奉献精神、人格魅力以及组织协调协力，能使团队形成最佳合力。对教学团队带头人的考核，更要注重用团队整体业绩质量和发展前景加以评价，也就是注重考核其核心作用的发挥。

（四）建设优秀的高校教学团队

优秀教育学团队对高校教师的专业发展和人才培养质量的提高具有十分重要的作用。学校及职能部门要转变由上而下的管理方式，把了解教师、深入细致的调查研究作为某一学科或专业、课程教学团队的基础，充分考虑教师的意愿和选择，以最优的方案组建教学团队，努力为教师的教学和研究工作创造和谐舒心的工作环境。团队成员之间要有好的合作基础，形成一个讲效率的群体。对于团队，要建立考评制度。在教师考评中，有利于发挥每一成员在创造团队业绩中的作用，有助于每一成员将自己融入整体来思考。要让教师在工作和生活中不断提高自己、完善自己，使教师明白自己的定位，更要使教师明确自身的目标和价值。教师的发展是一个实践教育创新的过程，要树立教师教育、教学、科研、管理和服务等全面的平衡发展思想。全面发展是形成学校特色的土壤，全面发展和全体教师在各自团队中的发展，必将促使更多的教师加快发展步伐，从而促进学校的快速发展。

（五）培养创新思维，促进学生自我教育

培养创新型人才，教学改革必须跟上，要认真研究和不断改进教学方法，从根本上改变传统的以教师为中心、以书本知识为本位的“灌输式”为主要特征的教学模式，运用讨论式、启发式、探求式、演练式等新的教学方法，构建以学生为中心、以学生自主活动为基础的新型教学模式。学校要使教学活动真正建立在学生自主活动、主动参与的基础上，形成有利于学生主体精神、创新意识和创新能力健康发展的宽松的教学环境和教学体系。通过学生自主学习课堂培养学生的自学能力、自我教育能力、创新能力和自我培养能力。

（六）创新二课堂教育模式，培养学生的人文精神和科学精神

二课堂教育是以大学生的课外活动和社会实践活动为主的教育形式，是课堂教学的拓展。大学生通过参与表演、比赛、竞赛、讨论、培训、听讲座、课外科研等活动，使学生

在人际交往、口语表达、动手能力、服务意识等方面能力得到提升。课外活动可以营造一种文化氛围，去陶冶和感染学生，让学生在开放、民主与宽松的创造环境中平等地探讨、自由地交流，激发学生的创新思维。学校也应该充分利用丰富的教学资源，开展丰富多彩的大学生课外活动，丰富学生校园文化生活，激发大学生的兴趣和潜能，培养大学生的团队协作意识和创新精神，为学生提供广阔的发展空间。对学生能力的培养，科研活动也是重要的锻炼形式。大学生既要掌握一定的基础理论和专业知识，同时也要具备一定的科研能力，做到在学习中进行研究，在研究中加深对知识的理解和掌握。科研创新能力的培养是一项系统工程，应贯穿于大学教育全过程，围绕创新能力提高，建立四级科研创新实践平台：学术兴趣团队、学科竞赛、科研训练项目与导师科研项目。学校应在学生进行科研训练过程中做好引导、支持等工作，保证各个项目的顺利开展和实施，积极探索开展学生科研创新的新形式，充分发挥科研训练和创新在培养人才过程中的重要作用。

（七）完善创新人才培养的质量监控体系

在创新人才培养过程中，学校应通过有效激励和制度约束，激发广大教师参与的工作积极性和学生的学习热情，激发教师的创造性，最大限度地吸引广大教师实施课程改革，充分调动教与学的积极性，促进教学相长，赋予教学以科学研究特色，创造性地从事教学工作。对在课程教学或指导学生等方面改革力度较大、效果明显的教师，给予研究项目或经费支持；对学生的创新活动应给予政策的支持，如公开发表的论文，可以资助一定的论文版面费，对培养成绩合格或科研活动中成绩突出的学生在评优、助学贷款、就业推荐等诸多方面给予倾斜。实现创新人才培养，需要完善的质量监控体系，要发挥教学督导的作用，在加强对课堂教学质量和教师教学效果的督察、教学实践环节的检查等日常性教学工作的同时，还要加强为学校的人才培养模式改革、课程结构体系和教学内容、教学方法改革，考试方式方法改革等学术性教学管理或改革工作提供建议或智力支撑。同时，要成立学生信息员组织，通过深入课堂、学生访谈、问卷调查等多种形式，从受教者的视角，开展常规观察和专题调研等工作，及时了解教学中存在的问题，以便有针对性地采取措施予以解决。

第四节　国际化是服装创新人才培养的发展方向

一、推进国际化服装创新人才培养模式的背景与依据

国际化是当今世界发展的一个重要的趋势，随着经济的全球化，中国需要一大批具有国际视野、熟悉中国服装并了解西方服装的国际性服装人才。面向21世纪的服装人才必须适应这一现实的需要，为了顺应这一历史发展趋势，我们认为，在服装创新人才的培养中

应当顺应国际化这一重要趋势，采取国际合作的人才培养模式。

为了规范中外合作办学活动，加强教育的对外交流与合作，促进教育事业的蓬勃发展，我国先后发布了一些中外合作办学条例实施办法，成为我们开展对外合作培养的法律依据，也是我们顺利开展合作的导航标。根据相关规定，国家对外合作办学实行扩大开放、规范办学、依法管理、促进发展的方针，鼓励引进优质教育资源的中外合作办学，鼓励中国高等教育机构与外国知名的高等教育机构合作办学。在这样的形式下，我国许多服装院校相继与国外的许多艺术、服装学院开展交流和人才培养的合作项目，如与美国的爱荷华州立大学、日本服饰文化学院、法国 ESMOD 时装学院、英国圣马丁艺术设计学院等进行服装的人才培养合作，迈出了国际化合作教育的步伐。

二、国际化形式的服装人才培养方式

国内的服装院校在服装本科、硕士教育的国际合作中，一般采取的是“3+1”或“2+1”模式，即在中方全日制的服装本科或硕士学习中，如果外语成绩能够符合外方合作学校的要求，可以在 4 年或 3 年学习过程中的任何年级申请并被选派去合作学校攻读服装本科或硕士学位，如果符合外方学校的授予学位的要求，可以获得外方学校的相应学位。学生如符合中方的毕业要求也可获中方的毕业证书，如同时达到中方的学位要求还可同时获得中方学校的学位证。

采取的“3+1”或“2+1”人才合作培养模式，中方与外方可以实行学分互认，对某课程的成绩也可以相互承认，双方教师互派，相互交流。如果学生在 4 年或 3 年时间不能完成规定学习任务，学制可以适当延长。中方可以与外方协商，积极为学生争取奖学金，同时，还可以通过多种渠道想方设法为学生筹措资金进行资助。

三、研究性学习是国际化服装人才培养模式的精髓

钱学森曾经说：现在中国没有完全发展起来，一个重要原因是没有一所大学能够按照培养科学技术发明创造人才的模式去办学，没有自己独特的创新东西，老是“冒”不出杰出人才。这是很大的问题。“想到中国长远发展的事情，我忧虑的就是这一点。”钱学森是从本质上道出当今高等教育科学精神、创新精神的缺失，也是高屋建瓴而又一针见血地指出了创新人才培养方面的不足。教育部强调“积极推动研究性教学，提高大学生的创新能力”，就是从国家政策层面体现出我国教育体系中的研究性学习在创新人才培养中的重要性。

（一）研究性学习的发展过程

自 18 世纪以来，研究性学习至少被大规模倡导过 3 次。

第一次发生在 18 世纪末至 19 世纪初的欧洲，主要倡导者是卢梭、福禄贝尔、裴斯泰洛齐等人。这个时期对“研究性学习”的倡导，是受“启蒙运动”思想的影响，其目的是

把人的精神从中世纪的迷信、蒙昧、盲从中解放出来，让理想的光辉照亮人的心灵。

第二次发生于 19 世纪末至 20 世纪初的美国，主要倡导者有克伯屈、杜威等进步主义者以及拉格、康茨等改造主义者。这个时期对“研究性学习”的倡导主要是为适应工业化时代和社会民主化的发展要求，并且受实验科学的影响，其目的是培养适应现代社会所需要的改造自然和社会的人。

第三次发生于 20 世纪 50 年代末至 70 年代的美、欧各国及亚洲的日本、韩国等，主要倡导者有美国的施瓦布、布鲁纳、费尼克斯等人，他们在理论上系统地论证了“发现学习”“研究学习”的合理性，推动了课程改革运动即“学科结构运动”，但最终以失败而告终。这个时期对研究性学习的倡导主要是为适应“冷战”时期的科技、军事与空间竞争的需要，目的是培养“智力的卓越性”，造就智力超群的社会精英。因此，我们不难发现，研究性学习的本质含义是动态的，顺应时代而不断发展的。

从 20 世纪 90 年代至今，世界各国都把学习方式的转变视为教育课程改革的重要内容，以此来迎接新世纪的挑战。“主题探究”活动、“设计学习”活动、“综合学习时间”等成为新课程体系中的内容，目的是培养学生更好地适应将来以国际化、信息化等为标志的社会变化需要。美国在 20 世纪 90 年代也纷纷出台了各种改革举措，其中把改革学生的学习方式作为主要切入点，具体表现为“以项目为中心学习”（Project-based Learning）和“以问题为中心学习”（Problem-based Learning）两种常见的方式。可见我国当前课程改革所强调的学习方式的转变、设置研究性学习课程也自然顺应了世界课程改革的发展趋势，符合时代发展的要求。

（二）当前研究性学习的特征

由于时代的原因，今天倡导的研究性学习与不同阶段的研究性学习会存在明显的区别。

1. 从学习理念看

历史上研究性学习的倡导者中，大多数人认为存在一个普遍的、通用于所有学生的研究性学习模式；而今天我们所倡导的研究性学习，认为每个学生的学习都是其独特个性的体现，课程的内容结构也应该遵循每个学习者学习方式的独特性。

2. 从学习内容看

历史上的研究性学习大多局限于某一方面，如布鲁纳等人倡导的“发现学习”“探究学习”，其内容指的是学科结构，这未免狭隘而且严重脱离学生的生活实际；当今的研究性学习，主张学生以自己的兴趣、爱好为前提，从自我生活和社会生活中选择研究性课题，研究内容是面向学生的整个生活与科学世界。

3. 从学习目的看

历史上的研究性学习旨在培养有理性的人，或旨在培养智力的卓越性；而今天我们所倡导的研究性学习，则是要培育个性健康发展的人，我们首先要把学生视为“完全的人”，把“探究性”“创造性”“发现性”等视为人的本性，看作是完整个性的有机构成部分。所以，个性健全发展是我们当今倡导的研究性学习的出发点和目的。

综观研究性学习的历史演变过程，顺势当今世界的教育发展走向，审视目前我们所倡导的研究性学习的特点，正是我国高等教育改革的现实要求，研究性学习契合了服装创新人才培养的时代需求。因此，今天我们所倡导的研究性学习并不等于历史上倡导的研究性学习，我们所倡导的研究性学习课程不仅仅是学习方式的转变，而且是要通过学习方式的转变来促进每个学生的个性全面、健康、和谐发展。

（三）研究性学习的认识论基础

研究性学习具有多方面的理论基础，其哲学基础是马克思主义关于人的全面发展理论和实践理论；其心理学基础是认知结构理论和人本主义心理学理论；其社会学基础是人类优秀文化的继承性、人对社会经济发展的适应性和人与环境的和谐性；其教育学基础是教育发展论和现代课程教学理论。这里主要从新的知识观点和新的学习观点来进行说明。

1. 新知识观

新知识观认为，认识对象并不是独立于认识主体之外的客观存在，缺乏认识主体的认识兴趣及其他许多与认识行为相关的条件，就不会有任何的认识对象。任何一个时代的人们都需要对前人获得的种种知识进行新的审视、修正或抛弃，并发展出适合于自己这个时代需要的新知识，这体现了对研究性学习的需要。

（1）显性知识和隐性知识。显性知识是指可以用语言文字来表达的知识，隐性知识是指以整体经验为基础的、只可意会、不可言传的知识。所以，隐性知识不能以学校教育和大众媒体等正规的方式加以传递，不能通过理性加以批判和反思。但是，隐性知识与显性知识二者又存在着密切的联系，它们互为前提，在一定条件下可以相互转化。

传统的灌输式教学只注重显性知识的传递，而不重视通过学生的自主活动所获得的体验使他们形成隐性知识。隐性知识在人的发展中起着十分重要的作用，它的形成主要依靠“经验”与“实践”。正因为如此，研究性学习这种可以使学生形成隐性知识的教学方式才成为目前教学理论与实践中的热点问题。

（2）私人知识和社会知识。暂时停留在人脑中尚未实现物化的知识被称为“私人知识”，把那些已经实现了物化，可以通过百科全书、著作以及无数劳动产品体现出来的知识被称为“社会知识”。要承认社会知识的作用，也不可忽视私人知识的地位。每一个人都能通过亲身的实践获得知识，它首先体现的是私人知识。私人知识如果永远是私人知识，它就会失去知识本身应有的价值。只有在知识社会化的过程中，知识才能体现出它促进个体发展与社会发展的功能。只有在实践中、在个体的内部活动与外部活动的结合中，私人知识才能转化成社会知识。

在传统教学中，由于注重知识的接受，学生缺乏必要的实践机会，在他们身上存在的、由教师灌注的私人知识很难变成社会知识。研究性学习重视学生的实践探究，强调学生在社会活动中主动建构知识，这本身就是私人知识转化为社会知识的一个过程。

2. 新学习观

学习主体的新观点，契合了研究性学习的特点。

（1）从“不成熟的认识主体”到“知识的批判者与生产者”。

传统的观点认为学生是一个“不成熟的认识主体”，是缺乏知识、需要不断地掌握和积累知识的人，甚至是缺乏认识能力从而需要接受教师指导、训练和帮助的人。这种观点决定了学生在学习活动中的被动地位。

随着新知识观对“权威主义”的批判，普通人的知识身份可以发生改变。他们不仅被看作知识的消费者，同时也可被看作知识的传播者、解释者和生产者，他们中的每一个人都已经成为整个社会、历史知识中的链条或知识网络中的一个环节，都有权利也有可能对任何知识进行质疑、修正和反驳。学生更是一个对知识不断进行询问、更新的人。

（2）从“受教育者”到“学习者”。

从传统的教育理论可看出，学生是知识的接受者，也是教师教学活动的被动承受者。恰恰相反，主体哲学基础上的教学理论则认为，学生是具有主体性的人，他们对教育具有影响的选择性、学习的自觉性、学习的独立性与学习的创造性；学生也是具有潜能性的人，他们具有多样性、隐藏性、个体差异性和可开发性；学生更是整体的人，教育教学所要实现的是人的身心以及智力因素和非智力因素的和谐发展，是人的社会性和个性相统一的人格的健康发展。

学生在研究性学习中，通过获得丰富的情感体验和知识经验后，形成永不满足、追求卓越的科学态度和克服困难、超越自我的意志力；通过自己综合能力与个人素质的提高，拥有了特有个性与兴趣的张扬，从而获得一种他们成功的体验，达到了自身精神价值实现和不断发展自我、完善自我的目的；通过与其他的人、自然与社会的交流而产生对自己个人生命价值的肯定和定位，明确了自己的使命与责任，从而自觉地使德、智、体、美、劳等综合素质得到了全面提高和发展，成为有知识、有见识、有见解、能辨别是非的人。

（四）研究型学习的实践途径

大学的研究性学习是大学教育中的一种学生学习方法，旨在促进学生学习发展。在大学的教学过程中，研究性学习可以促进学生由学习科学真理的认识过程向发现科学真理的认识过程过渡，让学生从接受性学习向自主发现学习进行转化。所以，大学研究性学习是一种教学过程和学生的主体性活动，其目的是将学习定位在满足服装学习者自身个性潜能的开发与能力的发展上。

1. 对问题的探索

大学教学过程是为了使学生获得学问，这种获得学问与知识的教育特性，使得大学教学过程一定要体现出学生学习科学真理的认识过程与发现科学真理的认识过程的统一。在研究性学习中，要重视探索创新的特殊性，重视发现科学真理的认识过程，否则教学过程就不具备完整性。大学的教育要不断地实施研究性、探索性的教学方法，正如伯顿·克拉克在研究了德、法、美、英、日五国的大学教育后所认为的："在我们所考察的五个国家，以及一般在其他国家的高等教育中，科研应该是高级教学和学习的基础，这个信念闪耀着光芒。"也就是说，探索性是大学研究性学习的本质之一。

在现实中，许多原因忽视了培养本科生作为发现者的责任，遮蔽了研究性学习应是大学本科的应有之义。当前大学本科教学呈现出"维持性"特征，即大学本科教学过程往往停滞在学习科学真理的认识过程上，而没有跃迁到发现科学真理的认识过程上，忽视了大学教学应具有的"研究性"和"创新性"。因此，要体现大学本科研究性学习的探索性特征，关键在于变革学生的学习方式，强调问题在学习活动中的重要性。

研究性学习就是让学生始终处于问题的解决者角色，是一种学习方式的变革。强调学生通过问题来进行学习，把问题看作是学习的动力、起点和贯穿学习过程的主线。通过学习来生成问题，把学习过程看成是发现问题、提出问题、分析问题和解决问题的过程。为此，教师应建立一套合适的教学模式，把学生引向探究历程。教师要做到两点。

一是教师在教学中不要简单地教给学生直接而具体的学习内容，而是要善于指导学生经常观察社会和企业中的问题，培养学生思维的独立性和批判性，大胆怀疑，提高学生的问题意识。用类似于科学研究的方式，去激励、引导和帮助学生主动发现问题、分析问题和解决问题，使学生在探索和研究过程中获取知识、培养能力、发展个性。

二是课程建设要为学生研究性学习和创新能力培养提供方便，要注重培植课程特色，有利于学生个性特长的发展。学生的学习是以课程为基本单元进行的，课程建设改革的落脚点应服务于学生的学习，提高学生的学习积极性和学习质量。因此，要将学习科学真理的过程和发现科学真理的过程有机统一在课程学习的教学过程中。这样，要求教师以知识系统中一定层次的内容为背景组织接受性学习环节和研究性学习环节，以保证足够的问题分量，不至于形式化，并确保学科课程学习内容的系统性和教学过程的灵活性。同时，教师要坚持教学与科研相结合，通过跟踪研究把学科前沿的内容不断地注入教学内容中，并由学生去探求。科研不仅能够将最先进的研究成果充实进课程内容，将先进的教育思想融入课程体系，也能够将科研过程中的科学精神，如严谨求实、创新存疑的精神带入课程教学。

2. 获得体验的知识

研究性学习重在学习的过程、学习方法的获得和思维水平的提高，即是实践体验后达到的目标。这种知识的获取过程在于是学生作为研究者亲身体验知识的获得过程，即一门课程不但要反映知识本身的性质，而且还要反映求知者的本质和知识的获得过程。因此，教材和教法的界限会更加模糊不清了。安置在大学学科内和体现在一系列权威著作中的大量知识，乃是早先许多智力活动的成果。把这些教给一个人，不是要他把结果牢记心头。确切地说，那是要教他参与使知识可以建立起来的这一过程之中。我们教一门科目，不是建造有关这一科目的一个小型的现代图书室，而是要使学生亲自像一名数学家那样思考数学，像一名史学家那样思考历史，使知识从探索过程中获得。知识的获得过程如果仅由接受性学习来完成是很难的，有时甚至是不可能的，它需要亲自实践，亲自体验发现科学真理的认识过程，只有通过体验才能获得知识和创新知识。通过实践内化了的知识，才是真正为学生所掌握的知识。由于源于实践的体验是学习者通过亲身介入实践活动，并在实践过程中获得新的知识、技能、态度的学习，这需凭借教学双方的互动作用而取得成果，因而对教学方的知识及经验有较高的要求。比如说课程，目前国内大学课程更多侧重于专业化学科知识的传授，对课程中学生活动的组织、学生通过课程发展的实践能力以及主体情感体验均缺乏足够关注，致使教学方式过多局限于教师讲授，学生处于被动接受的地位，参与机会不足，体验不够。因此，为体现“体验”性特征，既要转变观念，又需加强课程建设。

3. 具有开放性

研究性学习打破了“权威”“定理”的霸权，同时也要求有一种宽容的态度和开放的胸襟，倡导教师和学生，学生和学生的自由争鸣、民主协商与大胆的想象，因此，研究性学习实质就是独立学习，这决定了大学本科研究性学习具有明显的开放性特征：一是学习方式的开放性。每个学生都可根据自己的兴趣和特点来进行自主学习，既可以是学生个人也可以是以学生小组集体研究的方式来进行学习；二是学习内容的开放性。研究性学习的内容不局限于特定的学科知识体系让学生去学习，而是让学生自己去确定研究内容；三是活动空间的开放性。研究性学习可以在课堂内进行，但更多的是走出课堂，面向社会、面向企业和商场，在开放的环境和系统中进行，这对激发学生的兴趣和创造性，培养学生实践活动的能力具有十分重要的意义；四是评价标准的开放性。研究性学习不只关注学习结果，更注重学习活动过程所产生的丰富多彩的学习体验和个性化的创造性表现，其评价标准具有多元性，因而其活动过程结果均具有开放性。开放性的特征，需要给学生创造一个宽松、和谐、民主的心理氛围，给学生一种心理安全感，而心理安全、心理自由正是学生主动发展的摇篮。研究性学习的开放性特征告诉我们，研究性学习的灵魂是充分尊重学生的主体性，充分调动学生的主观能动性。

大学研究性学习体现了大学教学以人为本的价值取向，体现了学习自由，大学高深学问性，以及大学生的身心发展规律。研究性学习对于大学教学，不仅是基于研究的学习方式，更是大学教学过程中不可或缺的学习发展环节。服装专业教学过程不仅应体现学习服装科学、创意知识的认识过程，更应体现发现科学知识与创意知识的认识过程，否则教学过程就不完整。

第五节 工程化是服装创新人才培养的基础

服装是一个典型的应用型专业，其工程化特征明显，因此，掌握工艺技术和手段是这个专业的人才学习的重要内容，工程化更是服装创新人才培养的基础。

一、充分利用高校科研资源提高服装创新人才的培养质量

（一）高校教学与服装科研的关系

在高等教育发展史上，人们很早就认识到高校教学和科研的关系是极为密切的，国内外许多学者针对这一问题进行过研究与探讨。1810 年，德国著名的教育家威廉·冯·洪堡就提出了“教学与科研相统一”的思想，并成功实践于柏林大学。洪堡的这一思想一直影响着后来的高等教育发展。我国《高等教育法》规定:“高等学校应以培养人才为中心，开展教学、科研和社会服务。”所以，目前大家公认的大学的 3 项职能是教学、科研与服务社会，它也成为服装人才培养与科学研究的核心。而教学是高校的基本职能和主要责任，发展科学研究是现代高校的重要职能，而服务社会是当代高校职能的延伸，加强服装科研与教学的结合是高等服装教育的规律所在。

从高校的教学工作本身看，大学的本科教学具有较强的专业理论性、独立性、创造性和实践性，它担负着传授服装知识，培养学生探求新知识能力的任务。因此服装教学不仅在于“传道、授业、解惑”，而是需要对服装教学内容与教学过程本身进行深入的科学研究与探索，这样才能解决服装教学中的难点、重点与热点问题，构筑教学的理论框架。因此，大学的本科教学活动内涵本身就应该包含服装教学和服装科研两种成分。服装科研实质上是服装教学活动的延续和深化，是一种广义的服装实践教学。

当代社会，教学已经不能脱离科研而单独存在，科学研究是提高教学质量的重要保证。教育部《普通高等学校本科教学工作水平评估方案》的综合性评估体系中，就有 19 个二级指标和 44 个观测点涉及教学与科研的互动问题，这表明了国家对如何统一教学和科研的一种指引。高校的教学和科研是相互联系、相互促进的，钱伟长院士在谈论教学与科研的关系时曾说:“大学必须拆除教学与科研之间的高墙，教学没有科研做底蕴，就是一种没有观点的教育，没有灵魂的教育。”可见，服装科学研究对于服装教学的必要性。

在大数据时代，科学技术飞速发展引起了科学知识总量的倍增，知识更新周期缩短，科学技术日趋综合化，科学研究规模不断扩大，对于完善教学理论、选择教学内容、运用教学手段和方法，指导教育实践等都起到了重大的推动作用。正确处理服装教学与服装科研的关系，将服装科研融入服装教学、以服装科研促进服装教学，成为大学提高服装教学质量、培养服装创新型人才的重要途径。

（二）服装科研资源是提高服装教学质量的重要方式

服装教师的科研素质与能力是提高服装教学质量的核心因素。服装高等教育教学是服装教师对服装课程和教材内容的再创造过程。因此，高校教师的教学必须以服装科学研究作为支撑。国内外的历史经验表明，服装科研是提高服装教师综合素质和教学能力的第一促进力，服装科研也是提高教学质量的第一推动力。教师在教学中对教学内容的理解是建立在深厚的服装科研水平基础上的。只有通过服装科学研究，才能跟上国际服装科学发展的脚步，全面把握服装学科的国内外学术动态，准确地认识自己所授课程在整个服装学科中的地位和课程内部的逻辑联系。服装教师只有把科研中获得的新知识及科技新成就及时反映到服装教学中去，丰富课堂教学，才能提高服装人才培养的质量。如果教师不搞科研，没有科研的支撑，便不能对服装学科的前沿、动态进行及时和深入的掌握，从而沦为知识传授的教书匠，无法达到合格的教学水平，提高教学质量。因此，提高教师的科研素质与能力是提高大学教学质量的核心因素。

要保证好的科研资源，大学必须创造良好的科研氛围。

1. 提供好的科研硬件条件

科研设备等硬件资源是改善教学条件的基础。没有一定的科研实验条件是很难创造出好的科研成果的。高校实验室是进行服装实验教学、开展服装科学研究的重要基地，是学校组织教学和开展科学研究的物质基础。构成实验室硬件主体的仪器设备为高校进行教学、科研活动提供了先进的科学技术手段，是衡量学校办学水平的重要因素，更是提高人才培养质量的重要保证。

2. 努力创新科研成果

科研成果是高校潜在的课程资源。高校课程资源是实现教学目的，实现人才培养目标的重要载体。高校关于服装人才培养的一切措施，最终都要落实在具体的课程中，通过课程实施来实现。课程质量的高低，是高校教学水平的具体体现，直接决定人才培养质量。现在许多高校学生量大，课程资源不足，不能完全满足服装高等教育创新人才培养的需要。恰好高校的科研成果是教师花费大量心血、潜心钻研的结晶，是教育科研工作者对某些教育现象、教育问题进行系统、专门的研究和探讨而提出的新观点、新结论；或站在新的角度做出的新解释，具有探索性与突破性，蕴含着丰富的教育价值，是高校开发新服装课程的重要源泉。

二、关于高校科研资源应用在人才培养方面的现状

科研资源一般认为是人类从事科技活动所利用的各种物质与精神财富的总称。一般包括条件资源、人力资源和经费资源，在高校具体指的是科研设备、科研人员、科研经费、科研成果、科研信息和科研实践等。当前我国高校服装专业的科研资源还是较为丰富的，但

资源利用却非常不足。

（一）科研设备没有充分对学生开放

科研设备包括进行科研实践所依托的实验室、相关仪器和设备等。但实际教学研究中，存在科研资源利用率低下、浪费严重现象。很多科研设备是为了一次性的科研项目而购置的，完成后便闲置不用：有的服装三维人体测量仪器，在购买前就没想好做什么科研项目及其内容，盲目购入只进行几次试验，花费却是60万~70万元，甚至150万~200万元，而实验室老师根本就不让学生测试，担心设备被学生损坏；有的实验室许多特种设备因为没有人操作而搁置，最后成为一堆废铁等，这些现象造成资源的浪费和资金的流失。据有关部门统计，我国大型仪器设备利用率只有25%，同时，在我们的调查中只有62.5%的学生（理科）知道本校有哪些重点实验室，曾使用过的占调查人数的8.9%。而文科学生基本在学习中很少涉及。可见，高校本科教育对科研设备的利用程度还很低，如果高校能在本科教学中充分利用这些科研基础设备，对于促进高校教学水平的提高是非常有利的。

（二）学校组织参加科研实践活动的学生不多

高校学生科研实践的形式多种多样，服装专业有设计大赛、服装企业委托创意作品、学校与省部级等大学生独立承担的课题、参与教师课题、学术会议、暑期实践活动等。高校学生参加这些科研实践，有利于将课堂上学到的知识应用于实践中，在实践中提高知识转化的能力，这对于高校提高教学质量，培养高素质、高能力的创新人才是非常重要的。但目前学生中参与科研学生数量还是很有限的，有70%的学生表示他们喜欢从事科学研究工作，但66.25%的学生没有参加过任何形式（科技竞赛、大学生课外活动、创新与创意大赛、学术会议或报告等）的科研实践活动，85%的学生表示愿意利用课余或假期参加科研实践活动。85%的学生没有参加过老师的科研课题，更没有自己独立承担科研课题。而学生对于学校的科研政策更是无从知晓，在调查中几乎百分之百的学生不清楚自己学校的相关科研政策。

（三）学生不会充分利用科研信息

高校的科研信息来源广泛，既可来自公用网络资源，也可来自专业数据库、专业文献等。但在本科生的教学中基本很少进行信息查询和对科研信息的总结和掌握。据调查，其中约有42.5%的学生并不知道如何利用科研相关数据库以及如何获取科研信息，也没有查阅相关科研文献的经历。对于网络科研信息资源的应用，学生较为熟悉的是中国的期刊网站，但仅在撰写毕业设计与毕业论文时才了解与使用。科研信息资源是对大学生知识和智慧的积累，对于大学生未来参加工作是极为重要的。大学在教育中，要充分利用科研信息资源，让学生站在巨人的肩膀上继续攀登。

（四）科研人员开始重视产学研中的“学”问题

科研人员泛指科研活动中投入的人力资源，在高校中主要指从事科研工作的教师，也包括从事科研相关工作的教辅人员、实验室技术人员等。在我国，随着高等教育的迅速发展，国家对科研工作非常重视，促使高校教师的科研素质、能力与科研意识均有了较大幅度的提高。一般地，高校教师在承担相应的教学工作的同时，也承担着一定的科研课题，从事相应的科学研究，表现出较高的科研意识。许多服装专业教师不仅在课堂上自觉主动地向学生介绍服装专业的教学参考书、学术刊物以及服装专业研究书籍，而且在调查中也发现，有90%以上的服装专业教师在教学中能引入最新服装研究成果、向学生讲授相关服装专业科学研究方法、介绍自己所承担过或正在承担的服装科研项目，并将自己的研究成果融入服装教学内容中。这说明高校教师在教学中自觉利用科研资源服务教学，提高教学质量的意识增强，有助于培养高质量的服装人才，这是提高高校教学质量的一个重要因素。

三、加强高校实验技术队伍的建设

服装是典型的实践课程偏多的专业，高校的实验室是培养学生动手能力、创新能力的重要场所，也是开展服装科学研究和技术创新的重要平台。高校实验技术队伍的水平直接影响着大学生的工程实践能力的培养。

但根据对高校服装专业实验技术人员的具体状态了解，发现高校在服装专业实验室技术队伍建设方面主要一些问题。

（一）高校没有足够重视实验室的技术队伍建设

当前的高校建设思路是：加强以学术指标为主线的服装学科建设，加强以高水平服装学科带头人为核心的队伍建设，加强以标志性成果为重点的教学科研工作建设。一些大学急功近利，忽视长远效益和其整体的协调发展，实验室的技术队伍建设便成为被忽视的一块“荒漠”。许多高校在人事管理中将实验技术人员称为“教学辅助人员”或属“非主系列”，他们也成为被边缘化的一类人员，甚至很少有评职称的指标，他们所从事的劳动未能得到应有的承认，也没有考核的制度，尤其是服装实验室的人员，一般学历较低的人员都被放在这个队伍中，甚至他们自己都认为只是个“开门”的人。服装实验技术人员不论从地位、受尊重程度还是从工作环境和职称评定等待遇上与专任教师相差很多。有些大学的实验技术人员评职称的指标每年只有2～3人，而教师的职称评定指标达近40人，这样致使一些本来业务素质很好的实验室老师没有了进一步努力的目标，影响其工作的积极性，也造成了实验室技术队伍的不稳定。高校实验技术队伍建设中各种问题的根源就在于许多学校对实验技术队伍建设问题的重视程度不够。因为大学不重视实验技术队伍的建设，所以造成的直接后果就是服装实验人员的数量匮乏。服装实验技术队伍规模显然难以满足当今我国服装高等学校人才培养和科学研究的需求，难以为确保服装教学质量和科研水平提供有力的技术支撑。因此，规模问题是高校实验技术队伍建设中首先必须面对的问题，否则，难以为服装教学科研提供有力的保障。

（二）高校的实验室队伍结构不合理

高校的实验技术队伍结构不合理处主要包括：不合理的知识结构、年龄结构和职称结构等几个方面。如学历偏低、年龄偏大几乎是高校服装实验技术队伍中普遍存在的问题。由于历史的原因，我国高校的用人标准整体上呈现出明显的先松后紧的变化过程。对于教学科研队伍而言，这一变化过程还是符合我国人才培养水平的发展过程的。只是对于实验技术队伍来说，这前“松”意味着标准的缺失，而后“紧”在很大程度上限制了实验技术队伍的合理发展。这样不合理的队伍结构影响了高校服装实验队伍整体素质的提高，他们对国内外实验技术水平缺乏了解，对先进的设备不去积极学习和掌握，对仪器设备研制和二次开发能力严重不够。因此，队伍结构的合理化建设是高校服装实验技术队伍建设的一项重要任务。

（三）高校的实验技术队伍稳定性不强

因为实验技术人员的工作积极性不高，另外实验技术队伍的规模偏小，因此，这样一支数量有限的队伍稳定性也比较差。主要原因是实验室人员无论在经济利益还是自身发展方面，他们都与教学科研人员形成较大的反差。高校的专业技术岗位设置往往没有给实验技术人员留出充分的发展空间，加之对实验技术人员的考核标准常常不能充分反映其业绩和水平，甚至与实验技术工作的特点十分不符，因此，呈现出干好干坏一个样的状态。他们呈现的无所谓态度影响着实验技术人员自身技能的提高，在以项目负责制为特征的科研组织形式下，如果一个实验技术人员没有足以立身的一技之长，则很难真正有效地介入到科研与教学工作中，这与岗位晋升问题一起约束了实验技术人员收入水平的提高。因此，如何调动实验技术人员的积极性是实验技术队伍建设的核心问题。

随着以素质教育为核心的科教兴国、科教兴产业的战略实施，服装实验室作为实施大学生素质教育的一个重要载体，必然是现代大学建设的重要内容，没有良好的实验室，就不可能成为良好的大学。服装实验室的水平不仅取决于实验设备，更取决于实验室人才队伍。要建设高水平的服装实验室离不开高素质的实验技术人员。要培养一批实验室里的高级技工，一个完善的研究体系应该有一个完整的人才梯队：科研人员出思想，技术人员熟练操作，辅助人员提供条件保障，大家各司其职，实现科研效率的最大化。只有这样，才能为科学发展提供有力支撑。而现实是，服装实验室人员还是以老一代的实验教师居多，这样致使实验室教学队伍的水平提高很慢。针对目前国家“卓越工程师”人才培养目标的提出，建设高水平的实验室技术队伍成为大学人才培养的核心内容。

四、加强服装创新人才培养与产学研的结合

通过调查发现，服装院校应用型创新人才培养具备一些基本特征：具有扎实的服装理论基础知识，系统的服装学科专业知识，必要的相关交叉学科和人文知识；具有较强的服装领域创意设计、工程实践能力和专业技术创新能力，信息技术相关知识的综合运用能力，协同工作与沟通交流能力，终身学习能力；具有良好的思想道德素质，创新意识、身心人文素质和职业素质。这些特征显示服装创新人才必须与产学研相结合，才能实现真正创新人才的培养目的。

近年来，我国高等教育完成了由“精英”教育向“大众化”教育的转变。但随着高校毕业生逐年增多，就业问题日趋严峻，一方面很多服装毕业生找不到工作，另一方面很多服装企业找不到合适的人才。原因在于服装企业和社会对于服装人才的需求是多层次和多规格的，而高校的服装毕业生确实也不能完全满足服装企业的要求。社会和服装企业对学术型人才的需要量少，更需要大批具有服装创意和创新能力、基础理论扎实、实践动手能力强、能够直接参与服装企业一线服装设计与生产技术创新、解决服装企业实际生产和商业活动中的开发与技术问题的高素质应用型人才。我国服装高等教育存在的问题是仍然沿用传统的精英教育模式，从学科本位出发，在培养方案的制定与实施过程中重课堂教学、轻实践教学，重知识传授、轻能力培养，重学科的系统性、完整性，轻人才培养的复合型和实用性。对于我们当前存在的服装人才培养问题，我们必须加强多渠道的人才培养方法，实施多方位的产学研人才合作培养方式，将服装创新人才的培养渗入到各种产学研究合作方式的中去，根据社会需求和学校的定位，我们培养的人才主流不是高端的科学研究和学术性人才，而是我国服装产业一线的服装设计、服装工程技术人才。他们应当具备扎实的理论基础和系统的服装学科的专业知识和技能，并且具有技术创新能力、交流合作能力、自主学习能力、良好的身心素质、适应多种岗位的综合专业和职业素质。大部分能够在毕业后直接就业，成为服装企业合格的应用型人才。

具体地说，服装创新人才培养目标就是在服装设计、技术、管理、营销以及品牌策划系统方面具有坚实的基础理论、实际的设计能力和一定的设计经验，能够适应服装企业的环境和岗位要求，成为服装行业的不同层次的服装设计人员、工程技术人才或营销和管理人才，如服装设计师、服装工程师等。而产学研究是多渠道的，既有学校资源的保障，如科研所、实验基地、老师工作室等；也可利用企业的资源，如企业的实践基地，企业的科研合作项目等；还可和国内外其他学校、其他企业合作培养人才。只有摆脱学校单一的人才培养模式，借助社会力量共同培育人才，培养的人才才会更有社会价值。

第六节　文化素养可提高服装创新人才的内涵和品质

随着我国经济与社会的发展，服装品牌已经成为我国产业升级的重要内容。品牌的核心内容是品牌文化，只有有了文化的品牌才具有长久的生命动力。因此，文化建设是当前企业的核心问题。大学的主要功能是进行人才培养、科学研究、社会服务和引领社会；不仅仅是人格的塑造者、价值的守望者、文化的传承者，而且越来越成为推动经济和社会前进的中坚力量。所以从本质上讲我们根本使命仍然是创造、传承与超越。

文化建设的时代重任无疑是中国大学的使命与责任，更应成为大学文化建设与发展的重要内容。大学在实施自身建设和发展的同时，其作为创造知识、传播文化、引领社会的主要力量，必将在社会主义核心价值观和先进文化建设方面起到强大的引领和推进作用。

服装创新人才的文化培养包括两大部分：一是显性教育，主要通过课程设计进入课堂对学生进行的文化传授，另一方面就是隐性教育，指通过课堂以外的生活完成学生的文化教育，即所谓的以大学文化建设来培育学生的自我文化素养。

一、大学的文化功能

所谓文化的实质就是人作用于对象的创造性活动以及所采取的相应活动形式，并产生的活动成果。文化是静态与动态的统一。文化是一种特殊的存在，对广泛的社会全体来说文化是其存在的符号、象征。克拉克洪和施特罗特贝克指出文化是共享的、普遍持有一般信仰和价值。这定义了社会上主张的教育目标应该是培养优秀人才的概念，包括意志、爱好和礼貌等。对于我国的服装人才而言，服装文化是学生与学生的分化和整合。大学文化是大学新生在融入大学时认识、思考和感受服装问题时必须掌握的正确方式。大学文化具有创造性、继承性、地域性（民族性）、价值性的特点，对人类社会的形成、发展、进步有不可替代的作用。大学文化的功能主要体现在创造功能、整合功能、传承功能、凝聚功能、升华功能等方面。大学的服装文化也不例外。

二、服装类大学生文化培养特征

服装是一种文化，服装是一种文化产品。关于服装类大学生文化培养的特征，没有人做过充分的研究，这里我们主要是结合我国服装类学生的特色，围绕大学先进性的文化的特点进行分析。

（一）群体的独特性

大学学生是有别于其他文化建设群体的，大学云集了众多的服装专家学者、知识分子，文化层次整体较高，他们是大学文化的创造者和传播者，是大学文化建设的主体。这是大学主体对象的独特性，它决定了大学文化的高层次及其先进性，具体表现在：理性认识上的高度，情感追求上的高尚，活动方式上的高雅，活动设计的高标准以及活动内容的高水平等。大学生文化培养的主体作为现实的或未来的高级专门人才，他们不满足于简单的、传统的知识重复。他们重视精神生活，注意思索人生、探讨社会、研究现实、描绘未来。可见，大学生文化活动中的每一个学生既是文化的创造者和传播者，又是文化的受益者。大学生文化的重要意义就在于受教育者的主动参与，并在其中创造性地开展文化活动。大学生文化中的物质形态和精神形态是通过师生的文化实践活动来体现的。

（二）鲜明的时代性

大学生文化是大学发展的产物，是学校历代师生共同创造的物质文化与精神文化的历史积淀与结晶。然而，大学生文化又具有鲜明的时代性。这是因为大学生文化的发展受到一定时代政治体制和经济体制的制约，与同时代的社会主导文化是相适应。同时，服装高等院校作为服装知识分子的聚集地，处在服饰文化的最前沿，是先进思想观念、科学技术、价值体系的发祥地，最新服装时尚信息、服装科学技术、服装文化成果首先在这里传播。因此，大学服装文化总是在不断地创造和选择吸收时代特征的新思潮、新观念和新精神，使其不仅适应时代变化，而且能引领时代文化潮流，体现出鲜明的时代性。

（三）明确的导向性

高等服装院校作为人类服饰文化传递、发展与创新的前沿阵地，担负着为国家服装产业建设培养“四有”新人的重要任务。这种特殊的使命，决定了服装类学生文化建设的目标有着明确的指向，弘扬爱国主义、集体主义和社会主义这 3 个主旋律；强调以科学的理论武装人，以正确的舆论引导人，以高尚的情操塑造人，以优秀的作品鼓舞人；强调引导大学生树立科学的世界观、人生观和价值观。服装类学生文化建设必须按照培养合格的服装人才这一需要营造自身的文化氛围，确定正确的方向，这是正是服装类学生文化建设的出发点和归宿，也是服装类学生文化建设的核心。

（四）相对的开放性

当代社会处在一个高度开放的时代。大学不可能脱离社会文化的母体而独立存在和发展。大学文化的保守性与开放性并存，即在对探索科学真理的坚持和执着的同时，要走进社会，走向世界。大学文化的开放性突出表现在服装人才培养的目标越来越与服装产业需要相吻合，除课堂的服饰文化传授外，师生的社会实践如大学生服装创意设计大赛、大学生课外实践活动、企业参观、大学生联谊、服饰搭配等咨询服务等越来越受重视。师生在同社会的接触中，把大学生文化中蕴含着的社会责任感和主人翁精神内化为自己的思想意识，融化于社会之中，确定了自己在社会中的位置，完善了自己的形象。同时，又从社会文化母体中汲取丰富的营养，不断丰富和发展大学生文化的内涵，促进大学生文化的不断前行。大学生文化的开放性还表现在社会乃至世界各种服饰文化思潮在大学里融会，通过师生的理性思辨和实践确认，为我所用，对社会服饰文化发展起着启示和促进作用。

三、大学的文化内容

一般地说，大学的文化内容主要包括精神文化、物质文化、行为文化、制度文化4种。第一，关于大学文化的物质文化方面，各高校都开始重视校园基础设施建设，且更加注重对校园物质设施的人文气息和文化内涵的挖掘。随着社会的进步，校园物质环境对于大学生成长所起到的促进作用日益凸显出来，国家对大学生加大了投入，各高校对自己学校的教学设施、校园环境、校园景观等加大了建设的力度。在此基础上，许多大学开始关注对这些基础物质设施的文化内涵的挖掘，从本校的传统、特色和培养目标出发，建设具有本校特点的标志性建筑，形成了创意性强、清静优雅、布局合理、特色鲜明的校园物质文化。第二，大学一直在着力探索、凝练各自的办学理念，这是大学生文化的精神文化。多年来，许多高校都在努力坚持社会主义办学方向，按照高等教育改革与发展的整体要求，结合自己学校的历史和办学条件，不断总结、提炼各自的服装人才培养理念，逐步理清自己的办学思路，确立各自的学校发展战略，努力凝练和突出自己的办学特色，不断提高办学势力。大学文化集中地表现办学理念、办学定位、发展战略、学校精神、学校传统、校风、校训等方面，这些文化建设为学校的健康发展奠定了基础。第三，大学文化的行为文化初步形成了积极向上、勤奋严谨的校风。各高校都在校园文化建设中，坚持以育人为宗旨，注重对在校的师生员工的思想道德修养的培养，积极开展各种健康向上、丰富多彩、富有教育意义的文化活动。第四，大学文化的制度文化建设明显加强，有的学校提出“制度建设年”战略，其目的是努力提高学校内部管理的科学化、规范化水平。许多高校按照现代大学制度的基本要求，全方位深化改革，逐步探索、建立和完善符合我国国情与高等教育发展的各项内部管理制度，以高校人事制度、收入分配制度、教学管理制度、学生管理制度等为重点，突出以人为本、科学管理、依法治校、民主治校。

四、推荐文化建设

大学生的文化建设是衡量大学生水平的重要因素，许多学生都积极参与学校的各种文化活动。

（一）文化建设的指导思想

1. 必须以社会主义核心价值体系为引领，坚持社会主义方向

当前，我国社会正处在深化改革之中，各种社会矛盾相互交织、摩擦，各种思想、观念相互激荡，并通过各种各样的途径和形式渗入或折射到校园生活的各个角落，不可避免地会给师生的思想观念、价值取向、思维方式、审美情趣等造成积极或消极的影响。这些

都给我们的大学文化建设提出了一系列新的课题。因此，在大学生文化建设中，我们必须坚持以建设中国特色社会主义理论体系为指导，运用科学理论的立场观点和方法，正确认识和解决发生在大学生周围的人和事，坚持“两手抓，两手都要硬”的原则，紧紧围绕着培养社会主义“四有”新人这个中心任务，扎扎实实地开展工作，牢牢地把握大学文化建设的正确方向。

2. 大学生文化要立足于中华民族的优秀传统文化

建设有中国特色的大学生服装文化不能割断历史。服装是走出国门较早的专业，许多服装教师一味地追求国外的服装时尚，在国内不思索地照搬传授给学生，这是我国大学服装老师应该注意的问题。我们国家有着丰富的服饰文化，在大学生服装文化建设中，要根据实际需要继承中华民族的优良传统文化，如中国的各朝代服饰文化、中国各民间文化等，同时积极借鉴和汲取外来文化的文明成果，努力建设有中国特色的大学生服装文化。我们要认真研究和继承在我国历史发展中长期形成的优良成分，赋予其新的时代内涵，使它在新的历史时期获得新生，发挥作用。同时，还要大力弘扬人民群众在社会主义建设实践中形成的新服饰文化，保持和突出社会主义文化的连续性、时代性。民族特色、体现时代精神的服装大学文化。同时，在大学生服装文化的建设中，我们应该积极了解、借鉴和吸收人类所创造的一切积极文化成果和精神财富，为我所用，对待外来服饰文化，要贯彻“洋为中用”的方针，运用马克思主义的基本观点和方法进行分析和鉴别，并从社会主义大学文化建设的实际需要出发，进行扬弃、消化、改造，以达到促进社会主义大学文化发展的目的。

（二）推动服装类大学生文化发展的办法

学生的情感十分丰富，文化形式多种多样，因此，推动大学生的文化发展办法也是多样的。

1. 增加课堂设置中的文化内容

在课堂中增加文化课程是最简单的办法，分为显性课程与隐性课程。课堂文化教育的目的是让老师在上课中将文化的内容潜移默化地传授给学生。但实际上，在许多服装院校的已有课程设置中，更多地关注学生专业性的内容，尤其特别关注技术性内容的讲授，对于非专业性的知识，如服饰文化知识，对学生教得较少，一般就是一门“服饰心理学”课程。因此学生对于中外民族文化、服饰文化，或文化比较了解得很少。在这块课堂阵地，虽然学时有限，老师讲课的方法也不一定适合学生，但我们也应该有意识地增加一些文化课程，形成引导作用，使学生感受到文化的魅力和文化带来的优势，如对个人的发展、对国家整个行业的发展都起着不可估量的作用。

2. 营造优美的大学生文化环境

大学生文化环境包括校园物质环境和校园精神环境两部分。在物质环境方面要我们注意：校园建筑要协调发展、建筑与绿化要讲究和谐，要努力设置寓情、寓教富有感染力的校园人文景观等。

3. 大学生文化建设要充分认识到环境本身的育人作用

校园环境对校园人具有舒心、感染、激化和导向的作用。大学必须做好校园文化环境重要性的教育、爱护校园环境基本知识的教育和校园管理制度的教育，要讲究校园人人参与的意识，强调校园师生的互动性，体现校园育人的主体意识。

4. 努力完善现代化的文化设施配套

大学生文化设施很多，主要分为两大类：第一类是建筑物，如教学楼、行政办公楼、图书馆、计算机房、大礼堂、校史馆、学术报告厅、学生活动中心、体育馆等场所，这些场所为文化建设提供不可缺少的阵地，是师生员工开展文化体育活动必需的场所。第二类是文体用品和设备，如文化娱乐用品、体育用品、演出欣赏用的音频、视频设备等。文化设施建设在大学文化建设中所居地位十分重要，它是大学生文化建设的物质保证，是大学生文化建设的前提条件。

5. 建立健全大学生文化设施建设投入的新运行机制

大学生文化建设核心就是必须建立健全大学文化建设投入的新运行机制，要逐渐形成多元投资主体和多渠道投入的机制。如积极搞好与当地政府或主管部门的关系，通过在政策允许范围内争取最大的财政投入，实行以“产”养“文”以及寻求社会资助等。

6. 加强高校校园制度文化建设

学校规章制是校园文化建设的保证，规章制度的建立健全与学校的总体建设密切相关，学校章制度的制定及如何执行，往往能直接地反映制定者或执行者的教育思想及其价值观念，从而形成一种文化现象。制度建设应体现规范性、连续性、导向性、自由性等特征；创建制度文化的特色，如全员参与制定制度、建立专门的制度建设委员会、注意制度意识的培养、发挥教师的示范作用、积极推进道德建设等；加强大学行为文化建设；加强对校园人价值观的引导促成价值体系的形成、增强校园文化活动的和谐性和针对性以促进校园人良好行为习惯和道德素质的养成；加强大学精神文化建设和发展，主要是坚持“爱国主义、集体主义和社会主义”教育发展方向；营造自由民主的氛围，形成优良的校风；加强思想道德教育；加强对校园人的情感方式的培养。

五、大学生文化建设需要注意和把握的问题

（一）新时期大学生文化建设的有效性

大学生文化建设基本成为各高校的共识，也进行了大量的投入，取得了一定的效果。但是，有效性应是研究者需要关注的焦点，如何针对性地投入以提升和谐文化的实效，是当前乃至今后相当一段时间我们的研究课题。

（二）新时期大学生文化建设发展的趋势

随着时代的发展和变化，大学生文化的发展紧跟时代的步伐出现了一些新的趋势。作为教育理论工作者，应该把握这些变化，抓住时代脉搏，以保证大学文化研究的时代性和先进性。目前的趋势主要表现在：大学生文化与社会大众文化的互动发展、大学生文化由单元型向多元型转变、多校区的校园文化建设问题、网络对大学生文化建设的影响、校园人日益增长的权利与平等意识对高校治理的要求等。这些均不同程度地影响着和谐校园建设和大学文化建设，需要从不同侧面进行研究。

（三）大学生文化理论研究与实践环节的衔接

目前关于大学生文化的理论研究不是很多，但是高水平的、创新性的研究成果更是很少，对于新时期高校发展面临的“新”理解还不够，在研究内容上要么偏小，要么太宏观，由此，下一步如何就方法上寻求创新应是理论工作者需着力思考的问题，理论与实践的结合要求不说套话、空话，也不仅仅是实话，而是要提出确实可行并有效的策略。

第七节　我国服装人才培养模式的演变及国内外大学的实践探索

一、我国高等服装教育人才培养模式的演变

传统的中国服装知识传授习惯于师傅带徒弟形式，即徒弟拜师傅学艺，师傅带徒弟3年完成学业。实际上这就是简单的技能操作学习。我国从改革开放后引进了服装艺术设计专业的学习方式，至此中国产生了“欧美模式”的服装高等教育模式。到了现在服装的高等教育经历了“艺术设计模式—艺术＋服装结构模式—艺术＋工程＋贸易模式—综合型模式”的发展过程。纵观中外的高等服装教育史，发现服装人才培养的关键特征是以知识结构、能力结构和素质结构为主要划分标准，其演变大致经历了4个阶段：全才（或百科全书式人才）→专才→通才→高素质复合型人才。相应地，也就有了4种服装教育模式：全才服装教育模式（或百科全书式教育模式）、专才服装教育模式、通才服装教育模式和当代中国高等服装教育改革正全力以赴加以探索的高素质复合型服装人才的教育模式。

针对服装人才培养模式的阶段进行分析，培养高素质、复合型、创新型服装人才已经成为服装产业所需和高等服装教育追求的目标。事实上，国内外高等服装教育界已经就此展开了积极地探索。

二、国外大学教学改革与人才培养模式的实践探索

（一）美国大学教育

1. 通识类教育

20世纪后期以来，通识教育成为美国高等学校专业教育的基础，并制定了翔实的通识类教育计划。在美国，通识教育一般被定义为主修和辅修专业教育之外服务于学生智能、情感和社会化等方面的教育，授课教授是十分有影响力的，如美国莱克依科技服装大学（LFTC）的教授都来自欧美名校。传统的通识教育主要包括人文主义教育、社会科学教育和自然科学教育等。在当今信息化、全球化的时代，通识教育的范畴已经拓展到艺术史论、信息技术应用、外语、识物与材料、数位设计等领域，融入跨学科、跨文化教育的理念。在通识教育中，其实施形式是各大学在发展过程中逐步形成的，或经过专门委员会充分讨论研究后确定的，具有鲜明的本校特色，通常以核心课程的形式表现。在内容上，越来越注重教育的整合性、目的性和确定性。通识教育的多数大学根据自己的通识教育概念，组织一组或多组课程作为核心课程，要求本科生必选或限制性选修。如美国莱克依科技服装大学，是全世界极少数涵盖了所有服装领域全概念的高等学府，提供从服装设计、制版、电脑制版，到生产管理、品质控制、物流、进出口业务、营销、采购，再到服装连锁店经营管理、服装公司规范管理、融资、上市等服装行业全过程的教育，是本地区最著名的服装贵族学校。它们的核心课程主要是：问题讨论；学科历史；学科教学方法；课程教学中融入协作理念；多元文化观点；学生的道德观与实践。根据要求，学习小组可精选多个学科领域的课程作为核心课程，供学生选修。担任通识教育课程教学任务的教师必须是教授和高级讲师，而且经评估教学效果良好，以确保通识教育达到预期的教育目的。

2. 教学计划

和其他学科类似，美国大多数大学的服装专业教学计划是由各类必修课、选修课和任选课所组成的，具有很大弹性，是适应本科生各种需要的、庞大的课程体系。在美国的本科生教育班级中，也有不少继续教育学生、从其他大学转来的学生以及从初级学院或社区学院升上来的学生，还有一些学生来自大学低年级课程的高中毕业生，对这些学生的教学计划都有详细的规定和要求。

教学计划主要包括低年级本科生必选的核心课程计划、高年级学生应当主修的专业课程计划以及其他供学生任意选的课程计划。对于不占学分的课程计划、培训课程或活动计划，由学生自愿参加。在一届学生毕业时，一个专业的毕业生所修的课程可能五花八门。

3. 教学大纲

在美国的专业教育中，每一门课程都有详细的、充分的教学大纲。教学大纲在教学中发挥着十分重要的作用。它不仅是作为备案存档的主要教学文件，是教师教学的基本依据，也是学生进行课程学习的主要指南。有的大学将教学大纲录入教学资源库，在网页上公布。

一般只要是在学校注册的学生都可以通过自己的用户名和密码在网上查阅。教学大纲的主要内容包括课程教学目标、教学方法、考核要求、教材、参考书目、参考资料和本门课程的每一次课程的教学内容与要求等。教学大纲由担任课程教学任务的教师编写，在第一次上课的时候发给大家。教师按照教学大纲授课，学生按照教学大纲预习和复习功课。在教学课程中，教师一般不得随意更改教学大纲中所列出的教学内容和教学时间安排。否则，在学期结束的课程评价中，教学组织或完成教学任务情况难以得到积极的评价。教学大纲是经常变化的，有的教师每一轮授课的教学大纲都不一样，要根据自己的研究和学术界的新进展，对教学内容进行增删或调整。

（二）英国大学教育

英国大学以“探测、挖掘和开发学生的潜在能力，激励个人的创造性精神”为宗旨。牛津大学要求大学培养的人才“要有很高的技术，非常宽的知识基础，有很强的个人责任感，革新能力和工作灵活性”；伦敦大学帝国理工学院则提出培养学生具有独创性和宽广的视野。

研讨课是英国大学课堂上经常采用的一种教学模式。通常通过分组讨论，将学生分为几个小组，就某一个问题进行资料搜集、分析、讨论后推举小组代表陈述意见。各小组之间互相提问、解答，以达到共同理解的目的。英国各高等学校的课程，普遍注重基础课程教育，反对实行时间过早、范围狭窄的专门化训练。为此，英国的研究型大学设计了新的课程，扩大了学科范围，开设了新的跨学科的综合性课程。另外，英国高校的教学紧跟时代潮流，追踪学科前沿，及时更新教学内容，教师总是选择国际上最新的、最有发展前景的内容来教。

学生可以根据不同的志趣、知识基础、学习能力以及其他有利条件进行有选择地学习。学生的选修基本上不受年级、科系的限制。同时，选修课程及其内容不是固定的，会随着科学研究的进展开设新的选修课程或由教师对课程内容进行调整。

（三）德国大学教育

德国的大学积极改革大学内部组织结构，加强跨学科的研究与教学，以培养学生创新能力为中心，注重完善学生的人格个性，培养学生自主学习能力，发现问题和解决问题能力、组织能力、创新能力与独立的科研能力。德国的大学强调培养学生的创造性、主动性、独立性，注重培养全面发展的学术人才与高级专门人才。

在德国大学的所有教学方式中，处在中心地位的是研讨课，目的是要培养学生的学术研究和研讨能力。研讨课包括初级研讨课和高级研讨课。德国大学的学生往往独立地确定他准备参加的研讨课的序列来完成本人一学期，甚至几学期的学习进度表及每周的学习活动安排表。这些活动的安排完全是学生独立设计的，不依据任何学校制定的课程表之类的东西。

德国大学的学习分为许多阶段，阶段考试前，学生必须取得足够的学分，通过阶段考试的学生方能开始主修课程学习。参加阶段和毕业考试的条件是，学生必须取得足够的学分，每个学生的学分是由他所学的专业而定的。在选课制的具体形式方面，德国普遍采用限制选修课与自由选修课相结合的方式，以此来弥补因选课所造成的过度自由而导致学生某方面知识的欠缺。

（四）日本大学的教育

20 世纪 80 年代末、90 年代初以来，日本高等教育发展进入战后第三个改革时期，对高等教育的行政管理、大学内部组织及管理、大学课程与教学等诸多方面对长期形成的大学制度进行了前所未有的变革，建设在国际竞争中充满个性的大学，对日本现代大学制度的发展产生了深远的影响。

根据大学审议会关于高等教育个性化、教育研究高水平化、经营管理活性化的建议，1991 年日本进行了大学设置基准等的修正，之后大学的服装专业的本科教育改革，主要是发挥各个大学的特色与个性，重新组织教育内容，开展富有魅力的教学，以培养能适应时代变化的服装类人才。

1991 年的大学课程设置标准不但规定了本科毕业必需的学分数（124 个学分以上），还详细规定了各个课程各自所需要的学分，现在要求的基准知识设置了毕业所需要的 124 学分，不再对科目区分及相应的学分做出规定。日本各大学按照实践教育，根据时代的要求增设新的科目，以充实情报处理教育、改善外语教育等。为了提供更多的选修机会，大学之间缔结"学分互换"协定的逐渐增加；为了能适应学生多元化的社会需要，促进学生主动学习，本科教育阶段可以采取不满 4 年毕业的例外措施，并扩大秋季入学、创设学分累计加算制度等。

为了提高服装类本科教育质量，各大学都在探索更为有效的教育方法，并在以下方面取得积极进展：编制学习指南（每个专业及方向的教学计划，系统而详细地介绍教学目标、预定教学内容及参考文献等），并做成数据库；小班教学趋势化，尤其是将外语教育、设计课程、实习、实验、讨论等教学小班化，让服装专业本科学生参与教学内容和方法的改革；对在一定期间内没有达到一定成绩基准的学生将采取休学劝告、退学劝告的处理及措施等。

无论中国还是外国，本科院校的服装教育，在教学改革和人才模式改革方面大体都有如下的共同点：①服装人才培养目标重视服装创新人才的素质培养。②在教学模式上采用了探究式学习为主的模式；在探究式教学中教师在整个探究活动中只起一个组织者和指导者的作用，而将学生作为"参与者"与"合作伙伴"，这种模式有助于充分调动学生的积极性与主动性，激发学生学习的兴趣，培养学生主动学习的能力和创造力。普遍做法是开设本科生研讨课程，引导学生参与教学过程或者设立本科生科研计划。③在课程体系的设置上重视通识教育（各国大学都力求建立一个内容广泛的课程体系，实现普通教育与专业教育的平衡）。④在教学制度上采用学分制和选课制的方式。⑤在学生考核制度上注重学生综合能力，且形式灵活。

三、国内大学教学改革与人才培养模式的实践探索

我国从 2007 年开始逐步实施国家级特色专业建设、“卓越工程师”计划、国家级“实践基地”等项目的推广和实践，努力推行大学的教育教学改革。一是创立高校与行业企业联合培养人才的新机制，其目的是改变目前高校人才培养和行业企业需求脱节的现象，建立高校和行业企业间的制度化联系；二是创新工程教育的人才培养模式，其目的是要改革目前高校人才培养过程中以灌输式和知识传授为主的教学方法，改变学生被动学习的状态，扭转实践环节逐渐弱化的趋势，在教学方法上，强调要推进研究性教学；在学习方法上，强调学生要主动开展研究性学习；在实践环节上，强调学生要到企业学习一年左右的时间，面向工程实践完成毕业设计，从而提高学生的实践能力和创新能力；三是建设高水平工程教育教师队伍，其目的是要改变高校教师队伍工程实践经验薄弱的状况，通过提高专职教师的工程经验，建设由企业高级工程技术人员组成的兼职教师队伍，提高工程教育教师队伍的整体素质；四是扩大工程教育的对外开放。其目的是要吸收国外的成功经验，为适应企业“走出去”的战略需要，培养一批具有跨文化交流、合作和参与国际竞争能力的工程技术人才；五是制定“卓越计划”人才培养标准，其目的是为了满足工业界对工程技术人员职业资格要求，建立衡量人才培养质量的依据和准则。

（一）学校“艺术设计”特色专业项目建设案例

学校加强“艺术设计”特色专业的建设，努力打造品牌效应。

1. 实施程序

关于“艺术设计”特色专业建设的程序如图 7–7 所示。

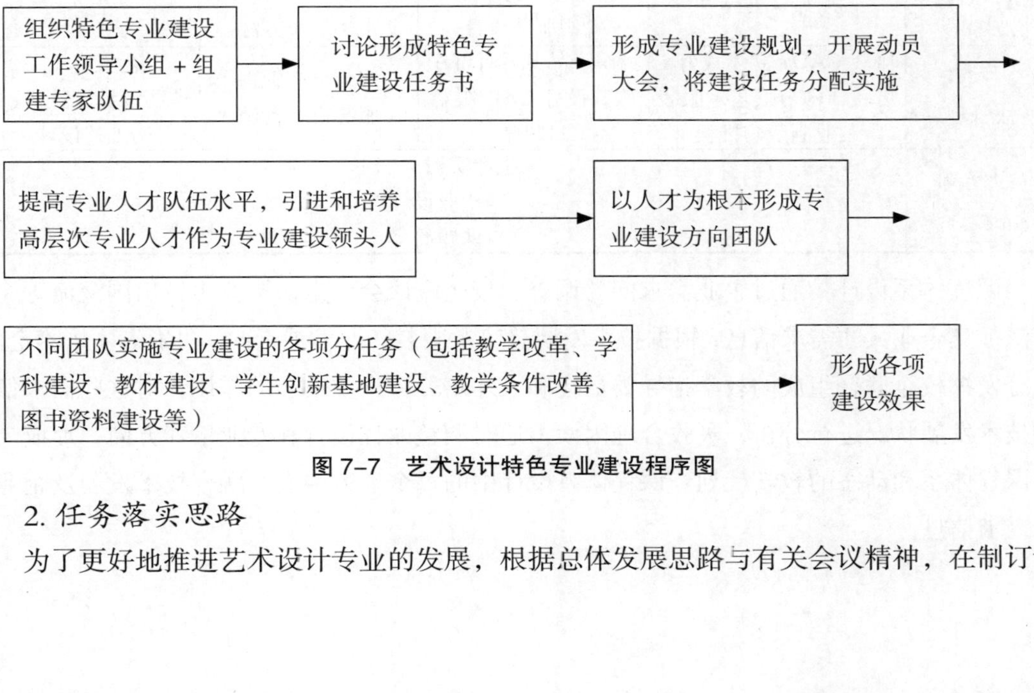

图 7–7　艺术设计特色专业建设程序图

2. 任务落实思路

为了更好地推进艺术设计专业的发展，根据总体发展思路与有关会议精神，在制订专

业建设任务书的基础上，提出“大艺术”理念，坚持“基于艺术基础理论的教学，以服装艺术设计为品牌、服装表演与形象策划为亮点、‘艺、工、贸’相结合为特色，旨在培养具有创新精神的、实践能力的复合型服装人才”的专业发展与学科建设的指导思想，以建成国际知名的“教学—研究（学科）—应用”型艺术设计专业为目的，努力提高学院与学校的核心竞争力，扩大学校的在国内外的影响力度。

（二）服装设计与工程“卓越工程师”人才培养方案案例

1. 服装卓越工程师人才培养模式

改革和创新人才培养理念，建立“3+1”四模块卓越工程师人才培养模式：服装工艺技术模块 + 针织服装模块 + 企业管理模块 + 实践模块，来实现学生 3 年在校学习与 1 年企业实践的教学计划。

2. 服装设计与工程专业主干学科方向

将服装设计与技术作为该专业主干学科方向。

3. 卓越工程师课程体系建设

按照卓越工程师培养目标、要求和教学大纲等，通过模块式的训练，构建一体化“3+1”四模块课程体系：服装工艺技术模块 + 针织服装模块 + 企业管理模块 + 实践模块，如表 7–1 所示。

表 7–1　“3+1”四模块课程体系

学年设计	服装工艺技术模块	针织服装模块	企业管理模块	实践模块
第一学年 专业基础课	服装网络艺术概论	针织服装图案服装色彩设计	管理学服装导论	金工实习（服装机械的了解）市场调查
第二学年 服装设计与技术课	人体工程学数字化设计 服装结构与工艺	针织学（经编） 针织学（纬编） 针织服装设计	企业管理 服装跟单管理 市场调查方法	工艺实习（一） 生产实习（二）
第三学年 企业管理课	服装 CAD+ 立体裁剪 + 男装结构与工艺 + 服装工业制版与推板	针织产品开发针针织服装设计 CAD 服装材料学	服装生产管理 服装市场营销	工艺实习（二） 课程设计（款式、结构工艺设计）
第四学年 毕业设计	生产实习（二） 毕业设计 课题研究			

课程体系设计：通过企业需求问卷调查、校企座谈会、走访毕业生、出国交流等途径广泛征集企业人才需求信息，根据技术发展趋势及服装产业发展走向，明确人才培养定位。充分发挥校企联合组成的教学指导委员会和人才培养咨询委员会的作用，对这些需求信息和技术发展状况进行分析，吸收合理因素，适时调整课程设置和专业培养方向，形成灵活的课程体系和动态的教学计划。课程体系设计中的每个环节都实时融合技术发展及企业实际需求信息。

实践教学体系设计：实践教学是卓越工程师培养的重要环节，直接影响人才的培养质量。可在国内地域服装产业园建立研究设计实践中心，聘请企业高工为兼职教师组成“双师型”教学团队，面向产业发展需求、瞄准产业关键技术需求，以培养学生能力为核心，以教学实验室、重点实验室、服装工程中心、实训基地、企业合作研发基地、校际合作、国际交流等平台或机会为依托，建立一套与产业发展需求相适应的实践教学体系。

（三）国家级“大学生工程实践教育中心”建设案例

以武汉纺织大学与湖北美尔雅股份有限公司双向协议合作建立了国家“大学生工程实践中心”为例。该中心建设情况如图 7-8 所示。

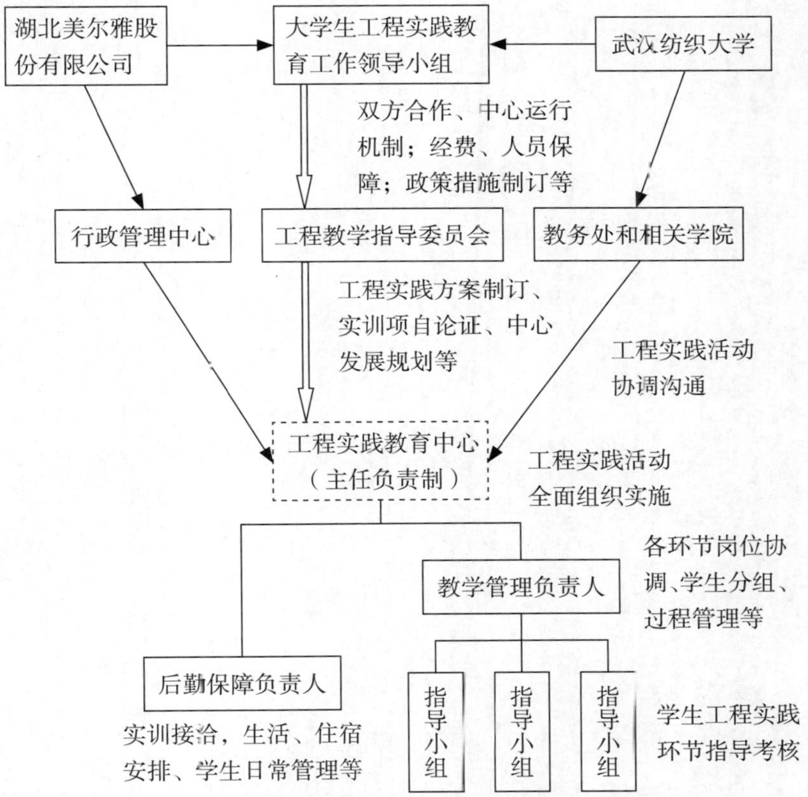

图 7-8　湖北美尔雅股份有限公司—武汉纺织大学工程实践教育中心

学校与湖北美尔雅股份有限公司共同组建大学生工程实践教育工作领导小组，下设工程教学指导委员会，形成校企联动的组织机构，确保工程教育过程有效性。

湖北美尔雅股份有限公司行政管理中心与学校教务处及相关院部依托工程实践教育中心，形成合理的职能分功和利益分配关系，实现双方利益最大化，确保工程教育长效性。

双方建立人员交流互动机制，我校教师参与企业的生产与开发过程，推动学校智力资源为企业服务。企业工程技术人员参与高校课程教学，产业前沿信息直接进入高校课堂。在条件合适时，学校将启动双师型高校教师聘用机智。

工程实践教育中心作为湖北美尔雅股份有限公司稳定的机构，有专人负责学生工程实践的后勤保障和教学管理，确保有稳定的场地、规范的实践内容、标准的工作程序和考核标准，使学生获得最直接的业界信息。

双方要健全学生工程实践训练的考察机制、激励机制和优秀学生的聘用机制，湖北美尔雅股份有限公司有权向学校建议取消实践态度差、不遵守公司规范的学生工程训练资格，有权优先聘用毕业生。

参 考 文 献

[1] 艾·里斯，杰克·特劳特 . 定位：有史以来对美国营销影响最大的观念 [M]. 谢伟山，苑爱冬，译 . 北京：机械工业出版社，2014.

[2] 白朴存，李春萍 . 科研促进本科教学的研究与实践 [J]. 内蒙古工业大学学报（社会科学版）：2006（2）.

[3] 陈丽艳 . 服装 CAD 的应用现状和发展趋势 [J]. 辽宁丝绸，2007（3）：8.

[4] 陈雪 . CAD 技术在服装结构设计中的应用 [J]. 管理与财富，2009（11）：145–147.

[5] 崔晓阳 . EPR123：企业应用 EPR 之路 [M]. 北京：清华大学出版社，2005.

[6] 代可胜 . 我国纺织服装自主品牌出口现状及趋势 [C].2011 年纺织服装品牌年度大会上的报告：2011.

[7] 董文君，曹毅亮 . 服装 CAD 的功能、发展与应用 [J]. 辽宁经济 . 2009（11）：50.

[8] 董泽芳 . 现代高校办学模式的基本特征分析 [J]. 高等教育研究，2002（3）.

[9] 杜宇新 . 筑牢和谐社会的文化根基 [N]. 光明日报，2006（12）.

[10] 菲利普·科特勒 . 消费者的需要、欲望与需求，市场营销原理（亚洲版）[M]. 北京：机械工业出版社，2013.

[11] 菲利普·科特勒 . 营销管理 [M]. 北京：中国人民大学出版社，2012.

[12] 冯翼等 . 服装生产管理 [M]. 北京：中国纺织工艺出版社：2007.

[13] 郭海燕，关于模特的分类 [J]. 考试周刊，2011（6）.

[14] 郭海燕，论服装表演教师的综合素质 [J]. 高校学术，2011（6）.

[15] 郭海燕，谈服装表演中的角色意识 [J]. 中韩服饰论坛，2011（8）.

[16] 郭海燕 . 如何提升服装模特的社会价值 [J]. 华中师范大学学报，2011（1）.

[17] 郭燕 . 美国服装进口贸易格局变化及对中国出口影响 [J]. 北京：北京服装学院学报，2011，31（3）：71–73.

[18] 韩贞 . 服装 CAD 自动放码技术研究 [D]. 北京：北京服装学院，2008.

[19] 郝德中，高鑫 . 强化科研服务教学：浅述科研如何为教学服务 [J]. 辽宁工学院学报，2005（6）.

[20] 何薇 . 计算机图形技术与 CAD[M]. 北京：清华大学出版社，2001.

[21] 和玉芳，陈素英 . 浅析服装吊挂生产系统的特点及发展前景 [J]. 山东纺织科技 . 2009，（2）：31.

[22] 洪向华 . 大转型：聚焦中国经济建设 [M]. 北京：国家行政学院出版社，2010.

[23] 胡弼成，尹岳 . 高校科研成果与课程资源 [J]. 江苏高教，2006（2）.

[24] 黄平，钟安华 . 服装工程师人才培养模式的研究与构建 [J]. 武汉纺织大学学报，2011（5）.

[25] 纪万秋，张丽萍 . 中小型企业如何选择和应用服装 CAD 的探讨 [J]. 山东纺织科技，2001，42（1）：45–47.

[26] 蒋衡杰 . 依靠科技进步实现服装强国 [A]. 现代服装纺织高科技发展研讨会论文集 [C]. 北京：中国服装协会 . 2005：1–5.

[27] 教育部直属高校工作司 . 教育部直属高校 2008 年基本情况统计资料汇编 [R]. 2009.
[28] 冷启中 . 教师必备的十大职业精神 [M]. 长春：吉林大学出版社，2007.
[29] 黎蓉 . 全球背景下服装设计教育的思考 [J]. 武汉纺织大学学报，2011（4）.
[30] 李成明 . 美国大学通识教育的历史发展 [J]. 东南大学学报，2001（2）.
[31] 李广松 . 人体体型与服装设计 [J]. 山东纺织科技，2002，（3）：45–47.
[32] 李红梅 . 把握历史机遇实现高等教育和谐发展 [J]. 思想教育研究，2006（1）.
[33] 李继林 . 对中外合作办学的几点思考 [J]. 唐山师范学院学报，2003（3）.
[34] 李立辉 . 区域产业集群与工业化反梯度推移 [M]. 北京：经济科学出版社，2005.
[35] 李沛武，彭聪 . 高校科研资源优化配置与学科协调发展的思考 [J]. 南昌工程学院学报，2008（4）.
[36] 李双辰 . 构建和谐社会与大学的责任 [N]. 中国教育报，2005 年 10 月 31 日 .
[37] 李玉珍，张玉梅 . 我国市场营销发展阶段，解读中国市场营销发展史 [J]. 河北师范大学学报，2004，27（2）.
[38] 李元虹 . 上海地区中老年男子体型研究 [D]. 上海：东华大学，2003.
[39] 李跃林 . 浅谈高校实验技术队伍建设的时代特征 [J]. 实验技术与管理，2006，23（2）：121–122.
[40] 梁建军，冯毅力 . 服装 CAD 技术研究的现状与方向 [J]. 纺织学报，2003，24（6）：512–615.
[41] 林明河，贾延江 . 转变观念，加强高校实验技术人员队伍建设 [J]. 实验技术与管理 . 2005，22（8）：1–5.
[42] 刘克利 . 建设大学文化推进文化育人 [J]. 中国大学教学，2008（3）.
[43] 刘瑞璞，刘维和 . 女装纸样设计原理与技巧 [M]. 2 版 . 北京：中国纺织出版社，2000.
[44] 刘秀枝 . 服装市场现状 [J]. 服装时报，2008，10（15）.
[45] 刘月秀，刘辉 . 大学生研究性学习探析 [J]. 中山大学学报论丛，2005（3）：110–113.
[46] 骆长乐 . 学用 Visual C++6. 0[M]. 北京：清华大学出版社，2000.
[47] 吕继东 . 浅析我国服装电子商务应用的现状和发展趋势 [J]. 中国电子商务：2013（6）：10.
[48] 马慧敏，王启万 . 我国市场营销发展阶段，市场营销学 [M]. 北京：北京大学出版社，2012.
[49] 马素琴，徐强 . 谈服装 CAD 技术的功能与普及 [J]. 四川丝绸，2005（3）：45.
[50] 苗森 . 电子商务发展，电子商务概论 [M]. 北京：北京大学出版社，2012.
[51] 苗森 . 网上银行，电子商务概论 [M]. 北京：北京大学出版社，2008.
[52] 牛瑶 . KEHAI GUSHI BOLAN（BAIKE LUNTAN）市场营销方法 [J]. 科海故事博览 . 科教创新：2008，10（1）.
[53] 彭春生，顾松明 . 影响高校教学质量的因素分析 [J]. 扬州大学学报（高教研究版），2004（6）.
[54] 三吉满智子 . 服装造型学 [M]. 张浩 . 等，译 . 北京：中国纺织出版社，2008.
[55] 沈鸿 . 电子商务：基础篇 [M]. 北京：电子工业出版社，1998.
[56] 石亚军 . 人文素质论 [M]. 北京：中国人民大学出版社，2008.
[57] 孙磊，江洪民 . 美国纺织服装业的现状和发展思路分析 [J]. 黑龙江对外经贸，2007，161（11）：59–61.
[58] 孙立军 . 试论校园文化建设与大学生素质提高 [J]. 思想政治教育研究，2005（5）.
[59] 孙明贵，乔子金 . 浅议高校科研资源的虚拟共享 [J]. 时代金融，2007（12）.
[60] 孙兆全 . 成衣纸样与服装缝制工艺 [M]. 北京：中国纺织工艺出版社：2000.
[61] 汪旭 . 市场营销基本功能，浅谈市场营销功能与概念 [J]. 商情，2009（32）.
[62] 汪莹，王冬梅 . 试论我国高校教学质量及其提高对策 [J]. 合肥工业大学学报（社会科学）：2007（6）.

[63] 王邦虎．校园文化论 [M]. 北京：人民教育出版社，2000.
[64] 王刚，徐立清．大众化高等教育形势下学风建设问题的思考 [J]. 中国高教研究，2005（10）.
[65] 王海亮，周邦桢．服装制图与推板技术 [M]. 3 版．北京：中国纺织出版社，1999：66-67+129-130.
[66] 王明扬．大陆、韩国、日本的人体计测介绍 [R]. 人体计测资料库之建立与应用长期发展座谈会资料，1997.
[67] 王培根，胡水华，等．中外合作办学模式探略 [J]. 机械高教工业研究，1996（1）.
[68] 王硕，杜欣军．科研服务教学的思考与实践 [J]. 中国轻工教育，2008（2）.
[69] 王秀村，冯珊．走出 4P：市场营销的新概念 [J]. 北京工商大学学报，2005（4）：13.
[70] 温恒福．大学教学质量的概念、问题与改进策略 [J]. 黑龙江高教研究，2008（2）.
[71] 邬红芳，赵宏斌．服装功效学 [J]. 初探人类功效学，1999，5（4）.
[72] 吴贻谷．高等教育若干问题研究 [M]. 武汉：武汉大学出版社，2005.
[73] 夏彦恺．高等医学院校本科教育中科研资源利用现状与措施 [J]. 南京医科大学学报（社会科学版）：2009（3）.
[74] 向荣．儒家和谐思想对构建社会主义和谐社会的启示 [J]. 经济与社会发展：2006（7）.
[75] 谢卫红．科研促进教学的途径 [J]. 中国冶金教育．2007（2）.
[76] 许士密．大学文化委顿状态的成因与治理 [J]. 国家教育行政学院学报，2009（6）.
[77] 许士荣．大学文化，追求、冲突与引领 [J]. 中国高教研究，2007（9）.
[78] 许燕，钟安华．刍议高校艺术实验教学中学生人文素质的培养 [J]. 服饰论坛：2010（1）.
[79] 许燕．探析中国吉祥图案之文化传播 [J]. 武汉纺织大学学报，2011（4）.
[80] 杨坚争，赵雯．电子商务安全与电子支付 [M]. 北京：机械工业出版社，2007.
[81] 杨建义．浅析当前校园文化发展的新特点 [J]. 思想政治教育研究，2005（5）.
[82] 杨四耕．研究性学习的后现代特征与教学论意义 [J]. 教育科学，2002（1）.
[83] 杨欣虎，杨向荣．论大学文化的整体性：和谐校园建设的文化思考 [J]. 思想教育研究，2009（5）..
[84] 叶洪光．非物质文化遗产保护与人才培养 [J]. 武汉纺织大学学报，2011（4）.
[85] 尹业安，白燕．C 语言程序设计 [M]. 长沙：国防科技大学出版社，2008
[86] 尹志红，论高校服装专业做科研的优势和劣势 [J]. 中韩服饰论坛，2011（8）.
[87] 尹志红，探讨服装结构教学方法 [J]. 武汉纺织大学学报，2010（12）.
[88] 于桂霞，朱俊义．地方教学型大学科研成果在教学中的应用策略 [J]. 辽宁教育研究，2008（5）.
[89] 余咏文．三维身体测量及合身裁剪服装 [J]. 纺织学报，1999，20（3）：16-19.
[90] 虞紫英，陈璐易．服装 CAD 的技术现状和评价体系 [J]. 浙江理工大学学报．2005，12（4）：350-352.
[91] 袁修孝．以科研促进教学的探索与实践 [J]. 高教论坛，2008（5）.
[92] 张成海．供应链管理技术与方法 [M]. 北京：清华大学出版社，2002.
[93] 张德，吴剑平．校园文化与人才培养 [M]. 北京：清华大学出版社：2001.
[94] 张璠，王宗林．论工科院校的研究性学习 [J]. 安徽工业大学学报（社会科学版），2004（2）.
[95] 张红霞，高抒．科研成果转化为大学教学内容的一种新模式 [J]. 江苏高教，2002（1）.
[96] 张双才，王友明．优化结构完善机制建设高素质的实验技术队伍 [J]. 高校实验室工作研究，2007，92（2）：72-75.
[97] 张文，吴磊．略谈科研成果引入教学的途径与机制：以课程建设为例 [J]. 江西理工大学学报．2008（2）.

[98] 张文斌 . 成衣工艺学 [M]. 北京：中国纺织工艺出版社：2000.
[99] 赵大伟 . 互联网思维：独孤九剑 [M]. 北京：机械工业出版社，2014.
[100] 赵恩祯，等 . 挖掘科研资源提升本科教学的探索与实践 [J]. 陕西教育，2008（5）.
[101] 赵洪珊 . 现代服装产业运营 [M]. 北京：中国纺织出版社，2007.
[102] 赵静秒 . 非接触式人体测量系统的研究：数字图像的处理与人体测量信息的获取 [D]. 天津：天津工业大学，2004，2.
[103] 赵君丽 . 从美国纺织服装产业调整看中国的产业升级 [J]. 国际贸易，2010，26（1）：1-3.
[104] 郑勇 . 当留学遇到中外合作办学 [EB]. 北京晚报，2003 年 9 月 4 日 .
[105] 中国纺织工业联合会 . 建设纺织强国纲要（2011—2020 年）[M]. 北京：中国纺织出版社，2014.
[106] 中泽愈 . 人体与服装 [M]. 袁观洛，译 . 北京：中国纺织出版社，2000，4：36-48.
[107] 钟安华，等 . 关于大服装理念下的服装创新人才培养模式构建 [J]. 服饰论坛，2010（1）.
[108] 钟安华 . 服装人才培养 [M]. 北京：中国纺织出版社，2009.
[109] 钟安华 . 关于服装人才的特色培养模式研究 [J]. 武汉科技学院学报，2008，（11）.
[110] 钟秉林 . 中国大学改革与创新人才教育 [M]. 北京：北京师范大学出版社，2008.
[111] 钟殿舟 . 互联网思维：工作、生活、商业的大革新 [M]. 北京：企业管理出版社，2014.
[112] 周建民 . 场营销理论的百年发展与创新 [J]. 华南金融研究，2002，17（1）.
[113] 朱广舟 . 服装 CAD 的普及与应用 [J]. 针织工艺，2007（8）：33.
[114] 宗旭 . 21 世纪高校校园文化发展的均势 [J]. 沈阳农业大学学报，2004（6）.
[115] 邹平 . CAD 技术在现代服装领域中的应用及发展趋势 [J]. 浙江纺织服装职业技术学院学报，2007，6（1）.
[116] Anderson-Connel L J，Brannon E L，Ulrich P V，et d. Confluences：Towards a consumer driven model for mass customization in the apparel market [C]. Paper presented at the “Confluences” conference，Lyon，France：1997.
[117] Anderson-Connel L J，Brannon E L，Ulrich P V，et d. Discovering the process of Mass customization [C]. A paradigm shift for Competitive manufacturing National Research Center Research Briefs：1998.
[118] Anderson-Connel L J，Ulrich P V，Brannon E L. A consumer-driven model for mass customization in the apparel market [J]. Journal of Fashion Marketing and Management，6（3），240-258.
[119] Belay Seyoun. Trade liberalization and paterns of strategic adjustment in the UStextiles and clothing industry[J]. Internationa lbusines Review，2007（16）：109-135.
[120] Beliveau P，Abbie G，Stephen S. The PDMA toolbook for new product development. New York：Product Development & Management Asociation. Berman，B. Should you firm adopt a mass customization strategy [J]. Busines Horizons，2002，45（4）：51-60.
[121] Brentani U. Innovative versus incremental new business services：Diferent keys for achieving sucess [J]. Journal of Product Innovation Management，2001，18：169-187.
[122] Crook J H. The Evolution of Human Consciousnes [M]. Oxford：Clarendon Pres，1980.
[123] Damon W，Hart D. Self Understanding in Childhood and Adolescence [M]. Cambridge：England Cambridge University Pres，1988.
[124] Hauenstein A D. A Conceptual Framework for Educational Obiectives：A Holistic Approach to Traditional

Taxonomies [M]. University Press of America，inc. ，1998.

[125] Hosun Lim，Cynthia L. Istook，Nancy L. Casill Colege of Textiles [C].Los Angdes：North Carolina State University，2014.

[126] Mcleland D C. Education for Values [M]. Imingtion Publishers，1989.

[127] Yu Wingman. 3GDBody Scanning and Custom-Fit Apparel [D]. 香港：香港理工大学 . 2000.